सहस्त्रबाहु

सहस्त्रबाहु

गुरुदत्त

प्रभात
पेपरबैक्स
www.prabhatbooks.com

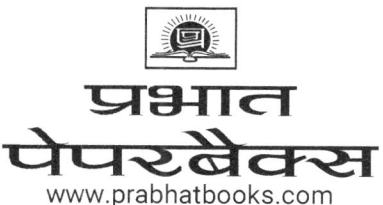

प्रकाशक
प्रभात पेपरबैक्स
प्रभात प्रकाशन प्रा. लि. का उपक्रम

4/19 आसफ अली रोड, नई दिल्ली-110002

फोन : 23289777 • हेल्पलाइन नं. : 7827007777

इ-मेल : prabhatbooks@gmail.com ❖ वेब ठिकाना : www.prabhatbooks.com

संस्करण
2022

सर्वाधिकार
सुरक्षित

---★---

SAHASTRABAHU
Novel by Shri Guru Datt

Published by PRABHAT PAPERBACKS
An imprint of Prabhat Prakashan Pvt. Ltd.
4/19 Asaf Ali Road, New Delhi-110002

ISBN 978-93-5521-157-6

उन दार्शनिकों के चरणों में, जिन्होंने जन्म-जन्मांतर
की तपस्या, परिपालन तथा मनन के उपरांत
संसार के गूढ़ रहस्यों को खोलकर
रख दिया है, यह कृति
समर्पित करता हूँ।

भूमिका

वैज्ञानिक को जब केवल यह पता था कि जल, वायु और अग्नि ही केवल मूल पदार्थ हैं और इनसे ही सारी सृष्टि का निर्माण हुआ है, तब भी वह कहता था कि उसने संसार का पूर्ण रहस्य जान लिया है और उसको आत्मा-परमात्मा कहीं दिखाई नहीं दिया।

जब वैज्ञानिक ने पृथ्वी के पदार्थों का अन्वेषण कर यह जाना कि मूल पदार्थ नब्बे के लगभग हैं और उनके परस्पर मिलने से ही संसार के सब पदार्थ बनते हैं तो वह यह समझने लगा कि आत्मा-परमात्मा के ढोंग की वह पोल खोलने जा रहा है, पुनर्जन्म वाग्जाल सिद्ध होने वाला है और संसार में जीना तथा आनंद भोगते हुए जीना मनुष्य के जीवन का मुख्य धर्म है।

जब वैज्ञानिक ने विद्युत् के रहस्य को जाना और इसके मुख में लगाम लगाकर विपुल कठिनाइयों के कार्य कर सका, जब उसने विद्युत् के बल से करोड़ों मनों का बोझ ढो दिया और संयुक्त पदार्थों को विखंडित कर मूल पदार्थ निकालने में सुख-सुविधा प्राप्त कर ली, तब वह समझा कि अब वह शीघ्र ही कृत्रिम जीवधारी बनाने में सफल हो जाएगा।

जब इस पर भी वह संसार के अंत तक न पहुँच सकने की अवस्था में ही था और वह आगे बढ़ने के लिए यत्न करने लगा, तो वह समझा था कि संसार उसकी मुट्ठी में है और वह प्रकृति के मूल रूप को देखने की ड्योढ़ी पर खड़ा है। इस ड्योढ़ी को लाँघकर वह पूर्ण ज्ञानवान बन जाएगा और मनुष्य को इस सृष्टि में श्रेष्ठ पदार्थ सिद्ध कर वह भगवान् और प्राणी भ्रम हैं, यह सिद्ध कर देगा। इस तरह विज्ञान प्राणिमात्र को इस भ्रम से बाहर निकालनेवाला सिद्ध होगा।

आज वैज्ञानिक इस रहस्य को भी जान गया है, जिससे वह कहे जानेवाले मूल द्रव्यों (एलिमेंटों) को तोड़कर उसमें की अपार शक्ति निकाल सका है और उस शक्ति से वह पूर्ण पृथ्वी और इससे भी आगे भूमंडल को भी मथ डालने की योजना बनाने लगा है। इस समय भी वह समझ रहा है कि वह भगवान् और प्राणी में विद्यमान आत्मा के अस्तित्व को असत्य सिद्ध करने जा रहा है।

यह ठीक है कि समय-समय पर कोई दूरदर्शी वैज्ञानिक ऐसे भी होते रहे हैं, जो विज्ञान से संसार की रहस्यमयी गुत्थियों को अधिक और अधिक सुलझाने पर भी अपने को उत्तरोत्तर अधिक अज्ञानी मानते हैं और भगवान् की महिमा के सम्मुख अपने को ज्ञानरूपी सागर के तट पर खड़ा एक तुच्छ प्राणी समझ, उसके सामने नतमस्तक होते रहे हैं। इस पर भी उन विज्ञानवेत्ताओं की संख्या कम नहीं रही, जो विज्ञानोन्नति के प्रत्येक पग पर परमात्मा की खिल्ली उड़ाने में संकोच नहीं करते रहे और उन भगवान् के भक्तों को, जो संसार को तुच्छ वस्तु मान इसे छोड़ कठोर तपस्या में जीवन को ढालते रहे हैं, मूर्ख भ्रम में फँसे हुए और ढोंगी का नाम देते रहे हैं।

आज ऐसे वैज्ञानिकों में भारत के अनेक पाश्चात्य चिकित्सा-पद्धति का प्रयोग करनेवाले गिने जा सकते हैं, जो बिना भारतीय आयुर्वेद का ज्ञान प्राप्त किए उसको व्यर्थ, असत्य और हानिकर घोषित करने में संकोच नहीं करते। वे अपने ज्ञान को अधिक पूर्ण और निर्भ्रांत मान दूसरों को अवैज्ञानिक कहने में अपना मान मानते हैं। ये, अपने को वैज्ञानिक कहनेवाले, जानते हैं कि उनका विज्ञान आज से बीस वर्ष पहले मानव शरीर के रहस्य को जान गया समझता था। फिर आज से पंद्रह वर्ष पहले उसको बीस वर्ष पूर्व की धारणा असत्य प्रतीत होने लगी थी और आज उसको पंद्रह वर्ष पहलेवाली धारणा मिथ्या प्रतीत हो रही है। उसके मानव शरीर के वर्तमान ज्ञान में भी संदेह करनेवाले उनमें उपस्थित हैं। इस पर भी वे प्रायः डॉक्टर (पाश्चात्य पद्धति से चिकित्सा करनेवाले) अपने को ठीक और अन्य सबको मूर्ख कहने में संकोच नहीं करते।

एक अधूरे ज्ञान के स्वामी का अभिमान सर्वप्रसिद्ध है। 'थोथा चना बाजे घना' की कहावत प्रायः वैज्ञानिकों पर सर्वथा लागू होती है। ज्यों-ज्यों विज्ञान में उन्नति होती जाती है, संसार अधिक-से-अधिक रहस्यमय सिद्ध होता जाता है। साथ ही, वैज्ञानिक के मन में अभिमान की मात्रा बढ़ती जाती है और वह अपने से अन्य सबको मूर्ख कहने में निस्संकोची होता जाता है।

एक ऐसे ही वैज्ञानिक की कथा वर्णन करने का प्रयास इस पुस्तक में किया गया है। पर्याप्त ज्ञान-अभिमान और उसके परिणामस्वरूप मिली मोह-ममता के जंजाल की एक झलक इस पुस्तक में दी गई है। इसमें लिखे नाम, स्थान वास्तविक नहीं हैं, इस पर भी विषय सत्य है और परिणाम असत्य नहीं हो सकते।

सर सुलेमान भारत के गणित के एक विद्वान् जब अमरीका में आइंस्टीन से मिले तो जगत् विख्यात गणितज्ञ आइंस्टीन ने कहा था कि वह गणित से सिद्ध कर सकता है कि परमात्मा शून्य के बराबर है। इस गणितज्ञ ने एटम के विखंडित होने से पूर्व ही गणित से यह सिद्ध कर दिया था कि यह विखंडित हो सकता है और इसमें से अतुल शक्ति प्राप्त की जा सकती है। इस शक्ति से, उस महान् गणितज्ञ का मत था,

प्रलयंकारी शस्त्र निर्माण किया जा सकता है। जब इसकी गणना सत्य सिद्ध हुई तो इस महान् पुरुष ने परमात्मा के विषय में भविष्यवाणी की। परंतु ऐसा प्रतीत होता है कि विशेषज्ञों की भाँति अपनी दृष्टि एक ही दिशा में सीमित रखने के कारण वह भी अन्य किसी दिशा में देख नहीं सका।

अणु विखंडित हुए और उनमें से अपार शक्ति हस्तगत हुई। संसार इस शक्ति को देख चकाचौंध हो, आकंपित-सा हो रहा है और इस शक्ति को उन लोगों के हाथ में देख, जो भगवान्, आत्मा और मनुष्य के भविष्य पर विश्वास नहीं रखते, भय से काँप रहा है। संसार के इस त्रास को मिटाने के लिए आज 'पंचशील' इत्यादि सिद्धांतों का आविष्कार और प्रचार करने का यत्न किया जा रहा है।

दूसरी ओर वैज्ञानिक दिन-रात अतुल प्रयत्न से आणविक शक्ति को अधिक, और अधिक विनाशकारी बनाने में संलग्न हैं। संसार भर की जातियाँ अतुल धन उन विनाशकारी साधनों को प्राप्त करने के लिए व्यय कर रही हैं। इस प्रयास के विरोध में बुद्धि के कोल्हू इन आविष्कारों के परीक्षणों पर प्रतिबंध लगाने के लिए चीख-पुकार कर रहे हैं।

यह परिस्थिति है आज संसार की। इन सब आविष्कारों का प्रभाव तथा उनके विरोध में उठी चीख-पुकार का परिणाम क्या होगा, कहना कठिन है। क्या संसार के वैज्ञानिक इन परीक्षणों को बंद कर देंगे ? अथवा क्या राजनीतिज्ञ अणु बम बनवाने छोड़ देंगे ? क्या भविष्य में इस शक्ति का प्रयोग एक जाति दूसरी जाति पर अपना प्रभुत्व स्थापित करने के लिए नहीं करेगी ? क्या मनुष्य इन सब जटिल रहस्यों को प्राप्त कर अन्य मानवों को दासता की शृंखलाओं में बाँधने का यत्न नहीं करेगा ? ये और अन्य इसी प्रकार के प्रश्न हैं, जो विचारशील मनुष्य के सम्मुख उपस्थित हो रहे हैं।

लेखक का मत, जो उसने इस पुस्तक में प्रतिपादित करने का यत्न किया है, कि विज्ञान अर्थात् संसार का विशेष ज्ञान मानव को सुख तथा शांति प्रदान करने में सहायक नहीं होता। मनुष्य के मन में कुछ विकार हैं, जिनको दार्शनिकों ने काम, क्रोध, लोभ, मोह, अहंकार का नाम दिया है। ये ही पूर्ण संसार में दु:खों के मूल कारण हैं और इनके रहते हुए कितनी भी भौतिक उन्नति की जाए, सुख तथा शांति में वृद्धि नहीं हो सकती।

'पंचशील का सिद्धांत' शांति नहीं दिला सकता, जब तक इस सिद्धांत को चलानेवालों के मन विकारों से रिक्त नहीं हो पाते। इसी प्रकार प्रकृति की अतुल शक्ति का स्वामी होना भी शांति स्थापित नहीं कर सकता, जब तक उस शक्ति के स्वामी का मन उक्त विकारों का न्यास नहीं कर पाता।

इन विकारों से मुक्ति भौतिक उन्नति से नहीं मिली। न ही विकार पंचशील सिद्धांतों के प्रतिपादन मात्र से मिट सकते हैं। मानव-ज्ञान के ज्ञाताओं का मत है कि मनोविकारों

से मुक्ति प्राप्त करने के लिए त्याग, तपस्या और मानव की मृत्यु से पार अपने अस्तित्व पर विश्वास आवश्यक है।

जब मनुष्य यह जानता है कि मनुष्य जन्म से पूर्व कुछ नहीं था और मरणोत्तर कुछ नहीं रहेगा और इसके साथ ही जब वह अनुभव करता है कि उससे अधिक शक्तिशाली और उसके कार्यों की देखभाल करनेवाला कोई नहीं, तो वह क्या-क्या अनर्थ करने की सामर्थ्य प्राप्त कर लेता है, वर्णनातीत है। वर्तमान काल के रूस में स्टालिन के राज्यकाल का काला इतिहास, उक्त कथन का प्रमाण है। पूर्वकाल की गाथाओं में लिखित रावण, हिरण्यकशिपु इत्यादि राक्षसों और दानवों के उदाहरण इसी बात को सिद्ध करते हैं।

संसार में व्यक्तिगत अथवा समष्टि सुख-शांति उपलब्ध करने के लिए मन के विकारों से छूटना सर्वप्रथम आवश्यक है। इनकी उपस्थिति में भौतिक उन्नति सुख के स्थान पर दुःख का कारण बन जाती है। यह है पुस्तक का विषय।

इस पुस्तक में वर्णित अणु के अंतर्गत शक्ति का प्राणियों में पुनरुज्जीवन का संचार करने में प्रयोग अभी संभव नहीं हुआ। यह सर्वथा काल्पनिक है। इस पर भी यह कल्पना सर्वथा निराधार नहीं। आयुर्वेद में रसायन और कायाकल्प की कल्पना की गई है और इसके लिए विधि-विधान वर्णित हैं। इन विधि-विधानों में सिद्धांत स्वीकार किए गए हैं, उनके आधार पर ही इस पुस्तक में प्राणियों और वनस्पतियों में नवजीवन संचार अथवा जीवन की प्रचुर मात्रा में उपलब्धि की कल्पना की गई है।

प्राणी के शरीर में जीवन-अंश को धातु कहते हैं। धातुओं के अतिरिक्त शरीर में मल भी रहता है। यह मल शरीर का एक अत्यावश्यक अंग होते हुए भी जीवन-कार्य में बाधा बन जाता है। ज्यों-ज्यों वृद्धावस्था समीप आती जाती है, शरीर में मल बढ़ता जाता है और जीवित अंगों के कार्यों में बाधक होता जाता है।

रसायन-क्रिया में, जैसा आयुर्वेद में वर्णित है, शरीर में से व्यर्थ का मल निकालना प्रथम कार्य है। इसको शरीर की शुद्धि कहते हैं। इसके लिए पंच-कर्म का विधान किया गया है। वमन, विरेचनादि पंच कर्म रसायन-क्रिया से पूर्व किए जाते हैं। रसायन-क्रिया केवल मात्र पौष्टिक क्रिया नहीं, प्रत्युत शरीर के जीवित भाग में पुनरुज्जीवन संचार करने की भी है। इसके लिए विशेष औषधियाँ आँवला, वच, जीवक इत्यादि का वर्णन है।

आधुनिक विधान में शरीर के बनानेवाले अंगों को Tissues (टिश्यूज) कहते हैं। टिश्यूज में दो प्रकार का पदार्थ रहता है। एक तो कोषाणु (सेल्स) है, जो जीवित भाग है। दूसरा कोषाणुओं के भीतर स्थान भरनेवाला पदार्थ (इंटर सेलुलर मैटर) होता है। इसको मल कहा जाना चाहिए। यह पदार्थ टिश्यूज को दृढ़ता प्रदान करता है, परंतु जब यह पदार्थ मात्रा से अधिक हो जाता है, तब जीवन-क्रिया में बाधक हो जाता है। वृद्धावस्था में जहाँ कोषाणुओं में वृद्धि की शक्ति कम हो जाती है, वहाँ यह इंटर सेलुलर पदार्थ मात्रा

से अधिक हो शरीर में काठिन्य और भारीपन बढ़ा देता है और इसकी चपलता को क्षीण कर देता है।

अब वह बात पता की गई है कि कई वनस्पतियों में और विशेष रूप में दूध में रेडियो-एक्टिविटी पाई जाती है और यह रेडियो-एक्टिविटी वनस्पतियों और दूध की उपयोगिता में भारी भाग रखती है। यह रेडियो-एक्टिविटी क्या करती है और किस प्रकार शरीर पर प्रभाव डालती है, अभी अन्वेषण का विषय है। शरीर की जीवन-शक्ति का आधार यह रेडियो-एक्टिविटी है, ऐसी कल्पना कर इस पुस्तक की पृष्ठभूमि लिखी गई है।

यह सबकुछ होने पर भी पुस्तक का मुख्य विषय भौतिक उन्नति, मनोविकारों की उपस्थिति में, मनुष्य समाज को किस ओर ले जानेवाली होगी, ही है।

पुस्तक उपन्यास है। किसी पर कोई लांछन अथवा आरोप लगाने का न तो उद्देश्य है और न ही प्रयत्न। शेष पाठकों के जानने और समझने की बात है।

—गुरुदत्त

अनुक्रम

भूमिका	7
• प्रथम परिच्छेद	15
• द्वितीय परिच्छेद	69
• तृतीय परिच्छेद	119
• चतुर्थ परिच्छेद	189
• पंचम परिच्छेद	219

प्रथम परिच्छेद

पिछले दो वर्षों से काम इतना अधिक हो रहा था कि शरीर के स्वास्थ्य के साथ-साथ मानसिक शक्ति का ह्रास भी होने लगा था। रात को सोते समय अपना पढ़ने का चश्मा पलंग के समीप रखी ड्रेसिंग टेबल के दराज में रख दिया था और प्रात: उठते समय उसे बिल्कुल भूल गया। परिणाम यह हुआ कि सारा घर ढूँढ़ मारा। ड्रेसिंग टेबल के दराज देखने का ध्यान तक न आया। चश्मा उसमें कभी रखा नहीं जाता था और न ही रखना चाहिए था। इस कारण चश्मा न मिला।

वास्तव में, मैं भूल गया था कि रात सोने से पूर्व मैंने केशव का पत्र पलंग पर लेटे-लेटे पढ़ा था और पत्र तथा चश्मा दोनों ही ड्रेसिंग टेबल के दराज में रख दिए थे। सवेरे न पत्र का ही ध्यान आया और न ही चश्मे को दराज में रखने का। निराश बिना चश्मे के ही कॉलेज जाना पड़ा। सौभाग्य से उस दिन केवल एक क्लास लेनी थी और उसको भी छुट्टी देनी पड़ी। मैंने क्लास में जाकर कह दिया, "मुझको बहुत खेद है कि मैं अपनी ऐनक कहीं रख बैठा हूँ। मैं आज पढ़ा नहीं सकूँगा।"

क्लास को छुट्टी दे मैं सीधा अपने 'ऑप्टीशियन' की दुकान पर जा पहुँचा। उसके रजिस्टर में अपने चश्मे का नंबर निकलवाया और सायंकाल तक एक और चश्मे को तैयार कर देने का 'अर्जेंट ऑर्डर' दे दिया।

प्राय: मैं कॉलेज से छुट्टी पा लाइब्रेरी जाया करता था। वहाँ अपनी नवीन पुस्तक के लिए सामग्री एकत्र किया करता था। आज मैं वहाँ नहीं जा सका। पढ़ने-पढ़ानेवाले व्यक्ति के लिए चश्मा लँगड़े की लाठी के समान है। मैं कुछ काम करने में असमर्थ होने से घर जा पहुँचा। वहाँ मेरी स्त्री ने मेरी पुस्तकों की अलमारी में से पुस्तकें उठा, एक ओर कर ढूँढ़ने की कोशिश की थी। कमरे की दरियाँ उठा ली गई थीं और मेज, अलमारी इत्यादि को खिसकाकर उनके पीछे तथा नीचे देख लिया था।

मैंने उसको चश्मे के लिए इतना प्रयत्न करते देख कहा, "जाने भी दो। अब तो मैं नई बनने के लिए दे आया हूँ। एक घंटे भर में बनी हुई आ जावेगी।"

"इतनी जल्दी?"

"'एक्सप्रेस डिलिवरी' का ऑर्डर दिया है। देखें, क्या लेता है!"

इसके पश्चात् सब सामान, जो चश्मा ढूँढ़ने के लिए इधर-उधर किया गया था, ठीक किया जाने लगा। नौकर भी प्रातःकाल से सामान उठाते-उठाते थक गया था, परंतु मेरी और मेरी स्त्री की परेशानी को देख वह चुप था। अब सामान यथास्थान रखने में वह आनाकानी करने लगा। मेरी स्त्री को सामान अस्त-व्यस्त पड़ा हुआ बहुत बुरा लग रहा या। इस कारण उसने कह दिया, "लछमन! मैं भी तो तुम्हारे साथ लगी हुई हूँ। तुम मुझसे भी अधिक थक गए हो क्या?"

मैंने नौकर के मुख पर विद्रोह की भावना देख कह दिया, "अच्छा, एक बात करो। जाओ चाय बना लो। स्वयं पी लेना और बीबीजी को भी पिलाओ। थकावट दूर हो जाएगी।"

लछमन इससे प्रसन्न हो गया। उसका मुख खिल उठा। जब वह बिजली का स्टोव जला चाय के लिए पानी गरम करने लगा तो मेरी स्त्री ने बताया कि उसने अभी तक दोपहर का खाना नहीं बनाया। इससे मैं लछमन की कठिनाई को समझ गया। मैंने पूछा, "तो लछमन ने भी कुछ नहीं खाया?"

परिस्थिति को इस प्रकार समझ वह एक कुर्सी पर बैठ गई। कुछ विचार कर बोली, "मुझे तो इस बात का ध्यान ही नहीं रहा। ऐनक ढूँढ़ने में इतनी लीन हुई थी कि न अपने खाने की सुध रही और न नौकर की।"

"तभी तो उसके माथे पर बल पड़ रहे थे। जाओ स्वयं भी भोजन करो और उसको भी खिलाओ।"

भोजन के पश्चात् मालकिन और नौकर दोनों थकावट अनुभव करने लगे और दोनों विश्राम करने लगे। मैं चश्मे के बिना न तो पढ़ सकता था और न ही कुछ लिखने का काम कर सकता था। अतएव, आरामकुरसी पर बेकार टेक लगाकर मन में हवाई किले बनाने लगा।

कुर्सी के सामने पलंग अपने स्थान से खिसकाकर रखा हुआ था और श्रीमतीजी उस पर लेटकर थकावट दूर कर रही थीं। उसको यह चिंता लग रही थी कि व्यर्थ ही में बीस-पच्चीस रुपए व्यय हो जाएँगे।

एकाएक उसने मुख मेरी ओर कर कहा, "कैसी विचित्र बात है! आप इस प्रकार भूलने लगे तो कॉलेज में कैसे काम कर सकेंगे?"

"बात यह है कि पिछले दो वर्षों से काम इतना अधिक करना पड़ रहा है कि मैं शरीर और मन से थक गया हूँ।"

"तो आप विश्राम करिए न। परीक्षा के परचे देखने के पश्चात् कहीं पहाड़ पर

प्रथम परिच्छेद

चलने का प्रोग्राम बना लीजिए। रुपए की कमी तो है नहीं।"

मैंने बताया, "चार सौ से ऊपर की तो पुस्तकें मँगवाने का विचार कर रखा है। वे सब छुट्टियों में पढ़नी हैं।"

"नहीं जी! इस वर्ष तो पढ़ाई बंद कर किसी पहाड़ पर जाकर विश्राम करिए। मैं पुस्तकें नहीं मँगवाने दूँगी। चलिए, कश्मीर चलेंगे।"

"कश्मीर?" मुझको अपने मित्र केशव के पत्र का स्मरण हो आया। उसने किश्तवाड़ में गर्मियों की छुट्टियाँ व्यतीत करने का निमंत्रण दिया था। पत्र का स्मरण आते ही मुझको रात पलंग पर लेटे-लेटे उसे पढ़ने का ध्यान हो गया और यह भी स्मरण हो आया कि रात को पत्र के साथ ऐनक भी टेबल की दराज में रखी थी।

मैं कुर्सी से उठ ड्रेसिंग टेबल की ओर लपका और दराज खोल, सामने ऐनक पड़ी देख खिलखिलाकर हँस पड़ा। मुझे हँसता देख मेरी स्त्री भी उठकर पलंग पर बैठ गई। मैंने ऐनक हाथ में पकड़ उसे दिखाते हुए कहा, "देखो न, सारा घर उथल-पुथल कर डाला है, परंतु यह दराज किसी ने देखा तक नहीं।"

"मुझको क्या मालूम था कि आप इसमें बैठकर भी पढ़ते हैं। आप जाइए और ऐनक की ऑर्डर 'कैंसिल' कर आइए।"

"यह कठिन है। वह तो उसी वक्त बनाने लग गया था। अब तक तो उसको⋯।"

इसी समय बाहर से किसी ने घंटी का बटन दबाया। घंटी बजी तो मैं बाहर जाकर देखने लगा। 'ऑप्टीशियन' का नौकर हाथ में नया चश्मा लिये खड़ा था। "लो चश्मा तो आ भी गया।" मैंने अपनी स्त्री की ओर घूमकर कहा।

यह सुन श्रीमतीजी का मुख उतर गया। मैं बाहर जा ऐनक और उसकी बनवाई का बिल, बीस रुपए का, ले आया। मेरी स्त्री हताश हो पलंग पर लेट गई थी।

मैं कमरे में पहुँचा तो उसने मेरी ओर देखकर कहा, "कितने का बिल है?"

"बीस रुपए का।"

"देखिए न! ये रुपए व्यर्थ ही में गए।"

"अब मैं कर ही क्या सकता हूँ!"

"अपने दिमाग को ठीक करिए। अभी से भूलने लगे हैं तो बाद में क्या होगा!"

इस समय मुझको केशव के पत्र की याद हो आई। मैंने कहा, "ठीक तो है। केशव का निमंत्रण आया है कि इस वर्ष गर्मियों का अवकाश किश्तवाड़ में व्यतीत किया जाए!"

"केशवजी के 'स्वर्गलोक' में?"

"हाँ! टूनी का भाई नास्तिक होने पर भी बहुत मिलनसार है। उसकी अमरीकन बीवी भी उसके साथ वहीं रहती है। उसने लिखा है, सुनाऊँ उसका पत्र?"

मेरी स्त्री मेरे नए चश्मे का बिल देख रही थी। उस पर लिखा था, 'एक्सप्रेस डिलिवरी पाँच रुपए।' चश्मे का वास्तविक बिल पंद्रह रुपए का था।

मैं जब पत्र पढ़कर सुनाने लगा तो वह कहने लगी, "व्यर्थ में बीस रुपए गए। अभी पिछले महीने ही तो चश्मा लिया था।"

"अब छोड़ो भी इस बात को। न जाने कहाँ की कंजूसी मन में समा रही है तुम्हारे? सुनो केशव ने क्या लिखा है—

"मित्र विनोद! पिछले वर्ष दिसंबर के महीने में जब तुमसे मिला था तो यह जानकर कि तुम अभी भी वही विचार रखते हो, जो कॉलेज की पढ़ाई के दिनों में रखते थे, अचंभा हुआ। मुझको यह समझ आया है कि भारतवर्ष एक छोटा सा तालाब है, जिसमें जल अटका पड़ा है। वर्षों पर वर्ष व्यतीत होते जा रहे हैं और यहाँ के एक पढ़े-लिखे विद्वान् को भगवान् और कर्म की रट लगाते सुन मुझको तालाब के बदबू कर रहे जल का आभास हो आया था।

"मुझको भय है कि सड़े हुए जल की भाँति तुम भी सड़ रहे होंगे और अब तुममें वह सहनशक्ति नहीं रही होगी, जो विद्यार्थी जीवन में थी। भगवान् के भक्त प्रायः असहिष्णु और असहनशील होते हैं।

"पर मैं विचार करता हूँ कि मैं शिक्षा देनेवाला कौन हूँ? एक बात करो, इन गर्मियों की छुट्टियों में यहाँ चले आओ। मिसेज थापर को देखोगे, तो प्रसन्न हो जाओगे। देखना, मेरे जैसे नास्तिक को तुम्हारे भगवान् ने कैसा पुरस्कार दिया है! यदि मुझको यह विश्वास हो जाए कि 'रोमिली' का निर्माण करनेवाला वास्तव में तुम्हारा भगवान् है, तो मैं सत्य हृदय से कहता हूँ कि उसकी मूर्ति अपने स्वर्गधाम में स्थापित कर उसकी पूजा आरंभ कर दूँ। कठिनाई यह है कि रोमिली के माता-पिता हाड़-चाम के बने हुए मानव थे और अब वे इस संसार में नहीं हैं।

"कुछ भी हो, इस बार आओ। प्रकृति का भव्य दृश्य तो देखने को मिलेगा ही, साथ ही मानव-निर्माण-शक्ति का प्रदर्शन भी देखोगे। मैंने अपने निवासस्थान का नाम 'स्वर्गलोक' रखा है और हिंदुओं के पुराणों में लिखे वर्णन के अनुसार उसको सुसज्जित कर रहा हूँ।

"एक मजा और रहेगा। मिसेज थापर को भारतीय पढ़े-लिखे आस्तिक से बातचीत करने का अवसर मिलेगा। मुझको अपना पुराना मित्र मिलेगा और उससे कॉलेज के दिनों की स्मृतियाँ हरी-भरी हो जाएँगी।

"मेरा आग्रह है कि अवश्य आओ। लिखो कि मैं तुम्हारे स्वागत के लिए कहाँ तक चलकर आऊँ। जंगलवार तक आऊँ अथवा रामवन तक?"

"बताओ चलना कैसा रहेगा?" मैंने अपनी स्त्री से पूछा।

वह कहने लगी, "आपके मित्र ने आपको बुलाया है। इसमें मैं क्या सम्मति दे सकती हूँ।"

"मुझे निमंत्रण देने का अर्थ है, तुम्हें भी साथ बुलाया है।"

"न। अपनी बीवी की बात उसने लिख दी है। क्या आपके विवाह की बात उसे विदित नहीं?"

"है क्यों नहीं? वह तो मेरी बरात में सम्मिलित हुआ था।"

"तो ठीक है। आप अपने पहुँचने का प्रोग्राम बना लीजिए और लिख दें। मैं दो मास के लिए माँ के घर चली जाऊँगी।"

"नहीं-नहीं। यह नहीं हो सकता। मैं उसको लिख देता हूँ कि मैं उसका निमंत्रण तब ही स्वीकार करूँगा, जब तुम भी उसमें सम्मिलित की जाओ। अन्यथा हम किसी अन्य स्थान पर जाने का कार्यक्रम बना लेंगे।"

"पर उसकी अमरीकन बीवी को देखने के सौभाग्य से वंचित रह जाइएगा। वह संसार का आठवाँ आश्चर्य प्रतीत होती है।"

"सबको अपनी पत्नी चमत्कार ही दिखाई देती है। कुछ लोग इसकी डुग्गी पीटने लगते हैं और कुछ उस चमत्कार को, मेरी तरह, अपने लिए ही सुरक्षित रखना चाहते हैं।"

"अब जाने दीजिए इस बेकार की प्रशंसा को। जब आप पत्र में उसकी बीवी के विषय में पढ़ रहे थे तो आपका मुख खिल उठा था।"

मैं समझ गया कि नारी स्वभाव में व्यापक ईर्ष्या बोल रही है। इस कारण मैंने कह दिया, "रानी! चाहे कुछ हो। इस भ्रमण पर तो साथ ही चलना होगा। वहाँ से निमंत्रण नहीं आया तो हम किसी अन्य स्थान पर जाएँगे।"

"आपको कष्ट होगा।"

"देखेंगे।"

मैंने केशव को लिखा तो उसका उत्तर वापसी डाक द्वारा मिला। लिखा था, "विनोद भैया! आप तो पत्नी को पुरुष की अर्धांगिनी समझते हैं तो आपने यह कैसे समझ लिया कि मेरा निमंत्रण आधे विनोद को है? बाबा! विनोद बिना विनोदिनी के नीरस रह जाएगा। 'रोमिली' भी मेरे बचपन के मित्र की पत्नी को मिलने के लिए और जानने के लिए अत्यंत उत्सुक है।"

इससे जाने का निश्चय हो गया। छब्बीस जून को किश्तवाड़ की यात्रा की तैयारी ने केशव के विषय की बचपन की सारी बातों को ताजा कर दिया।

☐

मैं स्कूल की चौथी श्रेणी में पढ़ता था जब केशव से मेरा पहले-पहल परिचय हुआ। केशव धनी बाप का बेटा था। वह श्रेणी में सबसे बढ़िया तथा साफ-सुथरे कपड़े

पहनकर आया करता था। श्रेणी के प्राय: सभी विद्यार्थी मध्यम श्रेणी के बालक थे। मैं भी उनमें से एक था। हम सब केशव को अपने से बहुत ऊँचा मानते थे। इस कारण अर्ध-विश्राम के समय अथवा जब श्रेणी में बैठे नहीं होते थे, हम उससे दूर ही रहा करते थे और उसकी ओर आदर तथा भय से देखा करते थे।

केशव को स्कूल में छोड़ने और स्कूल से ले जाने के लिए घोड़ागाड़ी आया करती थी। यह हम लोगों के लिए एक बहुत बड़ी बात थी। केशव स्कूल में दाखिल हुआ तो कुछ दिन तक न हममें से कोई उससे बोला और न ही उसने हमसे बातचीत करने का यत्न किया।

यह एक घटना मात्र थी कि पहले ही दिन मास्टर ने उसको मेरे समीप बैठने के लिए कहा। वह बैठ गया, परंतु अपने कपड़ों को इस प्रकार समेटकर बैठा, मानो मेरे से उसे छूत लग जाने का भय हो! वह नित्य मेरे साथ आकर बैठता था, परंतु मेरे साथ बातचीत नहीं होती थी। उसको पेंसिल, कॉपी इत्यादि की मुझसे माँगने की आवश्यकता कभी नहीं पड़ी। उसके पास सब वस्तुएँ सदैव रहती थीं और मुझको कभी आवश्यकता पड़ती, तो मैं माँगता नहीं था। मुझको इतने बड़े बाप के बेटे से माँगने में संकोच रहता था।

एक दिन मैं पेंसिल घर पर भूल आया। मास्टर ने गणित का एक प्रश्न श्रेणी में ही करने के लिए दिया। उसने प्रश्न बोर्ड पर लिख दिया। मैंने अपने बस्ते में से कॉपी निकाली और पेंसिल वहाँ न देख घबराया। कुछ काल तक विचार कर मैं उठ मास्टर से बोला, "मास्टरजी! मेरी पेंसिल घर रह गई है। क्या मैं दुकान से मोल ले आऊँ?"

"नहीं! खड़े रहो। तुमको पेंसिल न लेकर आने का दंड दिया जाता है।"

मैं भयभीत खड़ा रहा। मैंने देखा कि केशव के थैले में तीन पेंसिलें हैं। मुझको विश्वास था कि यदि मैं उससे माँगता तो वह अवश्य दे देता, परंतु मेरे मन में यह आया कि यह हमारी सृष्टि का जीव नहीं है। इससे माँगना ठीक नहीं रहेगा। मैंने नहीं माँगी और मास्टर की आज्ञानुसार खड़ा हो गया।

कुछ काल के पश्चात् केशव ने अपने थैले से पेंसिल निकालकर मेरे सामने रखते हुए कहा, "बैठकर काम करो।"

मैंने विस्मय में उसके मुख पर देखा। वह अपनी कॉपी पर सवाल निकालने में लगा हुआ था। मैंने चुपचाप पेंसिल उठाई और बैठकर अपनी कॉपी पर प्रश्न लिखने लगा।

मास्टर ने मुझे बैठते हुए देख पूछा, "विनोद! तुमको तो खड़े होने को कहा था।"

"मुझको पेंसिल मिल गई है।"

"कहाँ है?"

"यह है?"

"इनसे⋯।" मैंने केशव की ओर संकेत कर दिया।

इस पर मास्टर ने आज्ञा सुना दी, "पेंसिल लौटा दो और अब बेंच पर खड़े हो जाओ। दूसरे से पेंसिल माँग लेने पर तुम्हारा उसे भूल आने का अपराध कम नहीं हो गया।"

मैंने पेंसिल लौटा दी और बेंच पर खड़ा हो गया। इस पर केशव ने खड़े होकर मास्टर का ध्यान अपनी ओर आकर्षित करने के लिए हाथ खड़ा कर दिया।

मास्टर ने उसे देखकर पूछा, "क्या है?"

"मेरा निवेदन है कि इसको श्रेणी में काम करने की स्वीकृति दी जाए। इसकी भूल का दंड इसे सवाल निकालने के पश्चात् दे दीजिएगा।"

मैं केशव की युक्ति को समझ गया। बात स्पष्ट थी। मेरी पढ़ाई में बाधा न डालकर मुझको दंड दिया जाए, उसका यही अभिप्राय था।

मास्टर ने यह अभिप्राय समझा अथवा नहीं, कहा नहीं जा सकता। यदि समझा था तो अपनी हेठी न होने पाए, इस कारण उसने डाँटकर कहा, "बैठ जाओ केशव! तुम मास्टर नहीं हो।"

केशव ने पुन: निर्भीकता से कहा, "मैं तो यह निवेदन कर रहा हूँ कि विनोद को प्रश्न निकालने का अवसर दीजिए। दंड पीछे दे दीजिएगा।"

"बैठ जाओ!" मास्टर ने क्रोध में उबलते हुए कहा। केशव बैठ गया, परंतु उसने अपनी पेंसिल भी सामने रख दी और लिखना बंद कर दिया। सब लड़कों ने प्रश्न निकाला। किसी का ठीक था, किसी का गलत, परंतु न मैंने किया था और न ही केशव ने। मैंने तो इस कारण नहीं किया कि मेरे पास पेंसिल नहीं थी और केशव से पेंसिल लेकर मुझको काम करने नहीं दिया गया। केशव ने इसलिए नहीं किया कि उसको मास्टर का व्यवहार अयुक्तिसंगत प्रतीत हुआ था।

मास्टर ने जब केशव की कॉपी देखी तो पूछा, "तुमने प्रश्न आधा क्यों छोड़ दिया है?"

केशव ने उत्तर दिया, "मैंने जानबूझकर नहीं किया।"

"तुम कमरे से बाहर निकल जाओ!"

केशव मुस्कराया और अपना बस्ता समेट कमरे से निकल गया। मैं हैरान था कि उसने क्यों मेरे लिए मास्टर से झगड़ा किया है। इसमें भी मुझे उसका बड़े बाप का बेटा होना समझ आया। मैं चुप रहा।

कुछ समय के पश्चात् घंटी बजी और मास्टर दूसरी श्रेणी में पढ़ाने चला गया। इस समय केशव मुस्कराता हुआ क्लास में आकर मेरे समीप बैठ गया। मैं भी अब बेंच पर बैठा हुआ था। मैंने उसके प्रति कृतज्ञता प्रकट करने के लिए कहा, "आपने मेरे लिए झगड़ा किया है। मैं बहुत कृतज्ञ हूँ।"

केशव हँस पड़ा। उसने कहा, "छोड़ो इस बात को। कल से पेंसिल लेकर आना। और यदि कभी न हो तो मुझसे पहले ही माँग लेना।"

"तुम मुझको दोगे?"

"हाँ! मेरे पास होगी तो अवश्य दूँगा।"

"मास्टर तुम पर नाराज था।"

"मुझको उससे डर नहीं लगता। मैं किसी से नहीं डरता।"

"अपने माता-पिता से भी नहीं?"

"उनसे क्यों डर लगेगा? मैं कोई बुरी बात करता ही नहीं। वे तो अपने ही हैं।"

उस दिन तो मैं इसके अर्थ नहीं समझ सका था। पीछे जब हम कॉलेज में थे, तो मुझको यह पता लगा कि माता-पिता से न डरने के क्या अर्थ हैं। वह अपने मन की बात नि:शंक अपने माता-पिता से कहता था। उसकी इस स्पष्टवादिता पर उसका पिता उससे कभी नाराज नहीं होता था।

इस पेंसिल की घटना से मुझको पता चला कि केशव के अंदर हृदय है और वह हमको, कम-से-कम मुझको, अपने से छोटा नहीं समझता था। यह हमारी मित्रता की प्रथम कड़ी थी।

एक दिन मैं स्कूल की छुट्टी के पश्चात् अपने घर जा रहा था कि केशव अपनी गाड़ी में से निकला। उस दिन उसकी गाड़ी देर से आई थी

और मैं स्कूल से कुछ दूर तक चला गया था। केशव ने गाड़ी खड़ी कर मुझे आवाज दी, "विनोद! विनोद!"

मैंने उसकी ओर देखा तो उसने कहा, "गाड़ी में आ जाओ।"

"नहीं भाई! तुम जाओ।"

"अरे! आओ भी।"

मैं गाड़ी में बैठ गया। गाड़ी चली तो उसने पूछा, "तुम्हारा घर किधर है?"

मैंने बताया, "अनारकली में नीले गुंबद के पास।"

"तब तो हमारे रास्ते में ही पड़ेगा। तुम रोज मेरे साथ चला करो।"

"तुमको तकलीफ होगी?"

"मुझको तकलीफ क्यों होगी? और घोड़ा तुम्हारे बोझे से मरेगा नहीं।"

मैं नित्य स्कूल से उसके साथ गाड़ी में बैठकर घर आने लगा। यह हमारी मित्रता की दूसरी कड़ी थी।

☐

एक दिन स्कूल आधे वक्त बंद हुआ। वह मुझे अपनी गाड़ी में अपने साथ अपनी कोठी में ले गया। उसकी कोठी निस्बत रोड पर थी। कोठी के सामने घास का बहुत बड़ा 'लॉन' था और कोठी में बड़े-बड़े कई कमरे थे। वह मुझे अपने कमरे में ले गया।

यह एक छोटा-सा कमरा था। उस समय वह बहुत ही साफ था। एक कोने में एक छोटी-सी डेस्क पड़ी थी और उसके पास एक कुर्सी थी। दो कुर्सियाँ और रखी थीं। एक मुझको बैठने के लिए मिल गई। कुछ देर तक वह मुझे अपनी ड्राइंग की कॉपी दिखाता रहा। चित्र बनाना वह एक दूसरे मास्टर से घर पर ही सीखता था। इसी समय उसकी छोटी बहन आ गई। वह स्कूल की पहली श्रेणी में पढ़ती थी। मुझे वहाँ देख वह कमरे के दरवाजे पर ही खड़ी रह गई और विस्मय से देखने लगी।

केशव ने कहा, "टूनी! आ जाओ।" वह अंदर आई और अपना बस्ता, उसी कमरे के एक दूसरे कोने में पड़े डेस्क पर रख, कमरे से बाहर निकल गई।

केशव कैरम बोर्ड उठा लाया और मुझको खेलने का ढंग सिखाने लगा। अभी मैं सीख ही रहा था कि एक पुरुष, नोकदार कड़ी दाढ़ी और छोटी-छोटी मूँछवाला वहाँ आ गया। केशव ने उठकर उस पुरुष के समीप जाकर कहा, "पिताजी! मेरा मित्र विनोद है।"

"अच्छा!" उस पुरुष ने मेरे समीप आकर मेरे सिर पर प्यार देकर पूछा, "कहाँ रहते हो, विनोद बेटा!"

"जी, अनारकली बाजार में। नीला गुंबद के पास बाँस मंडी में।"

"तुम्हारे पिताजी क्या काम करते हैं?"

"अनारकली बाजार में क्रॉकरी की दुकान है।"

"देखो, आपस में लड़ना नहीं। कोई बात एक-दूसरे की अच्छी न लगे तो समझ व समझा लेना। लड़ना तो इनसान का काम नहीं।"

मैं इस सिद्धांत को नहीं मानता था। मैं लड़नेवालों को बहादुर समझता था। परंतु मैंने केशव के पिता की बात का खंडन नहीं किया।

आँखें नीची किए खड़ा रहा।

"चलो, चाय का समय हो गया है। विनोद को भी साथ लेते आओ।" इतना कह केशव के पिता कमरे से बाहर निकल गए। केशव ने कैरम बोर्ड उठा दिया और मेरी बाँह में बाँह डाल मुझे कोठी के आँगन की ओर बरामदे में ले गया। पहले ही दिन मेरा परिचय केशव के पूर्ण परिवार से हो गया।

टूनी, केशव की छोटी बहन को तो मैं पहले ही देख चुका था। वह लपककर एक स्टूल पर बैठ गई और मुझको उसके पासवाली कुर्सी मिली। मेरे साथ केशव था। सामने केशव के माता-पिता तथा एक अन्य युवा स्त्री थी। वह घूर-घूरकर मेरी ओर देख रही थी। केशव की माता ने प्रश्नभरी दृष्टि से मेरी ओर देखा। उसके मन के भावों को समझ केशव के पिता बोले, "यह है विनोद। केशव का मित्र और सहपाठी।"

केशव की माँ के समीप बैठी युवा स्त्री ने नाक चढ़ाकर मुख दूसरी ओर कर लिया। टूनी ने उसे मुख मोड़ते देख कहा, "पापा! बुआ को दर्द हो रहा है।"

मिस्टर थापर (केशव के पिता) ने मुस्कराकर टूनी की ओर देखा और पूछा, "कैसे जानती हो, टूनी ?"

"हमारी स्कूल की बहनजी हमको एक नाटक सिखा रही हैं। उन्होंने बताया था कि ऐसे मुँह कर गरदन मोड़ने का अभिप्राय है—पेट में दर्द होना।" इतना कह उसने माथे पर त्योरी चढ़ा, मुख मोड़कर दिखा दिया। उस युवा स्त्री ने मेरा परिचय सुन, लगभग वैसा ही किया था। टूनी को यह नाटक करते देख सब हँस पड़े। मैं भी उसकी भावभंगी देख हँसा। इससे उस युवा स्त्री, जिसको टूनी ने बुआ कहा था, का मुख काला पड़ गया, परंतु दिखाने के लिए उसने भी दाँत निकाल दिए।

चाय के पश्चात् हम लॉन में चले गए। वहाँ उसने बैडमिंटन खेलना आरंभ कर दिया। सायं होने से पहले ही मैं अपना बस्ता ले अपने घर चला आया। यह मेरी केशव से मित्रता की तीसरी कड़ी थी।

मैं सप्ताह में एक-दो बार केशव के घर जाने लगा। केशव की बुआ को छोड़कर घर के अन्य सब लोग मुझसे स्नेह करने लगे। उनकी बुआ मुझको देख मुख मोड़कर एक ओर चली जाती थीं। टूनी तो मुझसे बहुत हिल-मिल गई थी। एक दिन मैंने उसे एक कहानी सुनाई।

"एक थी लड़की। वह अपने माता-पिता को बहुत प्यारी लगती थी, परंतु लड़की बहुत ही जिद्दी थी। वह अपनी बात को पूरा किए बिना छोड़ती नहीं थी। उसके माता-पिता उसको बहुत समझाते थे, परंतु जब उसके मन में कोई बात करने के लिए आ जाती, तो वह उसे किए बिना नहीं रहती थी।

"एक दिन वह कहीं से एक कुत्ते का पिल्ला पकड़ लाई। उस पिल्ले को उसने अपने पास बिठाकर दूध पिलाया और उससे प्यार करने लगी।

"लड़की के पिता ने बताया कि पिल्ला गंदा होता है, क्योंकि यह गंदी चीजें खाता है। उसको अपने समीप ही बैठाकर कुछ खिलाना-पिलाना ठीक नहीं। परंतु लड़की ने पिता की बात न मानी। वह पिल्ले को अपने पास बिठाकर खिलाती रही।

"उसके इस गंदे व्यवहार को देखकर सब उससे पृथक् रहने लगे। अब पिल्ला ही उसका मित्र था। वह उसी से खेलती और उसको अच्छी तरह खिलाती-पिलाती। पिल्ला बड़ा हुआ तो कुत्ता हो गया। वह निःशंक लड़की के बिस्तर पर अपने मैले पैरों से ही चढ़ जाता। वह लड़की से लाड़ करता तो अपने मैले पैर उसके कपड़ों पर रख देता।

"इस प्रकार लड़की के कपड़े, उसके बिस्तर और उसका कमरा गंदा रहने लगा। लड़की के माता-पिता, भाई-बहन लड़की को गंदा समझ उसको अपने समीप न बैठने देते और न ही उसके समीप जाते।

"लड़की को जब इस बात का ज्ञान हुआ तो उसने कुत्ते को अपने से पृथक् कर दिया और जब भी वह उसके पास अथवा उसके बिस्तर पर आने का यत्न करता तो वह उसको खूब डाँटती। धीरे-धीरे कुत्ता उससे दूर रहने लगा और लड़की साफ-सुथरी रहने लगी। अब उसके माता-पिता और भाई-बहन उसको अपने पास बैठाने लगे और उसको फिर से प्यार करने लगे।

"छोटों की संगत से मनुष्य छोटा हो जाता है।"

टूनी को यह कहानी बहुत पसंद आई। उसको और कहानियाँ सुनने की रुचि होने लगी और जब भी मैं उसके घर जाता तो वह मुझको पकड़कर बैठ जाती और कहानी सुनाने का आग्रह करती।

मैं और केशव उत्तरोत्तर अधिक और अधिक घनिष्ठ मित्र बनते गए। स्कूल में हम दोनों 'संगी' के नाम से विख्यात हो रहे थे। हम दोनों इकट्ठे खेलते और श्रेणी में इकट्ठे बैठते थे।

मेरे में विचार-शक्ति विकसित होती गई, केशव की अपने साथ मित्रता पर मेरा विस्मय बढ़ने लगा। वह एक धनी पढ़े-लिखे पिता का पुत्र था। मैं एक दुकानदार का पुत्र। हमारा घर बाँस मंडी में ऊपर की मंजिल में तीन कमरों का था और केशव के पिता की एक विशाल कोठी थी, जिसमें बड़े-बड़े दस-बारह कमरे थे।

मेरा एक छोटा भाई और एक बहन थे। वे दोनों मकान में दिन भर गंदगी फैलाते फिरते थे। एक बार केशव हमारे घर भी आया था। माँ ने चाय पिलाई थी। इस पर भी हमारे यहाँ और उनके यहाँ का अंतर स्पष्ट था। वीणा, मेरी छोटी बहन, ने तो उसके कपड़ों पर मैले हाथ लगा-लगाकर उनको गंदा कर दिया था। उसके दूध समान सफेद कोट पर वीणा की गंदी उँगलियों के चिह्न बन गए थे। इससे मुझको बहुत ही लज्जा अनुभव हुई थी।

इसके पश्चात् मैंने केशव को अपने घर ले जाने का साहस नहीं किया। न ही केशव ने इसके लिए कभी उत्सुकता प्रकट की। मैं ही प्रायः उसके घर जाया करता था।

हमारी मित्रता में एक सुदृढ़ कड़ी उस दिन बनी, जब हम दोनों अपनी श्रेणी के दस लड़कों के विरुद्ध लड़े। तब हम आठवीं श्रेणी में पढ़ते थे। हमारे साथ एक बंगाली लड़का लालमोहन भी पढ़ता था। उसमें एक गुण था। वह आधी से अधिक श्रेणी का नेता बना हुआ था। उसके दल का यह काम था, अपने से छोटी श्रेणी के लड़कों को तंग करना, अपने से बड़ों को भी इक्का-दुक्का देख मरम्मत करते रहना और मास्टरों की नाक में दम करते रहना। एक मास्टर ऋषिराम तो उनसे कई बार रो तक चुका था।

लालमोहन ने भरसक यत्न किया था कि केशव को अपने दल में सम्मिलित कर ले, परंतु इसमें वह सफल नहीं हो सका था।

एक दिन लालमोहन ने मास्टर ऋषिराम के लिए एक कुर्सी, जिसकी सीट बिल्कुल टूटी हुई थी, लाकर रखी और उस पर एक खाकी कागज बिछा दिया।

मैं श्रेणी में आया तो लालमोहन कागज को ठीक कर रहा था। मैंने समझा कि कागज इसलिए बिछा दिया है, जिससे कुर्सी की मिट्टी मास्टरजी के पायजामे को न लगे। मेरे आने के साथ ही केशव और फिर मास्टरजी आ गए। मास्टरजी का ध्यान कागज की ओर नहीं गया। वे कुर्सी पर बैठे तो उसी में धँस गए। मास्टरजी पैंसठ वर्ष के वृद्ध और कुछ भारी शरीर के थे। इस कारण जब सीट में घुसे तो फिर स्वयं निकल नहीं सके। वे छटपटाते रहे और हाथ-पाँव मारते रहे। लालमोहन के साथी हँसते रहे।

केशव ने देखा तो भागकर गया और उसने मास्टरजी को आश्रय देकर निकाला। वे जब खड़े हुए तो उन्होंने कुर्सी को देखा और पूछा, "यह कुर्सी और उस पर यह कागज किसने रखा था?"

मैं जानता था कि कागज किसने रखा था, परंतु मैंने बताना उचित नहीं समझा। सब चुप रहे। इस पर मास्टरजी ने डाँटकर कहा, "मैं सारी क्लास को दंड दूँगा। अभी भी बता दो कि किसने शरारत की है?"

मैं अब भी चुप था। सब लड़के मेरी ओर देख रहे थे और मैं निधड़क खड़ा सामने की ओर देख रहा था। इस समय मास्टर को क्रोध चढ़ आया और उन्होंने डेस्क में से बेंत निकाल लिया और कहा, "सबको पाँच-पाँच बेंत लगाऊँगा। एक अवसर और देता हूँ। बताओ, यह किसने किया है?"

अब लालमोहन उठकर खड़ा हो गया और कहने लगा, "मास्टरजी! यह केशव ने किया है। उसने हमको कहा था कि यदि किसी ने बताया तो उसको अपने नौकर से पिटवाएगा।"

इस पर मैं बोल उठा, "जी नहीं। लालमोहन झूठ बोलता है। यह कागज तो लालमोहन ने स्वयं रखा था। कुर्सी यहाँ कौन लाया था, मैं नहीं जानता।"

मेरे इस तरह कहने पर तो लालमोहन का मुख विवर्ण हो गया और उसने कहा, "मास्टरजी! विनोद झूठ कहता है। आप श्रेणी के अन्य लड़कों से पूछ लीजिए। यह शरारत केशव की है।"

मास्टरजी को अन्य लड़कों से पूछने की बात पसंद आई और उन्होंने कई लड़कों से पूछा। सभी लड़कों ने लालमोहन के कथन का समर्थन किया। प्राय: लड़के उससे डरते थे।

केवल एक मैं ही था, जो लालमोहन को दोषी बताता था। मैंने यह भी बताया कि वह गुंडा है, इस कारण सब लड़के उससे डरते हैं।

इस पर अन्य लड़कों ने मुझको झूठा कहा। मास्टर ने पूछा, "विनोद! क्या सब लड़के झूठ बोलते हैं?"

प्रथम परिच्छेद

उनकी बात पर विश्वास कर मास्टरजी ने आज्ञा दे दी, "मैं समझता हूँ कि विनोद और केशव दोनों दोषी हैं और मैं उनको पाँच-पाँच बेंत लगाने का दंड देता हूँ।"

इस पर केशव ने कहा, "मैं आपकी गलत धारणा के विरुद्ध हेडमास्टर साहब के पास अपील करना चाहता हूँ।"

"पहले दंड भोग करो, पीछे अपील करना। इसमें हेडमास्टर क्या करेंगे? शरारत मेरे साथ हुई, मैं दंड देता हूँ।"

"आप नहीं समझते। मैं हेडमास्टरजी के पास जा रहा हूँ।" इतना कह वह हेडमास्टरजी के पास जाने के लिए कमरे से बाहर निकल गया। मास्टर उसको पकड़ने को लपका, परंतु वह भाग गया।

इस पर मास्टर का क्रोध मुझ पर निकलने लगा। उसने बेंत को हवा में घुमाते हुए कहा, "सच बताओ, अब भी क्षमा कर दूँगा।"

"मैं सौगंधपूर्वक कहता हूँ कि यह शरारत लालमोहन की है।"

"तुम झूठ बोलते हो।"

"जब हेडमास्टर साहब जाँच करेंगे तो पता चल जाएगा। आपने जाँच ठीक नहीं की।"

"तो क्या सब लड़के झूठ बोलते हैं?"

"झूठ-सत्य का निर्णय क्या वोट लेकर होगा?"

"लालमोहन!" मास्टर ने उसकी ओर देखकर पूछा, "सत्य बताओ क्या बात है?"

लालमोहन ने धड़ल्ले से कहा, "मास्टरजी! यह विनोद झूठ बोलता है। जब मैं आया था, तो केशव कुर्सी पर कागज रख रहा था।"

"तुमने विनोद को कुछ करते देखा है?"

"यह केशव का मित्र है। इसने अवश्य उसका साथ दिया होगा।"

इस समय हेडमास्टर साहब केशव के साथ चले आए। जब वे आए, तो सब लड़के खड़े हो गए। मास्टर ऋषिराम तो पहले ही खड़े थे। हेडमास्टर ने लड़कों को संबोधन कर पूछा, "तुम्हारी श्रेणी में मास्टरजी के साथ उपहास किया गया है। मैं अब तुम सबको अवसर देता हूँ कि वह लड़का, जिसने अपराध किया है, अपने आप अपना अपराध स्वीकार कर ले। यदि उसने स्वयं अपराध स्वीकार न किया और पीछे पकड़ा गया तो मैं उसको स्कूल से निकाल दूँगा।"

हेडमास्टर साहब ने अपराधी को स्वयं अपना अपराध स्वीकार करने को कहा था, इस कारण मैं चुप था; परंतु लालमोहन से चुप नहीं रहा गया। उसने कह दिया, "मैंने केशव को इस टूटी कुर्सी पर कागज बिछाते देखा है।"

"देखो लालमोहन! मैंने अभी साक्षी नहीं माँगी। मैंने तो शरारत करनेवाले को स्वयं अपना अपराध स्वीकार करने को कहा है।"

इस पर लालमोहन चुप कर गया। उसका मुख विवर्ण हो रहा था और मैं उसके हाथों को काँपते हुए देख रहा था। उसने अपने काँपते हाथों को छुपाने के लिए उनको जेबों में डाल दिया। हेडमास्टर साहब दो मिनट तक अपराधी से अपना अपराध स्वयं स्वीकार करने की प्रतीक्षा करते रहे। जब कोई स्वीकार करने के लिए आगे नहीं बढ़ा, तब हेडमास्टर ने कहा, "अच्छी बात है। मैं जाँच आरंभ करता हूँ। अब किसी के साथ रियायत नहीं की जाएगी। लालमोहन, केशव और विनोद मेरे कमरे में चले आएँ।"

हम तीनों हेडमास्टर साहब के साथ उनके कमरे में जा पहुँचे। मैंने अपना वक्तव्य दुहरा दिया। ऐसा प्रतीत हुआ कि हेडमास्टर साहब ने लालमोहन की घबराहट देख ली थी। उन्होंने मुझसे पूछा कि मैं अपने साक्षियों के नाम लिखाऊँ। मैंने कहा कि वे श्रेणी के लड़कों को पृथक्-पृथक् लालमोहन की अनुपस्थिति में बुलाकर पूछें। मैंने कहा, "मुझको विश्वास है कि वे इससे डरकर सत्य नहीं बताते।"

मेरा सुझाव हेडमास्टर साहब की समझ में आ गया। हम सबको पृथक्-पृथक् कमरों में बंद कर एक-एक लड़के को पृथक्-पृथक् बुलाकर जाँच आरंभ कर दी।

एक घंटे के बाद हमको बाहर निकाला गया। हमने देखा कि पूर्ण स्कूल के लड़के मैदान में एकत्र हो चुके थे। जब हम वहाँ पहुँचे तो हेडमास्टर ने इस शरारत की पूर्ण कथा लड़कों को बताई और इसके पश्चात् दंड सुना दिया। उन्होंने कहा, "लालमोहन और उसके साथ दो लड़कों को, जिनमें से एक अच्छी कुर्सी को गोदाम में ले गया था और दूसरा वहाँ से टूटी कुर्सी उठाकर लाया था, मैं छह-छह बेंत लगाने का दंड देता हूँ।"

लालमोहन बेंत खाकर आया तो मुझको सुनाकर कहने लगा, "स्कूल के बाहर आज इन बेंतों का मजा दूँगा।"

मैंने केशव को बताया तो वह पूछने लगा, "अब क्या करना चाहिए?"

मैंने उत्तर दिया, "इसे पीटना चाहिए।"

स्कूल की छुट्टी के समय स्कूल के अहाते के बाहर निकलते ही लालमोहन अपने आठ-नौ साथियों के साथ हम पर टूट पड़ा। हम दोनों दीवार के साथ पीठ लगाकर लड़ने लगे। जो भी हमारे समीप आता था, हम मुक्कों से उसका स्वागत करते। चोर के पाँव नहीं होते और दो-चार बार आक्रमण करने के पश्चात् लड़के भागने लगे। सबसे पहले लालमोहन भागा और पीछे उसके साथी।

हमें भी बहुत चोटें लगी थीं। केशव की गाड़ी में हम दोनों घर चले गए। मेरी दाईं आँख के ऊपर की कनपटी सूजी हुई थी और होंठ में से रक्त बह रहा था। शरीर पर भी कई स्थानों पर चोटें आई थीं। केशव की कोठी में मेरे घावों की मरहम-पट्टी की गई।

प्रथम परिच्छेद

स्कूल के बाहर की लड़ाई की सूचना हेडमास्टर को मिली। इस सूचना का परिणाम यह हुआ कि लालमोहन स्कूल से निकाल दिया गया और मेरे तथा केशव में मित्रता और भी दृढ़ हो गई।

मैट्रिक परीक्षा के पूर्व तो मैं प्रायः नित्य केशव के घर जाया करता था। इस कारण ऐलजबरा और ज्योमेट्री का अभ्यास हम साथ-साथ करते थे।

इन दिनों टूनी (मालती) सातवीं श्रेणी में हो गई थी। वह अभी भी मुझसे कहानी सुनाने का आग्रह किया करती थी। कभी-कभी मैं सुना भी दिया करता था। वह भी गणित में कमजोर थी और मुझसे सहायता लिया करती थी। इस प्रकार कालांतर में मेरा केशव के परिवार से संबंध घनिष्ठ होता गया।

केशव की बुआ, अपने पति के घर, जो अफ्रीका में नैरोबी में रहता था, चली गई थी। कई वर्षों से वह भारत में आई नहीं थी। इस पर भी उसके पति का, जो वहाँ ठेकेदारी करता था, समाचार आता रहता था। वे उत्तरोत्तर अधिक और अधिक धनी होते जाते थे।

मैं मैट्रिक की परीक्षा की तैयारी में लगा था कि केशव की बुआ, रुक्मणी, हिंदुस्तान में आई। वह अपने भाई मिस्टर थापर के घर पर ही ठहरी। मैं अब किशोरावस्था का हो गया था और अच्छे कद का होने से बुरा प्रतीत नहीं होता था। परंतु केशव की बुआ को मैं बिल्कुल नहीं भाता था। मुझे देख उसके माथे पर त्योरी चढ़ जाती थी। उसे देख मुझे टूनी का उस पर कसा पहले दिन का व्यंग्य स्मरण हो आता था।

बुआ के आने का एक परिणाम यह हुआ कि टूनी को मुझसे मिलने की बिल्कुल मनाही कर दी गई। टूनी ने मुझसे गणित पढ़ना छोड़ दिया। मेरा अनुमान था कि उसे अब मेरी सहायता की आवश्यकता नहीं रही, इस कारण वह मुझसे गणित सीखने नहीं आती, परंतु यथार्थ बात केशव ने बताई। एक दिन उसने बताया, "टूनी को सवाल समझा रहा था, इस कारण आज कुछ भी काम न कर सका।"

"तो वह मुझसे आकर पूछ जाती?" मैंने सहज भाव में कहा।

"वह अब नहीं आएगी, क्योंकि एक दिन इस पर झगड़ा हुआ था।"

"क्या झगड़ा हुआ था?"

"बुआ आ गई हैं न! वे टूनी का तुम्हारे साथ मिलना पसंद नहीं करतीं। उन्होंने मना किया तो टूनी ने इसका कारण पूछा। बुआ ने बताया कि अब वह बड़ी आयु की हो गई है। उसको गैर लड़कों से नहीं मिलना चाहिए। टूनी ने कहा भी कि विनोद भैया गैर नहीं। इस पर बुआ ने तुम्हारे विषय में कुछ कहा तो टूनी ने बुआ को उत्तर दिया कि वह कुछ नहीं जानती। उसके पश्चात् बुआ ने उसे कुछ कहा और फिर दोनों झगड़ पड़ीं और रोने लग गईं। इस पर पिताजी ने टूनी को मुझसे पढ़ने की आज्ञा दी।"

मैंने कुछ स्वाभिमान के भाव में कहा, "केशव भैया! मैं समझता हूँ कि मुझको अब यहाँ नहीं आना चाहिए।"

"क्यों?"

"जिस घर में अपमान हो, वहाँ आना ठीक नहीं। हम अब गणित का अभ्यास गोल बाग में अथवा स्कूल के किसी कमरे में बैठकर कर लिया करेंगे।"

"अरे नहीं दोस्त! मैं तुमको यहाँ लाता हूँ और मैं कहता हूँ कि तुम्हारा अपमान मेरे सामने नहीं किया जा सकता।"

"केशव! नहीं।"

मैं इसके पश्चात् केशव के घर नहीं गया, परंतु केशव ने इस पर बुरा नहीं माना। एक दिन उसने यहाँ तक कह दिया, "विनोद! मैं प्रसन्न हूँ कि तुम हमारे घर नहीं आते। मैं तुम्हारी भावनाओं को समझता हूँ और उसकी सराहना करता हूँ।"

मेरे मन में बात समा गई कि मेरे विषय में अभी भी उनकी कोठी में चर्चा होती रहती है और उसमें मेरे प्रति कटु वचन कहनेवाला कोई है।

मैट्रिक पास किया और हम दोनों गवर्नमेंट कॉलेज में दाखिल हो गए। हम दोनों ने साइंस ली थी।

एक दिन मैं अपनी दुकान पर खड़ा था कि केशव की माता, कुछ क्रॉकरी खरीदने वहाँ आईं। टूनी उनके साथ थी। केशव की माँ ने मुझको पहचाना अथवा नहीं, कह नहीं सकता। उसने मेरी तरफ ध्यान भी नहीं दिया और मुख मोड़कर 'टी-सेट' आदि देखने लग गईं। मैंने टूनी को देखा और उसने भी मुझे देखा। वह मुझको देखकर मुस्कराई। मैं गंभीर बना रहा। नौकर टूनी की माता को सामान दिखाता रहा। मैंने वहाँ से खिसक जाना ही उचित समझा। मैं पिताजी को कहकर कि मैं घूमने जा रहा हूँ, दुकान से निकल जाने लगा। टूनी ने मुझको जाते देखा तो मेरे सामने खड़ी हो गई और बोली, "विनोद भैया! अब तुम आते नहीं?"

मैं इस प्रश्न पर विस्मय से उसका मुख देखता रह गया। वह मेरे उत्तर की प्रतीक्षा कर रही थी। जब मुझे कुछ उत्तर न सूझा तो उसने कहा, "गणित सिखाने के लिए एक अध्यापिका रखी है, परंतु मुझे उससे कुछ समझ नहीं आता।"

मैं दुकान में लगे शो-केस से टेकना लगाकर खड़ा हो उसकी बात सुनने लगा था। वह कहती गई, "इस बार परीक्षा में मेरे गणित में अंक बहुत कम आए हैं।"

"आखिर," मैंने पूछा, "पास तो हो गई हो न?"

"हाँ। पर आप आते क्यों नहीं?"

"अच्छा, अब चलूँ?"

"नहीं! कल मेरा जन्मदिन है। हम उसके लिए कुछ क्रॉकरी खरीदने आए हैं।"

"कितनी वर्ष की हो गई हो तुम?"

"तेरह वर्ष की।"

"मुबारक हो नया वर्ष तुमको।"

"इस तरह नहीं, कल आइएगा।"

"अच्छी बात। बधाई तो जरूर पहुँचेगी।"

"अच्छा ठहरो।" इतना कह वह माताजी से कुछ कहने लगी। मैं समझ गया कि वह निमंत्रण देने के लिए उनसे कुछ कहने लगी है। इस कारण मौका पाते ही मैं वहाँ से खिसक गया।

घर जाकर मैंने विचार किया कि टूनी को कुछ भेंट देनी चाहिए। इस पर सोचने लगा कि क्या भेंट करूँ? कीमती वस्तु देनी न आवश्यक थी और न ही संभव। इस कारण कोई पुस्तक देने के विचार से 'पुस्तक भवन' में जा पहुँचा। बहुत विचारोपरांत 'पथ के दावेदार' शरतचंद्र के उपन्यास 'पथेर दावे' का अनुवाद मोल ले आया और उस पर 'टूनी (मालती) के लिए उसके चौदहवें जन्मदिवस पर, सस्नेह भेंट' लिख, नीचे अपना नाम लिख दिया और डाकखाने में रजिस्टरी करवा दी।

☐

अगले दिन कॉलेज में केशव आया तो मुझको कहने लगा, "विनोद! आज टूनी का जन्मदिन है।"

"पता है।"

"तो घर चलना आज।"

"केशव भैया! तुम्हारा घर होता तो चलता। घर तुम्हारे पिताजी का है।"

"टूनी ने मुझसे कहा था कि तुम्हें अवश्य साथ लेता आऊँ।"

केशव के सहानुभूतिपूर्ण व्यवहार से मैं उसको न नहीं करना चाहता था, परंतु मेरा मन कहता था कि वह मन से मेरे चलने को पसंद नहीं करेगा। इस कारण मैंने कहा, "केशव! तुम इस परिस्थति में क्या करते?"

केशव ने मेरी आँखों में देखते हुए कहा, "मैं नहीं जाता। कल हमारे घर में फिर भारी विवाद हुआ है। कल टूनी तुमसे तुम्हारे पिताजी की दुकान पर मिली थी। वह माताजी से कहने गई थी कि तुमको भी निमंत्रण दें। माताजी तैयार नहीं थीं। इस पर भी उन्होंने कहा कि यदि वह चाहे तो स्वयं निमंत्रण दे सकती है, परंतु तुम वहाँ से चले आए थे। घर जाकर उसने पिताजी को तुम्हें लिखित निमंत्रण देने के लिए कहा। पिताजी तो तैयार थे, परंतु बुआ अभी तक यहीं हैं। उन्होंने मना कर दिया। वे बोलीं, 'लड़कियाँ केवल लड़कियों को ही निमंत्रण देती हैं।'

इस पर टूनी ने कहा, 'इसी कारण तो पिताजी से कह रही हूँ।'

'परंतु कह तो लड़के के विषय में रही हो?'
'तो क्या हो गया? केशव भैया को भी निमंत्रण दिया है मैंने।'
'केशव में और उसमें क्या तुलना हो सकती है?'
'वे केशव भैया के मित्र हैं।
'होते रहें।'

"इस पर टूनी रोई और बुआजी भी रोईं। पिताजी ने कह दिया, 'टूनी! तुम्हारा जन्मदिवस है। तुम जिसको चाहो, बुला सकती हो। हम मना नहीं करते।'

"इस पर टूनी ने मुझसे कहा कि मैं तुमको साथ अवश्य लेता आऊँ।"

"देखो केशव! टूनी अभी बचपन की बातें कर रही है। मुझको विश्वास है कि बिना बुलाए जाने से अपमान हो जाने का भय है।"

"तो ठीक है। मेरी सम्मति यही है, जो तुम्हारा निर्णय है।"

इस पर भी वहाँ बात समाप्त नहीं हुई। दो दिन पश्चात् दुकान के पते पर मेरी भेंट की प्राप्ति का पत्र मिला। पत्र में टूनी ने लिखा था—

"आदरणीय विनोद भैया! आपकी भेंट मिली। इसके लिए अत्यंत धन्यवाद।

"केशव भैया ने बताया है कि आप किस कारण से नहीं आए। मुझको समझ आ गया है। अब मैं आपको तब तक निमंत्रण नहीं भेजूँगी, जब तक इस घर में आपकी मान-मर्यादा की रक्षा करने की शक्ति मुझमें नहीं आ जाती। मैंने केशव भैया से पूछा था कि यह शक्ति मेरे में कैसे आएगी? उन्होंने बताया था कि जब तक मेरा विवाह नहीं हो जाता अथवा मैं बालिग होकर स्वयं कमाने नहीं लग जाती।

"आप बहुत अच्छे हैं, जो वर्तमान परिस्थिति में भी मुझको भेंट भेज रहे हैं। आपकी स्नेह की पात्री—टूनी।"

केशव ने मुझको कुछ नहीं बताया कि चाय-पार्टी कैसी हुई और उसने टूनी को क्या बताकर संतोष दिलाया था। इस कारण मैंने भी टूनी के पत्र का उल्लेख उससे नहीं किया।

एक वर्ष व्यतीत हुआ तो मैंने फिर टूनी को उसके पंद्रहवें जन्मदिन पर भेंट भेजी। इस बार तुलसी रामायण थी। इस बार भी धन्यवाद का पत्र आया।

पत्र में लिखा था, "आदरणीय भैया! आपने अपनी टूनी को भुलाया नहीं, सो मैं आपके प्रति कृतज्ञ हूँ। मैं भेंट के लिए किस प्रकार धन्यवाद दूँ! धन्यवाद तो केवलमात्र एक दिखावे की वस्तु है। वास्तव में, जो कुछ मैं अपने मन में आपके प्रति भाव रखती हूँ, उसे लिखने की मेरे में योग्यता नहीं। मेरी भाषा इतनी दुर्बल है कि मैं लिख नहीं सकती। क्षमा करना। इतने मात्र से ही समझ लेना। स्नेह-पात्री—टूनी।"

मुझको केशव से पता चला कि टूनी मैट्रिक में फेल हो गई है। उस समय हम थर्ड ईयर में थे। हम दोनों बी.एस-सी. में पढ़ते थे। फिजिक्स, केमिस्ट्री हमारे विषय थे।

मुझको टूनी के फेल हो जाने का बहुत ही दुःख था। केशव ने कहा, "वह पढ़ती-लिखती तो कुछ थी नहीं। पास क्या होती? तुम्हारी भेजी रामायण का पाठ ही किया करती थी।"

इस वर्ष मैंने एक सुंदर सजिल्द गीता अनुवाद सहित उसके पास भेजी। उसका धन्यवाद का पत्र आया तो मैंने उसे उसके फेल हो जाने के लिए संवेदना-पत्र भेजा। लिखा, "टूनी बहन! केशव से यह जानकर कि तुम रामायण पढ़ने में आवश्यकता से अधिक समय देती रही हो और इसी कारण फेल हो गई हो, बहुत ही दुःख हुआ है।

"भविष्य में तुम्हें कोई साड़ी-जंपर इत्यादि ऐसी चीजें भेजा करूँगा, जिससे तुम मेरी भेजी चीजों को बदनाम न कर सको।

"अभी तो तुम्हारा पढ़ाई का समय है। रामायण-गीता आदि तो जीवन भर पढ़ी जा सकती हैं।

"पूर्ण आशा करता हूँ कि इस वर्ष तुम मन लगाकर पढ़ोगी और फर्स्ट डिवीजन में पास होगी। सुखी रहो और पढ़-लिखकर योग्य बनो। तुम्हारा भाई—विनोद।"

मैं इस पत्र के उत्तर की आशा नहीं रखता था। इस पर भी उसका उत्तर आया। उसने लिखा, "आपकी संवेदना के लिए धन्यवाद। परंतु मैं आपको अपने मन की बात कहती हूँ, मैं फेल होने से बिल्कुल दुःखी नहीं हूँ। प्रत्युत मुझे प्रसन्नता है। मेरा पढ़ाई में बिल्कुल मन नहीं लगता। मैं ऐलजेबरा, ज्योमेट्री, ज्योग्राफी आदि विषय बिल्कुल समझ नहीं पाती। आप जब समझाते थे तो कुछ-कुछ समझ में आता था। अब न तो कोई समझाता है और न ही समझ में आता है।

"रहे अन्य विषय, वे तो मैं स्वयं पढ़ सकती हूँ। परीक्षा पास न होगी, तो न सही। योग्यता तो होगी। सो जीवन चल जाएगा।"

इसके उत्तर में मैंने कॉलेज की पढ़ाई का बहुत ही सुंदर दृश्य खींचा और उसको बताया कि बिना मैट्रिक पास किए वह कॉलेज में प्रवेश नहीं पा सकेगी। इससे कॉलेज के योग्य प्रोफेसरों के प्रवचन सुनने से वंचित रह जाएगी।

इस प्रकार उच्च शिक्षा की अच्छाइयाँ वर्णन कर उसको उत्साहित किया कि वह पढ़े और अच्छे अंक लेकर मैट्रिक पास करे।

मेरे पत्र लिखने का परिणाम यह हुआ कि मेरा टूनी से पत्र-व्यवहार लगातार चलने लगा। उसकी बुआ नैरोबी चली गई थीं और उसने लिखा था कि वह शांति से अपना मन किसी कार्य में लगा सकती है। मेरी सम्मति उसने स्वीकार कर ली थी और दिल लगाकर पढ़ाई प्रारंभ कर दी थी।

कई पत्रों का आदान-प्रदान हो चुका था। उन सबमें मैंने उसको 'टूनी बहन' से ही संबोधन किया था और वह मुझको 'विनोद भैया' कहके संबोधित करती थी। मैं बी.एस-सी. की परीक्षा की तैयारी कर रहा था। उसकी मैट्रिक की परीक्षा समाप्त हो चुकी थी।

मेरा उससे संपर्क केवल पत्रों द्वारा ही हो रहा था। एक ही नगर में रहते हुए और उसके भाई से घनिष्ठ संबंध रखते हुए भी मैं उससे कभी भी नहीं मिलता था। केशव ने मुझको कभी अपनी कोठी पर चलने का निमंत्रण नहीं दिया था और न ही मैंने कभी वहाँ जाने की इच्छा प्रकट की थी।

मैं जानता था कि केशव अति स्वाभिमानी युवक है। वह जब तक विश्वास नहीं कर लेगा कि मेरे साथ अच्छा व्यवहार होगा, तब तक मुझे वहाँ नहीं ले जाएगा और न ही जाने की सम्मति देगा। मैं भी विचार करता था कि टूनी से स्नेह हो गया है। क्या अपनी बहन से, जो वर्षों के लिए और कभी-कभी तो जीवन भर के लिए ससुराल चली जाती है, स्नेह नहीं होता? मैंने अपने मन में समझ रखा था कि टूनी किसी दूसरे नगर में रहती है।

कभी-कभी मेरे मन में इच्छा होती थी कि अब देखें कि वह कैसी लगती है! बचपन में तो उसकी बातें, उसकी रूपरेखा और उसका चुलबुलापन अति आकर्षक होता था। अब वह सोलह वर्ष की युवती थी। उसको अद्वितीय सुंदरी होना चाहिए। उसके चुलबुलेपन के स्थान पर उसके अंग-अंग में स्फूर्ति होनी चाहिए। उसकी बुद्धि की चंचलता के स्थान पर उसमें गंभीरता होनी चाहिए। मन में उत्सुकता थी कि उसको देखूँ, परंतु शिष्टाचार के नाते ऐसा नहीं कर सका।

☐

मैं एक दिन लेबोरेटरी से निकल रहा था कि केशव ने बताया, "देखो, वह कॉलेज के दरवाजे पर कौन खड़ा है?" मैंने देखा कि एक युवा लड़की सज-धज के साथ वहाँ खड़ी किसी की प्रतीक्षा कर रही है। मैंने ध्यान से देखा तो माथा तथा नाक केशव से मिलते-जुलते प्रतीत हुए। मैं समझ गया और मेरे मुख से निकल गया, "यह तो टूनी मालूम होती है!"

"हाँ, मेरे साथ सिनेमा देखने जा रही है। 'लाइट ऑफ एशिया' फिल्म का विज्ञापन पढ़ वह इसे देखने को पागल हो रही है। हम छह बजे के शो में जा रहे हैं।"

मैं टूनी को कॉलेज के गेट के समीप खड़े देख वहीं ठहर गया था। जब केशव ने सिनेमा जाने का प्रोग्राम बताया तो मैंने कहा, "अच्छा, तुम जाओ। मैं अभी हॉस्टल में मेलाराम से मिलने जा रहा हूँ।"

"पर वह तो कहती है कि तुमको भी साथ ले चलेंगे।"

"और मैं कहता हूँ कि मैं उसके समीप तब तक नहीं फटकूँगा, जब तक उसके माता-पिता की इसके लिए स्वीकृति नहीं होती।"

"लो, वह तो स्वयं ही यहाँ आ रही है। कदाचित् तुम्हारे यहाँ रुक जाने से उसने तुम्हारे मन की बात का अनुमान लगा लिया है!"

मैं विचार करने लगा कि यहाँ से भाग जाऊँ अथवा खड़ा रहूँ। भाग जाना

असभ्यतापूर्ण तथा अनावश्यक समझ वहाँ खड़ा रहा। टूनी आई तो हाथ जोड़कर उससे नमस्कार की और बोला, "मालती! आज इधर कैसे?"

वह मुस्कराई और बोली, "मालती नहीं, टूनी। भूल गए हैं आप?"

"टूनी तो एक छोटी-सी लड़की थी, इतनी सी।" मैंने भूमि से तीन फीट ऊँचे हाथ कर बता दिया। "अब तुम्हें देख, टूनी कहकर पुकारने में लज्जा अनुभव होती है।"

वह हँस पड़ी। केशव और मैं भी हँसने लगे। बात उसने आरंभ की, "केशव भैया आज मुझको 'लाइट ऑफ एशिया' दिखाने ले जा रहे हैं। यह विचार था कि आप भी साथ चलते।"

"देखो मालती! तुम्हारे माता-पिता मेरा तुमसे मेल-जोल पसंद नहीं करते। इस कारण मैं तुम लोगों के साथ नहीं जाऊँगा।"

"न पसंद करनेवाली बुआ थीं। वे चली गई हैं और उनके साथ आप पर लगा प्रतिबंध उठ गया मान लिया जाना चाहिए।"

"मैं ऐसा नहीं समझता। बुआ के काल में यह प्रतिबंध हुआ था अवश्य, परंतु प्रतिबंध लगानेवाले तुम्हारे पिता थे। उठा भी वे ही सकते हैं। उन्होंने उठाया नहीं। इस वर्ष भी तुम्हारे जन्मदिवस पर मुझे निमंत्रण नहीं मिला।"

मालती इसके आगे कुछ कह न सकी। अत: अति दयनीय मुद्रा बनाकर कहने लगी, "विनोद भैया! चलिए आप। उनको पता नहीं लगेगा।"

"नहीं बहन! क्षमा करो। मैं तुम्हारे विचार को ठीक नहीं मानता।"

उसका मुख उतर गया। मैंने नमस्ते की और कॉलेज हॉस्टल की ओर चल दिया।

अगले दिन केशव ने बताया कि वे पिक्चर देखने नहीं गए।

मैं टूनी के मन की अवस्था का अनुमान लगाकर दु:ख अनुभव करता था; परंतु कुछ कर नहीं सकता था। मैंने विचार किया कि उसको पत्र लिखूँ और समझाऊँ। परंतु बहुत यत्न करने पर भी कुछ लिख नहीं सका। मैं अनुभव करता था कि एक स्वाभाविक स्नेह के प्रवाह को रोकने का यत्न किया जा रहा है। यह अन्याय है।

मैं अपनी परीक्षा की तैयारी में इतना लीन हो गया कि मालती को उस समय के लिए प्राय: भूल ही गया। उसने भी मुझे कोई पत्र नहीं लिखा।

परीक्षा समाप्त हुई तो मैं डलहौजी भ्रमणार्थ चला गया। केशव अपने माता-पिता तथा बहन के साथ कश्मीर चला गया था। एक पत्र उसका पहलगाम से आया, जो लाहौर होकर मुझे डलहौजी में मिला। उसमें साधारण रूप में ही मालती का उल्लेख था। उसने लिखा था कि मालती को आर्य कन्या महाविद्यालय में प्रवेश लेना है और उसमें प्रवेश तिथि से पूर्व ही वे लाहौर पहुँच जाएँगे। मैंने उनके पत्र का उत्तर दिया तथा उसने 'सबको नमस्ते मिले' ऐसा लिख दिया।

मेरी छोटी बहन वीणा ने इसी वर्ष मैट्रिक किया था और वह भी कन्या महाविद्यालय में प्रवेश लेना चाहती थी। इस संयोग से मुझे अचंभा हुआ। मैंने टूनी के विषय में घर पर किसी को भी कुछ बताया नहीं था, इस कारण किसी प्रकार की उलझन की आशंका नहीं थी।

जब मैं डलहौजी से लौटा तो मेरे लिए दो पत्र, एक श्रीनगर से तथा दूसरा लाहौर निस्बत रोड से आए हुए रखे थे। श्रीनगर से केशव का पत्र था। उसमें उसने अपने पूर्ण परिवार का चित्र, जो पहलगाम में लिया गया था, भेजा था और लाहौर पहुँचने की तिथि लिखी थी।

पिताजी ने बताया कि केशव दो-तीन बार मुझसे मिलने आ चुका है। उसको मेरे यहाँ आने की तारीख बता दी गई थी।

दूसरा पत्र मालती का था। पत्र काफी लंबा था। साथ में उसकी एक फोटो थी, जो श्रीनगर के स्टूडियो में खिंचवाई गई थी। पत्र में कश्मीर भ्रमण का रोचक वर्णन लिखा था। चित्र के विषय में लिखा. था, "आप तो मिलते नहीं। इस कारण यह चित्र अपने प्रतिनिधि के रूप में भेज रही हूँ, जिससे आपका स्नेह बना रहे।"

मैंने चित्र के लिए धन्यवाद लिखा और कश्मीर-भ्रमण के आनंद के लिए बधाई दी।

चित्र के नीचे 'टूनी बहन' लिखकर, एक सुंदर फ्रेम में जड़वाकर अपने कमरे की दीवार के साथ टाँग दिया। माताजी ने पूछा भी, "यह कौन नई बहन बना ली है?" मैंने बता दिया, "केशव की बहन है। कश्मीर गए थे और वहाँ से उसने यह चित्र भेजा है।" साथ ही केशव के पूर्ण परिवार का चित्र भी टँगवा दिया।

हम दोनों एम.एस-सी. में प्रवेश लेने का विचार रखते थे। केशव की रुचि 'फिजिक्स' लेने की थी और मैं 'केमिस्ट्री' पसंद करता था। इस प्रकार चौथी श्रेणी से इकट्ठे पढ़ते-पढ़ते हम अब पृथक् हो गए।

कश्मीर से आने के पश्चात् एक अन्य बात में भी अंतर पड़ गया। केशव कश्मीर में बहुत कुछ अध्ययन करता रहा प्रतीत होता था। उसके विचारों से नास्तिकता की बू आने लग गई थी। अभी हम एम.एस-सी. में प्रवेश लेने का विचार कर ही रहे थे कि एक दिन जब हम माल रोड पर टहल रहे थे, हम दोनों में केमिस्ट्री तथा फिजिक्स पर तुलनात्मक विवाद होने लगा।

केशव ने छूटते ही पूछा, "क्या करोगे केमिस्ट्री में एम.एस-सी. पास करके? हमारे देश में दस्तकारी बहुत ही हीन अवस्था में है। केमिस्ट्री के ग्रेजुएटों के लिए करने को कोई काम नहीं।"

"देखो, ईश्वर की कृपा से मैं प्रोफेसर बन सकूँगा।"

वह ठहाका मारकर हँस पड़ा। उसने कहा, "ईश्वर तुमको प्रोफेसर बनाने आएगा। कहाँ है वह?"

मैंने उसके मुख की ओर देखा तो वह कहने लगा, "विनोद! अब एम.एस-सी. में पढ़ने जा रहे हो। ऐसी बात कोई नहीं करनी चाहिए, जिसको हम 'साइंटिफिकली' (वैज्ञानिक ढंग से) सिद्ध न कर सकें।"

मैंने गंभीर हो कहा, "ठीक है केशव! परंतु ईश्वर इतना बड़ा है कि उस पर टेस्ट करने के लिए उतनी बड़ी टेस्ट-ट्यूब अभी नहीं बनी।"

"उसकी एक 'स्लाइस' (टुकड़ा) काटकर तो टेस्ट किया ही जा सकता है।"

"वह अभेद्य है। काटा नहीं जा सकता।"

"यह वागाडंबर है। यदि हमें साइंस का विद्वान् बनना है तो हमको अप्रत्यक्ष को प्रत्यक्ष कर दिखाना होगा। जो ऐसा ढीठ है कि लाखों वर्षों से छुपा बैठा है, उसको मान्यता देने से क्या मिलेगा?"

"प्रत्यक्ष तो वह है। एक ग्यारहवीं इंद्रिय है। उसको मन कहते हैं। परमात्मा का साक्षात्कार उसके द्वारा हो सकता है।"

"तो होता क्यों नहीं?"

"उसी प्रकार, जैसे गंधक के तेजाब को 'टेस्ट-ट्यूब' में डालकर हाइड्रोजन की आशा करें तो वह मिल नहीं सकती। उसके लिए हमको गंधक के तेजाब में जस्ते के टुकड़े डालने पड़ते हैं। इसी प्रकार मित्र! संसाररूपी तेजाब में से भगवान् के दर्शन करने के लिए बुद्धिरूपी जस्ते का प्रयोग करना पड़ेगा।"

"तो तुमने देखा है उसको?"

"वैज्ञानिक कहते हैं कि मंगल तारे में जीव बसते हैं। उन्होंने वहाँ जाकर उन्हें देखा है क्या?"

"युक्ति से वैज्ञानिकों ने जाना है।"

"तो इसमें भी युक्ति की आवश्यकता है। भगवान् का अस्तित्व युक्ति से सिद्ध होता है।"

"मैं जब आस्तिकों को झूठ बोलते, ठगी करते, व्यभिचार अथवा अन्याय करते देखता हूँ, तो मेरी युक्ति कहती है कि परमात्मा ढोंग है।"

"यह विचित्र युक्ति है। यदि भारत में एक सुव्यवस्थित राज्य के होते हुए कहीं चोर-डाकू हैं, तो क्या राज्य के होने में संदेह करना चाहिए?"

"मैं तो तब तक किसी बात को मान नहीं सकता, जब तक मेरे हाथ पर लाकर वह चीज रख न दी जाए।"

मैंने समझा कि इस युक्ति का उत्तर मैं दे चुका हूँ। और बार-बार वही बात करने

से केशव की हठधर्मी सिद्ध होती है। इससे चुप कर रहा है। उसने समझा कि मैं परास्त हो गया हूँ।

एक दिन वीणा ने मुझको टूनी का एक पत्र दिया। लिफाफे पर लिखाई पहचान मैंने उससे पूछा, "यह तुमको कहाँ मिला?"

"टूनी बहन से।" और वह हँस पड़ी। मैं गंभीर भाव बनाए हुए उसकी ओर देखता रहा। इस कारण वह बताने लगी, "टूनी मेरी श्रेणी में पढ़ती है। मैंने पहचान लिया और एक दिन उससे पूछ ही लिया, 'तुम टूनी हो क्या?'

"'हाँ, तुम कैसे जानती हो?'

"'तुम्हारा चित्र मेरे भाई के कमरे में लगा हुआ है। मैंने पहचान लिया। उसके नीचे 'टूनी बहन' लिखा है।'

"'तुम विनोदजी की बहन हो?'

"'हाँ! और तुम केशव भैया की?'

"'हाँ! तो हम दोनों बहनें हुईं?'

"हम गले मिलीं और तब से वह मेरी सखी बन गई है। आज उसने मुझसे पूछा, 'यह पत्र अपने भाई साहब को दे दोगी?'

"मैंने स्वीकार किया तो उसने यह पत्र दे दिया।"

मैंने पत्र खोलकर पढ़ा। उसमें लिखा था, "विनोदजी! जिस दिन आप गवर्नमेंट कॉलेज में मिले थे, उसी दिन से मेरी इच्छा थी कि आपका चित्र मुझे मिले। यह विचार कर कि आपको मैं अपना चित्र भेजूँगी तो आप भी अपना भेज देंगे, मैंने अपना चित्र भेज दिया, परंतु आपने नहीं भेजा। क्या मैं आशा कर सकती हूँ कि आप अपना एक अच्छा सा चित्र भेजने की कृपा करेंगे?

"मैं स्वतंत्र होने की प्रतीक्षा कर रही हूँ। तब ही आपसे मिलने की आशा की जा सकती है। कल पिताजी ने मुझसे स्पष्ट कह दिया है कि आपका इस कोठी में आना आवश्यक नहीं। बात केशव भैया से चलाई थी। केशव भैया के बी.एस-सी. की डिग्री ले लेने के उपलक्ष्य में, शीघ्र ही पिताजी एक दावत देनेवाले हैं। केशव भैया ने अपने मित्रों की सूची में आपका नाम भी लिख दिया। पिताजी ने आपका नाम काट दिया। इस पर केशवजी ने पूछा, 'क्यों?'

"'कोई आवश्यकता नहीं।' पिताजी ने कहा।

"मैं अभी अगले जन्मदिवस पर सत्रह वर्ष की होऊँगी और मुझको स्वतंत्र होने में 4 वर्ष और हैं। तब तक के लिए यदि आप अपना चित्र भेज दें तो मैं अत्यंत आभारी रहूँगी।"

मैंने चित्र वीणा के हाथ भेज दिया। उसके नीचे लिख दिया था—'टूनी बहन के

लिए', इस पर भी मुझको इस विषय में चिंता लगने लगी थी। मैं अकारण ही केशव के परिवार में वैमनस्य का बीज बन गया था। मैं केशव से बात करना चाहता था, परंतु उसका कार्य एक दूसरी लेबोरेटरी में होता था। जब वह लेबोरेटरी में होता, मुझे लेक्चर 'अटेंड' करना होता था और जब मुझको अवकाश मिलता, वह कहीं काम पर गया होता था। इसी कारण हमारा मिलना आजकल काफी कम हो गया था।

एक दिन वीणा टूनी का पत्र लाई। उसने लिखा था, "आपके चित्र के लिए धन्यवाद। मैं आपका चित्र अपने कमरे में लटकाने का साहस नहीं कर सकती। मुझको भय है कि कहीं पिताजी क्रोध में आकर फाड़ न डालें! उसे मैंने अपने कपड़ों के संदूक में, जिसको ताला लगा रहता है और जिसकी ताली सदैव मेरे पास रहती है, रख दिया है। मैं जब कपड़े पहनती हूँ, तब आपके दर्शन कर सकती हूँ।"

मेरे मन में इस पत्र के पढ़ने से एक अन्य भय समा गया। मुझको कुछ संदेह होने लग गया था कि वह मुझसे प्रेम करने लग गई है। इस पर भी मैं यह बात संदेह के रूप में भी मुख से नहीं निकाल सकता था। मैं मन-ही-मन इस परिस्थिति पर मनन करने लगा था।

अगले दिन, लगभग दो महीने के पश्चात्, केशव मुझको लेबोरेटरी में ढूँढ़ने आया। मैं उत्सुकता से मिला। मेरे मन में बहुत बातें थीं, जो मैं उससे जानना चाहता था, परंतु उनको मैं अपनी ओर से शुरू करना नहीं चाहता था। इस कारण बोला, "कई बार मैं तुम्हारी लेबोरेटरी में तुमसे मिलने के लिए जा चुका हूँ, परंतु तुम दिखाई ही नहीं देते।"

"मैं दो मास से 'डार्क-रूम' में काम कर रहा हूँ, प्रायः अँधेरी कोठरी में ही रहता हूँ। हाँ, तो क्या बात थी? कुछ विशेष काम था क्या?"

"नहीं, ऐसे ही। तुमसे मिले बहुत दिन हो गए थे। विचार आया कि तुम्हारा पता लेना चाहिए।"

"आज सायंकाल कुछ काम है क्या?"

"कुछ विशेष नहीं।"

"तो साढ़े चार बजे मैं आऊँगा। 'स्टैंडर्ड' में चाय पीने चलेंगे, उसके पश्चात् सिनेमा देखेंगे।"

"अच्छी बात है। मैं आऊँ अथवा यहीं प्रतीक्षा करूँ?"

"लेबोरेटरी में अपनी सीट पर ही प्रतीक्षा करना। मैं समय पर आ जाऊँगा।"

☐

जब मैं उसके साथ 'स्टैंडर्ड' में चाय पी रहा था, तब ही मुझको उस दिन की चाय में विशेषता का आभास हो गया। उसने इसका प्रबंध पहले से ही कर रखा था। मुझको संदेह हुआ कि कदाचित् आज ही वह दिन हो, जिस दिन उसके पिता ने उसकी

डिग्री-प्राप्ति की खुशी में पार्टी देनी हो और केशव मेरे कारण ही रूठकर वहाँ से चला आया हो। इसकी संभावना उठते ही मैं चिंतित हो गया। मैं नहीं चाहता था कि उसको मेरे ज्ञान का पता चले। इस कारण यह बात मैं उसी के मुख से कहलाना चाहता था। मैंने मुस्कराकर पूछा, "केशव! ऐसा प्रतीत होता है कि आज तुमने चाय के लिए विशेष प्रबंध पहले से ही कर रखा है?"

"हाँ।"

"क्यों? बताओ क्या बात है? कोई शुभ बात हो, तो मैं तुमको बधाई देना चाहता हूँ।"

"यह चाय पीने के पश्चात् बताऊँगा।"

"नहीं पहले बताओ, अन्यथा मैं चाय नहीं पिऊँगा।"

"तो मैं बताऊँगा नहीं।"

"देखो मित्र! यदि पहले बता दोगे, तो उस शुभ घटना के मन में स्पष्ट होने से भूख दुगुनी लगेगी और खाने का आनंद बढ़ जाएगा। क्या तुम्हारी शादी हो रही है?"

केशव हँस पड़ा। मैं उत्सुकता से उसके मुख पर देखता रहा। बैरा सामान मेज पर लगा रहा था। इस कारण मैं चुप रहा। वह मेरी ओर मुस्कराते हुए देखता रहा। बैरा सामान लगाकर जब चला गया तो वह बोला, "आज मैं एक 'बालिग' की भाँति कार्य कर रहा हूँ।"

मैं समझा नहीं। मैं जानता था कि वह उन्नीस वर्ष का है। वह बालिग नहीं है। मेरी प्रश्नभरी दृष्टि को अपने पर गड़ी देख उसने कहा, "मैंने आज अपने पिता से विद्रोह कर दिया है।"

"क्या मतलब?"

"आज पिताजी मेरी डिग्री प्राप्त करने के उपलक्ष्य में घर पर एक पार्टी दे रहे हैं और मैं यहाँ तुम्हारे साथ चाय पीने में लगा हूँ।"

"यही तो पूछ रहा हूँ कि क्यों?"

"वहाँ पर मैं तुम्हें आमंत्रित करना चाहता था, परंतु उन्होंने साफ इनकार कर दिया है।"

"तो फिर क्या हुआ? यह कोई नई बात तो है नहीं! उन्होंने मेरा वहाँ जाना पहले से ही मना कर रखा है। यद्यपि मैं इसमें कोई कारण नहीं जानता, इस पर भी उनको, अपने घर में किसको आने दें और किसको न आने दें, इसका पूर्ण अधिकार है।"

"और मैं समझता हूँ," केशव ने कुर्सी की पीठ पर टेक लगाकर कहा, "मुझको अधिकार है कि मैं जिसके साथ चाहूँ; चाय पीऊँ अथवा न पीऊँ!"

"तर्कहीन बात मत करो, केशव! देखो, मैं समझता हूँ। तुमको अधिकार है कि तुम

मेरे साथ चाय पीओ अथवा न पीओ; परंतु तुमको अपने पिता के साथ चाय न पीने का हठ करने का अधिकार नहीं। तुम्हारा जन्म अपने पिता के घर होना तुम्हारे अधिकार की बात नहीं थी। भगवान् ने तुम्हें वहाँ जन्म दिया है और…।"

"बस रहने दो भगवान् की बकवास। मेरे जन्म में भगवान् का हाथ नहीं।"

"तो किसका हाथ है?"

"यह आकस्मिक घटना मात्र ही समझनी चाहिए कि मैं मिस्टर थापर का पुत्र हूँ। इसमें और कुछ भी कारण नहीं।"

मैंने मुस्कराते हुए कहा, "केशव! क्रोध करने से तो कुछ सिद्ध होता नहीं। एक प्याला चाय पी लो। चित्त स्थिर हो जाएगा।"

मैंने चाय बनाई और वह पीने लगा। मैंने कहा, "भगवान् कहो अथवा घटनामात्र, मेरा तो कहना यह है कि उनके यहाँ जन्म लेना तुम्हारे वश में नहीं था। अब तुम अपने जन्म को 'नलिफाई' (विघटित) नहीं कर सकते। इस जन्म से जो उत्तरदायित्व उत्पन्न हुए हैं, तुम उनकी अवहेलना नहीं कर सकते।

"पिताजी ने तुम्हारा पालन-पोषण और तुम्हारी शिक्षा का प्रबंध किया है। यह उस उत्तरदायित्व के नाते ही तो किया है। इस कारण यदि उनकी इच्छा है कि तुम आज उनके साथ बैठकर चाय पीओ तो यह एक इतनी साधारण सी बात है कि अपने उत्तरदायित्व को समझते हुए तुम इनकार नहीं कर सकते।"

केशव को बात कुछ समझ आने लग गई थी। उसने कहा, "तो तुम्हारा यह अभिप्राय है कि यहाँ चाय पीने के पश्चात् अपनी कोठी में चला जाऊँ और उस चाय में भी सम्मिलित होऊँ?"

"हाँ। यही उचित है। तुम्हारे पिताजी को मुझे चाय पर आमंत्रित करना उचित प्रतीत नहीं हुआ। तुम इसको ठीक समझते हो तो तुम मेरे साथ पीओ, परंतु अपने पिताजी को कैसे विवश कर सकते हो कि वे मुझको बुलाकर अपने पास बैठाएँ?"

"पर एक बात और भी है। आज वहाँ पर कुछ लोग ऐसे बुलाए जाएँगे, जिनके घर टूनी का संबंध करने का विचार है।"

"तो फिर क्या हुआ?"

"तुम्हारे मुकाबले में उनको लाने से, वे टूनी को जँचते नहीं।"

"तो न सही। मेरी तुलना उनसे करने की आवश्यकता ही क्या है?"

"टूनी को है।"

"तो भाई साहब! वह कर लेगी। मैं उसके पिता की इच्छाओं का विरोध नहीं करूँगा।"

"मैं करना चाहता हूँ।"

"अभी तुम्हारी आयु इस कार्य के योग्य नहीं। तुम अभी बालिग नहीं हो।"

"मेरे बालिग होने तक तो टूनी का विवाह हो जाएगा।"

"टूनी चाहेगी तो हो जाए।"

"और यदि वह न चाहे तो?"

"तो विवाह को रोका जा सकता है।"

"कैसे?"

"यह तो अवसर आने पर विचार कर लिया जाएगा। जब वह समय आएगा, तब कोई मार्ग निकाल लिया जाएगा। मैं समझता हूँ कि उस समय से पूर्व तुमको अपने परिवार से झगड़ा नहीं करना चाहिए।"

केशव गंभीर विचार में पड़ गया और चाय के पश्चात् सिनेमा जाने के स्थान अपनी कोठी को लौट गया।

□

दो दिन पश्चात् टूनी के पत्र में पता चला कि पार्टी में क्या हुआ! केशव आधा घंटा देरी से पहुँचा था। पिताजी ने उसके देर से आने का कारण पूछा तो उसने बता दिया कि वह एक परीक्षण (experiment) कर रहा था, जिसको बीच में छोड़कर वह आ नहीं सका। इस प्रकार पहली कठिनाई तो टल गई।

विशेष आमंत्रित लोग वहाँ आए हुए थे। वह लड़का, जिसके साथ टूनी के संबंध का विचार किया जा रहा था, टूनी के पास बैठा था। टूनी को इस बात का पता नहीं था, परंतु उसके बार-बार कृत्रिम भाव से बातचीत करने से और टूनी की प्रशंसा से टूनी को उस पर संदेह हो गया। इस कारण उसने कहा, "आप बार-बार मुझको 'श्रीमती-श्रीमती' कहकर क्यों पुकारते हैं?"

"मैं आपको 'श्रीमती' की पदवी पर आसीन करना चाहता हूँ।"

"यह बिना आपके प्रयत्न के भी हो जाएगा।"

"पर जिस आसन पर मैं बिठाना चाहता हूँ, उस पर केवल मैं ही बिठा सकता हूँ।"

"पर जिस आसन पर मैं बैठना चाहती हूँ, वहाँ आपकी सहायता की आवश्यकता नहीं।"

"तो आपने अपना आसन विचार कर रखा है?"

"विचार तो सब लोग करते हैं, पर मेरा निश्चय अभी नहीं हुआ।"

"तो उस निश्चय के करने में एक मैं भी उम्मीदवार हूँ।"

टूनी ने हँसकर कहा, "आपके प्रस्ताव पर विचार किया जाएगा।"

"सहानुभूतिपूर्ण विचार के लिए प्रार्थी हूँ।"

"विचार तो सहानुभूतिपूर्ण होता ही है। परिणाम कैसा रहेगा, कहा नहीं जा सकता!"

"मैं अपने दावे पर बहस करना चाहता हूँ।"

"किस पर दावा है आपका ?"

"आप पर। उन सबके विरुद्ध, जो आपको श्रीमती के आसन पर आसीन करने के इच्छुक हैं।"

"तो आप अपना दावा दायर कर दीजिए। यदि पहली ही पेशी में दावा खारिज न हुआ तो बहस कर सकिएगा।"

"ये उम्मीदवार," टूनी ने अपने पत्र में लिखा—"राय बहादुर बख्शी रामचंद्र के सुपुत्र, कृष्णकुमार हैं। बी.ए.एल.एल.बी. पास कर आजकल वकालत करते हैं। पिता भी वकील हैं और पुत्र की भी अच्छी प्रैक्टिस है। मैंने अपने मन में कृष्णकुमार का दावा खारिज कर दिया है।

"रात को जब पिताजी ने कृष्णकुमार के विषय में मेरी सम्मति पूछी तो मैंने पूछा, 'किस विषय में पिताजी ?'

"'बेटा! वह तुमसे विवाह करने का इच्छुक है। वह, उसका पिता, उसकी बहन और माँ पार्टी में उपस्थित थे और सबने तुम्हें पसंद किया है।'

"इस पर मैंने अपनी कृष्णकुमार से हुई वार्त्तालाप सुना दी और अंत में कहा कि मैंने उसका दावा खारिज कर दिया है। इस पर पिताजी गंभीर विचार में पड़ गए, परंतु केशव भैया ने पूछ ही लिया, 'टूनी! क्यों ?'

"मैंने कहा, 'मैं अभी फर्स्ट ईयर में पढ़ती हूँ और एम.ए. पास कर ही विवाह करूँगी। वह इतनी देर तक मेरी प्रतीक्षा नहीं कर सकता।'

"'इतना पढ़कर क्या करोगी ? और मैट्रिक दो वर्ष में किया है तो एम.ए. में दस वर्ष लग जाएँगे। तब तक बूढ़ी हो जाओगी।' पिताजी ने कहा।

"मैं विवाह नहीं करूँगी।"

"केशव भैया मेरी सहायता के लिए बोले, 'पिताजी! अभी जल्दी क्या है ? टूनी तो अभी सोलह वर्ष की ही है।'

"बात यहीं समाप्त हो गई प्रतीत होती है।

"मैं आपको एक बात और बताना चाहती हूँ। पिताजी को संदेह है कि आप मुझसे विवाह के लिए उत्सुक हैं। ऐसा प्रतीत होता है कि यही कारण है कि आपको मेरे समीप फटकने नहीं देते।

"कल पिताजी माताजी से मेरे विषय में बातें कर रहे थे। मैं वहीं परदे के पीछे खड़ी उनकी बातें सुन रही थी। पिताजी का कहना था, 'वह विनोद होता तो मुझको विश्वास है कि वह मान जाती और केशव भी इसका विरोध नहीं करता।'

"'तो फिर उससे ही बात क्यों न पक्की कर ली जाए?'

"'नहीं। विनोद एक दुकानदार का लड़का है। आर्थिक अवस्था भी उसकी अच्छी नहीं। अभी एम.एस-सी. पास करेगा। उसके पश्चात् कहीं काम-काज करेगा। क्या जाने कैसा काम मिले उसे?'

"माताजी का कहना था, 'तब तक प्रतीक्षा कर लें, क्या हानि है? टूनी भी बी.ए. कर लेगी।'

"'मुझको तो कृष्णकुमार उपयुक्त प्रतीत होता है। तुम उसको समझाओ, अच्छे लड़के बार-बार नहीं मिलते।

"मेरे लिए यह बात आश्चर्यजनक थी। कैसे पिताजी ने यह अनुमान लगाया कि आपको कृष्णकुमार पर उपमा दूँगी? वीणा का हमारी श्रेणी में होना मेरे पत्र भेजने में भारी सुविधाजनक हो गया है। मुझको संदेह हो रहा है कि कृष्णकुमार को अस्वीकार करने के पश्चात् मेरे आने-जानेवाले पत्रों की भी देखभाल होने लगेगी।"

मैंने इस पत्र का उत्तर भेजा और उसमें परिस्थिति स्पष्ट करने का यत्न किया। मुझको कुछ काल से यह संदेह होने लगा था कि बहन की पदवी छोड़ वह कुछ और बनने का विचार रखती है। पिछले कई पत्रों में उसने मुझे भाई लिखना बंद कर दिया था। इस पत्र में उसने पिताजी के अनुमान को आश्चर्यजनक लिखकर भी उनके अनुमान को गलत नहीं बताया। अतएव, मैंने लिखा—

"बहन टूनी! तुम्हारे पिताजी का अनुमान सर्वथा गलत है। मैं तुम्हें अपनी छोटी बहन के समान मानता हूँ। मेरा विचार है कि तुमको कृष्णकुमार के प्रस्ताव को स्वीकार कर लेना चाहिए। पिताजी की सम्मति, उनकी आयु, अनुभव और अपनी एकमात्र लड़की से स्नेह का विचार कर, माननीय ही होनी चाहिए।

"केशव तो मेरे निमंत्रित न किए जाने के कारण उस पार्टी में जाना नहीं चाहता था। मैंने उसको समझा-बुझाकर भेजा था। इस प्रकार मैं समझता हूँ कि तुम भी मेरे कहने का अभिप्राय समझकर, अपना कर्तव्य निश्चय करोगी।"

मेरे पत्र का उत्तर तीसरे दिन मुझे मिला। उसके भेजे लिफाफे में एक कोरा कागज था, जिसमें केवल एक शब्द लिखा था—'नहीं।' नीचे उसने अपना नाम 'टूनी' लिखा था।

मुझे उसका इस प्रकार का उत्तर पसंद नहीं आया। इस कारण मैंने इस पत्र का उत्तर भेजना निष्प्रयोजन समझा।

☐

एम.एस-सी. की परीक्षा में बहुत परिश्रम करना पड़ा। साथ ही, मैं जानता था कि जब तक मैं फर्स्ट डिवीजन में अच्छे नंबर लेकर पास नहीं होता, मुझको नौकरी मिलनी

कठिन होगी। इस कारण मैं अपनी ओर से प्रांत में प्रथम रहने का भरसक प्रयत्न कर रहा था।

केशव से भी कभी-कभी ही भेंट होती थी। वह भी अपनी पढ़ाई में व्यस्त था। टूनी को नियमानुसार इस वर्ष भी उसके जन्मदिवस पर एक भेंट भेजी। इस बार एक सुंदर पर्स था। साथ में कोई पत्र नहीं भेजा। उसने भी भेंट स्वीकार करने के लिए एक पत्र भेजा, जिसमें केवल, 'धन्यवाद, टूनी', लिखा था।

मैं समझ गया कि वह नाराज है, परंतु मेरे पास उसकी बातों पर विचार करने के लिए तथा उसको समझाने के लिए समय नहीं था।

केशव से जब भी भेंट होती, घूम-फिरकर परमात्मा-आत्मा पर बात आ जाती। वह आत्मा-परमात्मा को जली-कटी सुनाता। मैं उसको सुनकर हँस देता। इस पर वह और भी चिढ़ जाता और विज्ञान के चमत्कारों का उल्लेख करने लगता।

एक दिन अनारकली बाजार में 'स्टैंडर्ड' में बैठे हम चाय पी रहे थे कि वह बताने लगा, "मनुष्य की प्रारंभिक अवस्था में इसके केवल दो हाथ थे। यह इन हाथों से ही अपना काम कर सकता था। भूमि खोदता था, पेड़ गिराता और लकड़ियों से मकान बनाता, पानी पीता और फल खाता। भावार्थ यह कि अपनी प्रत्येक आवश्यकता इन दो हाथों से ही पूर्ण करता था।

"इसके पश्चात् विज्ञान में उन्नति होने लगी। धीरे-धीरे मनुष्य के हाथों की संख्या में वृद्धि होने लगी। उसने कुल्हाड़ी बनाई, उसके तीन हाथ हो गए। उसने आरी बनाई, उसके चार हाथ हो गए। उसने गाड़ी बनाई, उसमें घोड़े जोत लिये। उसके आठ हाथ हो गए। इस प्रकार, उसने उन्नति करते-करते कपड़ा बुनने की मशीन बनाई, रेलगाड़ी और हवाई जहाज बनाए, तोपें, बंदूकें और बम बनाए। इससे उसके सैकड़ों हाथ हो गए। पश्चात् उसने सुख-सुविधा के अनेक साधन बना लिये। टेलीफोन, टेलीग्राफ, रेडियो, टेलीविजन तैयार किए। इससे उसके सहस्त्रों हाथ हो गए। अब वह दो हाथोंवाला प्राणी नहीं रहा। वह अब 'सहस्त्रबाहु' बन गया है। प्रकृति इसके सामने नतमस्तक हो, इसकी चेरी बन गई है।

"जब मनुष्य के दो हाथ थे, उसको भगवान् की सहायता की आवश्यकता रही होगी। अब एक वैज्ञानिक सहस्त्रबाहु है। उसको भगवान् की आवश्यकता नहीं।"

मैं उसका व्याख्यान सुन मुस्कराने लगा। इस पर उसने कहा, "तुम एक सफल वैज्ञानिक नहीं हो सकते। तुम अवश्य फेल होगे।"

मैं खिलखिलाकर हँस पड़ा।

इस प्रकार की हमारी प्रायः परस्पर भेटें हुआ करती थीं। इनमें न तो कभी वह टूनी के विषय में बात करता, न ही मैं उसके विषय में कुछ पूछता।

□

एम.एस-सी. के दो वर्ष पलक की झपक में निकल गए। परीक्षा हुई और मैं अपने विषय में प्रथम तथा फर्स्ट डिवीजन में पास हो गया। केशव भी फर्स्ट डिवीजन में पास हुआ था। अपने विषय में अकेला विद्यार्थी होने से वह प्रथम भी था।

केशव ने परीक्षाफल देखते ही जर्मनी में जाकर डी.एस-सी. के लिए काम करने की प्रार्थना भेज दी। मैं पास होने के दूसरे दिन ही मेरठ के एक कॉलेज में प्रोफेसर नियुक्त हो गया।

मेरे नौकरी पा जाने पर उसे विस्मय हुआ। उसने कहा, "दोस्त, बहुत-बहुत बधाई हो। परंतु यह किसकी सिफारिश से लगी है?"

"मैंने परीक्षा देते ही नौकरी के लिए कई प्रार्थना-पत्र भेजे थे। उस समय इस नौकरी के विज्ञापन छपे थे। मैंने लिखा था कि मैं पंजाब में अपने विषय में प्रथम रहने की आशा करता हूँ। इस पर मुझको कॉलेज के प्रिंसिपल का पत्र मिला कि मैं उनको तार द्वारा अपनी परीक्षा के परिणाम से सूचित करूँ। कल परीक्षाफल निकलते ही मैंने तार भेज दी थी और आज मुझे नियुक्ति की सूचना तार द्वारा मिल गई है।"

"ऐसा मालूम पड़ता है कि तुम्हारी कोई बहुत बड़ी सिफारिश है, जिसके कारण तुम्हारी सहायता हुई है।"

"हाँ, यह तो है ही।"

"कौन है वह?"

"तुम मानोगे नहीं।"

"क्या?"

"केशव भैया! भगवान् के सिवा मेरा कोई सहायक नहीं है।"

"तुम प्रथम जो रहे हो।"

"यह भी तो उसकी ही कृपा से है।"

वह ठहाका मारकर हँस पड़ा।

मैं एक सप्ताह पश्चात् मेरठ जा पहुँचा, परंतु वहाँ अधिक दिनों के लिए रहना नहीं पड़ा। वहाँ से शीघ्र ही लाहौर वापस आकर गवर्नमेंट कॉलेज में प्रोफेसर बन गया।

केशव को जर्मन की बर्लिन यूनिवर्सिटी में स्थान नहीं मिला। उसने पेरिस यूनिवर्सिटी के लिए प्रयत्न किया। वहाँ भी स्थान नहीं मिला। विवश होकर उसको कैंब्रिज यूनिवर्सिटी में प्रवेश करने के लिए प्रार्थना करनी पड़ी।

परीक्षा पास किए वर्ष से ऊपर हो चुका था, जब उसे इंग्लैंड में आगे पढ़ाई के लिए स्थान मिला और वह बंबई से जहाज में जाने के लिए चल पड़ा।

☐

एक वर्ष वह नास्तिकतावाद की पुस्तकें पढ़ता रहा और विज्ञान के नए-से-नए चरणों का अध्ययन करता रहा।

टूनी को मैं प्रतिवर्ष भेंट भेजता था। उसका पत्र भी मुझे इसके उत्तर में मिलता था। परंतु सिवाय 'धन्यवाद' के वह और कुछ नहीं लिखती थी। इसके अतिरिक्त कोई पत्र-व्यवहार नहीं होता था। केशव से कभी पूछता तो वह कह देता 'ठीक है।'

जब केशव विलायत जाने के लिए बंबई जाने लगा, तो उसे विदा करने के लिए मैं स्टेशन पर पहुँचा। उसके माता-पिता और टूनी भी उसको विदा करने वहाँ पहुँचे हुए थे। मैंने सबको नमस्ते कही। जब केशव के माता-पिता केशव से बातें कर रहे थे, टूनी मेरे समीप आकर पूछने लगी, "वीणा कैसी है ?" उसने विवाह के कारण पढ़ाई छोड़ दी थी।

"ठीक है। दो सप्ताह पश्चात् उसका विवाह होगा।"

"मुझको निमंत्रण आएगा क्या ?"

"निस्संदेह, तुम आ सको अथवा न आ सको, निमंत्रण तो पहुँचेगा ही।"

"मैं यत्न करूँगी।"

"माता-पिता से झगड़ा करना उचित नहीं।"

"हाँ, अभी दो वर्ष तक मैं स्वतंत्र नहीं।"

"तब, तुम अपने माता-पिता से अधिक योग्य हो जाओगी क्या ?"

"नहीं, तब मैं उनके पक्षपातपूर्ण व्यवहार का विरोध करने की क्षमता रख सकूँगी।"

"पक्षपातपूर्ण व्यवहार है, इसका निर्णय कौन करेगा ?"

"मैं, आप और अन्य, जिनके सम्मुख मैं अपनी बात बताऊँगी।"

इस समय गाड़ी ने सीटी बजा दी। केशव ने टूनी के सिर पर हाथ फेरकर प्यार दिया। माता-पिता को हाथ जोड़ नमस्कार किया और गाड़ी में जा बैठा।

जब गाड़ी प्लेटफॉर्म से निकल गई तो सब स्टेशन से बाहर निकलने के लिए चल पड़े। केशव के पिता ने मुझसे पूछा, "विनोद! आजकल क्या करते हो ?"

"जी, गवर्नमेंट कॉलेज में प्रोफेसर हूँ।"

इससे उनके मुख पर विस्मय की झलक देख, मेरे मन में गुदगुदी होने लगी।

"क्या वेतन मिलता है ?"

"अढ़ाई सौ रुपया। इस वर्ष मेरी 'कन्फर्मेशन' (नौकरी पक्की) होगी। फिर अगले वर्ष से उन्नति की आशा कर सकूँगा।"

केशव की माता रुचिपूर्वक मेरी बातें सुन रही थीं। वे अपनी घोड़ागाड़ी में आए थे, अतएव, स्टेशन से बाहर निकल वे चढ़कर चले गए। मैं ताँगे में बैठ अपने घर की ओर चल पड़ा।

घर पर वीणा के विवाह की तैयारी की धूमधाम थी। दर्जी दिन-रात बैठे कपड़े तैयार कर रहे थे। इसके अतिरिक्त निमंत्रण-पत्र छपवाकर बाँटने थे। बरातियों के भोजन का प्रबंध करना था और सुनार से भूषण बनवाने थे।

मैंने कॉलेज से छुट्टी नहीं ली। इस कारण प्रायः कार्य रात को ही होता था। घर पहुँचकर मैं आमंत्रित करनेवालों की सूची बनाने लगा। टूनी का नाम पहले सूची में नहीं था। उसका नाम मैंने सूची में लिख लिया, परंतु केशव के माता-पिता का नाम मैं नहीं लिख सका।

वीणा ने पचास कार्ड अपनी सहेलियों के लिए माँग लिये थे और उनमें एक टूनी के लिए भी था।

इस प्रकार टूनी को भी निमंत्रण मिला। विवाह के दिन टूनी अपनी माता के साथ आई और एक सूट तथा आभूषण का सेट केशव की ओर से लाई। टूनी ने स्वयं अपनी ओर से एक पार्कर पेन दिया।

मुझे टूनी के आने पर अचंभा तो हुआ, परंतु उससे अधिक विस्मय उसकी माँ के आने पर हुआ। केशव की माँ मेरी माँ के पास बैठ बातें करने लगीं और टूनी उठकर मेरे पास आकर कहने लगी, "जानते हैं, मेरी माताजी आपकी माताजी से क्या बातें कर रही हैं?"

"नहीं। क्या कर रही हैं?"

"जाकर पता करिए न! और देखिए, उत्तर बहुत विचार कर दीजिए।"

मेरे मन में उस दिन से ही, जिस दिन केशव के पिता ने स्टेशन पर मुझसे बातें की थीं, यह बात खटक रही थी कि वे मेरे और टूनी के संबंध के विषय में सोचने लगे हैं। आज टूनी के इस प्रकार कहने पर मुझे विश्वास हो गया कि मुझे कमाता देख केशव के पिता के विचारों में अंतर आ गया है। टूनी की माँ मेरी माँ से इसी विषय पर बातें कर रही थीं।

मैंने टूनी को कहा, "क्या मैंने पहले कभी अविचारपूर्ण बातें कही थीं?"

"हाँ! इसमें संदेह ही क्या है? मैंने आपको सचेत कर दिया है।"

इतना कह वह वीणा के पास चली गई। मैं विवाह के कार्य में अधिक व्यस्त रहने के कारण इस विषय पर अधिक ध्यान न दे सका। यह विषय वीणा के विवाह के कई दिन पश्चात् मेरी माँ ने मेरे और पिताजी के सम्मुख रखा। तब मुझको टूनी का यह कहना कि 'उत्तर बहुत सोच-विचार कर देना', स्मरण हो आया। मेरे सामने प्रश्न यह था कि क्या टूनी से विवाह की स्वीकृति दूँ? बचपन से उस समय तक मेरे मन में उसके लिए बहन की भावना रही थी और जब मैं उसके लिए अपनी पत्नी की भावना पर विचार करने लगता था, तो मेरे मन में भारी ग्लानि और बेचैनी अनुभव होने लगती थी। जब माँ ने कहा, "विनोद! केशव की माता तुम्हारे साथ मालती के विवाह के विषय में कह रही थीं।"

"पर माताजी! मैं तो उसको अपनी बहन ही समझता हूँ।"

प्रथम परिच्छेद

"तुम्हारी माँ जाई तो है नहीं। फिर लड़की बी.ए. की परीक्षा दे चुकी है, सुंदर है, सुशील है, धनी माँ-बाप की बेटी है।"

"माँ! तुम ठीक कहती हो, परंतु मैं इस विषय पर विचार कर ही उत्तर दूँगा।"

उस दिन बात समाप्त हो गई। एक सप्ताह के पश्चात् मिस्टर थापर मेरे पिताजी से मिलने आए और मेरे विवाह की चर्चा करने लगे। पिताजी ने स्पष्ट कह दिया कि मेरी माताजी ने इस विषय में मुझसे बातचीत की थी और मैंने अंतिम निर्णय के लिए समय माँगा हुआ है।

केशव के पिता ने कहा, "तो निर्णय करने से पूर्व उसे आप बता दें कि मालती के पास चालीस हजार रुपया अपना है, जो उसकी बुआ ने उसको दिया है। इसके अतिरिक्त, मैं अपनी आधी संपत्ति देने का विचार रखता हूँ। साथ ही, मेरा सरकारी अफसरों से बहुत मेल-जोल है। मेरे इस मेल-जोल से उसका काफी हित हो सकता है।"

यह सब बात पिताजी ने रात के समय मुझे और माताजी को बताई। माँ तो एकदम तैयार हो गई थीं। मैं चुपचाप सुनता रहा।

मुझको अब समझ आया कि क्यों बुआ के कहने को मिस्टर थापर का परिवार इतना मानता था? क्यों मिस्टर थापर अपनी बहन के कहने पर मुझ पर प्रतिबंध लगाने लगा था? मुझको आश्चर्य हो रहा था कि अब क्यों मुझ पर इतना अनुग्रह हो रहा है?

मैंने पिताजी की बात सुनकर कहा, "आपका मुझको इस विषय में कोई आदेश है?"

"देखो विनोद! विवाह के विषय में मैं तुमको कोई आदेश देना नहीं चाहता। यह धन भारी प्रलोभन है और मैं तुमको धनी बनने से मना करने का अधिकार नहीं रखता। इस पर भी मेरी सम्मति यह है कि इस धन का विचार छोड़कर यदि मालती तुमको पसंद है, तो स्वीकृति दे दो।"

मेरे मन का बोझ हलका हुआ। मैंने कह दिया, "मालती को चौदह वर्षों से मैं बहन के रूप में देखता आ रहा हूँ। उससे विवाह मुझे रुचिकर नहीं है।"

"तब तो बेटा!" पिताजी ने कहा, "इस विषय पर विचार करने का प्रश्न ही नहीं उठता। हम हिंदू हैं, जब किसी को बहन कह देते हैं तो फिर वह जन्म भर के लिए बहन ही बनी रहती है। परंतु थापर साहब को क्या उत्तर दें?"

"माँ!" मैंने बात बदल दी, "कोई अच्छी सी लड़की देख मेरा विवाह रचा दो। थापर साहब को उत्तर भी मिल जाएगा और मेरा विवाह भी हो जाएगा।"

मैं मन में विचार करता था कि गवर्नमेंट कॉलेज में प्रोफेसर बन जाने से कौन सी खूबी आ गई है कि थापर साहब और उनकी बहन, जो मेरा मुख तक देखना पसंद नहीं करती थीं, अब मुझ पर लट्टू हो अपनी लड़की देने को तैयार हैं! इस बात का रहस्य मुझको केशव के पत्र से विदित हुआ था।

केशव का पत्र आया, "प्रिय विनोद! मेरी बुआ का मस्तिष्क सर्वथा विचित्र है। वह विस्मयजनक बातें करता रहा है। मैं जानता था कि टूनी तुमसे प्रेम करती है। वह प्रेम भाई-बहन के रूप में विकसित हो रहा था। एकाएक बुआ को संदेह हुआ कि यह प्रेम अनुचित रूप धारण न कर ले। वह तुमसे घृणा करती थी और मालती को देख उसके मन में उसे किसी बहुत ही धनी लड़के से विवाह करने का विचार रखती थी। इस कारण घर में तुम्हारी निंदा करनी आरंभ कर दी और तुम्हारा घर में आना-जाना बंद करा दिया। टूनी को यह विदित हो गया कि उसके माता-पिता को भय है कि कहीं वह तुमसे विवाह का आग्रह ही न कर बैठे! इस संदेह की प्रतिक्रिया होनी आरंभ हो गई। टूनी के मन में तुमको भावी पति के रूप में देखने और विचार करने की लालसा उत्पन्न हो गई। ऐसा प्रतीत होता है कि इसके पश्चात् वह तुम्हारे पति होने की योग्यता पर मनन करती रही है। माता, पिता और बुआ के निंदा करने पर भी उसके मन में तुम एक उत्कृष्ट पति बनने के योग्य सिद्ध हुए हो।

"यदि तुम दोनों के मेल-मिलाप को स्वतंत्र रूप में चलने दिया जाता तो मुझको विश्वास है कि तुम दोनों का प्रेम भाई-बहन सा ही रहता। परंतु बाधाओं की उपस्थिति में वह एक विकट प्रेम के रूप में बदल गया है और टूनी अब हठ कर रही है कि वह विवाह करेगी तो तुमसे ही करेगी, अन्यथा जीवन भर कुँवारी रहेगी।

"टूनी ने मुझको लिखा है कि मैं तुमसे उसकी सिफारिश करूँ। उसके माता-पिता और उसकी बुआ अब उसके हठ से मान गए हैं। बुआ ने उसे गोदी में लिया था और उसके नाम बैंक में चालीस हजार रुपया जमा करा छोड़ा है, जो उसको विवाह होने के समय अथवा उसके बालिग होने के समय मिलेगा। पिताजी भी बहुत कुछ देनेवाले हैं।

"इन सब बातों पर विचार कर मैं टूनी की सिफारिश करने में संकोच नहीं करता। यदि तुम टूनी से विवाह कर लो तो मुझको भारी प्रसन्नता होगी।"

इस पत्र ने मुझे भारी असमंजस में डाल दिया। मैं केशव का आदर करता था। यह आदर की भावना उस दिन बनी थी, जिस दिन मास्टर से उसने पेंसिल के विषय में झगड़ा किया था।

मुझको विश्वास-सा हो गया था कि वह मुझको कभी कोई ऐसा कार्य करने को नहीं कहेगा, जिसको वह स्वयं अनुचित मानता हो। इस पर भी परमात्मा के अस्तित्व की भाँति यह भी एक ऐसा विषय आ गया था, जिस पर उसकी युक्तियों की उपस्थिति में भी मैं उससे सहमत नहीं हो सका था। उसकी सबसे प्रबल युक्ति थी, टूनी का हठ और उसकी संपत्ति। मेरी युक्ति कुछ भी नहीं थी। केवल मन की भावना थी, परंतु उसकी सब युक्तियाँ मेरे मन की भावना को तोड़ नहीं सकीं।

मैंने उसको बहुत संक्षेप में उत्तर लिखा, "मैं तुम्हारी भाँति टूनी को अपनी बहन

मानता हूँ। चौदह वर्षों से उसके प्रति मेरे मन में यही भावना रही है। इतने काल के मन के संस्कारों के पश्चात् मैं अपने मन को उसे पत्नी के रूप में ग्रहण करने के लिए तैयार नहीं कर सका।

"क्या एक भाई बहन से विवाह कर सकता है? यदि नहीं तो क्यों? क्या इसमें भावना ही कारण नहीं है? तो वैसी ही भावना यहाँ नहीं है क्या?"

इस पत्र का उत्तर एक वाक्य में आया, "विनोद! तुम ठीक कहते हो।"

इस काल में मेरे माता-पिता ने मेरे लिए लड़की ढूँढ़ने में आकाश-पाताल एक कर रखा था। नित्य रात के समय वे बिरादरी के अंदर और बाहर की लड़कियों के विषय में विवेचना करते थे। कइयों के फोटो लाए गए। मैंने कई बार माताजी को पिताजी से यह कहते सुना था, 'हमको मालती से अधिक सुंदर लड़की ढूँढ़नी होगी। नहीं तो हेठी हो जाएगी और विनोद हँसी का पात्र बन जाएगा।'

अंत में दो लड़कियाँ ऐसी ढूँढ़ी गईं, जिनको वे अपने विचार से मालती से अधिक सुंदर, पढ़ी-लिखी और भले परिवार की समझते थे। मुझको उनके फोटो दिखाए गए। मैंने माताजी से कहा कि उनसे मिलकर वे स्वयं निर्णय कर लें और अंत में निर्वाचन हो गया।

मैंने अपनी होने वाली पत्नी को नहीं देखा। इस कारण श्रीमतीजी के पिता ने पूछा कि क्या मैं लड़की से सगाई के पूर्व मिलना चाहता हूँ? मेरा उत्तर था कि लड़की से अधिक मैं उसके माँ-बाप, भाई आदि से मिलना चाहूँगा। फल पेड़ से पहचाना जाता है। हाँ, यदि लड़की मुझे देखना चाहे तो वे बताएँ कि उसकी कहाँ प्रतीक्षा करूँ?

इसका परिणाम यह हुआ कि बिना एक-दूसरे को देखे सगाई हो गई। सगाई के अवसर पर मैंने माताजी की ओर से टूनी को निमंत्रण-पत्र भिजवा दिया। वह सगाई के अवसर पर तो नहीं आई, परंतु उसके दूसरे दिन मुझे कॉलेज के बाहर ऐसे मिली, जैसे किसी योजनानुसार नहीं, अपितु अनायास ही भेंट हो गई हो। मैं क्लास समाप्त कर घर जा रहा था कि वह गोलबाग की ओर से पैदल आती दिखाई दी। नमस्कार होने के पश्चात् उसने कहा, "विनोदजी! मैं कल बधाई देने नहीं आ सकी। अब आप यहाँ ही मिल गए हैं तो बधाई स्वीकार कर लीजिए न!"

"निमंत्रण तो माताजी ने भेजा था। बधाई भी उनको ही देनी चाहिए। चलो न घर! वे कल से तुम्हारी प्रतीक्षा करती रही हैं।"

"यहाँ से आपके द्वारा बधाई नहीं भेजी जा सकती क्या?"

"ऊँ-हूँ। स्वयं चलकर देनी हो तो दे आओ। साथ ही उनको तुमसे एक काम भी है। लड़की के पिता ने वीणा को और तुमको एक-एक जोड़ा कपड़े दिए हैं।"

"क्यों?"

"हमने माँगे नहीं थे, परंतु जब उन्होंने दिए, तो न करने से उनका अपमान हो जाता। उन्होंने माताजी से पूछा था कि मेरी कितनी बहनें हैं? माताजी ने कह दिया कि दो हैं। इस कारण उन्होंने दो जोड़े और प्रति जोड़े के साथ एक सौ एक रुपया दिया है।"

इस वक्तव्य से तो टूनी का मुख मलिन हो गया और वह गंभीर विचार में पड़ गई। जब हम नीला गुंबद के चौक के समीप पहुँचे, तो वह ठहर गई। मैंने कहा, "टूनी! आओ न!"

वह बोली, "आपकी बहन बनकर आपके ससुरालवालों की भेंट स्वीकार करने का अभिप्राय तो आप समझते हैं! मैं अपने मन को इस अवस्था के लिए तैयार नहीं कर सकी।"

"टूनी बहन! भाई-बहन का संबंध अधिक मधुर और उत्तरदायित्वपूर्ण है। इसको निभाने के लिए साहस बाँधकर चलो। परमात्मा हमारी सहायता करेगा।"

टूनी अभी भी चौक के एक कोने में खड़ी विचार कर रही थी। मैंने उसके मुख पर देखा। उसकी आँखें आँसुओं से डबडबा आई थीं। मैं उसको बाँह से पकड़ उसे खींच अपने घर की ओर ले गया। वह इस समय शक्तिहीन सी प्रतीत होती थी। मेरे साथ एक यंत्र की भाँति चली आ रही थी।

उसके आँसू गालों पर लुढ़क आए थे। उसने अपना रुमाल निकाल आँसू पोंछ लिये। मैं देख रहा था कि वह क्या कर रही है, परंतु मैं अपने को ऐसा प्रकट कर रहा था, मानो मैंने उसके आँसू देखे ही नहीं। मैं सामने की तरफ देखने का बहाना करता हुआ चल रहा था।

मकान पर पहुँचे तो माँ ने उसे देखकर छाती से लगा लिया। इससे तो टूनी खुलकर रोने लगी। माँ ने उसे अपने समीप ही सोफे पर बिठा लिया। उसके सिर पर हाथ फेर प्यार देने लगी। उसका माथा चूमा और कहा, "मालती बेटी! मेरे लिए तो तुम प्रत्येक रूप में लड़की ही हो। पतोहू क्या और बेटी क्या! मुझको कोई भेद प्रतीत नहीं हो रहा। हाँ, यह तुम्हारे और विनोद के परस्पर निर्णय करने की बात थी। जो कुछ तुम दोनों ने निर्णय किया है, उससे मेरे और तुम्हारे बीच के संबंध में अंतर नहीं पड़ता।"

जब माँ उसे समीप बैठाकर प्यार देने लगी और वह फूट-फूटकर रोती जा रही थी, मैं वहाँ से हट गया था। मैं अपने कमरे में जाकर टूनी से भावी व्यवहार के संबंध के विषय में विचार करने लगा। वीणा, जो सगाई के कारण ससुराल से यहाँ आई हुई थी, मेरे लिए चाय ले आई। मैंने उसे मालती को भी चाय पिलाने के लिए कहा। वहाँ भी वह चाय और मिठाई ले गई।

एक घंटा पश्चात् माताजी, टूनी और साथ में वीणा तीनों आईं। आकर मेरे कमरे में बैठ गईं। इधर-उधर की बातें होने लगीं। पश्चात् माताजी के संकेत पर वीणा गई और उसके लिए कपड़ों का जोड़ा और एक सौ एक रुपया ले आई। इस पर माताजी ने अढ़ाई

सौ रुपया अपने पास से डालकर मालती की झोली में रख दिया। मालती ने न नहीं की। प्रत्युत सबकुछ वीणा से एक कपड़ा माँग, उसमें बाँध लिया। कुछ देर तक वह और बैठी रही और उसके पश्चात् मैं उसको छोड़ने जाने के लिए चल पड़ा।

मार्ग में मैंने उससे कहा, "टूनी! मैं तुम्हारा बहुत ही कृतज्ञ हूँ कि तुमने यह सब स्वीकार कर लिया है।" उसने उत्तर नहीं दिया और चलती गई।

अगले दिन मैंने अपनी सगाई का समाचार केशव को लिख भेजा।

◻

इसके पश्चात् टूनी का आना-जाना हमारे घर आरंभ हो गया और वह घर में लड़की के आसन पर आसीन हो गई। वह मेरे विवाह की तैयारी में हाथ बँटाने लगी। एक दिन वह लड़की के कपड़ों का नाप लेने के लिए माताजी के साथ मेरे ससुराल गई। उस दिन जब मैं घर लौटा तो वह बहुत प्रसन्नवदन मुझसे बोली, "विनोदजी! आपकी विनोदनी को देख आई हूँ।"

"सच?"

"हाँ! बहुत सुंदर है।"

"हँसी तो नहीं करती?"

"तो आपने देखी नहीं?"

"नहीं। आखिर एक दिन तो देखूँगा ही।"

"झूठ! तुम इतने पढ़े-लिखे होने पर भी बिना देखे सगाई के लिए कैसे राजी हो गए?"

"माताजी ने कहा था कि वह सुंदर है, सुशील है और भले घर की है। मैं मान गया। देखने की क्या आवश्यकता थी?"

"तो बिना देखे ही विवाह हो रहा है?"

"माताजी ने देख लिया है। मैं समझता हूँ कि इतना पर्याप्त है।"

"माताजी बड़ी अवश्य हैं, पर आप अधिक पढ़े-लिखे हैं। इस कारण आपकी पसंद और उनकी पसंद में अंतर हो सकता है!"

"तो तुमको वह पसंद नहीं आई?"

"मैं तो माताजी से भी छोटी हूँ और कमसमझ हूँ।"

"पर तुम पढ़ी-लिखी तो लगभग मेरे जितनी ही हो?"

"खाक पढ़ी हूँ। मैं अब बी.ए. की परीक्षा देने जा रही हूँ।"

"बहुत ठीक है, पर यदि तुम वकालत पढ़ लेती तो ठीक था। तुम बहस बहुत अच्छा कर लेती हो।"

"पर बहस में जीत तो नहीं सकती। करना जानती तो⋯।"

वह कहती-कहती रुक गई। इस पर मैंने कह दिया, "तब तुम हाईकोर्ट की जज बन गई होतीं।"

अभी विवाह में पंद्रह दिन रहते थे कि केशव भारत में वापस आ धमका। उसको विलायत गए अभी लगभग एक वर्ष ही हुआ था। केशव के माता-पिता और अन्य सब मित्र-वर्ग उसके इस प्रकार आ जाने से अचंभा कर रहे थे।

टूनी एम.ए. में दाखिल हो गई थी। इस कारण वह कभी-कभी कॉलेज से लौटते हुए माताजी से मिलने आ जाया करती थी। एक दिन उसने हमारे घर से जाते समय मुझको अपने कमरे में देख दरवाजे के पास आकर कहा, "भैया आपसे मिले हैं?"

"कौन भैया?"

"केशव भैया।"

मैं चौंक उठकर खड़ा हुआ और विस्मय में उसका मुख देखने लगा।

"वे कल से यहाँ आए हुए हैं। लेबोरेटरी में दो मास का अवकाश था। वे इस काल में यहीं भारत में रहेंगे।"

"मुझको विदित नहीं था। न ही वह मुझसे अभी तक मिला है।"

"वे आपसे मिलेंगे। शायद लंबी यात्रा की थकावट दूर कर रहे हैं।"

"अच्छा, उनसे कह देना कि कल मैं लेबोरेटरी में ग्यारह से तीन बजे तक रहूँगा और इसके पश्चात् घर पर मिलूँगा।"

टूनी गई तो मैं केशव के इस प्रकार लंबी यात्रा पर आ जाने पर आश्चर्य करता रहा। अगले दिन वह मिलने आया। मैं उसको अपने कमरे में पृथक् ले जाकर पूछने लगा, "केवल छुट्टियाँ व्यतीत करने के लिए बारह हजार मील की यात्रा आश्चर्यकारक ही तो कही जा सकती है।"

"यात्रा मुख्य लक्ष्य था। पी. एंड को. की 'लग्जरी बोट' चलने लगी है। उसमें यात्रा आनंदोत्सव के समान है। इसके अतिरिक्त यात्रा का लक्ष्य टूनी भी है। पिताजी ने लिखा था कि मैं आकर टूनी के विवाह का प्रबंध कर दूँ। तुम टूनी से विवाह के लिए नहीं मानते थे और टूनी किसी और से नहीं मानती। यहाँ आकर विदित हुआ कि तुम्हारी सगाई भी हो चुकी है और अब तो विवाह भी होने वाला है।"

"मैंने तो तुमको लिख दिया था कि टूनी के लिए मेरे मन में जो भावना बन चुकी है, वह इस जन्म में शायद नहीं मिट सकेगी।"

"टूनी के लिए एक लड़का और देखा गया है। वह आई.सी.एस. है। जिला जेहलम में डिप्टी कमिश्नर लगा हुआ है। अभी युवा ही है। उसकी फोटो आई थी। टूनी ने उसको भी अस्वीकार कर दिया है।"

"मेरे विचार में, मेरे विषय में उसके मन को संतोष किए, अभी बहुत कम काल

व्यतीत हुआ है। कुछ समय और व्यतीत हो जाने पर वह मान जाएगी।"

"पर अच्छे वर बार-बार नहीं मिलते।"

"वैसे बढ़िया न सही, पर मुझसे अच्छा तो मिल जाएगा।"

"तुम उसकी दृष्टि में संसार में सबसे बढ़िया युवक हो।"

"यह विस्मय करने की बात तो है ही। मैं संसार के बिल्कुल साधारण व्यक्तियों में अपने को मानता हूँ।"

इस पर केशव ने मेरे मुख पर देखते हुए कहा, "इस पर भी कुछ तो बात है, जो मुझको तुमसे बाँध सकी है और जो मैंने स्कूल में जाते ही तुममें देखी थी।"

"व्यर्थ की बात मत करो केशव! ऐसी बातें तुम लोगों ने कह-कह कर न जाने टूनी के मन में क्या प्रभाव पैदा कर दिया है कि वह संतुलित व्यवहार खो बैठी है?"

"मेरे आने का कारण एक और भी है।"

"वह क्या?"

"मैं भी विवाह करने का विचार कर रहा हूँ। मुझको डी.एस.सी. की उपाधि मिलते ही मैं विवाह करना करना चाहूँगा।"

"क्या विलायत में ही कहीं मन का काँटा अटका आए हो!"

"हाँ। वह कॉलेज लेबोरेटरी में ही काम करती है। वह तो अपना थीसिस तैयार कर भेज चुकी है।"

"तो यह बात है! उसको भी साथ लाए हो क्या?"

"नहीं, वह आने के लिए तैयार नहीं हुई। मैं उसकी फोटो माताजी को दिखाने के लिए लाया हूँ।"

"माताजी ने पसंद की है क्या?"

"तसवीर तो पसंद कर ली है, परंतु कहती हैं कि बिना देखे राय नहीं दे सकतीं।"

"तो माताजी को साथ ले जाओ।"

"वे पिताजी के साथ पीछे आएँगी।"

"मैं समझता हूँ कि टूनी को भी साथ ले जाओ तो ठीक रहेगा। उसका मानसिक विकास होगा, तो शेष सब बातें स्वाभाविक रूप में होने लगेंगी।"

"यह तो तुम ठीक कहते हो। पिताजी से कहूँगा। इस पर भी मेरा विचार है कि आज सायंकाल तुम मेरे साथ मिलकर इस आई.सी.एस. के साथ विवाह के लिए उसे तैयार करने का प्रयत्न करो।"

"अच्छी बात है, कहाँ मिलेंगे उससे?"

"मैं उसको लेकर 'ऐलफिंस्टन' में चाय के लिए पहुँच जाऊँगा। तुम भी वहाँ आ जाना। पश्चात् वहाँ से किसी एकांत स्थान पर बैठकर बातचीत करेंगे।"

मैं निश्चित समय पर वहाँ पहुँच गया। केशव और टूनी बाद में पहुँचे। वे मेरे पास आकर बैठ गए। होटल में तो केशव विलायत की बातें बताता रहा। हम दोनों उसकी बातें सुन मन में उससे ईर्ष्या करते रहे। उसने कहा, "विनोद! अबकी गर्मियों की छुट्टियों में तुम भाभी को लेकर विलायत चले आओ।"

"खूब! पहले तो विवाह पर दिवाला पिट जाएगा और फिर विलायत में हनीमून पर पाँच-छह हजार तो साधारण सी बात है।"

"पिताजी ने बहुत कमाया प्रतीत होता है। तुम्हारी सगाई पर टूनी को अढ़ाई सौ मिला है।"

"हमको सब मिलाकर तीन हजार रुपया मिला था। उसमें टूनी का इतना ही भाग बना था।"

"अब विवाह पर कितना दोगे?" केशव ने मुस्कराते हुए पूछा।

"जितना वीणा और टूनी के भाग्य में लिखा होगा। मैं तथा अन्य देनेवाले कौन हैं? लेना तो अपने-अपने भाग्य से होता है।"

"तुम भी दोस्त बुद्धू के बुद्धू ही रहे। भाग्य क्या होता है! क्या यह अपने किए का फल नहीं?"

"होता तो कर्मों का फल ही है। पूर्वजन्मों के कर्मों का फल ही हमारा भाग्य है और इस जन्म के कर्मों के फल को पुरुषार्थ का परिणाम माना जाता है।"

"पूर्वजन्म किसी ने देखा है क्या?"

"कार्य से कारण जाना जाता है। पुरुषार्थ करने पर भी जब कोई फल नहीं मिलता तो वह अज्ञात कर्मों के कारण ही माना जाता है। ये अज्ञात कर्म पूर्वजन्म के ही तो कर्म हैं।"

"नहीं भाई! प्रत्येक कर्म रिएक्शन (प्रतिक्रिया) उत्पन्न करता है। यह प्रतिक्रिया वातावरण और काल के अधीन रहती है। जब ये अनुकूल होते हैं, तो पुरुषार्थ का फल प्रचुर मात्रा में मिलता है और जब वातावरण इत्यादि प्रतिकूल होते हैं, तो पुरुषार्थ का फल हीन अथवा नकारात्मक हो जाता है।"

मैंने मुस्कराते हुए कहा, "यही तो मैं कह रहा हूँ कि वातावरण, परिस्थिति और काल भाग्य से अनुकूल और प्रतिकूल होते हैं।"

"वाह! खूब समझे भाई! वातावरण इत्यादि तो निर्माण किए जाते हैं। जो निर्माण करने की योग्यता और बुद्धि रखता है, उसका पुरुषार्थ फलयुक्त होता है।

"परंतु मैं पूछता हूँ कि योग्यता और बुद्धि, जो वातावरण आदि का निर्माण करती हैं, उन्हीं में भेद क्यों होता है?"

"जन्म के समय माता-पिता की शारीरिक, मानसिक तथा आर्थिक परिस्थिति पर बुद्धि और योग्यता का निर्माण होता है।"

प्रथम परिच्छेद

"और माता-पिता की इन अवस्थाओं में अंतर क्यों पड़ जाता है?"

"क्यों, क्यों, क्यों का तो कोई उत्तर नहीं।" उसने खीजते हुए कहा।

"अर्थात् तुम्हारी युक्ति से निकाले परिणाम सिद्ध नहीं किए जा सकते। वास्तव में अनेकानेक भिन्न-भिन्न प्रकार के परिणाम आत्मा के भिन्न-भिन्न प्रकार के कर्मों के फल ही हैं। ज्ञात कर्मों को पुरुषार्थ कहते हैं और अज्ञात कर्मों को, जिनको हम इस जन्म के कर्मों के साथ जोड़ नहीं सकते, भाग्य कहते हैं। ये पूर्वजन्म के लिए कर्म ही तो होंगे।"

"मैं इनको ऐसा नहीं मानता। मैं मनुष्य के मन को इस योग्य समझता हूँ कि वह प्रत्येक प्रकार की परिस्थिति को अपने अनुकूल ढालने में योग्य है। भाग्य आदि कुछ नहीं। यह अपनी भूलों को न स्वीकार कर, दोष किसी अज्ञात कारण पर डालने के समान है।"

"विनोदजी!" टूनी ने बीच में बोलते हुए कहा, "आप केशव भैया को उनकी भूल स्वीकार नहीं करा सकते। ये अपने पिता के पुत्र हैं। जैसे वे अपने हठ पर दृढ़ बने हुए हैं, वैसे ही उनके सुपुत्र हैं।"

केशव को स्मरण हो आया कि हम तो टूनी को समझाने आए थे और आपस में ही विवाद छेड़ बैठे हैं! मैंने तो इस विवाद में टूनी को केशव का पक्ष लेने के लिए प्रोत्साहन देने का प्रयत्न किया था, परंतु वह उलटा पक्ष ले बैठी। उसने कहा, "देखिए, मैं और भैया दोनों एक ही माता-पिता के पुत्र हैं, परंतु हम दोनों के स्वभाव भिन्न-भिन्न हैं। हम दोनों एक ही घर में रहते रहे हैं, परंतु विचार एक समान नहीं बने। मैं तो इसको अपने पूर्वजन्म के कारण ही समझती हूँ। पाप मैंने किए थे और दोष देने लगे अपने माता-पिता को कि उनके मन का संतुलन मेरे जन्म के समय ठीक नहीं था! यह कहाँ की युक्ति है?"

"तो तुम भी पूर्वजन्म के कर्मों पर विश्वास करने लगी हो?" केशव ने पूछा।

"हाँ! आप-बीती को मनन कर मैं इसी परिणाम पर पहुँची हूँ। यही कारण है कि जब बुआ ने अपने व्यवहार से मेरा जीवन बरबाद कर दिया तो मैं उसको गालियाँ देने के स्थान अपने आपको, अपने भाग्य को दोषी बताकर संतोष कर लेती हूँ।"

"यही तो मैं कहता हूँ। यदि तुम भाग्य को दोष न दे, अपने पुरुषार्थ में दोष मानतीं तो इसको बदलने का प्रयत्न करतीं। भाग्य को दोष देकर संतोष कर बैठ जाने से ही तो जीवन बरबाद हो रहा है।"

"क्या पुरुषार्थ करतीं, जो मैंने नहीं किया?"

इसको अनुकूल अवसर जान केशव ने धीरे से कहा, "यदि विनोद नहीं माना तो क्या संसार लड़कों से शून्य हो गया है? यत्न करो ढूँढ़ने का और विश्वास जानो कि विनोद से भी श्रेष्ठ लड़का मिल जाएगा।"

टूनी हँस पड़ी। उसने चाय की चुस्की लेते हुए कहा, "धनवान निर्धनों को ऐसी ही सीखें दिया करते हैं।"

"पर तुम तो मुझसे अधिक धन की स्वामिनी हो। बुआ ने अपनी संपत्ति का विशेष भाग और पिताजी ने अपनी आधी संपत्ति देने की कही है। अब तो तुम विनोद के पिता की दूसरी पुत्री हो। उनसे भी कुछ-न-कुछ मिलेगा ही।"

"हाँ! रुपए-पैसे मेरे पास तुमसे अधिक हैं। परंतु भाग्य से तुम अधिक संपन्न हो। विनोदजी! आपने सुना नहीं कि भैया एक मनोनीत अति सुंदरी से विवाह तय कर रहे हैं!"

"सुना है, मैं तो यह मानता हूँ कि विवाह पुरुषार्थ से नहीं, परंतु भाग्य से होते हैं।"

"तो तुम यह समझते हो कि मेरा विवाह नहीं होगा?"

"मैंने यह नहीं कहा। मैंने तो केवल यह कहा है कि विवाह अज्ञात कर्मों का परिणाम है। देखो, तुम हो भारत के रहनेवाले। वह इंग्लैंड की। कैसा संयोग हुआ! यह क्या किसी मनुष्य के करने से हो सकता है?"

"दोस्त! बहुत कोर्टशिप करनी पड़ी है।"

"किसी अन्य से करके देखो। कोर्टशिप जहाँ सफल होनी होती है, वहीं होती है।"

"मेरी तो सफल हो गई है। मैं इसको अपने पुरुषार्थ का फल ही मानता हूँ।"

"इसी से तो मैं आपको अपने से अधिक भाग्य का स्वामी समझती हूँ।" टूनी ने फिर वार्त्तालाप में भाग लेते हुए कहा, "पुरुषार्थ मैंने कम नहीं किया। हारकर अब मैं भगवान् से प्रार्थना करने लगी हूँ कि मेरे पुरुषार्थ इस जन्म में नहीं, तो अगले जन्म में फलीभूत करे।"

"प्रार्थना के स्थान यत्न करो। सफलता मिलेगी। अच्छा बताओ टूनी! तुम उस एन.सी. मेहता, डी.सी. जेहलम में क्या दोष पाती हो?"

"इस विषय पर तो भलीभाँति बहस हो चुकी है। अब इसे फिर मथने की आवश्यकता नहीं।"

□

हमारा विचार था कि टूनी से बातचीत लॉरेंस गार्डन में किसी एकांत स्थान पर बैठकर करेंगे। परंतु बात तो होटल में ही आरंभ हो गई। केशव ने कहा, "टूनी! मैं इस विषय पर तुमसे बातें करना चाहता हूँ। यहाँ होटल में नहीं। चाय समाप्त कर लें और फिर किसी एकांत स्थान पर बैठकर आज अंतिम निर्णय पर पहुँच जाएँगे।"

"मैं बात करने के लिए सदैव तैयार हूँ। क्या आप विनोदजी को भी साथ ले चलना चाहते हैं?"

"यदि तुमको आपत्ति न हो तो उनके साथ रहने से कोई हानि नहीं।"

प्रथम परिच्छेद

"मुझको भला क्या आपत्ति हो सकती है! मैंने उनसे अपने मन की कोई बात छुपा नहीं रखी।"

हम चाय समाप्त कर होटल का बिल देकर लॉरेंस गार्डन के एक वीरान कोने में जा पहुँचे। आज पूर्णिमा थी। इस कारण उस वीरान कोने में बैठने पर भी एक-दूसरे के मुख पर बदलते भावों को देख रहे थे।

पहले तो टूनी और केशव में वाग्युद्ध चलता रहा। युक्तियाँ और वितंडावाद होता रहा। दोनों एक बात से आरंभ करते थे और संसार की सब बातों का उल्लेख कर एक घंटा बाद पुनः उसी बात पर आ जाते और फिर एक-दूसरे का मुख देखने लगते। रात के दस बज गए थे। अंत में केशव ने मेरी ओर देखकर कहा, "विनोद! तुम भी कुछ कहो न!"

"तुमने मुझसे कुछ पूछा नहीं। मैं कैसे और क्या कहूँ?"

"आप यह बताइए," टूनी ने कहा, "आप मुझसे विवाह न कर एक अपरिचित लड़की से विवाह क्यों स्वीकार कर रहे हैं?"

मैं हँस पड़ा। मैंने कहा, "तो तुमको अभी तक यह पता नहीं लगा?"

"मुझको तो ज्ञान है। आपने कई बार मुझको बताया है। मैं चाहती हूँ कि आप भैया को भी बता दें। तब बात स्पष्ट हो जाएगी?"

"क्यों केशव! मैंने तुमको बताया नहीं है?"

"जो कुछ बताया है, वह युक्तिहीन, शुद्ध भावुकता ही है। तुम कहते हो कि टूनी को तुमने बहन कहकर पुकारा है। बस, अब उससे विवाह नहीं कर सकते। यह कोरी भावुकता है। इसके कुछ अर्थ नहीं।"

"मैं पूछता हूँ कि एक भाई बहन से विवाह क्यों नहीं करता?"

"यह समाज की कृत्रिम भावना है।"

"कृत्रिम हो अथवा स्वाभाविक। यह है भावुकता। बहन-भाई बचपन से साथ-साथ रहते हैं और समाज की इस भावना के कारण वे मन में सदैव यह समझते हैं कि उनका विवाह नहीं होना चाहिए। बार-बार इसको ऐसा समझने से सुषुप्त मन पर यह अंकित हो जाता है कि यह नहीं होना चाहिए, और फिर यदि ऐसा हो तो मन में ग्लानि उत्पन्न होना स्वाभाविक है।"

"यह अस्वाभाविक भावना है। इसका नाश कर देना चाहिए।"

"पर यह मेरे और तुम्हारे करने की बात नहीं। केशव! सामाजिक व्यवधान समाजशास्त्र के विद्वान् ही बनाते-बिगाड़ते हैं। जो कुछ भी समाज स्वीकार कर लेगा, मेरे जैसा साधारण व्यक्ति उसे स्वीकार करेगा।"

"क्यों न हम इस प्रथा को तोड़ डालें?"

"हाँ, यदि तोड़ने में तुमको कुछ लाभ प्रतीत होता हो तो तुम इसे तोड़ बहन से विवाह कर लो और फिर समाज से झगड़ा कर अपनी बात को प्रतिष्ठित करवा सकते हो। मुझको तो इसमें लाभ प्रतीत नहीं होता।"

मेरे इस प्रकार कहने से केशव गंभीर विचार में लीन हो गया। उसको चुनौती दी गई थी और वह इस पर विचार करने लग गया था। वह इसको असंभव समझता था। परंतु इसमें कुछ अन्य कारण मान, उसने कहा, "विनोद! न तो मैं टूनी से विवाह करना चाहता हूँ और न ही टूनी मेरे से। हम दोनों के न तो स्वभाव मिलते हैं, न विचार। तुमसे उसके विचार मिलते हैं और वह तुमसे प्रेम करती है। तुम भी प्रेम तो करते हो, परंतु इस कृत्रिम भावना के अधीन हो, जहाँ तुम अपने मन को मार रहे हो, वहाँ टूनी का जीवन बरबाद कर रहे हो।"

"देखो केशव! मैंने इस विषय पर महीनों विचार किया है और अंत में इसी परिणाम पर पहुँचा हूँ कि न तो मैं टूनी से प्रेम करता हूँ और न ही उससे विवाह का इच्छुक हूँ। मैं विवाह न कर अपने मन पर जबर नहीं कर रहा। इसको मैं अपने संस्कारों का स्वाभाविक परिणाम समझता हूँ। रही टूनी से विचार-समता! यह तो है ही। तभी तो वह मुझको गाली नहीं देती। न ही मुझ पर दोष लगाती है। हम इस विषय पर शांति और स्थिर चित्त से बातचीत कर एक निणय पर पहुँच गए हैं।"

"किस निर्णय पर पहुँच गए हो?"

उत्तर टूनी ने दिया, "यही कि मैं इनसे प्रेम कर सकती हूँ। प्रेम 'यूनिलेटरल' (एकपक्षीय) हो सकता है और यह मेरा अधिकार है। विवाह दोनों पक्षों की रुचि पर निर्भर है। यह 'बाई-लेटरल' (द्विपक्षीय) कृत है। जब इनकी रुचि नहीं तो विवाह किस प्रकार हो सकता?"

"तो प्रेम विवाह से भिन्न वस्तु है न?"

"ऐसी ही धारणा है।"

"बहुत भयावह धारणा है।"

"मुझको इससे भय नहीं लगता। संभव है कि मेरा व्यवहार कुछ कष्टप्रद हो। अभी तो कुछ ऐसा प्रतीत नहीं होता।"

"क्यों विनोद! क्या यह किसी दूसरे से विवाह कर तुमसे प्रेम नहीं कर सकती?"

"यह संभव नहीं है।" मैंने कहा, "प्रेम तथा विवाह भिन्न-भिन्न बातें हैं। विवाहित जीवन के अपने उत्तरदायित्व हैं और प्रेम के अपने। यदि कोई समझदार पति मिल जाए तो मैं इसको ठीक ही समझता हूँ।"

इस पर टूनी ने कहा, "इस विषय पर विचार कर चुकी हूँ। अभी तो मुझको

विवाह की आवश्यकता प्रतीत नहीं होती। जब प्रतीत होगी और उस समय विनोदजी के कथनानुसार कोई योग्य साथी मिल गया, तो विवाह कर भी सकती हूँ।"

"प्रेम के नाते मैं विनोदजी की सेवा तथा इनको सहयोग, जितना और जिस प्रकार लेना चाहें, दूँगी और विवाह के ये कारण, जब यह होगा, तो जो पत्नी के कर्तव्य हैं, वे मैं पालन करने में भी तत्पर रहूँगी।"

केशव खिलखिलाकर हँस पड़ा। उसने अपने मन की बात कही, "मैं समझता हूँ कि विनोद अपनी आदर्शवादिता के कारण मिथ्या मार्ग को अवलंबन कर रहा है और अपने टूनी पर सम्मोहिनी प्रभाव के कारण उसको भी मिथ्या मार्ग का अवलंबन कर रहा है। दोनों इस भूल को कदाचित् तब समझेंगे, जब अपने जीवन को बरबाद कर चुके होंगे।"

"मैं ऐसा नहीं समझती।"

इस पर मैंने कहा, "केशव! एक बात करो। टूनी को मुझसे दूर ले जाओ, जिससे ये मेरे सम्मोहिनी प्रभाव से बाहर रहकर स्वतंत्रता से अपना मार्ग ढूँढ़ सके। इसको अपने साथ इंग्लैंड ले जाओ और संभव है कि इसको रुचि-अनुकूल कोई पति मिल जाए!"

टूनी जब केशव से विलायत और पेरिस की बातें सुन रही थी तो मन में यही इच्छा कर रही थी, जिसका सुझाव मैंने दिया था। इससे केशव की सम्मति, इस सुझाव पर, सुनने के लिए, चुप हो, उसका मुख देखने लगी। केशव ने कुछ विचार कर रहा, "मैं तो दिसंबर की पहली तारीख को लाहौर से चला जाऊँगा। चार तारीख को जहाज छूटने वाला है। इसका पासपोर्ट इतनी जल्दी बन सकेगा, कहना कठिन है।"

"पिताजी का इतना परिचय है तो क्यों नहीं होगा?" टूनी ने कहा, "यदि नहीं हो सकता, तब भी इतना तो हो ही सकता है कि मैं एक मास पीछे पहुँच जाऊँ।"

"वहाँ जाकर पढ़ोगी क्या?"

"देखो, यदि कहीं स्थान मिल गया तो अवश्य पढ़ूँगी। मैं तो अपने मन से विनोदजी का सम्मोहिनी प्रभाव मिटाने जा रही हूँ न। शायद वहाँ कोई ऐसा करने में सहायक मिल जाए!"

हमारा विचार-विनिमय समाप्त ही हो चुका था। अतः हम लॉरेंस गार्डन से घर को लौट आए।

अगले दिन टूनी आई तो उसने आते ही कहा, "विनोदजी! मैं आपका बहुत धन्यवाद करती हूँ। आपने एक ओर तो मुझे उस आई.सी.एस. के चंगुल से बचा दिया और दूसरे मुझे यूरोप घूमने का अवसर दिला दिया है।"

"तो पिताजी मान गए हैं क्या?"

"हाँ। आज मैं पासपोर्ट के लिए फॉर्म भरकर दे आई हूँ और पिताजी ने सब

संबंधित अधिकारियों को टेलीफोन से पासपोर्ट को समय पर तैयार करवा देने के लिए कह दिया है। उनको विश्वास है कि एक सप्ताह में सबकुछ हो जाएगा। कल मैं डॉक्टरी परीक्षा के लिए जा रही हूँ।"

"टूनी! मैं इस समाचार से बहुत प्रसन्न हूँ। केशव पहली दिसंबर को जा रहा है और अट्ठाईस नवंबर को मेरा विवाह है। सो तुम दोनों विवाह में सम्मिलित तो अवश्य होओगे?"

"हाँ।"

☐

इसके पश्चात् जीवन स्वाभाविक रूप में चलने लगा। टूनी विलायत जाने की तैयारी में लग गई और मैं अपने विवाह की। बीच-बीच में केशव मिलता रहा। वह अपनी होने वाली पत्नी की सदैव प्रशंसा किया करता था। उसका नाम मर्फी था। उसका चित्र भी केशव ने दिखाया। अच्छी-खासी सुंदर प्रतीत होती थी। हाँ, उसकी आँखों से कुछ ऐसा प्रतीत होता था कि वे शरारत से भरी हुई हैं। मैं उस पर किसी प्रकार की टिप्पणी नहीं करना चाहता था। मुझको भय था कि केशव के स्वप्न भंग न हो जाएँ।

मैंने तसवीर देखते हुए पूछा, "विवाह कब होगा?"

"मेरा थीसिस जून-जुलाई में समाप्त हो जाएगा और वह मैं सितंबर में यूनिवर्सिटी को 'सब्मिट' कर दूँगा। अक्तूबर अथवा नवंबर में परीक्षक बुलाएँगे और मौखिक परीक्षा लेंगे। मुझको पूर्ण आशा है कि वे मुझको डी.एस-सी. की उपाधि दे देंगे। उसके तुरंत ही पीछे हमारा विवाह होगा। इस प्रकार एक वर्ष तक लग सकता है।"

मेरा विवाह हुआ। बरात में केशव और टूनी और उनके पिता भी सम्मिलित हुए। टूनी का कहना ठीक था कि मेरी बीवी राधा उतनी सुंदर नहीं थी, जितनी चित्र में प्रतीत होती थी। कम-से-कम टूनी के साथ तो उसकी कोई तुलना नहीं थी। स्वभाव की बात तो भविष्य में जानने की ही हो सकती थी।

राधा मैट्रिक तक पढ़ी थी। यह जानकर कि मैं एम.एस-सी. हूँ, वह प्रारंभ से ही मुझसे डरी तथा सहमी हुई प्रतीत होती थी। यह मुझे उसके पहले दिन के व्यवहार से ही समझ आ गया था। मैं उसका वह भय उसके मन से निकाल देना चाहता था। उसको पहले निर्भीक बनाकर, उसके गुण तथा दोषों का ज्ञान प्राप्त करना चाहता था। उसके जानने के पश्चात् मैं उसको अपनी रुचि के अनुसार ढालना चाहता था।

राधा के साथ जब पहली भेंट हुई तो मैंने पूछा, "राधा! तुमने मुझको देखा है?"

उसने धीरे से क़हा, "देखने का यत्न कर रही हूँ। आपकी ओर देखने से मुझे डर लगता है।"

"डर?" मैंने विस्मय प्रकट कर पूछा, "क्या मैं कोई हिंसक जंतु दिखाई पड़ता हूँ? शेर हूँ, बाघ हूँ अथवा रीछ हूँ?"

"नहीं जी!" उसने अपने कथन को संशोधित करते हुए कहा, "मैं आपकी रूपरेखा के विषय में नहीं कह रही। मैं आपको अधिक पढ़े-लिखे तथा योग्य होने के कारण ऐसा कहती हूँ। इसी कारण तो मुझे डर लगता है।"

"राधा! इसको डर नहीं कहते। इसको आदर कहते हैं। देखो, मैं तुम्हारा आदर करता हूँ। इस पर भी मंत्र-मुग्ध की भाँति तुम्हारे मुख पर देख रहा हूँ।"

"मैं इसमें आपकी महानता समझती हूँ। आप मेरे प्रभु हैं। मुझको जैसा चाहें, आप देख सकते हैं। मैं आपकी दासी हूँ। मैं आपके मुख पर नहीं, आपके चरणों को ही देख सकती हूँ।"

"तुमको दासी किसने बनाया है? मैंने तो नहीं बनाया। तुमको सहधर्मिणी, सहचारिणी और संगिनी समझता हूँ। इस कारण तुमको निर्भीक होकर स्वयं को मेरे बराबर समझ मेरी ओर देखना चाहिए।"

"मुझको लज्जा लगती है।"

"यह ठीक है। इसको भय नहीं कह सकते। हम आज पहली बार ही तो मिले हैं। इस कारण एकांत में मेरे पास बैठने में लज्जा लग सकती है, परंतु यह एकाध दिन में मिट जाएगी।"

उसने धीरे से मेरी ओर आँख उठाकर देखा। इससे मुझको उसकी बड़ी-बड़ी आँखें देखने को मिलीं। आँखों का सौंदर्य काफी अधिक और भला प्रतीत होता था। परंतु जब उसने मुझे अपनी ओर निहारते देखा तो पुनः आँख झुका दीं। इस पर मैंने कहा, "अब तो देख लिया है। कैसा लगा हूँ मैं?"

"आप मेरे प्रियतम हैं।"

"यह शब्द तो मेरे प्रति तुम्हारे मन की भावना को प्रकट करता है। मैं जानना चाहता हूँ कि तुम्हारी आँखों ने क्या देखा है? इसे तुम कैसा समझी हो?"

इस पर वह मेरे साथ लगकर कहने लगी, "आप शब्दों के जाल में फँसाकर मुझको अन्यमनस्क कर रहे हैं। मुझको आपके साथ निस्संकोच भाव में रहना सीखने दीजिए। इसमें कुछ समय तो लगेगा ही। तब ही मैं ठीक-ठीक जान तथा बता सकूँगी। इस समय कुछ और बात करिए।"

मैं हँस पड़ा। मैंने समझा कि सौंदर्य में भले ही वह टूनी से कम हो, पर बुद्धि में वह छोटी नहीं है। मैंने बात बदलकर पूछा, "तुमने टूनी को देखा है?"

वह विस्मय से मेरा मुख देखने लगी। मैं फिर हँसा और बोला, "शुक्र है, तुमने आँखें तो उठाईं।"

इस पर वह फिर नीचे देखने लगी और बोली, "मैं किसी टूनी को नहीं जानती।"

"मेरा मतलब मालती से है।"

"आपकी बहन?"

"हाँ, कैसी लगी है वह?"

"बहुत ही प्रेममयी है। बहुत सुंदर है और बहुत ही सौम्य है। सुना है, वह बहुत धनवान है। इस पर भी अभिमान नहीं करती। मुझको तो बहुत प्यारी लगी है।"

"मैं चाहता हूँ कि तुम भी वैसी बनो।"

"उतनी सुंदर कैसे बन सकती हूँ? शरीर तो बदल नहीं सकता। हाँ, मन को सुधारने का यत्न करूँगी।"

"पर शरीर से तो तुम पहले ही सुंदर हो।"

"आप हँसी करते हैं। मालती की रूपरेखा बहुत अच्छी है। वह तो किसी राजा की रानी बनने योग्य है।"

"क्या राजाओं की रानियाँ सुंदर ही होनी चाहिए?"

"यह मैंने नहीं कहा। मेरा मतलब है कि उसको एक रानी के समान सुख-सुविधा मिलनी चाहिए।"

इस वार्त्तालाप से मुझको संतोष ही हुआ। राधा मूर्ख नहीं थी। वह शीघ्र ही मुझको प्रत्येक प्रकार का सहयोग देने के योग्य होनेवाली प्रतीत होती थी।

अगले दिन टूनी विदा माँगने आई तो मैं उसको राधा के पास ले गया। वे दोनों गले मिलीं। राधा ने उसे अपने पास ही सोफे पर बिठाया। मैं उनके सम्मुख अभी खड़ा था। टूनी मेरे मुख को देख रही थी और राधा मेरे पाँवों की ओर।

मैंने पूछा, "क्या देख रही हो टूनी! मेरे मुख पर?"

"आप इनको पाकर प्रसन्न हैं अथवा नहीं!"

"तो क्या पता चला है?"

राधा ने टूनी के मुख पर देखा और उत्सुकता से उसके उत्तर की प्रतीक्षा करने लगी। टूनी ने बहुत ही ध्यान से मेरे मुख पर देखकर कहा, "आप बहुत ही प्रसन्न प्रतीत होते हैं।"

राधा टूनी के साथ सिमट गई। वह अपनी कृतज्ञता प्रकट कर रही थी। टूनी का अनुमान ठीक था। मुझको स्वयं भी अपनी प्रसन्नता मुख से फूटती प्रतीत हो रही थी। राधा को यह सुन कि यह प्रसन्नता उसके कारण है, उसे बहुत संतोष हुआ था।

मैं उनको वहीं छोड़ कमरे से बाहर चला गया।

पहली दिसंबर को मैं टूनी और केशव को स्टेशन पर छोड़ने गया। उनके माता-पिता भी आए हुए थे। राधा को भी ले जाता, परंतु वह अपने मायके गई हुई थी। विवाह के पश्चात् स्त्रियों के लिए करने को बहुत-कुछ होता है।

केशव की माँ ने पूछा, "बहू कैसी है विनोद ?"

सब मेरे मुख पर देखने लगे। मैंने कहा, "मुझे तो बहुत अच्छी लगी है।"

"दहेज में क्या लाई है ?"

"दो हाथ और दो पैर।"

"क्या नकद कुछ नहीं मिला ?"

"नहीं।"

"मिला है माताजी!" टूनी ने कहा, "उसमें से ही तो पाँच सौ मुझे मिला है।"

"पर वह जो कुछ भी मिला है, माताजी ने दोनों बहनों में बाँट दिया है।"

"तो एक हजार मिला है ?"

"मुझको तो कुछ नहीं मिला। वह इनके लिए ही था।"

"कुछ तो देना चाहिए था।"

"क्यों ? मेरे पास अपने हिसाब में बैंक में आठ-नौ हजार रुपया है, जो अब बढ़ता ही जाएगा। अब मेरी 'साइंस' की पुस्तक मैट्रिक में लग गई है।"

"फिर भी उनको भी तो कुछ देना चाहिए था।"

"कुछ तो दिया ही है। नकद नहीं। हाड़-चाम के रूप में अपनी उन्नीस वर्ष की हृष्ट-पुष्ट और पढ़ी-लिखी लड़की दी है। देखो मौसी! जहाँ विवाह प्रेम हो जाने पर होते हैं, वहाँ तो लड़की देने का प्रश्न उत्पन्न नहीं होता। लड़का लड़की को मिलता है और लड़की लड़के को। इस विषय में दोनों बराबर रहते हैं। जहाँ विवाह ठेका हो, लड़के की आर्थिक श्रेष्ठता के प्रतिकार में दहेज देना आवश्यक हो जाता है। परंतु हमारा विवाह तो प्रेम-विवाह नहीं। ठेका भी नहीं। इस कारण राधा फोकट में मिल गई है। अब यह मेरा भाग्य है कि वह सुंदर है, सुशील है।"

"एक ही रात में सबकुछ जान गए हो ?"

"हाँ मौसी! एक ही टैस्ट में। मैं साइंसदाँ हूँ न ?"

केशव की माँ सबकुछ व्यंग्य भाव में कह रही थी। वह यह दरशाना चाहती थी कि मालती के साथ विवाह न करके मुझे कितनी हानि हुई है।

टूनी को मैंने कहा, "मैं आशा करता हूँ कि तुम अपनी सैर और नए-नए अनुभवों का सविस्तार वर्णन लिखा करोगी।"

"आप भाभी को लेकर वहाँ घूमने आइए न ?"

"हाँ, यदि तुमने घर वहीं बना लिया तो अवश्य आऊँगा।"

इससे वह गंभीर हो गई। उसने मेरी ओर देखा। मुझको कुछ ऐसा आभास हुआ कि उसकी आँखें तरल हो गई हैं। उसने भर्राई आवाज में कहा, "यह असंभव है।"

◻

इसके छह महीने पश्चात् की बात है। एक पार्टी में मिस्टर थापर, केशव के पिता, से भेंट हुई तो मैंने पूछा, "पिताजी! केशव का पत्र आता है क्या?"

"हाँ! उसने थीसिस सब्मिट कर दिया है। अगले मास उसका 'इंटरव्यू' होने वाला है।"

"टूनी तो भलीभाँति है?"

"वह इतिहास लेकर ऑक्सफोर्ड में एम.ए. कर रही है।"

"बहुत खूब! केशव के विवाह का क्या हुआ?"

मिस्टर थापर हँसकर बोले, मर्फी ने केशव के वहाँ पहुँचने से पूर्व ही लॉर्ड पैंब्रोक के शाहजादे से विवाह कर लिया था।"

"केशव को दु:ख तो बहुत हुआ होगा?"

"अब सामने तो वह है नहीं। हाँ, उसके पत्रों से प्रतीत होता है कि यदि किसी प्रकार का दु:ख था तो वह उस पर काबू पा चुका है।"

मैं भी यह समाचार सुनकर दु:खी हुआ। घर पर पहुँचकर मैंने केशव को एक पत्र लिखा, "केशव! विवाह के लिए कोई-न-कोई साथी मिल ही जाएगा। प्रेम विवाह से पृथक् वस्तु है। विवाह एक पारिवारिक सुविधा की बात होती है। प्रेम मन की भावना की। दोनों इकट्ठी हो जाएँ तो बहुत ही उत्तम है। परंतु एक के बिगड़ जाने से दूसरी भी बिगड़नी ही चाहिए, यह आवश्यक नहीं।"

केशव का उत्तर आया। उसने लिखा था, "प्रतीत होता है कि यह समाचार तुमको पिताजी से मिला है। मैंने इसके विषय में अन्य किसी को लिखा नहीं। जब उन्होंने तुमको इतना बताया है, तो यह भी बताया होगा कि मुझको इससे रंचमात्र भी शोक नहीं। टूनी ने भी मुझको सांत्वना देने का यत्न किया था। परंतु तुम और वह एक ही विचार रखते हो न। मैं तो तुम दोनों के और विशेष रूप में टूनी के व्यवहार को अस्वाभाविक मानता हूँ। परंतु वह समझती ही नहीं। इस पर भी मैंने उसको ऑक्सफोर्ड के एक कॉलेज और लड़कियों के हॉस्टल में दाखिल करा दिया है। मैं तो यह आशा लगाए हुए हूँ कि वह किसी योग्य लड़के से विवाह-संबंध में बँध जाएगी। देखें क्या होता है!

"मेरे विषय में तुमको चिंता करने की कोई बात नहीं। मैं दिसंबर में अमरीका होता हुआ भारत पहुँचने का विचार रखता हूँ। दो दिन में मेरा इंटरव्यू होने वाला है। उसके पश्चात् मैं छुट्टी पा, यूरोप भ्रमण के लिए जाऊँगा। वहाँ से अमरीका, जापान होता हुआ कलकत्ता पहुँचूँगा।"

इसके पश्चात् टूनी का पहला पत्र आया। उसमें उसने लिखा था, "मैंने भैया को वचन दिया था कि छह मास तक आपको कोई पत्र नहीं लिखूँगी। उनका विचार था

कि इस प्रकार मैं आपको भूल सकूँगी। कल मैं लंदन गई थी। वहाँ भैया से भेंट हुई। वे अपने इंटरव्यू की तैयारी कर रहे हैं। उन्होंने एक शब्द में कहा कि आपका पत्र आया था और मैं आपको लिख सकती हूँ। अतएव, आज हॉस्टल में पहुँचते ही आपको पत्र लिखने बैठ गई हूँ।

"मैंने बहुत यत्न किया है कि आपको भूल जाऊँ। यहाँ कई लड़के हैं, जो मुझसे प्रेम करने लगे हैं, परंतु उनमें से एक भी नहीं, जो आपका स्थान ले सके। मैं उनको दूर रखने के लिए कह देती हूँ कि मेरी सगाई हो चुकी है।

"ऑक्सफोर्ड एक छोटा-सा शहर ही है। सुंदर भी है, परंतु लंदन बहुत ही विशाल और अत्यंत सुंदर है। जब यहाँ से दिल ऊब जाता है, तो एकाध दिन के लिए वहाँ चली जाती हूँ। वहाँ होटल में ठहरने का एक पौंड एक दिन का देना पड़ता है। इसमें दो समय रोटी, दो समय चाय, सोने का स्थान बिस्तर सहित मिलता है। तीन-तीन, चार-चार मेहमानों के लिए एक-एक वेटर्स का प्रबंध रहता है। वह कपड़े लोहा कर देती है और बाल सँवार देती है।

"एक बात और। मैंने सिर के बाल कटवा लिये हैं। यहाँ लंबी चोटी का फैशन नहीं। वह भद्दी दिखाई देने लगी थी। इस पर भी मेरे भँवरों जैसे काले बाल कंधों तक आते हैं। मैं अपना एक चित्र इस पत्र के साथ भेज रही हूँ। आशा करती हूँ कि आप पसंद करेंगे।"

मैंने केशव को पत्र लिखने की आवश्यकता नहीं समझी। हाँ, टूनी को पत्र लिखा—

"तुम्हारा पत्र तथा चित्र मिले। कटे हुए बाल बुरे प्रतीत नहीं होते। परंतु मेरी पसंद का संबंध शरीर के अच्छे और बुरे लगने से नहीं, प्रत्युत तुम्हारी आत्मा से है। आत्मा के बाल नहीं होते।

"मैंने तो कई बार लिखा है कि यदि तुम विवाह भी कर लो, तो भी तुम मुझको पसंद रहोगी। कारण यह है कि विवाह-संबंध शरीर का है और पसंद मन तथा आत्मा की।

"टूनी! तुम एम.ए. कर लो और मेरी सम्मति मानो तो विवाह कर लो। ईश्वर तुम्हारा भला करेगा! और तुम जीवन में रस तथा आनंद पा सकोगी।

"तुम्हारी भाभी आजकल बहुत प्रसन्न हैं। उसको बच्चा होनेवाला है और वह दिन-रात उसके निर्माण में संलग्न है।"

इस पत्र का उत्तर एक मास पश्चात् आया। खाली कागज पर केवल बड़े-बड़े अक्षरों में 'नो—टूनी' लिखा था।

ऐसे पत्र उसके पहले भी आया करते थे। ये उसके मन की कछुए की-सी अवस्था को प्रकट करते थे। जैसे कछुआ अपने हाथ-पाँव को शरीर के भीतर घुसेड़कर, उनको

बाहरी आघातों से बचा लेता है, उसी प्रकार वह अपने पूर्ण भावों को एक शब्द के अंदर समेटकर मेरी युक्तियों से बचने का यत्न करती थी।

मैंने उसको फिर एक पत्र लिखा, "तुम नाराज हो गई प्रतीत होती हो। इसमें नाराजगी की क्या बात है, समझ में नहीं आता। देखो केशव से एक 'मर्फी' नाम की लड़की ने प्रेम प्रकट किया और विवाह का वचन भी हो गया, परंतु केशव के भारत आने पर उसने किसी अन्य से विवाह कर लिया। केशव ने लिखा है कि वह उससे मिली थी और उसने कह दिया कि वह अपने मन के भावों को ठीक नहीं समझ सकी थी।

"अब किसी लॉर्ड के लड़के से विवाह कर वह दावतों में नाचती फिरती है। मेरे कहने का अभिप्राय यह है कि विवाह एक शारीरिक सुविधा की बात है। जहाँ जिसका मन करता है, यह कर लिया जाता है।

"परंतु प्रेम एक जन्म-जन्मांतर की बात है। यदि तुम्हारा मेरे साथ प्रेम वास्तविक है तो इसको परिपक्व होने दो। यह कहीं भी विवाह कर लेने से पुष्टता को ही प्राप्त होगा।"

इस पत्र का उत्तर भी वैसे ही संक्षिप्त आया। लिखा था, "मैं आपकी कही जीवन-मीमांसा में विश्वास नहीं रखती। टूनी।"

☐

द्वितीय परिच्छेद

राधा को बच्चा जनने के समय भारी कष्ट हुआ। एक स्वस्थ तथा सुंदर लड़के को जन्म देकर उसने जीवन भर के लिए छुट्टी प्राप्त कर ली। वह सख्त बीमार हो गई। उसे ज्वर रहने लगा। यह पता चला कि उसके गर्भाशय में कुछ विकार उत्पन्न हो गया है। उसे बाहर निकालना पड़ा। दो वर्ष तक वह बिस्तर पर पड़ी रही। उसके पश्चात् एक वर्ष में वह चलने-फिरने योग्य हो सकी तथा घर का काम सँभालने योग्य हुई।

इन तीन वर्षों में मैंने कॉलेज में उन्नति पाई और सीनियर प्रोफेसर के ग्रेड में पहुँच गया। वेतन भी पाँच सौ हो गया, परंतु प्रायः सबकुछ राधा की बीमारी पर व्यय होता गया।

राधा स्वस्थ होने लगी तो बच्चे का नामकरण संस्कार कर दिया गया। उसका नाम अभी तक टीमू था। अब सुरेंद्र रखा गया।

हमारा बाँस मंडी वाला मकान छोटा था। अतएव, मैंने अपने लिए एक मकान कचहरी रोड पर नीला गुंबद के पास ले लिया। यह मकान यूनिवर्सिटी लाइब्रेरी के सामने था। इस कारण मुझको वहाँ अध्ययन के लिए जाने में सुभीता होने लगा। मैंने इंटरमीडिएट के लिए रसायनशास्त्र विषय पर पुस्तक लिखनी आरंभ कर दी।

जब टूनी के एक-दो शब्दों के पत्र आने लगे तो मैंने उत्तर देना बंद कर दिया। उसके कुछ काल तक, गलत, ठीक, नहीं आदि केवल दो-चार शब्दों के पत्र आते रहे और इनका मैंने उत्तर नहीं दिया। इस कारण अथवा किसी अन्य कारण से उसने भी लिखना बंद कर दिया।

केशव का एक पत्र उसके लंदन से डी.एस-सी. डिग्री प्राप्त करने पर मिला था। उसमें उसने लिखा था कि वह अमरीका जा रहा है और वहाँ से लिखेगा। परंतु उसके पश्चात् उसका कोई पत्र मुझे नहीं मिला।

राधा स्वस्थ हो चुकी थी और अब अपना स्वाभाविक जीवन व्यतीत कर रही थी। टीमू तीन वर्ष का हो चुका था। इस समय एक पत्र टूनी का स्विट्जरलैंड से आया। लिफाफे पर पता उसके हाथ से लिखा होने से मैं जान गया कि पत्र टूनी का है, परंतु

स्विट्ज़रलैंड की मुहर पढ़ मुझे अचंभा हुआ। मैंने पत्र खोला और पढ़ा। लिखा था, "विनोदजी! मैं तीन वर्ष पश्चात् लिख रही हूँ, मैं समझ सकती हूँ कि आपने पत्र लिखना क्यों बंद कर दिया था। बात यह है कि मैं अपने पत्र इतने संक्षिप्त लिखने लगी थी कि उसका कुछ उत्तर हो ही नहीं सकता था।

"इधर मैंने पत्र लिखने इस कारण बंद कर दिए थे कि मैं एक मूर्खता कर बैठी थी।

"मेरी एक सहपाठिन थी। उसका नाम फ्लोरेंटाइन था। वह रहनेवाली फ्रांस की थी, परंतु पढ़ती ऑक्सफोर्ड में थी। उसने एम.ए. की परीक्षा दी और मुझको पेरिस ले गई।

"पेरिस का जीवन अत्यंत ही वासनामय है। फ्लोरेंटाइन की कई युवकों के साथ मित्रता थी। वे सब-के-सब मेरे भी मित्र बन गए। उसमें एक मुझसे 'कोर्टशिप' करने लगा। वह हमारे पीछे-पीछे ऑक्सफोर्ड तक आया। वह एक धनी बाप का बेटा था और उसने मुझ पर बहुत धन व्यय किया। किसी मानसिक दुर्बलता के क्षण में मैं उसकी सहवासिनी बन गई और उसने मेरे साथ शेष जीवन व्यतीत करने का वचन दिया। मेरी आत्मा शरीर के सम्मुख परास्त हो गई और मैं उसके साथ 'बर्न' में रहने चली आई।

"दो वर्ष तक हम यहाँ बहुत ही मजे में रहे। मैंने अपने माता-पिता को लिख दिया कि मैंने मिस्टर फिशर से विवाह कर लिया है और हमने 'बर्न' में रहने का निर्णय कर लिया है। मेरे माता-पिता मुझसे बहुत प्रसन्न थे और मेरे नाम के रुपयों की आय, जो वहाँ मिलों के शेयरों में लगा हुआ था, प्रति वर्ष भेजने लगे।

"पिछले वर्ष मेरे एक लड़का हुआ है। मिस्टर फिशर तब से लापता था। अब मुझको विदित हुआ कि मिस्टर फिशर ने पेरिस में मिस फ्लोरेंटाइन से विवाह कर लिया है।

"परिणाम यह है कि मैं बिना बाप के बेटे की माँ हूँ। एक धनी स्त्री की तरह 'बर्न' में रहती हूँ। सब प्रकार का सुख और सुविधा मुझको प्राप्त है। इस पर भी मैं अपने व्यवहार पर ग्लानि अनुभव करती हूँ। मुझे अपने मन को दृढ़ बनाकर रहना चाहिए था और वैसा मैं न कर सकी। मुझे अपनी इस पराजय को किसी पर प्रकट करते भी लज्जा लगती है।

"मैंने अपने पिता को एक झूठी कहानी लिख दी है, जो मैं अपने लड़के को भी बताना चाहती हूँ। मैंने लिखा है कि मिस्टर फिशर का देहांत हो गया है और अब मैं अकेली यहाँ रहती हूँ।

"मन में तो यह आया था कि आपको भी यही परिचय दें, परंतु ऐसा कर नहीं सकी। कई महीनों के संघर्ष के पश्चात् आपके सामने अपनी लज्जा की बात प्रकट कर रही हूँ। आप चाहें तो मेरे घरवालों को इस रहस्य की बात बता दें और चाहें तो मेरे लिए इसको अपने मन तक ही रहने दें।

"मैं मास्टर फिशर से कोई लगाव नहीं रखती, परंतु वह अभी दस मास का शिशु है। मैं उसको छोड़ भी नहीं सकती। केवल मनुष्यता के नाते उसको अपने पास रखे हुए हूँ और चाहती हूँ कि वह एक विधवा का पुत्र विख्यात हो अपना जीवन मान से व्यतीत कर सके।

"केशव भैया का पत्र आपको आता ही होगा। उसने मुझको लिखा है कि वह अपनी बीवी के साथ भारत जाएगा और किसी पहाड़ी स्थान पर लेबोरेटरी बनाकर अपने अन्वेषण कार्य को चालू रखेगा। उसकी पत्नी भी फिलाडेल्फिया यूनिवर्सिटी की ग्रेजुएट है।"

यह पत्र मेरे लिए अति विस्मयकारक था। मैंने इस पत्र पर बहुत मनन के पश्चात् इसका उत्तर टूनी को लिखा, "टूनी बहन! मुझको यह सुनकर बहुत ही दुःख हुआ है कि तुम्हारा साथी स्थिरचित्त नहीं निकला। वास्तव में, पेरिस के युवकों से विवाह संबंधी विषयों में चित्त की स्थिरता की आशा भी तो नहीं की जा सकती।

"यह भूल तुमसे इस कारण हुई है कि तुमने यह कभी माना ही नहीं कि शारीरिक आवश्यकताएँ कभी इतनी प्रबल भी हो सकती हैं कि वे आत्मारूपी नौका को डाँवाँडोल कर सकती हैं।

"जब तुम्हारी माता ने तुम्हारा मेरे साथ विवाह का प्रस्ताव रखा और मैं तुमसे विवाह के लिए तैयार नहीं हुआ तो माँ ने मुझसे पूछा, 'फिर क्या होगा?'

"मैंने उत्तर दिया था, 'माँ! मेरा शीघ्र ही किसी उचित लड़की से विवाह कर दो।'

"मेरा अनुमान था कि शरीर की माँग को न्यायोचित उपायों से पूर्ण करने में किसी दुर्बलता के क्षण में पदच्युत नहीं किया जा सकूँगा।

"यही बात तुमको करनी चाहिए थी। परंतु तुम नहीं कर सकीं और वासना जब अति उग्र हुई, तो उसके वेग को सहन न कर सकने से गलत पुरुष से संबंध बना बैठीं।

"मेरी सम्मति मानो। अभी भी कुछ नहीं बिगड़ा। भारत में आकर विधवा के रूप में पुनर्विवाह कर लो।"

मैंने उसे केशव के विषय में कुछ नहीं लिखा। केशव ने मुझको अढ़ाई वर्ष से कोई पत्र नहीं लिखा था। गिला करना मेरे स्वभाव में नहीं था और केशव की प्रशंसा मैं कर नहीं सका।

मेरे पत्र भेजने के दो मास पश्चात् टूनी का पत्र आया। उसने लिखा, "मैं शीघ्र ही भारत आ रही हूँ। पिताजी का पत्र आया है कि उनका स्वास्थ्य ठीक नहीं रहता। साथ ही, मेरे पति के देहांत होने के समाचार से उनके दिल को बहुत धक्का पहुँचा है। इस कारण मैं भारत आना उचित ही समझती हूँ।"

पत्र आने के पंद्रह दिन पश्चात् वह आई और लाहौर पहुँचने के पहले दिन ही वह मुझसे मिलने आई।

आते ही जब उसने राधा को देखा तो विस्मय में देखती रह गई।

राधा दो वर्ष की बीमारी के पश्चात् ओजविहीन हो गई थी। यद्यपि अब वह स्वस्थ थी और घर का काम सँभालती थी, इस पर भी जो कुछ वह विवाहित जीवन के पहले कुछ महीनों में थी, अब उसका चौथाई रूप-लावण्य भी उसमें शेष नहीं रहा था। इस पर भी राधा प्रसन्न तथा अपने भाग्य से संतुष्ट प्रतीत होती थी।

टूनी, पति भाग जाने की घटना पर भी, सब प्रकार से स्वस्थ और सुंदर थी। उसका शरीर पहले से कुछ भर गया था। इससे उसके सौंदर्य में वृद्धि ही हुई थी। इसके अतिरिक्त, वह प्रसन्न और अपने जीवन में रुचि ले रही प्रतीत होती थी।

राधा को देख उसने कहा, "भाभी! तुम तो पहचानी ही नहीं जातीं। क्या हुआ है?"

"एक लड़के के निर्माण में ही शरीर की सारी-की-सारी शक्ति का व्यय हो गया प्रतीत होता है। मन अभी और जीने को कर रहा है। इस कारण इस शरीर को मौत के मुख से वापस ले आई हूँ।"

"बहुत सुंदर है लड़का?"

"हाँ! देखोगी?"

राधा ने टीमू को आवाज दी।

टीमू साथ के कमरे में बैठा खेल रहा था। वह हाथ में कागज तथा लाल पेंसिल लिये हुए चला आया। एक अपरिचित स्त्री को कमरे में बैठा देख वह 'माँ-माँ' कहता-कहता रुक गया।

राधा ने कहा, "यह कागज पर क्या कर रहे हो?"

"मीनू बना रहा हूँ।"

राधा ने हाथ लंबा कर कहा, "दिखाओ तो!"

लड़का टूनी की ओर देखता हुआ कमरे में आया और कागज माँ को दिखाकर भाग जाने के लिए लौटा। परंतु राधा ने पकड़ लिया, "ठहरो टीमू! तुम्हारी मीनू को देख लूँ।"

लड़के ने फिर चोर आँखों से टूनी की ओर देखा और माँ के पीछे छुपकर खड़ा हो गया। राधा ने कागज खोलकर देखा। उस पर एक गोलाकार मुख, उसमें आँखों के स्थान पर लाल स्याही के दो निशान और मुख के स्थान पर एक रेखा बनी थी। दो रेखाएँ नीचे टाँगों के लिए और दो रेखाएँ दोनों ओर दो बाजुओं के लिए बना रखी थीं। राधा ने टूनी को बताया, "मीनू पड़ोसियों की दो वर्ष की लड़की है। वह इसके साथ खेलने आया करती है।"

"क्या नाम है इसका?"

"सुरेंद्र! पर हम इसको टीमू कहते हैं।"

द्वितीय परिच्छेद

"टीमू!" टूनी ने उसकी बाँह पकड़कर उसको बुलाया और अपनी ओर घसीट लिया। लड़का मुस्कराता हुआ सामने आया और उसने उसकी आँखों में देखकर कहा, "यह अपने पिता के समान ओजपूर्ण है।" इतना कह उसने बच्चे को गले लगा, उसका मुख चूम लिया।

मैं समीप बैठा टूनी को देख रहा था। अब मैंने कहा, "टीमू! ये तुम्हारी दूसरी बुआ हैं।"

"बुआ! ये पहले नहीं आईं?" लड़के ने टूनी की ओर देखते हुए पूछा।

"ये बहुत दूर से आई हैं।"

"बहुत दूर से! आकाश से भी दूर से!"

"हाँ, स्विट्जरलैंड से।"

◻

राधा की दुर्बलता और निस्तेज अवस्था देख टूनी के मन में कदाचित् यह विचार आया कि वह अब मुझको विवाह के लिए तैयार कर लेगी। इस कारण वह मुझसे नित्य प्रति मिलने आने लगी, उसने एक नियम सा बना लिया था कि मेरे कॉलेज से छूटते समय वह अपने पिता की मोटरकार लेकर कॉलेज पहुँच जाती और हम दोनों कहीं चाय पीने चले जाते। पश्चात् लॉरेंस गार्डन अथवा शाहदरा घूमने चले जाते। इन दिनों उसने अपने फिशर के साथ प्रेम की सारी कथा सुना दी। इसमें उसने बताया, "जब मेरे गर्भ ठहर गया तो मिस्टर फिशर मेरे से तटस्थ रहने लगा। बच्चा हुआ तो कभी-कभी घर से अनुपस्थित हो जाता। एक दिन मेरे पूछने पर कहने लगे, 'बच्चे का रोना मुझे बिल्कुल नहीं भाता। एक बार जब उसका रोना देख लेता हूँ तो मुझे रात भर नींद नहीं आती।'

"एक दिन मैं अपने एक पड़ोसी के घर गई हुई थी। मेरी अनुपस्थिति में श्रीमान आए और अपने कपड़े एक सूटकेस में लेकर भाग गए। एक-दो दिनों तक तो मैं प्रतीक्षा करती रही। पीछे मुझको कुछ संदेह हो गया। मैंने फ्लोरेंटाइन को लिखा। वह उन दिनों पेरिस में एक सीनेटर की बीवी थी। उसका उत्तर आया कि फिशर को उसने पेरिस में देखा है। साथ ही, उसने लिख दिया कि उसने स्वयं भी अपने पति से तलाक की प्रार्थना कचहरी में दी हुई है। इस कारण उसको पत्र उसके पते पर न भेजा करूँ।

एक दिन 'बर्न डेली' में सीनेटर वैडी विलेयर की बीवी के तलाक की प्रार्थना स्वीकार की सूचना छपी। इस पर मैंने उसको बधाई का पत्र लिखा। इसके उत्तर में उसने एक निमंत्रण-पत्र मुझे भेजा। उसमें लिखा था, "श्रीमान और श्रीमती लु. फिशर अपने शुभ विवाह के अनंतर होनेवाले भोज पर मिस मालती को आमंत्रित करते हैं।"

"निमंत्रण-पत्र के एक कोने में लिखा था, 'शुक्रवार, 20 जून, 1926, सायं आठ बजे, कार्लटन डी. होटल पेरिस।'

"इस छपे निमंत्रण के साथ फ्लोरेंटाइन का अपना पत्र भी था।

"मैं इससे यह नहीं समझ सकी, मिसेज लु. फिशर तथा फ्लोरेंटाइन एक ही हैं। यह तो मुझको समझ आ गया कि मेरे पति महोदय दूसरा विवाह कर रहे हैं। मेरा उससे विवाह किसी विधि-विधान के अनुकूल नहीं हुआ था। इस कारण, मैं किसी प्रकार का भी झगड़ा खड़ा नहीं कर सकती थी।

"एक बात मुझको खटकी कि फ्लोरेंटाइन पहले मुझको मिसेज फिशर के नाम से संबोधित करती थी, परंतु इस पत्र में मुझको मिस मालती का संबोधन किया गया था। मुझको यह घाव पर नमक छिड़कने के समान लगा।

"मेरे विस्मय का ठिकाना नहीं रहा, जब एक दिन मिस्टर फिशर के हाथ में हाथ डाले फ्लोरेंटाइन ने मेरी कोठी में प्रवेश किया। मैंने उनको खिड़की में से देख लिया था। मुझे एकदम समझ में आ गया कि दोनों का ही विवाह हुआ है।

"वे जब दरवाजे पर घंटी बजा रहे थे मैं विचार कर रही थी कि दरवाजा खोलूँ अथवा नहीं! मैंने मन में सोचा कि उनसे झगड़ा कर लेने से मुझे कुछ लाभ तो होगा नहीं। साथ ही मेरा मन उस समय मुझे कोस रहा था कि मैंने मिस्टर फिशर को जीवन-साथी बना, अपनी आत्मा का हनन किया है और यह यंत्रणा मुझे अपने पाप-कर्म की मिल रही थी। मैंने इस मुसीबत का निर्भीक आँखों से सामना करने का निश्चय किया और दरवाजा खोल उनको कोठी के अंदर ले आई। उनको बिठाकर बधाई दी और उनके लिए चाय का प्रबंध करने के लिए बटलर को आज्ञा दी।

"बटलर भी मिस्टर फिशर को अपनी नई बीवी के साथ मेरा मेहमान देख भौचक्का हो रहा था। मेरे डाँटकर कहने पर कि चाय तैयार करे, वह पीतवर्ण मुख लिए चला गया। मैंने मिस्टर फिशर को लज्जित करने के लिए कहा, 'देखिए, आपके इस काम को मेरा बैरा भी ठीक नहीं समझता।'

"'वह गरीब आदमी हम पैसेवालों के मनोरंजन की बातों को समझ नहीं सकता।'

"उसने फ्रांसीसी भाषा की एक कहावत कह दी, जिसका अर्थ है—'बंदर क्या जाने अदरक का स्वाद'।

"यह तो ठीक है, मैंने कहा, 'पर क्या विवाह केवल आनंद-भोग के लिए ही है?'

"'इसके अतिरिक्त और कोई कारण इसमें दिखाई नहीं देता।'

"'तो किसी दिन फ्लोरेंटाइन को भी छोड़ दोगे?'

"'मैं भविष्य की बात अभी कैसे कह सकता हूँ?'

"इस पर फ्लोरेंटाइन ने कहा, 'मुझको इस बात की चिंता नहीं। जब हम दोनों एक-दूसरे से ऊब जाएँगे तो कोर्ट में तलाक हो सकेगा। मैं उसके लिए तैयार हूँ।'

"'तो विवाह किसलिए किया है?'

"'इसलिए कि कहीं भूल से कोई बच्चा हो जाए, तो उसकी 'क्रायश्चनिंग' हो सके।'

"'तुम्हारे पहले पति से कोई बच्चा हुआ है क्या?'

"'नहीं, ईश्वर का धन्यवाद है।'

"मैंने फिशर से पूछा, 'अपने बच्चे का क्या नाम रखूँ?'

"'जो मन में आए, रख लो।'

"चाय पीने के पश्चात् वे चले गए। मैंने यह विख्यात करना प्रारंभ कर दिया कि फिशर का देहांत हो गया है। बच्चे का अभी नामकरण नहीं किया। वह एक वर्ष का होने जा रहा था।"

इस प्रकार टूनी ने अपने इस विवाह की पूर्ण कथा सुना दी।

मैं नित्य सायंकाल का समय टूनी के साथ व्यतीत करने लगा तो मेरी पत्नी को हमारे परस्पर संबंध के विषय में संदेह होने लगा। उसने एक दिन रात के भोजन के पश्चात् कमरे का दरवाजा बंद कर कहा, "मैं आपसे एक आवश्यक बात करना चाहती हूँ।"

"हाँ, तो बताओ।"

"आप नित्य सायंकाल टूनी से मिलने जाते हैं?"

"नहीं। वह मुझसे मिलने आती है। वह ठीक चार बजकर पाँच मिनट पर कॉलेज के बाहर मोटर लेकर आ जाती है। चार बजकर दस मिनट पर मेरा कॉलेज समाप्त होता है। मैं बाहर आता हूँ तो हम दोनों किसी होटल में चाय पीने चले जाते हैं। पश्चात् किसी बाग-बगीचे में घूमने निकल जाते हैं, अथवा कभी सिनेमा देखने।"

"आप तो उसको अपनी बहन बताते थे न!"

"हाँ। तो क्या हुआ?"

"वह आप पर डोरे डाल रही प्रतीत होती है।"

"मुझको तो कुछ ऐसा अनुभव नहीं हुआ।"

"वह अब वह टूनी नहीं, जो विलायत जाने से पहले थी।"

"कोई भी तो वह नहीं रहा, जो आज से चार वर्ष पहले था।"

मेरे इस कथन पर वह अवाक् मेरा मुख देखती रही। उसकी आँखें डबडबा आईं। उसकी ऐसी अवस्था देख मुझको अपने कथन की कटुता का ज्ञान हो गया। मैंने तो एक साधारण ढंग से संसार के गतिशील होने की बात कही थी। उसको अपने रूप-लावण्य के बदल जाने पर यह कटाक्ष जान पड़ा। वह मुझको कुछ कहना चाहती थी, परंतु कदाचित् आँसुओं के निकल बहने से डर रही थी।

मैंने पूछा, "राधा क्या हुआ है?"

"मैं अभागी हूँ। मेरा सौंदर्य विलीन हो गया है। मैं संतानोत्पत्ति के योग्य नहीं रही। यही तो आपका मतलब है न? मैं⋯!" वह कहते-कहते रुक गई और विह्वल होकर रोने लगी।

मैंने उसे अपने समीप बिठाकर प्यार करते हुए कहा, "क्या हुआ है? आखिर कुछ कहोगी भी! कौन कहता है कि तुम्हारा सौंदर्य विलीन हो गया है?"

उसने बिलख-बिलखकर रोते हुए कहा, "आपने ही तो कहा है और कौन कह सकता है?"

"नहीं, मैंने नहीं कहा, रानी! तुम्हारे मन में कुछ है। इसी से मेरे कथन का विकृत अर्थ समझने लग गई हो।"

"आपने कहा नहीं कि कोई भी तो वह नहीं रहा, जो आज से चार वर्ष पूर्व था?"

"ठीक। परंतु इसका अर्थ यह कैसे निकल सकता है कि तुम सुंदर नहीं रही? भली औरत! मेरा अभिप्राय यह भी तो हो सकता है कि तुम पहले से भी अधिक सुंदर होती जा रही हो।"

"बस करिए। अब जले पर नमक छिड़कने लगे!"

"क्यों? क्या यह झूठ है?"

"मैं यह सबकुछ नहीं सुनना चाहती। सुनिए। मेरा कहना यह है कि विवाह करना है तो टूनी से कर लीजिए। पर बिना विवाह इस प्रकार घूमने-फिरने से भारी बदनामी होगी और कॉलेज की प्रोफेसरी भी जा सकती है।"

"यह सब तुमको कौन कह गया है कि मेरा टूनी से किसी प्रकार का अनुचित संबंध है?"

"नहीं है, तो हो आएगा। क्या टूनी ने नहीं बताया कि इच्छा के न रहते हुए भी वह दो वर्ष तक किसी की पत्नी बनी रही थी? इसी प्रकार आपके साथ भी हो सकता है। आप पत्थर के तो बने नहीं?"

"नहीं, ऐसा नहीं होगा रानी! मैं कल से ही इस प्रकार की संभावना पर रोक लगा दूँगा।"

"कैसे लगा देंगे? मैं देखती हूँ कि जब वह आपके साथ होती है, तो आपके मुख पर प्रसन्नता दिखाई देती है।"

"अब ऐसा नहीं होगा।"

"आप ऐसा क्यों नहीं करते कि उससे विवाह कर लें! व्यर्थ की यंत्रणा सहने से लाभ?"

"नहीं राधा! यह नहीं होगा।"

"आप उससे प्रेम तो करते हैं?"

द्वितीय परिच्छेद

"नहीं। वह मुझसे प्रेम करती है। परंतु उसके अपने व्यवहार ने यह सिद्ध कर दिया है कि प्रेम और वासना-तृप्ति भिन्न-भिन्न बातें हैं।"

"फिर प्रोफेसरों की सी अव्यावहारिक बातें करने लगे हैं?"

"राधा, इस विषय को बंद करो। मुझको प्रलोभनों में मत धकेलो। मैं यह नहीं कर सकता।"

इससे राधा को कितना संतोष हुआ, कह नहीं सकता। मुझे यह भी पता नहीं चला कि वह सत्य हृदय से कह रही थी कि मैं टूनी से विवाह कर लूँ अथवा मुझमें इसके लिए ग्लानि उत्पन्न करने के लिए?

कुछ भी हो, उस दिन की बात के पश्चात् मैं सचेत हो गया। मन से तो मैं इस बात पर दृढ़ था कि मुझे टूनी से विवाह नहीं करना। परंतु राधा का कहना था कि वासना के वेग में मैं कुछ भी कर सकता हूँ, सत्य हो सकता था। मैं इससे बचना अपना कर्तव्य समझता था।

अगले दिन जब टूनी आई तो मैंने उससे कहा, "टूनी! आज राधा भी साथ चलेगी।"

"क्यों?"

"देखो न! वह बहुत बीमार रही है। उसका खुली हवा में घूमने-फिरने के लिए जाना आवश्यक है।"

उसका मुख उतर गया। उसने कहा, "तुम मोटर अपने घर छोड़कर आ सकती हो। हम ताँगे में नदी तट तक चलेंगे और वहाँ एक घंटा टहल, ताँगे में लौट आएँगे।"

"और इस मोटर में क्यों नहीं?"

"यह मैं तो नहीं कह सकता, टूनी! तुम्हारी मोटर है। तुम चलाती हो। मुझको तुम घुमाने ले जाती हो। यह ही बड़ी बात है। अब मैं कैसे कह सकता हूँ कि तुम मेरी पत्नी और बच्चे को भी साथ ले चलो?"

"चलिए।" टूनी ने मोटर में बैठने को कहा। मैं बैठ गया। उसका मुख पीला पड़ गया था। हमारा घर कॉलेज से दो मिनट में आ गया। मैं लपककर ऊपर चढ़ गया। टूनी मेरे पीछे थी।

राधा टीमू को एक चित्रयुक्त बच्चों की पुस्तक में से अक्षर-ज्ञान करा रही थी। टूनी ने उसे बैठा देख कहा, "भाभी! अभी तक तैयार नहीं हुईं?"

"अभी हो जाती हूँ।"

"कहाँ चलना है?" राधा ने पूछा।

"घूमने।"

"मैं नहीं जा रही।"

"राधा! चलो। मैं तो टूनी को समझा-बुझाकर लाया हूँ और अब तुम हठ कर रही हो।"

"पर आप मुझको कह जाते तो तैयार हो जाती।"

"कितनी देर लगेगी तैयार होने में?"

"टूनी जितनी तैयारी में दो घंटे से कम क्या लगेगा?"

मैं हँस पड़ा। "तुम विवाह-वेदी पर बैठने तो जा नहीं रहीं।" मैंने कहा।

"तो टूनी क्या विवाह कराने जा रही है?" राधा ने त्योरी चढ़ाकर पूछा।

"वह यूरोप में रहकर आई है। वहाँ तो साधारण रूप में लड़कियाँ ऐसे ही बन-ठनकर निकलती हैं। तुम तो यूरोप में रहकर आई नहीं।"

"इस पर भी कुछ समय तो लगेगा ही।"

"राधा! जल्दी तैयार हो जाओ और टीमू को भी तैयार कर लो।"

राधा दूसरे कमरे में गई तो मैंने नौकर को चाय तैयार करने को कह दिया। जब तक राधा कपड़े पहन तैयार हुई, नौकर ने चाय परोस दी।

चाय आदि पीने के पश्चात् जब हम घर से निकले तो साढ़े पाँच बज चुके थे। हम रावी के किनारे जा पहुँचे और वहाँ घंटा भर टहल, लौट आए। आज इस पूर्ण काल में टूनी चुप रही। बातें मैं और राधा ही करते रहे। कभी-कभी टूनी अपने विचारों में ऐसा खो जाती कि यदि हम उससे कुछ पूछते, तो वह प्रश्न को न सुनने के कारण पूछ बैठती, "हाँ। आपने क्या कहा?"

राधा कहती, "क्या हो रहा है टूनी तुम्हें? तुम घूम हमारे साथ रही हो और ध्यान तुम्हारा न जाने कहाँ है?"

उसने कह दिया, "मुझको स्विट्जरलैंड की याद आ गई थी। जैसे आज हम यहाँ घूम रहे हैं, वहीं 'बर्न' के समीप एक झील के किनारे मैं मिस्टर फिशर के साथ घूमने जाती थी। वह स्थान इससे सहस्त्रों गुणा अधिक सुंदर तथा सुहावना है।"

इस प्रकार वह बात टाल गई। इस पर भी मैं यह अनुभव कर रहा था कि वह उस दिन के कार्यक्रम से असंतुष्ट थी। वह इसको बदलना चाहती थी।

उसी रात राधा ने अपना विचार बताया, "मैं समझती हूँ कि यदि आपने आज का-सा व्यवहार जारी रखा, तो टूनी आपसे लड़कर चली जाएगी।"

"मैं यही तो चाहता हूँ।"

"आप उसे समझाते क्यों नहीं? उसको आपसे बहन का-सा स्नेह ही रखना चाहिए।"

"बात यह है कि उसकी ऐसी भावना बनने में कुछ तो उसकी बुआ का दोष है

और यूरोप में जो कुछ उस के साथ हुआ है, उसमें कुछ मेरा भी अपराध है। मैंने ही उसे विलायत जाने की सम्मति दी थी।"

"परंतु उसने वहाँ विवाह करना स्वीकार क्यों नहीं किया? बिना विवाह के वह क्यों किसी की पत्नी बनी?"

"वह लुई फिशर के सम्मोहन में आ गई थी।"

"मेरी सम्मति मानिए। उससे विवाह कर लीजिए। मुझको आपत्ति नहीं होगी। इस प्रकार तो जीवन चल नहीं सकता। इस प्रोग्राम को बंद करना पड़ेगा।"

"मैं इसको बंद करने का उपाय ही तो कर रहा हूँ। वह अब तुम्हारी अनुपस्थिति में मुझसे मिल नहीं सकेगी।"

अगले दिन टूनी कॉलेज के बाहर पुनः मोटर लेकर आई। मैंने जब कहा, "चलो, राधा को साथ ले लें।" तो उसने कहा, "मैं पाँच मिनट के लिए आपसे पृथक् बातें करना चाहती हूँ।"

"यहीं, सड़क पर तो बातें हो नहीं सकतीं। विशेष रूप में यहाँ कॉलेज के बाहर खड़ा रहना मेरे अपमान का कारण बन सकता है।"

"तो कहाँ चलें?"

"मेरे घर चलो। वहाँ पृथक् में स्थान मिल जाएगा।"

"वहाँ मैं हो आई हूँ।"

"क्या मतलब?"

"मैं भाभी से कह आई हूँ कि मैं आपसे प्रेम करती हूँ। यद्यपि मैं विवाह नहीं कर सकती, तो भी आपके समीप रहना चाहती हूँ।"

"टूनी!" मैंने कहा, "आवेश में आने से कुछ नहीं बनेगा। ये बातें इतनी गंभीर हैं कि इस प्रकार सड़क के किनारे खड़े हो करने की नहीं हैं। मेरा कहा मानो, चलो घर पर चलें। वहाँ तुमको अपने मन की बात कहने का पूर्ण अवसर मिलेगा।"

वह चुपचाप मोटर में बैठ गई। मैं भी उसके समीप बैठ गया।

जब हम घर पहुँचे तो राधा टूनी को देख मुस्कराई और बोली, "टूनी बहन! आओ! मैं आशा कर रही थी कि तुम आओगी।"

"क्यों, क्या हुआ है?" मैंने पूछा।

"यह इसी से पूछो।"

"इधर आओ। दोनों आओ।" मैं उनको लेकर बैठक में चला गया।

नौकर को चाय लाने के लिए कह दिया गया। जब हम तीनों बैठ गए तो मैंने राधा से पूछा, "पहले यह बताओ कि आज क्या हुआ है?"

"आप अपनी बहन से पूछिए न। मुझको विश्वास है कि वह झूठ नहीं कहेगी।"

"हाँ टूनी! तुम बताओ! ननद-भाभी की लड़ाई हुई लगती है?"

"बात यह है कि मेरी बुआ धार्मिक विचारोंवाली हैं। उन्होंने मेरे मार्ग में बाधा खड़ी कर मुझमें और आपमें स्वाभाविक व्यवहार नहीं बनने दिया। अब राधा भाभी भी वैसी ही धार्मिक विचारोंवाली स्त्री हैं और यह भी चाहती हैं कि एक मनुष्य और एक स्त्री में जो स्वाभाविक सहिष्णुता है, वह न बन सके।

"जैसे मुझको अपनी बुआ पर रोष है, वैसे ही भाभी पर है। मैं आज दोपहर को यहाँ आई थी। मेरे मन में था कि इसकी चोटी पकड़कर इनका जूड़ा मरोड़ दूँ। परंतु कठिनाई यह है कि ये मुझको देख ऐसे ढंग से मुसकराईं और गले मिलीं कि मेरा क्रोध आँसू बन निकल गया। यह मुझको घंटा भर प्यार कर सांत्वना देती रहीं और मैं बिल्कुल टीमू की भाँति इनकी गोदी में पड़ी रोती रही।

"पश्चात् मैं यह कहकर कि अब इस घर में नहीं आऊँगी, चली गई। ये कहती रहीं कि मैं ऐसा न करूँ। अब मैं आपसे पृथक् बात करने के लिए गई तो आप फिर मुझे पकड़कर यहाँ ले आए।"

"तो बात अब राधा के सम्मुख होगी या पृथक्?"

"चाहती तो पृथक् में थी, परंतु मैं जानती हूँ कि भाभी को सब पता तो लग ही जाएगा। इस कारण छुपाने से कुछ भी लाभ नहीं।"

"अच्छा तो बताओ, क्या चाहती हो?"

"मैं तो यह याचना करना चाहती हूँ कि मुझको आप अपने घर में रख लीजिए। मेरे लिए पृथक् कमरा हो सकता है।"

"इससे लाभ क्या होगा?"

"मेरे मन को शांति मिलेगी।"

"परंतु मेरे मन में अशांति और चंचलता उत्पन्न हो जाएगी।"

इस पर राधा ने कहा, "मैं आपको यह कहना चाहती हूँ कि टूनी बहन को भी शांति नहीं मिलेगी। यह इसका भ्रम है कि आपके समीप रहने मात्र से इसको संतोष हो जाएगा। यह अतृप्त वासना की अग्नि में स्वयं जलेगी और दूसरों को जलाएगी।"

इस पर मैंने कह दिया, "देखो टूनी! तुम नित्य मुझसे मिलने चली आया करो। मैं राधा की उपस्थिति में ही तुमसे मिल सकता हूँ। यहाँ रहना तो किसी भी प्रकार उचित नहीं।"

राधा ने आगे कहा, "या तो टूनी से विवाह का निश्चय कर लीजिए, अन्यथा अधिक मेल-जोल उचित नहीं।"

"तो आप लोगों का यह अंतिम निर्णय है?" टूनी ने प्रश्न किया।

"हाँ!" मैंने कहा।

राधा ने मुस्कराते हुए कहा, "संसार में कोई बात अंतिम भी हो सकती है क्या ? टूनी ! निराश होने का कोई कारण नहीं।"

"भाभी ! तुम जानती हो क्या कह रही हो ?"

"हाँ, जानती हूँ। मैं यह जानती हूँ कि इस समय ये तुमको पत्नी नहीं बनाएँगे। इनका मन नहीं मानता। परंतु क्या जाने कल क्या हो और इनके विचार बदल जाएँ!"

"तो मैं इस अनंत आशा में जीवन भर संतप्त बैठी रहूँ ?"

"मैंने यह नहीं कहा। तुमको जो मार्ग सुविधाजनक प्रतीत हो, स्वीकार कर लो। मेरी बात तो उस समय के लिए है, जब तुमको और कोई मार्ग न सूझे और न मिले।"

"ऐसी अवस्था में मैं यहाँ से दूर चली जाऊँगी। स्वीडन में, अलास्का अथवा साइबेरिया के किसी उत्तरी नगर में, जहाँ जाकर मैं अपनी अग्नि को शांत कर सकूँ।"

अभी भी राधा ने उत्तर दिया, "क्या मन की तपस बाहरी बर्फ से बुझ सकती है ? इसके बुझाने का उपाय मन की लगन का मुख मोड़ना है। भगवान् की ओर चित्त लगाओ टूनी ! तुमको सफलता मिलेगी।"

इस समय चाय आ गई, परंतु टूनी उठ पड़ी और यह कह, 'अब मैं जाना चाहती हूँ।' चली गई। हम दोनों मुख देखते रहे।

मेरे मुख से निकल गया, "यह कामांध प्रतीत होती है। मुझको इस पर दया आती है।"

राधा ने सिर हिलाते हुए कहा, "श्रीमानजी ! यह प्रेम दीवानी है। राधा और मीरा को आप कामांध नहीं कह सकते।"

"इसी कारण कि उन्होंने अपने प्रेम-भाजन को वासना-तृप्ति का साधन नहीं बनाना चाहा था!"

"यह उसका उठकर चला जाना तो यही सिद्ध करता है। देखिए, मैं नहीं चाहती कि किसी स्त्री की दुर्बलता पर कटाक्ष किए जाएँ।"

"ओह ! मैं भूल गया था कि स्त्री जाति की वकालत करनेवाला यहाँ कोई बैठा है।"

इस पर हम दोनों हँस पड़े।

मैं मन में विचार करता था कि टूनी का कहीं विवाह हो सके, तो यह समस्या सुलझ सकती है। दुर्भाग्य यह था कि उसका मिस्टर फिशर से विवाह नहीं हुआ था। वह तो वासना के वेग में बह जाने का एक मार्ग मात्र था।

इसके पश्चात् वह मोटर लेकर कॉलेज नहीं आई! जब एक सप्ताह तक वह नहीं आई, तो मैंने उसके घर जाकर उसका समाचार लेना आवश्यक समझा। एक दिन राधा को लेकर उसके पिता की कोठी में जा पहुँचा। मिस्टर थापर रुग्ण थे और कोठी के बाहर लॉन में एक पेड़ की छाया में आरामकुरसी पर बैठे थे। हमें देख उन्होंने प्रसन्नता प्रकट

की और आदर सहित बिठाया। मैंने उनके स्वास्थ्य के विषय में पूछा। इस पर उन्होंने कहा, "मुझको कोई भी शारीरिक कष्ट नहीं है। इस पर भी दिन-प्रतिदिन दुर्बलता आती जाती है। जहाँ तक मेरा अनुमान है, यह केशव के व्यवहार के कारण है।"

मेरे लिए यह एक नवीन समाचार था कि केशव के पिता केशव के व्यवहार से दु:खी थे। यद्यपि यह उचित नहीं था, तो भी मैंने पूछ लिया, "क्या हुआ है उसको, पिताजी?"

"तुमको तो लिखता रहता होगा?"

"मुझको उसका पत्र आए लगभग तीन वर्ष हो चुके हैं।"

"तो तुम्हें यह पता नहीं कि वह एक अमरीकन लड़की से विवाह कर चुका है?"

"मालती से मालूम हुआ था। उसने स्वयं कभी नहीं लिखा।"

"लंदन से वह फ्रांस गया। वहाँ से अमरीका। पेरिस से उसका पत्र आया था कि वह जापान होता हुआ हिंदुस्तान पहुँचेगा। परंतु उसने अमरीका पहुँचते ही पत्र लिखना बंद कर दिया। डेढ़ वर्ष के पश्चात् उसका एक पत्र आया, जिसमें उसने लिखा था कि उसने एक लड़की से, जिसका नाम रोमिली है, विवाह कर लिया है। उस लड़की से विवाह की एक शर्त यह थी कि जब तक उस लड़की का पिता जीवित है, वे दोनों अमरीका में ही रहेंगे। मैंने उसको लिखा था कि वह चाहे जहाँ रहे, परंतु वर्ष में एकाध बार यहाँ का चक्कर लगा जाया करे।

"इसका उत्तर चार-पाँच महीने हुए, आया था। उसमें लिखा था कि रोमिली का पिता सख्त बीमार है और वे तब तक नहीं आ सकते, जब तक उसका देहांत नहीं हो जाता।

"केशव की इस बेपरवाही के कारण उसकी माँ का हार्ट फेल हो गया है और वह स्वर्ग सिधार गई है। अब मैं अकेला यहाँ अंतिम घड़ियाँ गिन रहा हूँ।

"मैंने अब टूनी को फिलाडेल्फिया भेजा है। वह केशव को भारत आने की प्रेरणा देने गई है। मुझे ऐसा प्रतीत होता है कि मेरे मरने से पूर्व वह नहीं आएगा।"

"टूनी फिलाडेल्फिया गई है?"

"हाँ। यहाँ वह उदास भी थी। उसका विवाह भी एक ट्रेजिडी सा रहा। पहले तो वह विवाह नहीं करती थी। जब किया तो वैधव्य सम्मुख आ उपस्थित हुआ।"

मुझको यह जानकर कि मिस्टर थापर के बच्चे पिता से अपना जीवन छुपा रहे हैं, विस्मय हुआ। मैंने निश्चय किया कि मैं केशव को लिखूँगा। मैंने केशव का पता पूछ अपनी पॉकेट बुक में लिख लिया। इसके पश्चात् इधर-उधर की बातें होती रहीं। एक घंटा वहाँ ठहर, हम चले आए।

◻

इसके पश्चात् मैं लगभग नित्य मिस्टर थापर से मिलने जाने लगा। इससे उनको सांत्वना मिलने लगी। धीरे-धीरे वह मेरे साथ अपने घर की अंतरंग बातों को खोलने लगे।

द्वितीय परिच्छेद

एक दिन टूनी के विषय में बात चल पड़ी। वे वृद्ध महाशय इस पर रो पड़े और कहने लगे, "टूनी को मैं बहुत प्रेम करता था। इसी कारण मैंने उसके नाम आधी संपत्ति लिख रखी है। पहले दिन जब मैंने तुमको देखा था, मेरे मन में यह विचार आया था कि तुम उसके लिए उपयुक्त पति होगे, परंतु सब काम मेरी बहन ने बिगाड़ दिया।

"अफ्रीका की भूमि कुछ ऐसी है कि वहाँ रहता हुआ मनुष्य अपनी बुद्धि खो बैठता है। कदाचित् उस देश में धन-प्राप्ति की सुविधा के साथ मति भ्रष्ट होने की सुविधा भी बनी हुई है। रुक्मणी का विवाह बहुत ही छोटी अवस्था में हो गया था और उसका पति छोटी अवस्था में ही उसे लेकर नैरोबी चला गया था। वहाँ की भूमि धन उगलती है। दस वर्ष में रुक्मणी के पति ने दस लाख रुपया कमा लिया। रुक्मणी के कोई संतान नहीं हुई। उसने बहुत ही औषधियाँ कीं, जादू-टूने किए, परंतु कुछ परिणाम नहीं निकला। वह भारत आई तो टूनी एक वर्ष की थी। वह उस पर मुग्ध हो गई और उसने उसको गोद ले लिया। उसी समय उसने उसके नाम चालीस हजार बैंक में जमा करा दिए।

"उसी काल में जब रुक्मणी यहाँ थी, तुम हमारे यहाँ आने लगे। किसी कारण से तुम उसकी दृष्टि में नहीं भाए। दो वर्ष यहाँ रहकर रुक्मणी नैरोबी चली गई और पाँच वर्ष पश्चात् वह लौटी। इस समय उसके पति ने अपने भाई के लड़के को गोद ले लिया था। वह लड़का टूनी से दो वर्ष बड़ा था। अब रुक्मणी के मन में यह भूत सवार हुआ कि टूनी का विवाह उस लड़के के साथ हो जाए। इधर उसने तुममें और टूनी में घनिष्ठता बढ़ते देखी तो उसने रोकना चाहा। तुम और टूनी पर प्रतिबंध लगाने शुरू कर दिए।

"मैंने रुक्मणी के देवर के लड़के को देखा था। मुझे उसमें कोई आपत्ति नहीं थी, परंतु प्रश्न टूनी का था। ज्यों-ज्यों उस पर प्रतिबंध लगते गए, वह तुम्हारी ओर अधिक और अधिक आकर्षित होती गई।

"धीरे-धीरे टूनी के मन में तुम्हारे लिए अपार प्रेम बन गया। अब तुम उसका परिणाम जानते हो। उसका विवाह मिस्टर फिशर के उसके मन की 'डिफीटिज्म' (मन की परास्त अवस्था) के कारण था। उसके भाग्य में वह भी नहीं रहा।

"जाने से पूर्व उसने बताया था कि उसने पुन: तुमसे संबंध स्थापित करने की चेष्टा की थी, परंतु तुमने स्वीकार नहीं किया।

"इस पर भी तुम्हारे लिए उसके मन में किसी प्रकार का रोष नहीं था। उसने रोते हुए मुझसे कहा था कि तुम्हारे दृढ़ संकल्प से वह अपने मन में तुम्हारे प्रति और भी अधिक श्रद्धा तथा भक्ति लिये जा रही है।"

मेरे मन में मिस्टर थापर के लिए बहुत दया आई। एक दिन मैं हठ करके उन्हें एक चिकित्सक के पास ले गया। उनके रक्त, मूत्र, टट्टी, पेशाब की परीक्षा की गई। रक्त-स्वल्पता के अतिरिक्त और कुछ पता नहीं चला। मिस्टर थापर को कोई रोग नहीं

था। रक्त बढ़ाने के लिए भाँति-भाँति की औषधियाँ दी जाने लगीं। परंतु कुछ प्रभाव नहीं हो रहा था।

मेरे साथ कभी-कभी राधा भी जाती थी। यथाशक्ति हमारा यह प्रयत्न रहता था कि उनकी देखभाल हो। कोठी के नौकरों पर तथा उनके सामान पर दृष्टि रखनी पड़ती थी। औषधि से अधिक हमारा प्रयत्न रहता कि उनका मन बहलता रहे।

मन बहलने का प्रभाव यह हो रहा था कि धीरे-धीरे उनका स्वास्थ्य बनने लगा।

मैंने केशव को पत्र लिखा और उसका उत्तर आया, "विनोद! चिरकाल से तुम्हें पत्र नहीं लिख सका। इसमें कारण है। अब टूनी यहाँ पहुँच गई है और उसने पिताजी के विषय में पूर्ण समाचार दिए हैं। मैं यहाँ से एक मास में अवकाश पा आ जाऊँगा। रोमिली के पिता का देहांत हो गया है और उनकी संपत्ति, जिसकी वह स्वामिनी है, किसी उचित स्थान पर एकत्र की जा रही है। मैं समझता हूँ कि इस कार्य में लगभग एक मास लगेगा। प्रबंध पूर्ण होते ही मैं लाहौर चला आऊँगा।"

मैंने वह पत्र मिस्टर थापर को दिखाया। इससे उनको भारी प्रसन्नता हुई और उनका स्वास्थ्य द्रुत गति से सुधरने लगा।

इसी समय एक घटना घटी। मिस्टर थापर स्नानागार में पाँव फिसलने से गिर पड़े और उनको पक्षाघात हो गया। मैं कॉलेज में था जब यह समाचार मुझे मिला और मैं तुरंत ही कोठी पर जा पहुँचा।

वहाँ जाकर पता चला कि साहब तीन घंटों तक गुसलखाने से नहीं निकले तो नौकरों को संदेह हुआ। उन्होंने दरवाजा तोड़कर देखा।

थापर साहब अचेत पड़े थे।

उसी समय डॉक्टर को बुला लिया गया था और चिकित्सा होने लग गई थी।

जब मैं पहुँचा तो डॉक्टर अभी भी वहीं था। मैंने उनसे पूछा, "क्यों डॉक्टर साहब! क्या होगा?"

"ये बच जाएँगे, ऐसी आशा करता हूँ, परंतु शायद जीवन भर के लिए अपाहिज के रूप में।"

मैंने कहा, "किसी अन्य अधिक योग्य डॉक्टर से राय करने की आवश्यकता हो तो अवश्य करिए। खर्च की चिंता मत करें।"

ऐसा ही किया गया। दो घंटे में डॉक्टरों की कौंसिल बैठ गई। बहुत विचारोपरांत चिकित्सा आरंभ हुई। मैंने राधा को बुला भेजा। दूसरी ओर फिलाडेल्फिया 'केबल' भेज दिया। मिस्टर थापर के एक संबंधी, जो दूर के रिश्ते में भाई लगते थे और जो जालंधर के पास एक गाँव में रहते थे, चिट्ठी लिख दी। इसके अतिरिक्त, मैं किसी अन्य को जानता नहीं था।

राधा ने दिन–रात वहीं रहना आरंभ कर दिया और मिस्टर थापर की सेवा–शुश्रूषा करने लगी। तीन नर्सें रख ली गईं और नौकरों से काम लिया जाता रहा।

टीमू इस समय चार वर्ष का हो गया था और अपनी दादी के पास रहता था। मैं भी थापर साहब की कोठी में रहने चला आया। समय पर कॉलेज जाता था और कोठी में लेक्चर की तैयारी में जो समय लगता था, उसके अतिरिक्त थापर साहब के पास ही समय गुजरता था।

पाँच दिन के पश्चात् मिस्टर थापर ने आँखें खोलीं और दस दिन पश्चात् उनकी जुबान खुली। इस तरह लगभग एक मास पश्चात् उनका मस्तिष्क काम करने योग्य हो गया। वह अपनी परिस्थिति को समझ बातें करने लग गए।

एक दिन मैं और राधा, दोनों उनके पलंग के समीप कुरसियों पर बैठे थे। नर्स उनको खाना दे रही थी। एकाएक मिस्टर थापर ने कहा, "विनोदजी! मैं आपसे प्राइवेट में एक बात करना चाहता हूँ।"

मैंने नर्स की ओर देखा तो वह चुपचाप बाहर चली गई। उसके चले जाने के पश्चात् उन्होंने मुझसे कहा, "कितने दिन हो गए हैं मुझे बीमार पड़े?"

मैंने कलेंडर की ओर देखकर कहा, "छत्तीस दिन।"

"और तब से तुम और राधा यहीं मेरी सेवा में हो?"

"जी।"

"क्यों?"

"यह मैं नहीं बता सकता। यह मन की भावना है। युक्ति का विषय नहीं। मेरे मन ने कहा कि आपकी देखभाल करनी चाहिए। शायद मेरे सुषुप्त मन में यह विचार हो कि अपने मित्र के पिता के जीवन की रक्षा करना मेरा कर्तव्य है। आपकी सज्जनता, जो आपने मेरे यहाँ आने के पहले दिन दिखाई थी, मुझको आज भी स्मरण है। कदाचित् यह कृतज्ञता ही कारण हो!"

"केशव को सूचना भेजी है क्या?"

"जी। 'केबल' दिया था। अभी तक उसका कोई समाचार नहीं मिला।"

"टूनी कहाँ है?"

"उसका भी कुछ समाचार नहीं।"

"मेरे एक संबंधी जालंधर के पास रहते थे?"

"उनको पत्र भेजा गया था। एक वृद्ध सज्जन, जो अपने को आपका भाई कहते थे, आए थे। वह पंद्रह दिन यहाँ रहे और जब आप कुछ–कुछ अच्छे होने लगे तो चले गए। उनका पत्र आपके विषय में आता रहता है।"

"रुक्मणी?"

"उनका पता मुझे विदित नहीं था।"

इस समाचार को जान वह गंभीर हो गए। हम उनके आगे कहने की प्रतीक्षा करते रहे। पंद्रह-बीस मिनट तक वे कुछ विचार करते रहे। पश्चात् उन्होंने कहा, "विनोद! मैं अपनी वसीयत करना चाहता हूँ।"

"अब तो आप ठीक हो रहे हैं। इसके लिए बहुत समय है।"

"देखो, मिस्टर मनचंदा मजंग रोड पर दस नंबर के बँगले में रहते हैं। उनको आज ही बुलाओ। टेलीफोन कर दो। वे आ जाएँगे।

"एक बात और है, शहर में पंडित कालीचरण वैद्य हैं। उनको बुलाओ। मैं समझता हूँ कि शेष चिकित्सा डॉक्टरी के वश की नहीं।"

"पंजाब नेशनल बैंक के मैनेजर को भी टेलीफोन कर दो। मैं उनसे मिलना चाहता हूँ।"

मुझको कुछ ऐसा लगा कि मिस्टर थापर का मस्तिष्क बहुत तेजी से काम कर रहा है। मैंने उनके कथनानुसार सब लोगों को बुलाने से पहले डॉक्टर को बुलाया। मुझको भय था कि उनके इस कार्य से कहीं रक्तचाप न बढ़ जाए।

जब डॉक्टर आया और उनका निरीक्षण कर संतोष प्रकट कर चला गया, तो मैंने वैद्य को बुला लिया।

बैंक मैनेजर तथा वकील अगले दिन आए। उस समय मैं कॉलेज गया हुआ था। राधा कोठी पर थी। मिस्टर थापर ने राधा को भी कमरे से बाहर कर दिया था। दो घंटा भर वार्त्तालाप के पश्चात् वे लोग चले गए, और राधा ने पुन: वैद्य को बुला लिया। अब उनके परिवार के चिकित्सक डॉक्टर की देख-रेख में वैद्यजी द्वारा चिकित्सा होने लगी।

उस दिन मैं कोठी पर आया तो पंजाब नेशनल बैंक के मैनेजर का पत्र मेरे नाम मुझे मिला। उसमें लिखा था कि मिस्टर थापर के कहने के अनुसार पचास हजार रुपया मेरे अधिकार में रख दिया गया है। मैं उस रुपए को निकालने के लिए अपने हस्ताक्षरों की तीन प्रतिलिपियाँ बैंक में आकर दे आऊँ।

मैं मिस्टर थापर के ऐसे व्यवहार पर चकित रह गया। यह ठीक था कि जब से वे बीमार पड़े थे, मैं लगभग दो सहस्र रुपया अपने पास से व्यय कर चुका था; परंतु दो और पचास में बहुत अंतर था।

अतएव, मैं मिस्टर थापर के पास पहुँचा। बैंक के मैनेजर का पत्र मेरे हाथ में था। राधा वहाँ बैठी उनको एक पुस्तक पढ़कर सुना रही थी। मुझे पत्र हाथ में लिये अंदर आते देख उन्होंने राधा को कहा, "ठहरो।" और मुझसे कहने लगे, "तो मैनेजर का पत्र मिल गया है?"

"जी हाँ! परंतु इतने धन की आवश्यकता न पड़ेगी। कठिन समय निकल गया है।

अब वैद्यजी की चिकित्सा तो इतनी महँगी नहीं। वैद्यजी का अनुमान है कि आप एक महीने तक अपने हाथ से काम कर सकने के योग्य हो जाएँगे। तब आप स्वयं हस्ताक्षर कर रुपया निकलवा सकेंगे।"

"कोई हर्ज नहीं। जितना व्यय कर चुके हो, ले लो। और देखो, मैंने अपनी वसीयत वकील को लिखवा दी है। वह कल इसको टाइप कर ले आएगा। उसमें मैंने तुम्हें केशव का स्थानापन्न बना दिया है।"

"क्यों?" मैंने आश्चर्य में पूछा, "आप यह क्या कर रहे हैं?"

"बस, बस! मैं कुछ सुनना नहीं चाहता। अब तुम जाओ। कपड़े बदलकर चाय का प्रबंध कराओ। हाँ, राधा बेटी! आगे पढ़ो।"

मैं अपने कमरे में आ गया। मेरे मन में यह विश्वास हो गया कि मिस्टर थापर का मस्तिष्क अभी ठीक नहीं हुआ। इस कारण मैंने मन में निश्चय किया कि उनके धन से एक पाई भी नहीं लूँगा। केशव के आने पर एक-एक पाई का हिसाब दे दूँगा।

इस कारण कपड़े उतारने से पहले मैंने पिछले दिनों में जो कुछ थापर साहब की बीमारी अथवा उनकी कोठी के नौकर-चाकरों पर व्यय किया था, उसका हिसाब लिख डाला। इस सबको करते हुए शाम के सात बज गए। मैं अभी जमा-खर्च कर ही रहा था कि राधा आई और मुझको कपड़े पहने मेज के सामने हिसाब-किताब करते देख पूछने लगी, "तो आपने चाय नहीं पी अभी?"

"नहीं! पहले हिसाब लिखना आवश्यक हो गया है। मैंने तो हिसाब रखा नहीं था। मुझको इनके बच जाने की आशा नहीं थी और खर्च किए धन के प्राप्त करने की अभिलाषा नहीं थी। अब वे रुपया दे रहे हैं, तो हिसाब-किताब रखना ही चाहिए।"

"मुझको भी नहीं मालूम था कि इनकी इतनी संपत्ति है। चालीस लाख से ऊपर लिखाई है। मैं वकील साहब के लिए चाय लेकर गई थी तो वह संपत्ति का जोड़ कर रहा था। मैंने देखा था। ऐसा प्रतीत होता है कि इन्होंने सबकी वसीयत कर दी है। इस वसीयत से लाभ उठानेवाले कौन-कौन हैं, यह तो पता नहीं चला।"

"देखो राधा! केशव मेरा मित्र है। मैं उसके भाग का एक पैसा नहीं लूँगा। मैंने यह हिसाब लिखा है। दो हजार एक सौ चौबीस रुपए उनके हिसाब में व्यय हुए हैं। अपने भोजन का व्यय इसमें सम्मिलित नहीं किया। इतना रुपया तो ले लूँगा। आगे भी जो कुछ इसी प्रकार व्यय होता रहेगा, लूँगा, परंतु इसके अतिरिक्त एक पाई भी लेने का विचार नहीं है।"

"ठीक है। हम इतना रुपया लेकर क्या करेंगे?"

□

वसीयत लिखकर रजिस्टरी करा दी गई और वकील साहब के पास तथा बैंक के लॉकर में एक-एक नकल रखा दी गई। यूँ तो रजिस्टरी किए कागज की नकल कचहरी

से मिल सकती थी, परंतु मैंने इस पूर्ण कार्य में कोई रुचि नहीं ली। बैंक के पचास हजार का चार्ज मैंने ले लिया। मैं कोठी और मिस्टर थापर का खर्च चला रहा था।

जिस दिन मिस्टर थापर उठकर खाट पर बैठे, उस दिन मैंने केशव को पूर्ण विवरण लिखकर एक 'केबल' भेजा और टूनी का पता पूछा।

इस 'केबल' के उत्तर में केशव का पत्र आया, "मैं यहाँ रोमिली के पिता की संपत्ति का प्रबंध करते-करते एक मुकद्दमे में फँस गया हूँ। शीघ्रातिशीघ्र भारत लौट आने का प्रबंध कर रहा हूँ। टूनी स्विट्जरलैंड चली गई है। उसका पता नीचे लिखा है।"

मैंने यह पत्र मिस्टर थापर को दिखाया तो उन्होंने कहा, "सब व्यर्थ है। मुझको कुछ ऐसा प्रतीत हो रहा है कि केशव की बीवी जादूगरनी है। उसने मेरे पुत्र को पागल बना रखा है।

"कठिनाई यह है कि टूनी ने भी कोई पत्र नहीं लिखा।"

"ऐसा प्रतीत होता है कि उसको आपके बीमार होने का पता नहीं चला! अब उसे 'केबल' कर देता हूँ।"

"मत करो। मैंने राधा को अपनी लड़की बना लिया है और टूनी के भाग की संपत्ति राधा के नाम लिख दी है।"

"हमने निर्णय कर लिया है कि केशव तथा टूनी के हक की हम एक पाई भी नहीं लेंगे।"

"उनका हक किसने बनाया है?"

"उनका, आपके घर जन्म लेने से, स्वयं बन गया है।"

"देखो विनोद! मेरी संपत्ति के दो भाग हैं। एक वह, जो मुझे अपने पिता से मिली थी। उसकी कीमत आज दस लाख है। मेरे पिता कश्मीर राज्य के दीवान रहे हैं। उनके धन को मैंने बंबई, कलकत्ता और दिल्ली में कई इमारतों में लगाया हुआ है। मेरी अपनी पैदा की हुई संपत्ति तीस लाख से ऊपर है। उस भाग को किसी को भी दे देने का मुझे अधिकार है। उसी को मैं तुम दोनों को दे रहा हूँ। केशव के बाबा की संपत्ति उसे और टूनी को आधी-आधी मिलेगी।"

"कानून से आपका कथन ठीक है, परंतु मैं केशव का मित्र हूँ और इसके नाते ही, उसका धन उसको दे देना चाहता हूँ।"

इस समय तक मिस्टर थापर बरागन बगल में लेकर लॉन में घूमने लग गए थे। मैं उनके साथ कोठी के बाहर टहल रहा था। मिस्टर थापर लॉन में चलते-चलते ठहर गए। वह मेरी आँखों में घूरकर देखते हुए कहने लगे, "तुम कुछ मूर्ख हो, विनोद! तुमने टूनी से विवाह अस्वीकार कर बुद्धिमत्ता नहीं की थी! अब भी तुम यही कर रहे हो, पर मैं तुम्हारी भाँति भावुक नहीं। मैंने तुम्हारे और राधा के इस मूर्खतापूर्ण व्यवहार का अनुमान लगा

द्वितीय परिच्छेद

लिया था। इसी कारण वसीयत में एक बात और लिख दी है। यदि किसी कारण तुम दोनों इस धन को स्वीकार न करो तो यह तुम्हारे लड़के सुरेंद्र को मिले।"

मिस्टर थापर की इस दूरदर्शिता की बात सुन मैं चुप कर गया। मेरे कहने को कुछ रहा ही नहीं था।

वास्तविक झगड़ा उस दिन हुआ, जिस दिन केशव अपनी पत्नी लेकर लाहौर आ पहुँचा। मिस्टर थापर अब बिना बरागनों के चल-फिर सकते थे। इस पर भी उनमें पहले जैसी स्फूर्ति तथा चपलता नहीं आ पाई थी।

हम अपने घर चले जाना चाहते थे, परंतु मिस्टर थापर हमें रोके हुए थे। वे जानते थे कि अपने खाने-पहनने का व्यय हम अपने पास से कर रहे हैं। इस कारण जब हम जाने को कहते तो वे कहते, "भाई! मेरा तो कुछ खाते-पीते नहीं। फिर किस बात का संकोच है? राधा यदि पुस्तकें पढ़कर सुनाती-सुनाती थक गई है, तो बात दूसरी है।"

इस प्रकार हमारा जाना फिर रुक जाता।

एक दिन मैं कॉलेज जाने को तैयार खड़ा था कि केशव अपनी बीवी सहित आ पहुँचा। मैं जल्दी में था, इस कारण उस समय तो सरसरी बात ही हो पाई।

शाम को जब मैं कॉलेज से लौटा तो राधा को अपना सामान बाँध जाने को तैयार पाया। मैंने समझा कि उसने चार्ज सारा केशव तथा उसकी पत्नी के सुपुर्द कर दिया है। मैंने पूछा, "तो अब छुट्टी मिल गई क्या?"

"छुट्टी का प्रश्न ही नहीं रहा। मैं अब यहाँ एक क्षण भी नहीं रह सकती।"

"क्यों?"

"आपके मित्र की बीवी समझती है कि हम उसके श्वसुर के नौकर हैं। आते ही मुझको कहने लगी, मेरे लिए यह कमरा साफ कर दो और उनके लिए वह। यह ड्रेसिंग टेबल इधर रखो। यहाँ तक तो गनीमत थी। वह तो कहने लगी, 'मेरी बेडिंग खोलकर धूप में डलवा दो।' मैंने कहा, 'वेरी वेल मैडम!' यह कह मैंने सुंदर को सब बातें समझा दीं और अपना सामान तैयार करवाना शुरू कर दिया। वे दोनों पिता के कमरे में चले गए थे और अब अपने कमरों में जाकर सो रहे हैं।"

मैंने कहा, "ठीक ही है। मैं ताँगा मँगवाता हूँ, तब तक तुम मिस्टर थापर से नमस्ते कर आओ।"

"वे सो रहे हैं। आप ताँगा मँगवाइए। मैं उस औरत के उठने से पहले ही चली जाना चाहती हूँ।"

पिछले कदम मैं लौट गया। भारत बिल्डिंग के समीप ताँगा मिल गया। उसे लेकर आया, तो सुंदर को मिस्टर थापर के लिए चाय ले जाते देख पूछा, "तो वे जाग पड़े हैं क्या?"

"जी।"

मैंने सोचा पहले सामान रख दूँ, पीछे उनके सम्मुख जाऊँगा।

ताँगे में सामान रखवाया। पश्चात् हम मिस्टर थापर के कमरे में पहुँचे। उन्होंने मुझको देखकर कहा, "आओ विनोद! चाय यहीं मँगवा लो।"

मैंने थोड़ा सा असत्य भाषण कर दिया, "पिताजी! हमारी चाय आज एक अन्य स्थान पर है। मैं समझता हूँ कि अब केशव आ गया है। इस कारण हमको जाने की छुट्टी मिल जानी चाहिए। हम नित्य आकर आपसे मिलते रहेंगे।"

मिस्टर थापर ने राधा की ओर देखा। राधा भूमि की ओर देख रही थी। उन्हें कुछ संदेह हो गया। उन्होंने पूछा, "राधा! उस छोकरी ने कुछ कहा है क्या?"

"नहीं पिताजी! हम समझते हैं कि उनको इस कोठी में निर्बाध विचरने का अवसर मिलना चाहिए। मुझको भय है कि हमारे यहाँ रहने से उनकी स्वतंत्रता में बाधा न खड़ी हो जाए और वे यहाँ से शीघ्र ही भाग न जाएँ।"

"मैं पूछता हूँ कि तुम्हारे साथ क्या बात हुई है?"

"बातें तो हुई हैं। पर इस कारण हम नहीं जा रहे।"

"तो तुम जा रहे हो?"

"हम तो एक मास से जाने का विचार कर रहे थे। अब केशव के आ जाने से हमें जाने में संकोच नहीं रहा। पहले आपको अकेला छोड़ने में भय लगता था।"

"फिर कब आओगे?"

"हम नित्य आने का प्रयत्न करेंगे।"

"अच्छी बात है। तुम केशव की परीक्षा लेना चाहते हो। कदाचित् तुमको उसके ठीक मस्तिष्क रखने में अभी भी विश्वास है। तुमको शीघ्र ही विदित हो जाएगा कि तुम्हारा विश्वास निराधार है।"

"आपको जब भी हमारी आवश्यकता हो, आप निस्संकोच सुंदर को भेज बुला लीजिएगा। वह हमारा घर जानता है। मैं कल आऊँगा और पचास हजार का शेष केशव को दे जाऊँगा।"

"अच्छी बात है।"

अगले दिन मैं मिस्टर थापर को हिसाब बताने गया। केशव और उसकी पत्नी मोटर में बैठ कहीं गए हुए थे। मिस्टर थापर बाहर लॉन में बैठे चाय पी रहे थे। मैं गया तो उन्होंने सुंदर को आवाज दी और मेरे लिए भी वहीं चाय लाने को कह दिया।

जब सुंदर चाय लाने के लिए चला गया तो मैंने पूछा, "केशव कहाँ गया है?"

"वह अपनी लाड़ली को लाहौर की सैर कराने के लिए ले गया है। उसकी लाड़ली कहती है कि यहाँ बहुत गर्मी है और उनको किसी पहाड़ी स्थान पर चले जाना चाहिए।

जब जनवरी में गर्मी प्रतीत होती है तो जून-जुलाई में तो वह भुनकर मुर्दा हो जाएगी।"

"मैं आपका हिसाब देना चाहता हूँ। पिछले छह मास में आपकी बीमारी पर और कोठी के नौकरों आदि के प्रबंध पर सब दस हजार साठ रुपए व्यय हुए हैं। इनका ब्योरा इस कॉपी में लिखा है।"

"कॉपी यहाँ रख दो।"

"और शेष मेरे पास बैंक में उनतीस हजार नौ सौ चालीस रुपए हैं। उसका यह चेक भी इसी कॉपी में रखे जा रहा हूँ।"

"यह चेक मुझको दिखाओ।" मिस्टर थापर ने हाथ बढ़ाकर कहा।

मैंने कॉपी में से चेक निकालकर मिस्टर थापर के हाथ पर रख दिया। मिस्टर थापर ने उस चेक को फाड़कर टुकड़े-टुकड़े कर दिया।

उन टुकड़ों को भूमि पर फेंकते हुए कहा, "रुपया मिल गया है।"

"यह आप उचित नहीं कर रहे।"

"क्यों?"

"इस रुपए को मैंने यहाँ का खर्चा चलाने के लिए लिया था। अब खर्च चलानेवाले दूसरे लोग आ गए हैं। इस कारण रुपया उनको मिल जाना चाहिए।"

"देखो! राधा मेरी लड़की है। वह छह मास तक अपने पिता के पास रहकर गई है। यह चेक का रुपया मैंने उसको विदाई में दिया है।"

"यह तो कोई बात नहीं हुई! हम तो प्रेम के नाते यहाँ आए थे।"

"और मैं भी प्रेमवश अपनी लड़की राधा को यह दे रहा हूँ।"

मैं नहीं समझ सका कि क्या उत्तर दूँ! इस कारण चुप रहा। सुंदर चाय ले आया था। मैं पीने लगा। मिस्टर थापर कहने लगे, "रात केशव से मैंने अपनी बीमारी की पूर्ण कथा सुनाई और तुम लोगों के यहाँ आकर मेरी सेवा करने की बात भी बताई। पश्चात् मैंने उसको वसीयत बदलने की बात भी कही। केशव तो इसमें रुचि नहीं रखता था, परंतु उसकी बीवी के माथे पर त्योरी चढ़ गई। उसने पूछा भी कि क्या किस प्रकार लिखा है? मैंने कह दिया, 'नकल मिस्टर मनचंदा के पास रखी है, जाकर देख सकते हो।'

"मैंने यह कह दिया कि मैंने तुमको और राधा को भी उत्तराधिकारियों में सम्मिलित कर लिया है।"

"यह आपने ठीक नहीं किया। केशव के मन में मेरे लिए मैल आ जाएगी और यह मैं नहीं चाहता।"

"उसको पूरी वसीयत पढ़ लेने दो और फिर देखेंगे कि उसके मन में क्या प्रतिक्रिया उठती है!"

हम अभी बातें कर ही रहे थे कि केशव अपनी पत्नी के साथ भ्रमण कर लौट

आया। मुझको देख वह तपाक से मिला और थापर परिवार में सम्मिलित होने पर बधाई देने लगा।

"मैं तुम्हारी बधाई का धन्यवाद करता हूँ। साथ ही, इतना और बता देना चाहता हूँ कि न तो मैं और न राधा इसमें से एक पाई भी लेने का विचार रखते हैं।"

"क्यों?"

"यह तुम्हारा धन है। तुम लो। हमें इससे बहुत प्रसन्नता होगी।"

"दैन दि मनी शेल गो टू डोग्स। आई वोंट हैव ए पाई आउट ऑफ युअर शेयर।"

"मैं इसको अपना भाग नहीं समझता।"

इस पर मिस्टर थापर ने हम दोनों की बहस बंद कराने के लिए कह दिया, "अच्छा-अच्छा, मेरे मरने के पीछे लड़ना। अभी तो वसीयत कार्य में आ नहीं सकती और मरने के पूर्व इसको बदला भी जा सकता है।"

कुछ देर तक इधर-उधर की बात होती रहीं। पश्चात् मैं उठकर चलने लगा तो मैंने कहा, "केशव, अपनी पत्नी का परिचय नहीं कराओगे क्या?"

"कल वह तुम्हारे घर पर आएगी और तुम्हारी पत्नी से क्षमा माँगेगी। तब ही परिचय कराऊँगा।"

"क्यों, क्षमा किस बात के लिए माँगनी है?"

"इसने समझा था, भाभी नौकरानी हैं। इस कारण उसको सफाई आदि करने की आज्ञा देती रही। पीछे जब वह चली गई तो इसने सुंदर से पूछा, 'वह नौकरानी कहाँ चली गई है?' तब सुंदर ने बताया कि वह कौन थीं।

"रात इसने बताया कि क्या कर दिया है। वह बात गलती में कही गई थी। मैंने उससे कहा कि चलकर क्षमा माँगनी चाहिए। आज तो वह जा नहीं सकती। कल वह आएगी।"

मैं चला आया, परंतु रास्ते में विचार करता रहा कि केशव ने अपनी बीवी से मेरा परिचय क्यों नहीं कराया! यदि उसने मेरी बीवी को भूल से कुछ अनुचित कह दिया था तो मुझसे परिचय कराने में बाधा क्यों हो गई? मुझको उसकी बात समझ में नहीं आई। मैंने समझा कि केशव की पत्नी के मस्तिष्क में अवश्य कुछ खराबी है। उसने ही मुझसे परिचय पाने में अनिच्छा प्रकट की होगी।

◻

रोमिली के आने के विषय में मैंने राधा से नहीं कहा। न ही उसने पूछा। मैंने रुपए और चेक की बात बताई तो वह चुप रही। मैं भी विचार करता था कि केशव के पिता के द्वारा इस प्रकार दिए धन को ग्रहण करने में कोई हानि नहीं। इस पर भी हमने उस रुपए को छुआ नहीं। एक तो हमारा गुजारा भलीभाँति चल रहा था। दूसरे, हमारी अंतरात्मा में उस रुपए को अपना समझने में कुछ संकोच होता था।

द्वितीय परिच्छेद

अगले दिन मैंने कॉलेज से आते ही पूछा, "केशव आया था क्या?"

"नहीं तो! उसको आना था क्या?"

"मुझको ऐसा समझ आया कि वह आएगा।" चाय आदि पीकर हम घूमने चले गए। दीया जलने के पश्चात् हम लौटे। नौकर से पूछने पर पता चला कि कोई नहीं आया था।

इसके बाद एक दिन रोमिली अकेली आई और राधा से क्षमा माँग गई। राधा ने उस सायंकाल, जब मैं कॉलेज से लौटा तो बताया, "केशव की बीवी आई थी और उस दिन की बात की क्षमा माँगती थी।"

"तुमने क्षमा कर दिया है क्या?"

"कुछ बात उसकी आँखों में है, जो उसकी बात मानने को विवश कर देती है। उसने कहा, 'आई ऐम वैरी सॉरी दैट आई मिसबिहेव्ड विद यू ऑन दैट डे। आई वाज ए फूल टु टेक यू फॉर ए सरवेंट।' (उस दिन मैं आपसे असभ्यता का व्यवहार कर बैठी थी, उसके लिए मैं क्षमा माँगती हूँ। मैं आपको नौकरानी समझने की मूर्खता कर बैठी थी।)

"और इतना कह जब उसने मेरी ओर ऐसे देखा कि मैं कुछ कह न सकी। उसने बहुत बात की और अंत में बहुत ही खुले दिल से हाथ मिलाया।"

"तो तुम्हारी दोस्ती हो गई?"

पीछे हमको पता चला कि केशव तथा उसकी बीवी उस दिन शाम को ही कोहमरी चले गए थे। हम दोनों मिस्टर थापर से मिलने गए तो पता चला कि केशव और रोमिली बर्फ का दृश्य देखने चले गए हैं।

मिस्टर थापर ने बताया कि टूनी का पत्र आया है। उसने कहा है कि वह कुछ ही दिनों में भारत आ रही है। यद्यपि अब मुझको किसी की भी सहायता की आवश्यकता नहीं, तो भी, मैं किसी के आने को मना नहीं करता।

"यदि आपको अकेले यहाँ कष्ट है, तो हम पुन: आपके पास आ सकते हैं।"

"जरा टूनी को आने दो। देखें, वह क्या करती है?"

वास्तव में, मैं केशव को इतना शुष्क नहीं समझता था। बचपन में वह बहुत ही सुहृदय था। मुझे उसकी अनेक बातें स्मरण थीं, जब वह कष्ट सहकर भी मेरी सहायता करता रहा था। अब वह अपने रुग्ण पिता को छोड़कर अपनी पत्नी की प्रसन्नता के लिए पहाड़ पर चला गया था।

मैं तो इस सबमें एक ही कारण समझता था। वह था, जीवन से मोह। केवल इस जीवन के ही सुख को उद्देश्य माननेवालों से इससे अधिक आशा भी नहीं हो सकती थी। यदि पिता के समीप रहना उसको सुखप्रद प्रतीत होता तो वह अवश्य रहता। ऐसा

प्रतीत होता है कि उसको पिता की सेवा करने से पत्नी को प्रसन्न करना अधिक सुखकारी प्रतीत हुआ है।

संसार में स्वार्थ और स्वसुख के आधार पर परस्पर प्रेम तथा सेवा कहाँ तक हो सकती है, केशव ने भलीभाँति प्रकट कर दिया था।

टूनी आई तो एक समस्या और साथ ले आई। उसने एक और विवाह कर लिया था। उसका पति अमरीका का रहनेवाला एक नीग्रो था, जिसका नाम रॉबर्ट था। यह संभव है कि नीग्रो युवकों में वह सुंदर तथा बलिष्ठ रहा हो, इस पर भी काले आबनूस की भाँति उसका रंग, सूअर की भाँति सख्त और घुँघराले बाल, चपटी नाक, मोटे-मोटे ओष्ठ और पीछे को बैठा हुआ उसका माथा था।

टूनी को इस नीग्रो से गर्भ रह गया था और वह पाँचवें-छठे महीने में थी।

टूनी लाहौर पहुँचते ही हमसे मिलने आई। मैं कॉलेज से आकर अभी बैठा ही था कि वे दोनों आ पहुँचे। उसने पहुँचते ही अपने पति का परिचय कराया, "विनोदजी! ये मेरे पति मिस्टर रॉबर्ट निकोलाई हैं।"

मैं कौतूहल को यत्नपूर्वक दबाता हुआ उठा और टूनी के पति से हाथ मिलाकर उसे अपने समीप लाकर बैठाया। राधा ने टूनी को अपने समीप बैठाकर पूछा, "तो क्या अब तुम अपनी थाह पा गई हो?"

"मैं देख रही थी कि मैं इतनी बदकिस्मत तथा बदसूरत हूँ कि दुनिया का कोई साधारण-से-साधारण व्यक्ति भी मुझसे विवाह के लिए तैयार नहीं होता। इस कारण मैंने अपना साथी ऐसा ढूँढ़ा है कि उसको मेरे से विवाह कर कभी भी पश्चात्ताप नहीं हो सकता। ये महाशय मुझसे प्रेम करते हैं और मेरा आदर करते हैं।"

मुझको टूनी के मस्तिष्क की दशा भी बिगड़ी हुई प्रतीत हुई। इस पर भी मैंने और राधा ने अपने किसी भी भाव से अपनी अस्वीकृति प्रकट नहीं की। मिस्टर रॉबर्ट पढ़ा-लिखा युवक प्रतीत होता था। उसका चाय पीने का तरीका और बातें करने का ढंग एक सभ्य जाति के व्यक्ति के समान था। इस पर भी वह हमारे ड्राइंग-रूम की सफेद पृष्ठभूमि पर एक काली स्याही के धब्बे के समान ही लगता था। रॉबर्ट का सबकुछ सभ्य होते हुए भी, उसके अंदर कुछ जातीय विशेषताएँ थीं।

नीग्रो अमरीका में एक हीन जाति समझी जाती है। इस प्रजातंत्रवादी देश में भी जातीय पक्षपात और विद्वेष बहुत सीमा तक प्रचलित है। इसका प्रभाव नीग्रो जाति के स्त्री-पुरुषों के मनों पर होना स्वाभाविक है। इस कारण रॉबर्ट सब प्रकार से योग्य और कुशल होने पर भी अपने व्यवहार को ठीक रखने में सीमा से अधिक सचेत प्रतीत होता था। यह सतर्कता बेहूदगी की सीमा तक पहुँच गई थी।

जब हम चाय पी रहे थे, राधा और टूनी एक ओर बातें करने लगी थीं, मैंने रॉबर्ट से

बातें करना आरंभ कर दीं। मेरे पूछने पर कि आप दोनों की प्रथम भेंट कब और कहाँ हुई, तो उसने बताया, "मैं फिलाडेल्फिया यूनिवर्सिटी का ग्रेजुएट हूँ। रोमिली, मिस्टर थापर की पत्नी, का सहपाठी था। वास्तव में, कॉलेज के दिनों में वह मेरी प्रेमिका रह चुकी है। मैं उसके अन्य प्रेमियों में से एक प्रिय प्रेमी था।

"रोमिली एक अति आकर्षक युवती है। उसका पिता बहुत ही धनी आदमी था, वह सहस्रों एकड़ भूमि का मालिक था, उसकी पत्नी अर्थात् रोमिली की माँ, जो इटैलियन जाति की थी, की मित्रता फार्म के एक रेड इंडियन मैनेजर से थी और कदाचित् रोमिली का बाप भी वही है। रोमिली में इटैलियन माँ का सौंदर्य और रेड इंडियन पिता का सम्मोहनी प्रभाव उपस्थित है। कॉलेज में वह सब विद्यार्थियों की चहेती प्रिया थी। ऐसा प्रतीत होता है कि इस चाहने में उसके पिता का धन भी सहायक था। वह अपने पिता की संपूर्ण संपत्ति की उत्तराधिकारिणी थी।

"मैं उससे विवाह की कभी आशा नहीं रखता था और वास्तव में मेरा प्रेम बिना किसी प्रलोभन के था। इस पर भी मेरे काले रंग के कारण वह कभी-कभी मुझको पाँवों से ठोकर भी मार देती थी। इस दुर्व्यवहार के पश्चात् जब मैं उससे तटस्थ रहने लगता था, तो वह मुझसे ऐसे ढंग से बातचीत करती थी और अपनी आँखों से इस प्रकार सम्मोहित करती थी कि मैं उसके दुर्व्यवहार को भूल पुनः उसके पास चला जाता था।

"वह पास हुई तो अपने पिता के पास चली गई। वहाँ जाकर उसने मुझे अपने पिता के फार्म पर नौकर रखवा दिया। मैं वहाँ इस आशा पर गया था कि हमारा विद्यार्थी जीवन का प्रेम वहाँ भी चलता रहेगा, परंतु मेरे वहाँ पहुँचने से पूर्व मिस्टर थापर वहाँ आ टपके। उनसे रोमिली के विवाह की तिथि भी निश्चित हो चुकी थी। रोमिली ने बताया कि इस हिंदुस्तानी युवक से उसकी शर्तें तय हो चुकी हैं। वे यह कि जब तक उसके पिता का देहांत नहीं हो जाता, वह अमरीका में रहेगा और रोमिली अपने पूर्व संबंध त्यागकर उसकी 'फेदफुल' (निष्ठावान) बीवी बनकर रहेगी। रोमिली की संपत्ति का वह प्रबंध करेगा और जो कुछ उसको अपने पिता से मिलेगा, उसी संपत्ति में मिला देगा।

"यह सबकुछ सुन रोमिली से मैंने पूछा, 'तो मुझको किसलिए बुलाया है,' उसने बताया, 'अपने विद्यार्थी जीवन के प्रियतम व्यक्ति को कुछ उपहार देने के लिए।'

"मैं वहाँ पर मैनेजर के रूप में काम करने लगा। रोमिली की सहायता से और अपनी योग्यता से मैं उनके फार्म का जनरल मैनेजर बन गया। मैंने अपनी योजनाओं से लाखों डॉलर वार्षिक उनकी आय में वृद्धि की है। पिछले वर्ष मिस्टर थापर की बहन मिस मालती वहाँ पहुँची और हम परस्पर प्रेम करने लगे। हमारा विवाह हुआ तो मैं रोमिली की नौकरी छोड़कर मालती के साथ स्विट्ज़रलैंड चला गया। कुछ दिन हुए आपका एक

'केबल' मालती को मिला था कि उसका पिता सख्त बीमार है। तब से ही हम आने का प्रबंध कर रहे थे। मेरा 'वीजा' बनने में देरी लग गई थी।"

मैंने पूछा, "आप मालती से प्रसन्न हैं?"

"मैं इनकी पूजा करता हूँ।"

"रोमिली और मालती में किसको अधिक चाहते हैं?"

"रोमिली से मैं कभी भी विवाह की आशा नहीं करता था। अमरीका में एक गोरी स्त्री एक नीग्रो से विवाह नहीं कर सकती। कानूनी प्रतिबंध तो नहीं है। इस पर भी सामाजिक पक्षपात इतना प्रबल है कि गोरी स्त्री का नीग्रो पति जीवित नहीं रह सकता। यही कारण था कि मालती से विवाह के पश्चात् हमको स्विट्जरलैंड जाना पड़ा। मालती अमरीकन लड़की न होते हुए भी गौर वर्ण की है।"

रॉबर्ट का इतिहास सुन मुझको संतोष हुआ। सबसे बड़ी बात यह थी कि टूनी को जीवन आधार मिल गया था। मैंने टूनी से पूछा, "पहला लड़का कहाँ है?"

"वह इस समय बर्न के एक स्कूल में पढ़ रहा है।"

जब वे जाने लगे तो मैंने मालती को उसके रॉबर्ट से विवाह के लिए बधाई दी। वह मेरी ओर मुस्कराकर बोली, "इस पर भी मैं आपकी प्रतीक्षा में हूँ। यह तो 'स्टॉप-गैप' (अस्थायी प्रबंध) ही है।"

टूनी और रॉबर्ट के चले जाने के पश्चात् राधा खिलखिलाकर हँस पड़ी। मैं उसके मन की बात का अनुमान लगाकर मुस्कराता रहा। हँसने के पश्चात् उसने पूछा, "क्यों जी! यह क्या है?"

"विवाह है और क्या है? ऐसा प्रतीत होता है कि अब टूनी जीवन भर के लिए बँध गई।"

"मुझको उस पर दया आती है।"

"क्यों, क्या हुआ है उसको? देखो राधा! मैंने उसके पति के साथ घंटा भर बात की है। वह बहुत ही योग्य प्रतीत होता है। वह पढ़ा-लिखा है और कला की प्रवृत्ति भी उसमें बहुत है। टूनी का चुनाव ठीक ही प्रतीत होता है।"

"पर देखिए न, उसका काला रंग, दूध समान श्वेत आँखें, मोटे-मोटे लाल ओष्ठ और चपटा नाक देखकर पेट में कुछ उबलने लगता है।"

"यह सब पक्षपात की बातें हैं। केवल संस्कारों के कारण ही तुम ऐसा समझती हो। कई देव कन्याएँ दानवों से विवाह कर आनंद भोगती थीं और ये नीग्रो दानवों की ही संतान हैं।"

"मुझको तो उसका विचार करते ही कै आने लगती है।"

मैं हँसा तो वह भी हँस पड़ी। अगले दिन हम टूनी से मिलने के लिए मिस्टर थापर

की कोठी पर गए। टूनी और रॉबर्ट बाजार में कुछ खरीदने गए हुए थे। मिस्टर थापर सदा की भाँति लॉन में पेड़ की छाया में बैठे हुए चाय की प्रतीक्षा कर रहे थे। हमें देख वे खिलखिलाकर हँस पड़े। जब हम उनके समीप बैठ गए, तो वे कहने लगे, "टूनी और रॉबर्ट को 'रिटर्न विजिट' करने आए हो?"

"जी हाँ!" राधा ने कहा।

"कैसा लगा है उसका यह चुनाव?"

"ये कहते हैं," राधा ने मेरी ओर संकेत करते हुए कहा, "कि मिस्टर रॉबर्ट बहुत ही सज्जन और योग्य पुरुष हैं।"

"मैंने सज्जन नहीं कहा, पिताजी!" मैंने राधा के वक्तव्य का संशोधन करते हुए कहा, "सज्जनता तो एकाध घंटा बातें करने से पता नहीं चलती। हाँ, बातचीत से मुझे यह समझ आया है कि रॉबर्ट पढ़ा-लिखा और योग्य व्यक्ति है। मालती का उस पर मोहित हो जाना स्वाभाविक ही है।"

"मैं क्या समझा हूँ, सुनो! रॉबर्ट फर्स्ट क्लास का 'रोग' (शैतान) और नाटककार है। वह अपने हाव-भाव समयानुसार ऐसे बनाता है कि देखनेवाले को वह सर्वथा भोला महात्मा प्रतीत होता है।"

हम दोनों यह सुन गंभीर हो गए। मिस्टर थापर ने अपना कहना जारी रखा, "यह युवक अमरीकन लड़कियों की वासना-तृप्ति कर उनसे उनका पुरस्कार प्राप्त कर अपनी शिक्षा चलाता था। इसी अर्थ से रोमिली ने उसको अपने पास रखा हुआ था। रोमिली के पिता के देहांत के पश्चात् रोमिली का भारत आना आवश्यक देख, उसने टूनी से विवाह कर लिया है और अब उसके पीछे वहाँ से यहाँ तक चला आया है।

"टूनी तो केवल परदा है, जिसके पीछे छुपकर वह अपने इस घृणित धंधे को चलाएगा।

"देखो विनोद! अफ्रीका में किसी समय बहुत ही उच्च कोटि की सभ्यताएँ प्रचलित थीं। कई कारणों से वहाँ दानव जाति का आधिपत्य हो गया। दानव संस्कृति भौतिक उन्नति को अपना उद्देश्य मान चलती थी। भौतिक उन्नति में सांसारिक सुख, जिसमें वासना-तृप्ति मुख्य है, ही सबकुछ माना जाता है। इस कारण अफ्रीका की जातियों ने वासना-तृप्ति को एक कला बना लिया है। परिणाम यह हो रहा है कि वह सब स्त्रियाँ, जो विषय-लोलुप हैं, इस जाति के किसी पुरुष के पंजे में आ जाती हैं, तो फिर निकल नहीं सकतीं। यही अवस्था रोमिली की है। अब यही टूनी की हो रही है। मुझको इन दोनों पर दया आती है।"

"रॉबर्ट ने मुझे जो कथा कल बताई थी, उससे मेरा अनुमान इसके विपरीत बना है।"

"ठीक है, प्रोफेसर महोदय! तुम केमिस्ट्री की समस्याओं को तो समझ सकते हो, परंतु यह सोशल साइंस है। मैंने इसका अध्ययन किया है और मैं बताता हूँ कि केशव और टूनी महानरक की ओर जा रहे हैं।

"कल ही टूनी ने मुझे कह दिया था कि मैं अब ठीक हूँ और वे भारत में किसी उचित स्थान पर रहने का प्रबंध करना चाहते हैं।

"मैंने टूनी से कहा, 'टूनी! तुम्हारा भाई केशव तो कोहमरी गया है। तुम अल्मोड़ा चली जाओ।'

"उसके मुख से निकल गया, 'वह इस समय श्रीनगर में है।'

"मैं तुरंत समझ गया कि केशव और टूनी में या यूँ कहो रोमिली और रॉबर्ट में निरंतर पत्र-व्यवहार चल रहा है। रॉबर्ट केशव का कार्यक्रम मुझसे अधिक जानता है।"

इस सूचना पर मैं विस्मय में मिस्टर थापर का मुख देखता रह गया। मिस्टर थापर ने यह भी कहा, "केवल इतना ही नहीं, प्रत्युत रॉबर्ट ने और भी कहा, 'मिस्टर केशव मार्च के अंत तक श्रीनगर में रहेंगे, पश्चात् वे किश्तवाड़ जानेवाले हैं और उससे पूर्व हमको मिलना है।'

"क्यों विनोद! मेरा अनुमान ठीक है अथवा नहीं?"

मैं अभी भी चुप था। इस समय सुंदर चाय ले आया था और हम सुंदर के सामने बात करना नहीं चाहते थे। मिस्टर थापर ने कहा, "मेरे लिए मक्खन और टोस्ट ले आओ। इनके लिए मिठाई ले आओ।"

इसी समय टूनी और रॉबर्ट आ गए। सुंदर को मोटर पर से सामान उठाकर अंदर ले जाने को कह हमारी ओर लॉन में चले आए। उनके लिए कुर्सियाँ मँगवाई गईं और वे बैठ गए। उनके लिए भी चाय लगा दी गई।

मैंने पूछा, "टूनी! अब तो लाहौर स्थायी रूप में तुम ठहरोगी न?"

"यह मिस्टर रॉबर्ट की रुचि पर निर्भर है। आज हम मॉल पर कुछ सामान खरीदने गए थे। रॉबर्ट को न तो यह जगह पसंद आई है और न ही यहाँ की दुकानें।"

"इसका अर्थ यह हुआ कि तुम्हारे पिताजी इस वृद्ध अवस्था में अकेले रहेंगे?"

"आप जो हैं। मैंने सुना है कि पिताजी ने राधा भाभी को अपनी लड़की बना लिया है और अपनी आधी संपत्ति इनके नाम कर दी है।"

"परंतु क्या तुमको यह पता नहीं कि राधा इसमें से एक पाई भी लेने का विचार नहीं रखती। यह सबकुछ अब भी तुमको मिल सकेगा।"

"विनोदजी! आप नहीं समझे। मेरा संपत्ति लेने का न तो विचार है और न ही इस मतलब से मैं कुछ कह रही हूँ। मेरा कहना यह है कि पिताजी की सेवा और देखभाल भाभी ने की है और कर सकती हैं। पिताजी उनकी देखभाल से संतुष्ट हैं, अतएव,

हमें छुट्टी मिलनी चाहिए। मुझको जो कुछ बाबा की संपत्ति से मिला है, वह मेरे लिए पर्याप्त है।"

मैं चुप रह गया, परंतु मिस्टर थापर ने पूछा, "यह तुमको किसने कहा है कि मैंने वसीयत में इनको उत्तराधिकारी बनाया है?"

"केशव ने श्रीनगर से लिखा है।"

"केशव ने अथवा रोमिली ने?"

"एक ही बात है।"

"तुमको लिखा था अथवा रॉबर्ट को?"

"इससे कुछ अंतर नहीं पड़ता।"

मिस्टर थापर चाय की चुस्कियाँ लगाकर पीने लगे। इस पर रॉबर्ट ने कहा, "डीयर सर! हम अभी युवक हैं। हमें संसार का सुख भोगना है। आप हमारे साथ घूम नहीं सकते। अतएव, हमें आपको घूमने-फिरने को स्वीकृति दे देनी चाहिए। फिर हम बीच-बीच में यहाँ आते रहेंगे।

"प्रोफेसर साहब यहाँ पर हैं ही। उनके पास हमारा पता रहेगा। कभी आवश्यकता पड़े तो आप लिख भेजिएगा। हम चले आएँगे।"

मैं समझ गया कि रॉबर्ट टूनी से अधिक चतुर व्यक्ति है। भारतवर्ष की रियासतों में सेवक राजा-महाराजाओं से अधिक सभ्य होते हैं। इसमें कारण यह है कि उनका जीवन ही खुशामद और दूसरों को प्रसन्न रखने में व्यतीत होता है। वे अपनी कार्य-सिद्धि के लिए सबकुछ करने को तैयार रहते हैं। मुझको कुछ ऐसा आभास हुआ कि रॉबर्ट उसी श्रेणी का व्यक्ति है।

रॉबर्ट का उत्तर सुन मैंने पूछा, "तो आप लोग कब जा रहे हैं?"

"कल।"

"क्या श्रीनगर का मार्ग खुल गया है?"

"हाँ। हमने जान लिया है। मार्ग साफ है।"

इस उत्तर से शेष पूछने को कुछ भी नहीं था। मैं मन में विचार कर रहा था कि मिस्टर थापर के बच्चों की ऐसी विकृत मनोवृत्ति क्यों बनी? केशव और टूनी में एक ही भावना देख मुझको समझ आया कि दोनों की शिक्षा में खराबी है। केशव की स्कूल शिक्षा तो मेरे जैसी हुई थी। देखने में उस समय उनके घर का वातावरण भी ठीक प्रतीत होता था। अब भी मैं उस समय की बातें स्मरण कर पुलकित मन से झूम जाया करता हूँ।

मेरे मन में उठ रही समस्या की कुंजी मिस्टर थापर ने हमारे सामने स्पष्ट कर दी। उसने टूनी के पति से पूछा, "मिस्टर रॉबर्ट! तुम ईसाई धर्म की दीक्षा लिये हुए हो?"

"हाँ! मेरी क्राइश्चनिंग हो चुकी है। मेरे पिता विलियम रोमन कैथोलिक हैं। स्वाभाविक रूप में मैं भी उसी चर्च का सदस्य हूँ।"

"तुम्हारा विवाह धार्मिक रीति से हुआ है क्या?"

"जी। हमने 'कोर्ट ऑफ लॉ' में बयान देकर विवाह किया था।"

"रोमन कैथोलिक ढंग से क्यों नहीं?"

"मुझको परमात्मा और उसके रसूल यीशु-मसीह पर किंचित् मात्र भी विश्वास नहीं। इसके अतिरिक्त गिरजाघर में जाकर किया हुआ विवाह टूट नहीं सकता। अब अमरीका में धार्मिक विवाह का फैशन नहीं है।"

"तो तुम समझते हो कि मालती के साथ तुम्हारे विवाह के टूटने की भी आशा है?"

"अभी तक हमारा जीवन बहुत मजे में चल रहा है। परंतु कौन कह सकता है कि कभी किसी के मस्तिष्क में विकार उत्पन्न होगा ही नहीं?"

"विनोद! क्या तुम भी विवाह को इसी प्रकार समझते हो?"

"पिताजी! विवाह को एक ढंग से समझना अथवा न समझना एक और विचार के अधीन है। मनुष्य जीवन का उद्देश्य क्या सांसारिक सुख भोग ही है अथवा कुछ और भी है? इस धुरी पर जीवन-यात्रा का काँटा बदलता है।"

"तो क्या आप वैज्ञानिक भी जीवन का उद्देश्य प्रत्यक्ष के अतिरिक्त किसी परोक्ष को मानते हैं?"

"विज्ञान की बात आप छोड़िए। इसे तो अभी जल और वायु के विषय में भी बहुत कम पता है। प्रत्यक्ष, अर्थात् वह, जो हम इंद्रियों द्वारा जान सकते हैं, बहुत ही कम है। एक सीमा के उपरांत हमको युक्ति का आश्रय लेना पड़ता है। अब देखिए, हम यह मानते हैं कि लोहे के छोटे-से-छोटे कण का भार हाइड्रोजन के ऐसे कण से छप्पन गुणा अधिक है। यह हम प्रत्यक्ष प्रमाण से नहीं जान सकते। इसके जानने में युक्ति का प्रयोग करना पड़ता है। इसी प्रकार, इस जीवन के संबंध में कुछ बातें हैं, जिनको हम प्रत्यक्ष नहीं कर सकते, परंतु युक्ति से सिद्ध करते हैं।"

"वे क्या बातें हैं?"

"शरीर के अतिरिक्त प्राणी में आत्मा का अस्तित्व है। यह युक्ति से सिद्ध होता है।"

"इसके माने बिना भी तो काम चल सकता है।"

"हाँ। जैसे टूनी और केशव का चल रहा है। परंतु इसको काम चलना कहते हैं क्या?"

"तो काम चलना किसे कहते हैं?"

"टूनी से अच्छा तो राधा का चल रहा है। टीमू के जन्म के पश्चात् एक समय ऐसा आया था कि वह सूखकर काँटा हो गई थी। दिन में आठ-दस दस्त आते थे और ज्वर एक सौ एक बना रहता था। उस समय पेट में असह्य वेदना उठती रहती थी।

द्वितीय परिच्छेद

"मुझको राधा के बचने की कोई आशा नहीं थी। इस पर भी राधा चुपचाप वेदना सहन कर रही थी। एक दिन मैंने पूछा, 'राधा! कैसा अनुभव करती हो?'

"उसने उत्तर दिया, 'कष्ट तो बहुत हो रहा है, परंतु अभी मृत्यु समीप प्रतीत नहीं होती। मुझको कुछ ऐसा प्रतीत हो रहा है कि मेरे कर्मफल अभी शेष हैं। फिर अभी टीमू भी बहुत छोटा है। उसे छोड़कर जाना तो भला प्रतीत नहीं होता।'

"मैंने उसको सांत्वना देने के लिए कहा, 'मरने की बात नहीं पूछ रहा। मैं तो शरीर के कष्ट की बात पूछ रहा हूँ।'

"'कष्ट तो है और पहले से अधिक ही है। परंतु जो कुछ आपने मेरे लिए किया है, उसका भार भी तो चुकाना है। मैं अभी मरूँगी नहीं।'

"'यह मरने की बात बार-बार क्यों कर रही हो?'

"'देखिए, मेरे शरीर और आत्मा में संघर्ष चल रहा है। मैं मरना नहीं चाहती और मुझे विश्वास है कि मैं मरूँगी नहीं।'

"बार-बार मरने की बात आने पर मैंने बात बदल दी। परंतु उसने जैसा कहा था, वैसा ही हुआ। उसकी आत्मा की विजय हुई और अब मैं समझता हूँ कि यह आत्मा की शरीर पर विजय है।"

"नहीं विनोद!" मिस्टर थापर ने कहा, "यह आत्मा नहीं, यह मन था। राधा बहुत ही सुदृढ़ मन की स्त्री है। इससे उसका मानसिक बल शरीर की दुर्बलता के कारण झुका नहीं। सीधा खड़ा रहा है।"

"तो मन शरीर से भिन्न वस्तु है क्या?"

"दोनों का स्रोत प्रकृति ही है, परंतु दोनों की बनावट भिन्न-भिन्न है। इसी कारण उनमें भेद है।"

"यदि दोनों एक ही स्रोत से निकलते हैं, तो भिन्नता कैसे आ सकती है? मन में अवश्य कोई और वस्तु सम्मिलित है, जो शरीर में नहीं। इसी कारण शरीर और मन के गुणों में अंतर है। प्रकृतिवाद के माननेवाले बता नहीं सकते कि वह कौन सी वस्तु है? जो कुछ भी हो, उसको आत्मा कहने में क्या हानि है?"

"यह विलक्षण वस्तु, जो मन को शरीर से भिन्न बनाती है, शक्ति है और शक्ति तथा प्रकृति एक ही है।

"जब एक ही है तो भिन्नता क्यों है? एक में 'पावर ऑफ डिस्क्रीशन' (भेदभाव करने की सामर्थ्य) नहीं है और दूसरे में है। 'पावर ऑफ डिस्क्रीशन' जिससे भी आती है, वह आत्मा है।"

थापर साहब युक्ति से कुछ कह नहीं सके। उन्होंने व्यंग्य के भाव में कह दिया, "इग्नोरेंस! दाई नेम इज ब्लिस।" (अज्ञानता में ही आनंद है।)

इस पर मैंने चुप रहना ही उचित समझा। इस वार्त्तालाप से मुझे यह समझ आया कि केशव और टूनी के विचार उनके पिता मिस्टर थापर के विचारों से बने हैं। प्रकृति ही सबकुछ है। मरने पर मनुष्य उस महान् सागर में, जिसका नाम प्रकृति है, लीन हो जाता है। इस विचार का स्वाभाविक परिणाम ही है कि इस छोटे से जीवन को अधिक-से-अधिक सुखमय करना मनुष्य का परम लक्ष्य हो जाता है। यही केशव और टूनी कर रहे हैं। मिस्टर थापर ने अपने जीवन में सुख भोग किया है। अब केशव और टूनी का समय था। वे क्यों न सुख भोग करें? उनको पिता की संगत में सुख प्रतीत नहीं हुआ।

केशव और टूनी, जहाँ अपने पिता के जीवन से बाहर हुए, वहाँ मेरे जीवन से भी पृथक् हो गए। इतना ज्ञान मुझको था कि वे कहीं कश्मीर में रहते हैं।

मुझको बहन-भाई, दोनों का व्यवहार पसंद नहीं था। इस कारण मैंने दोनों को मन से निकाल दिया।

मैं और राधा केशव के पिता से मिलते रहते थे। वे केशव और टूनी से पत्र की आशा करते थे, परंतु वह पूरी नहीं हुई। टूनी को गए दो वर्ष से ऊपर हो चुके थे।

एक दिन मैं कॉलेज पहुँचा ही था कि मिस्टर थापर का नौकर, सुंदर, मेरे कमरे के बाहर खड़ा मेरी प्रतीक्षा कर रहा था। उसने कहा, "मैं आपके घर गया था, परंतु आप मिले नहीं। बीबीजी ने कहा कि मैं आपकी यहाँ प्रतीक्षा करूँ, आप यहाँ ग्यारह बजे मिल जाएँगे।"

"बात क्या है?"

"साहब ने बुलाया है। बीबीजी तो चली गई हैं। आप भी चलिए।"

मैं प्रिंसिपल से छुट्टी माँगकर थापर साहब की कोठी में जा पहुँचा। वहाँ तीन-चार मोटरें खड़ी थीं। मेरा माथा ठनका। उनमें एक मोटर थापर साहब के पारिवारिक चिकित्सक, डॉक्टर खन्ना की थी। मैं भीतर गया तो थापर साहब को अचेत पाया और डॉक्टर किसी औषधि का इंजेक्शन दे रहा था।

इंजेक्शन देने के पश्चात् उन्होंने पुनः स्टेथस्कोप से हृदय की गति देखी। पश्चात् सिर हिलाकर अपना सामान बटोरना आरंभ कर दिया।

मिस्टर मनचंदा भी वहाँ पर उपस्थित थे। उन्होंने मुझे देख कहा, "मुझको थापर साहब ने प्रातः छह बजे टेलीफोन पर बुलाया और कहा कि मैं तुरंत यहाँ पहुँच जाऊँ। मेरे पहुँचने पर उन्होंने कहा कि उनका मरने से पूर्व का बयान लिख लें। मैंने डॉक्टर को बुलाने के लिए कहा तो वे बोले, 'उनको टेलीफोन कर चुका हूँ। वे रात को आए थे और एक इंजेक्शन दे गए थे। उस इंजेक्शन का कुछ भी प्रभाव नहीं होता। इस पर मैंने रात ही समझ लिया था कि अब मैं जीवित नहीं रहूँगा। इस कारण मैंने अपने सब कागज ठीक कर दिए हैं। वे सब हस्ताक्षर कर यहाँ रखे हैं। आप मेरी एक बात नोट कर मेरे हस्ताक्षर

करवा लीजिए।' उन्होंने यह एक लंबा नोट लिखवाया है। मेरे लिखते-लिखते डॉ. खन्ना आ गए और उन्होंने साक्षी कर दी है। यह बेहोशी तो लगभग आधा घंटा हुए हुई है।"

डॉक्टर खन्ना कहने लगे, "थापर साहब राधा के आने तक प्रसन्न तथा सचेत थे और इनके सिर पर हाथ फेर आशीर्वाद देते हुए उनका प्राणांत हो गया। मैंने यह इंजेक्शन तो अंतिम प्रयत्न करने के लिए दिया था, परंतु मैं समझता हूँ कि इससे पूर्व ही प्राणांत हो चुका था।"

"हम तीन-चार दिन से थापर साहब से मिलने आ नहीं सके थे। इस कारण हमको इस प्रकार अंत समय में उनकी सेवा-शुश्रूषा का सौभाग्य नहीं मिला।"

मिस्टर मनचंदा ने बताया, "कल इनके लड़के केशव का पत्र आया था, जो इस फाइल में लगा है, जो मिस्टर थापर ने मुझे दी है।"

मैंने वह पत्र पढ़ने के लिए माँगा। उन्होंने दिखा दिया। उसमें लिखा था, "माई डियर मिस्टर थापर!"

मैं एक पुत्र को अपने पिता के लिए इस प्रकार का संबोधन करते देख चकित रह गया। पत्र तो इससे भी विचित्र था। उसने लिखा था, "कई वर्षों की निरंतर खोज और पठन तथा मनन के पश्चात् मैं इस परिणाम पर पहुँचा हूँ कि मैं मानवों से बहुत ऊँचाई पर पहुँच गया हूँ। इस ऊँचाई पर से मनुष्य मात्र मुझको मैले के कीड़े के समान गंदगी में लथपथ विचरते प्रतीत हो रहे हैं। इस ऊँचाई पर से तो आस्तिकों के भगवान् भी नीचे रह गए हैं।

"श्रीनगर में एक पुस्तक है, जो महाराजा के पुस्तकालय से मिली है। उसमें एक विचित्र कथा मिलती है। वह मैंने पढ़ी। पुस्तक तो फारसी में है और उसका अनुवाद अंग्रेजी में मिला। उसमें जो सबसे मजेदार बात थी, वह यह है—

"दानव मिस्र तथा अफ्रीका के रहनेवाले थे। वे न तो परमात्मा को मानते थे और न ही आत्मा को, जो जन्म-जन्मांतर तक भटकता रहे। भगवती प्रकृति को ही सब माया चराचर सृष्टि का कारण मानते थे। वे उसी के उपासक थे।

"यही कारण था कि उन्होंने माँ भगवती की कृपा से बहुत उन्नति की थी। भगवती ने दानवों को सहस्रबाहु बना दिया। वे अपनी सहस्र बाँहों से संसार पर राज्य करते थे और प्रकृति के अनेकानेक रूपों का भोग करते थे।

"उनकी संस्कृति में विवाह प्रथा प्रचलित नहीं थी। पुरुष-स्त्री का संबंध प्रकृति के नियमों के अधीन ही होता था। यौन-संबंध के लिए भुक्त और भोक्ता की स्वीकृति ही मुख्य थी।

"इस प्रकार के अबाध यौन-संबंध का एक स्वाभाविक परिणाम यह था कि सृष्टि उत्पत्ति कम होती थी। भोग आनंद अपार था। उनमें यह कहना कि अमुक किसी की

भगिनी है और अमुक पत्नी, कठिन हो जाता था। प्राय: स्त्री-पुरुषों को यौन-संबंध के लिए दूर-दूर भटकना नहीं पड़ता था।

"दानव मिस्र, फिलिस्तीन, इराक, ईरान से बढ़ते-बढ़ते देवलोक पहुँचे। देवता लोग यज्ञ, कर्म-धर्म के बंधनों से बँधे हुए और सामाजिक श्रृंखलाओं में जकड़े हुए इस स्वतंत्र जाति का विरोध नहीं कर सके। उन्हें अपने स्वर्गलोक को, जो क्षीर सागर (कैस्पियन सी) के किनारों पर था, छोड़कर हिमाचल की वादियों में भागकर सिर छुपाना पड़ा।

"इस समय, जहाँ मैं रहता हूँ, वह देवभूमि है। दानवों से भयभीत इन पहाड़ों की ऊँचाइयों पर आकर छुपे हुए निर्धनता, धर्म, कर्म आदि के बंधनों में बँधे हुए देवताओं की संतान यहाँ रहती है।

"मैं अपने को एक सहस्रबाहु दानव के रूप में यहाँ पाता हूँ। मेरे विज्ञान ने मेरे लक्ष-लक्ष बाहु बना दिए हैं और उन लक्ष-लक्ष भुजाओं से मैं इन पर राज्य करता हूँ।

"जब मैं यहाँ आया था, तब इन जैसा ही था। परंतु अब मैंने रॉबर्ट की सहायता से यहाँ इंद्र के प्रासाद जैसा महल बना लिया है और उसमें अपनी विज्ञान की शक्ति से स्वर्गलोक का निर्माण कर लिया है। कभी-कभी कोई देवता, मेरा अभिप्राय है, यहाँ का रहनेवाला, इस स्वर्ग की सैर को आता है, तो फिर अपने भगवान् को भूल जाता है और इस स्वर्गलोक में ही रह जाना चाहता है। यहाँ सोमरस मिलता है। अप्सराएँ मिलती हैं, मुरगे के मांस से लेकर कछुओं और मेढकों का मांस तक मिलता है। वैज्ञानिक वस्त्र और सबसे अधिक प्रकृति की अपार शक्ति का अवलंबन मिलता है।

"पूर्ण स्थान मंगलमय बन गया है। मैं इस लोक में दानव-संस्कृति का प्रचार करने के लिए इस स्थान पर उसका परीक्षण कर गाँव-का-गाँव मेरे मत का अनुयायी बन गया है और पूर्ण गाँव में सुख-शांति विराजमान है।

"इस गाँव में मेरा गृह इंद्र के प्रासाद की भाँति है। देवता लोग मेरी चरण-रज पाने को लालायित रहते हैं।

"मेरा आग्रह है कि आप यहाँ आ जाइए। आपका स्वास्थ्य सुधर जाएगा और आप भी प्रकृति का भोग करने के योग्य हो जाइएगा। इस लोक में आने के लिए एक शर्त है। वह यह कि अपने पूर्ण वहम और सामाजिक बंधन छोड़कर आना पड़ता है।

"यदि आपकी इच्छा हो तो लिखिए। मैं आपको आकर ले जाऊँगा।"

केशव के पत्र को पढ़कर मैं चकित रह गया। मुझको तो यह एक अधूरे ज्ञान की उपज ही प्रतीत हुई। केशव यह भूल गया था कि प्रकृति के उपासकों अर्थात् दानवों की संस्कृति आज भूतल से मिट चुकी है।

उसका अनुमान ठीक ही प्रतीत होता था कि दानव प्रकृति के रहस्यों को देवताओं से अधिक जानते थे। वे प्रकृति के बल से सहस्रबाहु थे, परंतु उनका खुर-खोज नहीं रहा।

केशव आज विज्ञान की सहायता से सहस्त्रबाहु बनने जा रहा है, परंतु सहस्त्रबाहु जैसे अंत के लिए भी तो उसको तैयार रहना चाहिए।

इस पत्र का प्रभाव केशव के पिता पर भिन्न ही हुआ। वह प्रभाव उन्होंने मनचंदा साहब को लिखवाए वक्तव्य में वर्णन किया था। उन्होंने वक्तव्य में लिखाया था, "मेरे अन्य कागजों के साथ मेरे पुत्र केशव का मुझको अंतिम पत्र संलग्न है। उसे पढ़कर मेरा उसके प्रति पूर्ण रोष मिट गया है। मेरी शिक्षा रंग लाई है। यद्यपि उसने मेरी शिक्षा का प्रयोग कहीं-कहीं सीमा से अधिक लगाया प्रतीत होता है। इस पर भी उसने ठीक ही समझा है।

"इस अपार प्रसन्नता से मेरा दिल बैठता प्रतीत हो रहा है। ऐसा प्रतीत होता है कि मैं इस प्रसन्नता के वेग को सहन नहीं कर सका। दो दिन तक मैं दिल को उभारने का यत्न करता रहा हूँ, परंतु सफल नहीं हो सका। मैं अब मर रहा हूँ।

"इस समय मैं अपनी वसीयत की तसदीक (समर्थन) करता हूँ। हाँ, यदि केशव और टूनी अपने बाबा की संपत्ति न लें तो मैं उसको ट्रस्ट के अधीन देना चाहता हूँ। यह ट्रस्ट इस धन को विज्ञान पढ़नेवाले निर्धन और योग्य विद्यार्थियों की सहायता के लिए प्रयोग में लाए।

"मेरे पास समय नहीं कि मैं इस ट्रस्ट के ट्रस्टी नियुक्त कर सकूँ। इस कारण मैं इसका भार प्रोफेसर विनोद पर छोड़ता हूँ।"

इस वक्तव्य के नीचे थापर साहब के हस्ताक्षर थे। साथ ही, डॉक्टर और मनचंदा के साक्षी के रूप में हस्ताक्षर थे।

मिस्टर थापर नगर के विख्यात व्यक्ति थे। इस कारण उनकी अर्थी के साथ नगर के सैकड़ों प्रतिष्ठित लोगों की भीड़ थी। संस्कार के पश्चात् मैंने केशव को लिख भेजा। उसने अपने पिता को भेजे अंतिम पत्र में अपना पता लिखा था।

उत्तर में केशव का एक पत्र प्राया। इसमें उसने पुन: मेरे एक अपार धन के स्वामी बन जाने के लिए बधाई दी। साथ ही लिखा, "मुझको शोक है कि मैं उनके अंतिम समय उनके समीप नहीं था। इस पर भी उनकी जीवन घटना समाप्त हुई, अच्छा ही हुआ है। वास्तव में, उनका कार्य संसार में समाप्त हो चुका था। जब एक प्राणी बच्चे पैदा करने के अयोग्य हो जाता है, तो प्रकृति के घर में उसका कुछ भी उपयोग नहीं रह जाता। मनुष्य ने व्यर्थ में अपने लिए कार्य बना रखे हैं, जिनमें वह लिप्त रहता है। प्रकृति को बच्चे उत्पन्न करने तक ही प्राणी के जीवन को रखना अभिप्रेत है।

"मैं एक दिन लाहौर आऊँगा और तुमसे मिलूँगा।"

मुझको यह समझ आया कि पिता-पुत्र दोनों के मस्तिष्क में अस्वाभाविकता की मात्रा अत्यधिक थी। उनमें वैमनस्य का और पीछे सामंजस्य का कारण भी वही बन गई

थी। मुझको कुछ ऐसा आभास हो रहा था कि बहन-भाई में भी पट नहीं सकेगी। वे भी एक दिन झगड़ा करेंगे।

मैंने केशव को लिखा कि वह अपना धन लेगा अथवा उसके पिता के कथनानुसार उसका ट्रस्ट बना दिया जाए? इस विषय में उसका कोई उत्तर नहीं आया। इस कारण ट्रस्ट नहीं बन सका। मैं केशव के उत्तर की प्रतीक्षा करता रहा।

मैं और राधा ऐसा विचार रखते थे कि हम अपने धन को एक ट्रस्ट के आधीन कर दें; परंतु मिस्टर मनचंदा ने बताया कि हम ऐसा नहीं कर सकते। यदि हम धन न लें तो हमारा लड़का इसका स्वामी है और वह नाबालिग होने से धन को न तो किसी को दे सकता है और न ही किसी प्रकार से व्यय कर सकता है।

मिस्टर मनचंदा की सम्मति थी कि मैं उस धन का चार्ज ले लूँ। नहीं तो सब संपत्ति व्यर्थ खो जाने का डर है। उसकी देखभाल की भारी आवश्यकता है। विवश मुझे उस धन को टीमू का स्थानापन्न बन, अपने अधिकार में लेना पड़ा।

समय व्यतीत होता गया। मैंने विज्ञान पर कोई अधिकारयुक्त पुस्तक लिखने की सोची। मैं नित्य लाइब्रेरी जाने लगा और 'मानव जीवन में एंजाइम्स का कार्य' इस विषय पर पुस्तक के लिए सामग्री एकत्र करने लगा। मैंने इसे एक साधारण कार्य समझा था, परंतु ज्यों-ज्यों मैं इसका अध्ययन करता गया, मुझको विषय अधिक और अधिक जटिल प्रतीत होता गया।

इस काम पर लगे हुए मुझको लगभग दो वर्ष व्यतीत हो गए थे। कॉलेज के पश्चात् मैं चाय पीता और लाइब्रेरी में जा पहुँचता। इस प्रकार, मैं प्रायः पाँच बजे से लेकर रात के आठ बजे तक अध्ययन करता। कभी बकरे, सूअर और चूहों के भिन्न-भिन्न अंगों से रक्त इत्यादि निकालकर टेस्ट-ट्यूबों अथवा क्षुद्रबीण के नीचे अध्ययन करता। जहाँ विषय जटिल होता जाता था, वहाँ यह रोचक भी होता जाता था। जंतुओं के शरीर से एंजाइम्स निकालकर उनके प्रभाव का अध्ययन करता और फिर अध्ययन के लिए लाइब्रेरी जा पहुँचता।

इस प्रकार कार्य चल रहा था। मिस्टर थापर का देहांत हुए पाँच वर्ष हो चुके थे, जब एक दिन मैं कॉलेज से निकल लाइब्रेरी की ओर जा रहा था कि एक मोटर सड़क पर मेरे पास आकर खड़ी हो गई। मैंने देखा तो उसमें केशव को बैठा हुआ पाया।

केशव ने आवाज दी, "विनोद! आओ।"

मैं उसके साथ मोटर में बैठ गया और उसने मोटर चला दी। मैंने पूछा, "कब आए हो?"

"आज ही आया हूँ। 'नीडोज' में ठहरा हूँ। कुछ खरीद करनी थी। इस कारण दिन भर उस कार्य में लगा रहा। वह कार्य अभी समाप्त नहीं हुआ। विचार आया कि तुमको मिल लूँ। कॉलेज की ओर जा रहा था कि तुम सामने से आते दिखाई दिए।"

"तो चलो न, घर चलें।"

"नहीं, मुझको बहुत जल्दी है। अभी 'एलफिंस्टन' में चाय पीएँगे और उसके बाद मैं अपने काम में लग जाऊँगा। आशा तो है कि काम शाम के सात बजे तक पूर्ण हो जाएगा और मैं तुरंत मोटर में जम्मू के लिए रवाना हो सकूँगा।"

"जब आए हो तो एकाध दिन रुक जाओ न! मैं आजकल तुम्हारी कोठी में ही रहता हूँ। वहाँ तुम्हारे लिए पृथक् कमरा मिल जाएगा।"

केशव हँस पड़ा। मैंने उसकी ओर प्रश्नभरी दृष्टि से देखा; परंतु उसने बात बदल दी, "सुनाओ, भाभी कैसी हैं?"

"बहुत मजे में हैं।"

इस समय मोटर 'एलफिंस्टन' के बाहर जा खड़ी हुई। हम उतरकर अंदर चले गए और केशव ने चाय का ऑर्डर दे दिया। ऐसा प्रतीत होता था कि उसने कई दिनों से भोजन नहीं किया हुआ था। उसने पाँच आदमी के बराबर खाने के सामान का ऑर्डर दिया था।

मैंने पूछा, "कोई और भी खाने के लिए आनेवाला है?"

"नहीं। देखते जाओ विनोद! वहाँ पर हम खूब खाते हैं और सब खाया-पिया हजम हो जाता है।"

वह वहाँ की बातें बताने लगा, "हमने वहाँ के खेतों की उपज दस गुणा कर दी है। परिणाम यह हुआ है कि लोग हमारे भक्त हो गए हैं। जिस पेड़ पर हम विशेष प्रकार की विद्युत्-किरणें छोड़ते हैं, उसके फल कई गुणा अधिक संख्या और कद में होने लगते हैं। वृद्ध पुरुष अथवा स्त्री को हम विशेष इलेक्ट्रिक बाथ देते हैं और वे पुनः युवा हो जाते हैं।"

"इससे लाभ क्या होगा?"

"मानवों को अधिक सुख और सुविधा मिलती है।"

"तब?"

"तब क्या! वे अपने परमात्मा को भूल मेरी पूजा करने लगते हैं।"

"क्या इस प्रकार अधिक सुख प्राप्त कर उनको संतोष हो जाता है?"

"संतोष किससे?"

"अपने जीवन से।"

"हाँ। होना ही चाहिए।"

"तुमने इस विषय में जाँच की है?"

"आवश्यकता नहीं समझी। जिसको एक स्थान पर दस मिल जाते हैं, वह प्रसन्न और संतुष्ट नहीं होगा तो और कौन होगा?"

"केशव!" मैंने कहा, "संतोष मन का विषय है। इसका प्रभाव आत्मा पर होता है। यह शरीर के भागों से प्राप्त होता भी है और नहीं भी।"

केशव फिर हँसा। इस समय बैरा चाय का सामान ले आया। मैं चाय बनाने लगा, तो उसने बताया, "तुम्हारे मन पर अभी भी आत्मा-परमात्मा का भूत सवार है क्या? क्या इतना धन प्राप्त कर भी तुम संतुष्ट नहीं हो?"

"मुझको इस धन से रंचमात्र भी संतोष नहीं हुआ।"

"क्या अनर्गल बातें करते हो?"

"मैं यह सब कहीं दान देने का विचार रखता हूँ।"

"तो मुझको दे दो।"

"जिस समय चाहो, सब-का-सब, एक-एक पाई तक ले सकते हो।"

केशव मेरे मुख की ओर देखने लगा। उसको मेरे कहने का विश्वास नहीं हुआ था। इस कारण मैंने कहा, "केशव! निर्वाह चलाने से अधिक पदार्थ मेरे लिए कुछ भी अर्थ नहीं रखते।"

"विनोद! तुम मूर्ख हो। तुम जो परमात्मा को मानते हो, क्यों यह नहीं समझते कि परमात्मा ने ही तुमको यह सबकुछ दिलाया है?"

"यदि उसने दिलाया है तो मेरे नाली में फेंक देने पर भी मुझको मिला रहेगा।"

केशव ने मेरी आँखों की ओर देखकर कहा, "दिल तो चाहता है कि तुम्हें और तुम्हारे भगवान् को अँगूठा दिखा दूँ, परंतु तुमने मेरे पिता की सेवा-शुश्रूषा की है, और चाहे कुछ हो, मैं उनसे बहुत प्रेम करता था। उनके कथन को मिथ्या नहीं होने दूँगा। यह धन तुम्हारा है। चाहे तुम अपने पास रखो, चाहे नाली में फेंक दो।"

"तुम अपने रुपयों के विषय में क्या करना चाहते हो?"

"वह तुम दान नहीं कर देना। उसकी मुझको आवश्यकता पड़ सकती है। हाँ, उसकी देखभाल के लिए एक मुंशी रख दो। उचित वेतन दे दिया करना।"

"एक बार तुम चार्ज ले लो। मनचंदा साहब को हस्ताक्षर कर रसीद लिख दो। तब यथाशक्ति मैं प्रबंध करवा दूँगा।"

"ठीक है। मैं उनको लिख दूँगा।"

◻

केशव ने मनचंदा को लिखकर उचित कागज मँगवा लिये और फिर उन पर हस्ताक्षर कर मेरे पास भेज दिए। मैंने उसकी संपत्ति का प्रबंध भी अपने मुंशी के हाथ में दे दिया और मिस्टर थापर की संपत्ति के दोनों भागों की देखभाल मुंशी द्वारा स्वयं करने लगा।

समय व्यतीत होता गया। टीमू स्कूल में अब छठी श्रेणी में हो गया था। इस समय मेरी ऐनक गुम हो जाने की घटना घटी। इस सब समय में अपनी 'एंजाइम्स' पर पुस्तक लिखता रहा था। पुस्तक अंतिम अध्यायों में आ पहुँची थी, जब एकाएक मेरा विचार किश्तवाड़, जहाँ केशव का स्वर्गलोक था, जाने का हो गया।

द्वितीय परिच्छेद

राधा तो इस कारण साथ जाना चाहती थी कि वह मेरी देखभाल रखेगी। मैं इस कारण जाना चाहता था कि मैं केशव के स्वर्गलोक की सैर करना चाहता था।

जब केशव का पत्र आया कि राधा को भी निमंत्रण है तो हम जाने की तैयारी करने लगे। टीमू का भी साथ जाने का विचार था, परंतु राधा के पिता ने उसे अपने साथ नैनीताल ले जाने का विचार कर लिया। हम इस पर राजी हो गए। किश्तवाड़ के मार्ग में भारी कष्ट हो सकता था।

लाहौर से कश्मीर के लिए चलने से पूर्व एक और घटना घट गई। मैं राधा को साथ लेकर 'प्लाजा' में पिक्चर देखने गया हुआ था। मुझे कुछ ऐसा प्रतीत हुआ कि रॉबर्ट और टूनी मुझसे दो पंक्तियाँ आगे बैठे हुए हैं। जब हम हॉल में दाखिल हुए तो मुझे किसी आदमी की आबनूस की भाँति काली गरदन और घुँघराले काले बालोंवाला सिर दिखाई दिया। उसके समीप बैठी स्त्री टूनी ही प्रतीत होती थी। राधा को अपने नंबर की कुर्सी पर बैठने को कह, मैं आगे बढ़कर अपने संदेह का निवारण करने लगा। परंतु इसी समय हाल में अँधेरा हो गया। इस कारण विश्राम काल में जाँच करने के विचार से मैं वापस अपनी जगह पर आ बैठा। मेरे इस प्रकार लौटने पर राधा ने पूछा, "क्या देखने गए थे?"

"मुझको आगे रॉबर्ट तथा टूनी बैठे दिखाई दिए थे। अब आधे वक्त रोशनी हो जाने पर देखूँगा।"

"कोई और होगा?"

"हो सकता है। लाहौर में अन्य नीग्रोज को आने की मनाही नहीं है।"

इस समय न्यूज रील आरंभ हो गई थी और हम देखने लग गए थे।

आधे समय में प्रकाश होने पर मैंने उस पंक्ति की ओर देखा। दोनों सीटें खाली थीं। मैंने समझा कि वे लोग, जो कोई भी हों, बाहर रेस्टोरेंट में गए होंगे। इस कारण मैं उठकर हॉल के बाहर निकल गया और रेस्टोरेंट में जाकर उन्हें देखने लगा। मगर वहाँ उस प्रकार का काला आदमी कोई दिखाई नहीं दिया।

जब मैंने राधा को बताया तो उसने चिंता प्रकट करते हुए कहा, "सामर्थ्य से अधिक काम करने से आपके मस्तिष्क ने ठीक काम करना छोड़ दिया है।"

इससे बात टल गई। हम पिक्चर देखने लगे।

अगले दिन मैं कॉलेज जाने के लिए तैयार था कि मिस्टर मनचंदा का टेलीफोन आया। उसने मुझको बताया, "मालती देवी और उसके पति यहाँ आए हुए हैं। मालती अपने भाग का रुपया माँगने आई है।"

"कहाँ है वह?" मैंने चौंककर पूछा।

"ये मेरे ऑफिस में बैठे हैं।"

"तो आपने क्या कहा है इनको?"

"मैंने बताया है कि आप इस समय पूर्ण संपत्ति का प्रबंध कर रहे हैं। उनको आपसे मिलना चाहिए।

"इस पर मालती देवी ने इच्छा प्रकट की कि मैं आपको टेलीफोन कर दूँ।"

"अब आपकी क्या आज्ञा है?"

"मैं इस समय तक संपत्ति का चार्ज आपको दे चुका हूँ। इस कारण इसमें मैं कुछ कहना नहीं चाहता। मैं उनको आपके पास भेज रहा हूँ।"

"मिस्टर मनचंदा!" मैंने कहा, "मालती को टेलीफोन पर मुझसे बात करने को कहिए।"

मिस्टर मनचंदा ने कुछ देर चुप रहने के पश्चात् कहा, "हाँ, लीजिए।"

"हैलो!" टूनी की आवाज पहचानी जाती थी।

"टूनी! कब आई हो?"

"हम कल आए थे।"

"यहीं कोठी पर क्यों नहीं आए?"

"मिस्टर रॉबर्ट की यही इच्छा थी।"

"देखो, इस समय मैं कॉलेज जा रहा हूँ। मैं मुंशी को तुम्हारा सारा हिसाब बनाने के लिए कह रहा हूँ। शाम को यहाँ आकर ले जाना। पाँच बजे चाय यहाँ कोठी पर आकर पीना। उसी समय चार्ज भी मिल जाएगा।"

टूनी ने तुरंत उत्तर नहीं दिया। कदाचित् वह रॉबर्ट से राय कर रही थी। कुछ देर बाद उसने कहा, "अच्छी बात है। मैं पाँच बजे आऊँगी।"

इसका मतलब था कि रॉबर्ट नहीं आएगा। मैंने उसके लिए आग्रह भी नहीं किया। मैंने मुंशी से जाकर टूनी का हिसाब बनाकर रखने के लिए कह दिया और कॉलेज चला गया।

सायंकाल साढ़े चार बजे आया तो टूनी वहाँ पहले ही बैठी थी। मैंने आते ही पूछा, "मिस्टर रॉबर्ट नहीं आए?"

"नहीं! उनको कुछ काम था।"

मैं जानता था कि टूनी ने यह झूठ बोला है। इस कारण मैंने उसकी आँखों में देखते हुए कहा, "टूनी! यह झूठ कब से बोलने लगी हो?"

"इससे आपको कुछ हानि हुई है क्या?"

"हाँ, हुई है। मेरी बहन टूनी साधारण सी बात के लिए झूठ बोलने लगी है। वह पतन की ओर जा रही है।"

"तो क्या करूँ? आपने मुझको ऐसी परिस्थिति में डाल दिया है कि मैं सब प्रकार से बँध गई हूँ।"

"टूनी! बंधन मन के होते हैं। शरीर के बंधनों को बंधन नहीं समझना चाहिए। मन स्वतंत्र होने से शरीर के बंधन छूट जाते हैं।"

"शरीर की आवश्यकताएँ ही तो बंधन बन जाती हैं और जब उनकी पूर्ति सब स्थानों पर न हो सके तो बंधन अटूट हो जाते हैं।"

"ऐसी अवस्था में तो शरीर का त्याग भी एक उपाय है।"

"शरीर त्याग करने पर क्या रह जाता है?"

"आत्मा और मन।"

"यह बात गलत है। हमने वहाँ स्वर्गलोक में इस पर परीक्षण किए हैं और हमको शरीर के अतिरिक्त और कुछ नहीं मिला।"

"हमने चूहे, बिल्लियाँ और अन्य जानवर लिये और उनको चारों ओर से पूर्ण रूप में बंद बक्सों में रखकर विद्युत् से जला दिया। वे जलकर भस्म हो गए। शेष कुछ नहीं बचा। संदूक खोलने पर कुछ निकलता भी दिखाई नहीं दिया।"

"जीते जानवरों को जला डाला?"

"एक जंगली मनुष्य पर भी परीक्षण किया गया था।"

मैं तो यह समाचार सुन सन्न रह गया और टूनी का मुख देखता रहा। मुझे चुप देख टूनी ने कहा, "यही बात रॉबर्ट तथा केशव भैया में मतभेद उत्पन्न करनेवाली हो गई और धीरे-धीरे दोनों में लड़ाई हो गई। विवश होकर हमें उनका स्वर्गलोक छोड़ना पड़ा।

"रॉबर्ट चाहता था कि मनुष्य की आत्मा अथवा जो कुछ भी चैतन्यावस्था की विशेषता है, वह पकड़नी चाहिए। जब तक तो चूहे-बिल्लियाँ परीक्षण आदि के लिए आती रहीं, केशव भैया इसमें रुचि लेते रहे, परंतु जब एक दिन रॉबर्ट ने एक जंगली मनुष्य को बंद कर उस पर परीक्षण किया तो मतभेद उत्पन्न हो गया। एक दिन रॉबर्ट दिन भर लापता रहा और सायंकाल अपने साथ दो क्लोरोफार्म से अचेत मनुष्यों को पकड़कर लाया। केशव भैया ने पूछा कि किसलिए उनको लाया है? रॉबर्ट ने बताया कि वह आत्मा के विषय में परीक्षण करना चाहता है। केशव भैया इस बात को पसंद नहीं करते थे। परिणामस्वरूप दोनों में झगड़ा हो गया। इस झगड़े का निर्णय यह हुआ है कि हम स्वर्गलोक से चले आए हैं।"

"तो रॉबर्ट हठ कर रहा था कि वह मनुष्यों पर परीक्षण करेगा?"

"न केवल यह, प्रत्युत वह मनुष्य का मांस भी खाता था। एक दिन उसने हमें भी खिला दिया। रॉबर्ट का कहना था कि मनुष्य, पशु, वनस्पति अथवा मिट्टी के ढेले में वह कुछ भी अंतर नहीं समझता।

"केशव भैया का कहना था कि मिट्टी का खिलौना ही सही, इस पर भी मनुष्य प्रकृति की सर्वोत्कृष्ट विभूति है। उसका इस प्रकार नाश कर देना उचित नहीं।"

"रॉबर्ट का कहना था कि सर्वोत्कृष्ट भी जब अधिक मात्रा में हो जाए तो व्यर्थ हो जाती है। अमरीका में गेहूँ जब खाने से अधिक पैदा हो जाता है, तो जलाना पड़ता है। मनुष्य-संख्या पृथ्वी पर बढ़ रही है। जो योग्य नहीं हैं, जो दुर्बल हैं और जो सभ्य नहीं, उनको मार डालने से पृथ्वी का भार ही हलका होगा। जब मार डाला तो उसका मांस खाना उसका सबसे अच्छा उपयोग है।

"भैया ने कहा, 'देश के कानून की अवहेलना करने से तो फाँसी लग जाने का डर है।'

"'मैं ऐसे देश में रहना नहीं चाहता।'

"'तो कहाँ जाओगे?'

"'मैं अफ्रीका के जंगलों में एक कॉलोनी बनाऊँगा।'

"'तो ठीक है, यहाँ से जा सकते हो।'

"इस प्रकार बात तय हो गई। रॉबर्ट वहाँ से चलने की तैयारी करने लगा तो रोमिली ने उसमें और केशव भैया में सुलह कराने का यत्न किया। मैं स्वयं निर्णय नहीं कर सकी थी कि उसके साथ जाऊँ अथवा नहीं? मैंने भी दोनों पक्षों में सुलह कराने में रोमिली का साथ दिया। परिणाम यह हुआ कि दो महीने तक यह विवाद चलता रहा। केशव भैया इस बात के लिए तैयार हो गए कि यदि रॉबर्ट नर-मांस खाने और उन पर परीक्षण करने छोड़ दे तो वह देवलोक में रह सकता है।

"रॉबर्ट तो वहाँ से चला जाने के लिए तुला रहा। एक समय तो रोमिली भी केशव भैया को छोड़ रॉबर्ट के साथ जाने को तैयार हो गई। थी। केशव भैया उसके लिए भी तैयार हो गए। फिर न जाने रोमिली के मन में क्या आया कि वह वहीं रह गई।"

"मैंने प्रेम से रॉबर्ट को समझाने का निश्चय किया है।"

"तो तुम भी नर-मांस खा चुकी हो?" राधा अकस्मात् पूछ बैठी।

"खाने के समय तो पता नहीं चला। पीछे पता चला कि वह नर-मांस ही था।"

"और इस पर भी तुम इस नर-मांस-भक्षक के साथ जा रही हो?"

"तो और कहाँ जाऊँ?"

इस समय हमारे सम्मुख चाय लगा दी गई थी। मैंने पीने के लिए प्याली उठाई थी, परंतु इसी समय मन में विचार आया कि टूनी मनुष्य मांस भक्षण कर चुकी है। मेरा मन ग्लानि से भर उठा और मैं चाय पी नहीं सका। मुझको कै आने को जी करता था। राधा तो कुर्सी की पीठ से टेक लगाए टूनी का मुख बिटर-बिटर देख रही थी। टूनी ने चाय का एक घूँट पिया और राधा से पूछा, "आप चाय पीते क्यों नहीं?"

राधा ने आवेश में कहा, "टूनी! तुम अपना रुपया लो और यहाँ से चली जाओ। तुम्हारा हम लोगों से मिलने आना व्यर्थ है।"

टूनी ने चाय की प्याली मेज पर रख दी और अन्यमनस्क हो राधा की ओर देखने लगी। राधा ने उससे फिर कहा, "सहनशक्ति की भी कोई सीमा होती है, टूनी! इससे अधिक सहन नहीं हो सकता।"

"क्या हुआ है भाभी? भूल से एक-दो टुकड़े खा लेने से मैं दूषित हो गई हूँ क्या?"

"नहीं! तुम नहीं समझीं। तुम्हारा मांस खाना भूल से हो गया। पर अब भी तुम उस हब्शी के साथ दानव बस्ती बनाने को जा रही हो?"

"वास्तव में, मैंने ऐसा करने का अभी अंतिम निर्णय नहीं किया।"

"तो पहले निर्णय कर लो। फिर तुम्हारे साथ चाय पीएँगे।" इतना कह राधा उठकर दूसरे कमरे में चली गई। मैंने कहा, "टूनी! तुमने मुंशी से हिसाब देख लिया है या नहीं?"

"देखा है। इस समय मूल संपत्ति को छोड़कर आय में से सवा लाख रुपए मेरे आपके पास जमा हैं।"

"मेरे पास तुम्हारा कुछ भी जमा नहीं। सबकुछ बैंक में है।" मैंने घंटी बजाई। मुंशी चला आया। मैंने उससे कहा, "सेंट्रल बैंक की चेकबुक ले आओ।"

"तो आप सारा रुपया मुझको देना चाहते हैं?"

"जितना रुपया तुम्हारा है, उसका तो चेक दे देता हूँ। शेष के लिए चिट्ठियाँ दे देता हूँ कि उस संपत्ति की आप मालिक हैं और जिन-जिनके पास हैं, वे आपसे लेन-देन करें।"

"मैं यह नहीं चाहती। मैंने देखा कि आपके मुंशी ने प्रबंध के सब खर्चे काट लिये हैं। वे ठीक हैं, आप इसी प्रकार प्रबंध चलने दीजिए। मुझको अभी एक लाख रुपयों की आवश्यकता है। उसका आप चेक काट दीजिए। कल 'लायड बैंक' से उसका ड्राफ्ट बनवा लूँगी।"

मुंशी चेकबुक लाया, तो मैंने उसको एक लाख रुपए का चेक मालती देवी के नाम लिखने को कहा। उसने लिखकर मेरे सामने रखा और मैंने हस्ताक्षर कर दिए।

चेक टूनी के हाथ में दे, मैं खड़ा हो गया। टूनी अभी भी अपने स्थान पर बैठी थी। मुझको खड़ा देख उसने कहा, "तो आपकी भी इच्छा है कि मैं चली जाऊँ?"

"कुछ और काम है तुमको?"

"मैं रॉबर्ट के साथ जाने के विषय में आपसे राय करना चाहती हूँ।"

"वह यहाँ क्यों नहीं आया?"

"वह जानता था कि आप उनसे मिलना पसंद नहीं करेंगे।"

"नहीं। वह डरता था कि मैं उसको पुलिस के हवाले न कर दूँ?"

"तो आप ऐसा करते?"

"निस्संदेह। इस प्रकार तुम उससे छुट्टी पा जातीं।"

"मैं तो वैसे ही छुट्टी पाने के लिए यत्न कर रही हूँ।"

"यत्न की क्या आवश्यकता है? अब तुम यहाँ से उसके पास मत जाओ। मैं उससे निपट लूँगा।"

"क्या निपट लेंगे? नर-हत्या का आरोप उस पर तब तक नहीं लगा सकता, जब तक केशव, मैं और रोमिली भी साथ में अपराधी के रूप में सम्मिलित न किए जाएँ। जिस मनुष्य पर उसने परीक्षण किया था, वहाँ के गाँव का ही था, जो केशव के स्वर्गलोक के अधीन है। जाँच के समय हम सबके फँस जाने का भय है।"

"तो तुम क्या यत्न कर रही हो?"

"मैं उसे धन देकर बंबई से विदा करने जा रही हूँ।"

"वह मान गया है क्या?"

"नहीं। वह नहीं माना। वह मुझको साथ ले जाना चाहता है। पहले कहता था कि वह स्वयं ही जाकर पुलिस में रिपोर्ट कर देगा, इस प्रकार सब फँस जाएँगे। पीछे जब रोमिली ने उसको यह विश्वास दिलाया कि वह अफ्रीका में कॉलोनी बनाकर लिखे, तो वह वहाँ उसके पास चली जाएगी। मुझको तो वह हर हालत में अपने साथ ही ले जाना चाहता है।"

"तुम यह निर्णय करो कि तुम उसके साथ जाना चाहती हो या नहीं?"

टूनी गंभीर विचार में पड़ गई। मुझको कुछ ऐसा प्रतीत हुआ कि वह अभी भी दुविधा में पड़ी है। इस पर मैंने उससे कहा, "टूनी! तुमने उसमें देखा क्या है?"

"वह बहुत ही योग्य व्यक्ति है। उसने वहाँ एक नई सृष्टि की रचना कर डाली है, जो बहुत सुंदर है। साथ ही, वह बहुत ही प्यार करनेवाला पति है। उससे प्राप्त सुख को मैं भूल नहीं सकती।"

"बहुत ही तुच्छ विचार हो गए हैं तुम्हारे टूनी! मुझको खेद है कि तुम कुछ भी समझती नहीं। यह शारीरिक सुख क्षणभंगुर है। वास्तविक सुख इससे भिन्न है। वह इन बातों से नहीं, प्रत्युत अन्य ढंग से प्राप्त होता है।"

"तो मैं क्या करूँ?"

"तुम उसके पास अब मत जाओ। मैं अब भी कहता हूँ कि मैं उससे निपट लूँगा। उसको यहाँ आने दो।"

"मैं यह नर-मांस की बात प्रकट नहीं होने देना चाहती।"

"मेरी ओर से नहीं होगी। तुम हिंदुस्तान के कानून से अपने पति के साथ जाने से इनकार कर सकती हो।"

"यह मैं जानती हूँ। परंतु दो बातें हैं। एक तो यह नर-मांस की बात सर्वसाधारण के सम्मुख नहीं आनी चाहिए और दूसरे, मेरा विवाह आपसे हो सकेगा क्या?"

द्वितीय परिच्छेद

"एक बात का तुम विश्वास रखो। वह नर-मांस की बात कोर्ट में नहीं करेगा। दूसरी बात विचारणीय है। मैं अपनी बहन से विवाह किस नियम से कर सकता हूँ, यह विचार करने की बात है।"

"आप मेरे माँ-जाए भाई नहीं हैं।"

"मैं तुम्हारा मुँह-बोला भाई हूँ।"

"तो बात नहीं बनती?"

"तुम्हारी मलिन बुद्धि में तो मेरी बात समझ आती ही नहीं और न समझ आएगी। मेरा विचार है कि तुम पहले प्रायश्चित्त कर मन की शुद्धि करो। तब ही तुम कुछ समझ सकोगी।"

टूनी ने चेक उठाया और जाने को तैयार हो गई। मैंने उसको अंतिम बार कहा, "टूनी बहन! मेरा कहा मानो, मत जाओ।"

"विचार करूँगी।" इसके पश्चात् वह कमरे से बाहर निकल गई।

मेरा विचार था कि टूनी लौटकर नहीं आएगी। इस कारण भारी मन से अवश्यंभावी को स्वीकार करते हुए चुप बैठा रहा। अगले दिन मैंने बैंक के मैनेजर से मिलकर चेक स्वीकार कर लेने को कह दिया। सायंकाल मैनेजर ने मुझे बताया कि चेक का धन दे दिया गया है। इससे मुझे विश्वास हो गया कि टूनी अब सदैव के लिए हमारे जीवन से निकल गई है।

मेरे और राधा के मन में अब केशव के स्वर्गलोक जाने के औचित्य पर विचार होने लगा। राधा ने कहा, "वहाँ नहीं जाना चाहिए।"

मैं उसकी सम्मति से सहमत था। केवल बात यह थी कि केशव को अपने वहाँ पहुँचने की तिथि लिख चुका था। अब मैं विचार कर रहा था कि उसको किस प्रकार अपने वहाँ न पहुँचने के विषय में लिखें! राधा का मत था कि सब बात, जो टूनी ने बताई है, लिखकर अपने मन के भाव उस पर प्रकट कर दूँ। मेरा राधा से मतभेद था। नर-हत्या की बात लिखित में नहीं आनी चाहिए और कोई अन्य बहाना ढूँढ़ना चाहिए। इस मतभेद के कारण मुझको किश्तवाड़ न पहुँच सकने की सूचना भेजने में देरी होती गई।

हमारे लाहौर से चलने की तिथि में केवल दो सप्ताह रह गए थे और मुझको तुरंत अपने वहाँ न पहुँचने के विषय में लिखना आवश्यक हो गया था। मैं एक रात बैठा और उसको एक पत्र लिख डाला। परंतु वह पत्र राधा को पसंद नहीं आया। इस कारण उसको फाड़कर दूसरा पत्र लिखने बैठा। इस समय रात के दस बज चुके थे। मैं लिख रहा था, "टूनी ने आपके स्वर्गलोक का चित्र इतना उज्ज्वल खींचा है कि मैं अपनी आँखों उसे देख सकने में संदेह करने लगा हूँ।"

इसी समय कमरे के दरवाजे में चौकीदार ने आकर आवाज दी, "बाबूजी! टूनी बहन आई हैं।"

हम दोनों चौंककर खड़े हो गए। मैं घूमा तो टूनी को दरवाजे पर खड़े पाया। उसके मुख, माथे तथा हाथों पर पट्टियाँ बँधी थीं।

"टूनी!" मैंने उसे पुकारा और उसकी ओर बढ़ा। वह लड़खड़ाते कदमों से मेरी ओर आई। मैंने उसे अपनी भुजाओं में ले लिया। वह विह्वल होकर रोने लगी। मैंने उसे सोफे पर बैठाया और उसके सिर पर हाथ फेरकर सांत्वना देने लगा। राधा उसके दूसरी ओर बैठ गई और उसकी कमर में हाथ डाल, उसे अपने अंग-संग लगाकर पूछने लगी कि उसे क्या हुआ है?

बहुत रो चुकने के पश्चात्, जब उसका मन कुछ हलका हुआ तो उसने बताया, "मैं उसको रुपया देकर विदा करने बंबई तक गई थी। जाने से पूर्व एक दिन वह मुझे एक टैक्सी में चढ़ाकर घुमाने ले गया। टैक्सी ड्राइवर भी उसका सजातीय था। बिना किसी प्रकार का संकेत मुझसे अथवा रॉबर्ट से पाए हमारे बैठते ही उसने टैक्सी चलानी प्रारंभ कर दी। मुझको इस पर संदेह हो गया। मैंने ड्राइवर से पूछा, 'किधर जा रहे हो?' उसने उत्तर दिया, 'इधर थोड़ी दूर।' मैंने उसको रुक जाने को कहा। उसने टैक्सी और तेज कर दी। मुझको विश्वास हो गया कि रॉबर्ट और ड्राइवर में पहले ही कुछ बातचीत हो चुकी है। मैंने रॉबर्ट की ओर देखा तो वह मुस्कराकर मेरी ओर देखने लगा। मैंने अपने मन में निर्णय कर लिया कि मैं मोटर से कूद पड़ूँगी। मुझको यह विश्वास हो गया था कि मुझे किसी एकांत स्थान पर ले जाकर, मार डालनेवाले हैं। मैं कूदने का अवसर देखने लगी।

"मुझको चुप देख ड्राइवर ने टैक्सी पुन: हलकी कर दी। टैक्सी पहाड़ी की एक सड़क पर चढ़ रही थी। एक स्थान पर मोड़ था। टैक्सीवाले ने मोड़ने के लिए टैक्सी हलकी की और मैं दरवाजा खोलकर कूद पड़ी।

"रॉबर्ट इतने साहस की मुझसे आशा नहीं करता था। इस कारण वह चकित हो, ड्राइवर को 'रोको-रोको' पुकारने लगा।

"मैं सड़क पर कूदी तो एक खड्ड में जा गिरी। मेरे भाग्य से नीचे घनी झाड़ियाँ थीं और मैं उन पर जा गिरी। चोटें तो खूब लगीं, पर मरने से बच गई। गिरने पर मैं बेहोश हो गई थी और ऐसा प्रतीत होता है कि मुझको मर गई समझ वे टैक्सी वापस भगाकर ले गए।

"मुझको बहुत देर पश्चात् चेतनता हुई और मैंने देखा कि देहाती स्त्रियाँ मुझे होश में लाने का यत्न कर रही थीं।

"वे मुझको उठाकर थोड़ी दूर पर बने एक झोंपड़े में ले गईं और वहाँ उन्होंने मुझे पट्टियाँ बाँध दीं। रात भर मैं उनके यहाँ रही और अगले दिन एक स्त्री समीप के एक गाँव से बैलगाड़ी ले आई और उसने मुझे उसमें बैठाकर बंबई पहुँचा दिया।

द्वितीय परिच्छेद

"मेरे बंबई पहुँचने से पूर्व ही रॉबर्ट रुपया ले जहाज पर रवाना हो चुका था।

"मैंने होटल से लाहौर के बैंक से तार द्वारा रुपया मँगवाया और वहाँ अपनी चिकित्सा कराने लगी।

"चार दिन और लगे और अब मैं यहाँ हूँ।"

राधा ने टूनी को एक कमरे में ठहरा दिया और अगले दिन डॉक्टर को बुला, उसकी नियमित चिकित्सा होने लगी। इस पर भी वह दो ही दिन में केशव के स्वर्गलोक जाने को तैयार हो गई।

"कहाँ की तैयारी हो रही है, टूनी?" मैंने उसको सामान बाँधते देख पूछा।

"केशव भैया के पास जाना चाहती हूँ। वहाँ रोमिली को पूर्ण घटना की जानकारी देनी आवश्यक है।"

"क्यों?"

"मैं नहीं चाहती कि जैसे मेरा जीवन बरबाद हो गया है, वैसा ही केशव का हो जाए।"

"मैं तो समझता हूँ कि तुम्हारा जीवन बच गया है।"

"हाँ, मरने से बच गई हूँ, परंतु इसको जीवन बच गया नहीं कह सकते।"

"कहीं तुम रॉबर्ट के साथ सूडान और वहाँ के नरभक्षकों के किसी वर्ग में जा पहुँची होतीं, तो तुम अपनी आत्म-हत्या कर बैठतीं! भगवान् का धन्यवाद है कि ऐसा नहीं हुआ। इस प्रकार, तुमको अपने जीवन को बनाने का पुन: अवसर मिला है।"

टूनी हँस पड़ी। हँसकर बोली, "यह ठीक है कि पिछली बार जब एक लाख का चेक लेकर जाने लगी थी, तो आपने इतनी नम्रता से मुझको रुक जाने के लिए कहा था कि मैं अपने रॉबर्ट के साथ जाने पर गंभीरतापूर्वक मनन करने लग गई थी।

"होटल पहुँचने पर रॉबर्ट ने रुपए के विषय में पूछा तो मैंने चेक दिखा दिया। उसने कहा, 'इतना बड़ा चेक बिना परिचय के 'कैश' नहीं होगा।'

"मैंने समझाया कि कल इस रकम का ड्राफ्ट बनवा लेंगे।

"उसने कहा कि ड्राफ्ट उसके नाम का होना चाहिए।

"मैंने इस बात को स्वीकार किया तो वह चुप कर गया। मैंने उसकी आँखों में स्पष्ट खून देखा था, जो ड्राफ्ट की बात सुनकर उतर आया था। वह प्रसन्न दिखाई देने लगा था।

"जब से हम किश्तवाड़ से चले थे, वह कई बार मुझसे नाराज हो चुका था। उस दिन भी झगड़ा बढ़ता-बढ़ता रुका था। अगले दिन चेक का ड्राफ्ट बनवाकर मैंने उसको दे दिया। वह इतने रुपयों से संतुष्ट नहीं था, परंतु मेरे कहने पर कि मैंने और धन का प्रबंध कर दिया है। और वह हमको नियत स्थान पर पहुँचते ही नियमित रूप से मिलने

लग जाएगा, वह शांत होता गया। इसके पश्चात् हम दो दिन लाहौर में रहे और उसका व्यवहार मेरे साथ अति प्रेमपूर्ण रहा। उसके इस व्यवहार से मेरे मन में उसको छोड़ देने के निश्चय विलीन होने लग गए थे।

"बंबई में पहुँचकर वह अपने समाज के व्यक्तियों से मिलने लगा और मुझसे तटस्थ रहने लगा। बंबई में उसने ड्राफ्ट को पुनः बदलवाया और हमने सूडान को जानेवाले जहाज में अपनी सीटें बुक करवा लीं।

"जहाज में जाने के एक दिन पूर्व वह प्रातः का अल्पाहार कर मुझसे कहने लगा कि वह बंबई के आसपास की पहाड़ियों पर भ्रमण के लिए जाना चाहता है और मैं उसके साथ चलूँ।

"मेरी इच्छा नहीं थी, तो भी मैं उसको व्यर्थ में नाराज करना नहीं चाहती थी। इस कारण मैं चलने को तैयार हो गई। यदि मोटर ड्राइवर पर मुझको संदेह न होता तो अवश्य वे दोनों मुझको मार डालते।"

"मेरा विचार है कि अब तुम लाहौर में ही रहो। केशव के पास जाने की आवश्यकता नहीं।"

"आप भी तो वहाँ जा रहे हैं। मैं विचार कर रही थी कि आपके साथ ही चलूँ और आपके साथ ही लौट आऊँगी।"

"हम तो जाने का विचार छोड़ चुके हैं।"

"नहीं विनोदजी! आप आवश्य चलिए। कम-से-कम मेरा साथ देने के लिए ही चलिए। अकेली यदि गई तो फिर साथ लौटने के लिए बहाना नहीं मिलेगा।"

मैं उसका प्रस्ताव सुन गंभीर हो गया। राधा के समक्ष मैंने टूनी का प्रस्ताव रखा तो उसने बिना विचार किए अस्वीकार कर दिया। इस पर टूनी राधा की मिन्नत करने लगी और उसको जाने के लिए राजी करके ही उसने साँस लिया।

राधा एक शर्त पर तैयार हुई कि टूनी हमारे साथ ही लौट आएगी।

इस प्रकार हमने केशव के निमंत्रण को स्वीकार करने का पुनः निर्णय कर लिया। मैंने केशव को तार द्वारा समाचार भेज दिया कि हम टूनी को साथ लेकर उसके स्वर्गलोक में भ्रमण करने आ रहे हैं।

□

तृतीय परिच्छेद

जब मैं, राधा और टूनी टट्टुओं पर से रामवन के डाकबँगले के बाहर उतरे तो डाकबँगले में से केशव और उसकी पत्नी रोमिली निकल आए। वे एक दिन पहले वहाँ आकर ही हमारी प्रतीक्षा कर रहे थे।

केशव पहले से कुछ भारी शरीर का हो गया था। उसकी दुहरी ठुड्डी दिखाई देने लगी थी। उसने हमारे टट्टुओं का शब्द सुना तो बाहर निकल आया और मुझे देख लपककर आगे बढ़, गले मिला। रोमिली टूनी से मिलीं और फिर दोनों डाकबँगले से आगे को नीचे की ओर बढ़ गईं। मैं समझ गया कि दोनों रॉबर्ट के विषय में बातचीत करने गई हैं। उनकी इस उत्सुकता को देख मुझको मिस्टर थापर का कहना याद हो गया। उन्होंने कहा था कि समिटिक जातियों ने यौन-संबंध को एक कला बना लिया है। यही कारण है कि जब किसी स्त्री का इस जाति के किसी पुरुष से संबंध हो जाता है तो वह उसके जाल से अपने को मुक्त नहीं कर सकती।

राधा टट्टुओं से सामान उतरवाकर डाकबँगले में ले जाने लगी थी और केशव मुझसे बातचीत करने लगा। उसने पूछा, "रॉबर्ट का क्या हुआ है? टूनी लौट क्यों आई है?"

"रॉबर्ट ने टूनी से एक लाख रुपया ले लिया और इसके पश्चात् शायद और माँगा। टूनी का और रुपया देने का विचार नहीं था। इस कारण रॉबर्ट टूनी को एक जंगल में ले जाकर मार देना चाहता था। एक दिन वह एक नीग्रो ड्राइवरवाली टैक्सी में उसको बैठाकर ले जा रहा था कि टूनी को संदेह हो गया। वह चलती कार में से कूद पड़ी। कूदकर वह सड़क से लुढ़कती हुई एक खड्ड में जा गिरी। रॉबर्ट ने समझा कि वह मर गई है, अतएव, बंबई लौट, जहाज पर सवार हो सूडान के लिए रवाना हो गया।

"टूनी को चोटें काफी आई थीं, परंतु वह बच गई। किसी-न-किसी प्रकार वह बंबई पहुँची। वहाँ से लाहौर और इसके पश्चात् हमारे साथ यहाँ आ गई है।"

केशव यह कथा सुन खिलखिलाकर हँस पड़ा और बोला, "रॉबर्ट मूर्ख निकला। वह सोने का अंडा देनेवाली मुरगी का पेट चीर बैठा है।"

"मेरा अनुमान दूसरा है। रॉबर्ट के पूर्वजों की नर-मांस खाने की प्रवृत्ति उसमें प्रकट हुई तो उसने नर-मांस चखा है। लोग कहते हैं कि जब किसी शेर के मुँह को नर-मांस लग जाता है तो फिर वह पशुओं का मांस नहीं खाता। मीलों का चक्कर काटकर भी वह नर-मांस की खोज करता है। यही बात रॉबर्ट की हो गई प्रतीत होती है। जब उसको यह बात समझ आ गई कि टूनी अब किसी काम की नहीं रही और जब रोमिली ने उसके पास जाने का वचन दे दिया तो उसने टूनी का मांस खाने का निर्णय कर लिया।"

"इसी कारण तो उसको मूर्ख कहता हूँ।"

"पर यह तो तुम्हारा सिद्धांत है न कि सुख ही परम साध्य है। वह भी रसना के स्वाद के लिए यह करने को उद्यत हो गया प्रतीत होता है। यदि खड्ड में वह पहुँच सकता, तो वह और उसका सजातीय टैक्सी ड्राइवर वहाँ पहुँच, उसको भूनकर खा जाते।"

"उसकी विकृत मनोवृत्ति ही इसमें कारण हुई। इसी कारण तो मैं उसको मूर्ख कहता हूँ।"

मैंने यह अनुभव किया कि केशव का जीवन को समझने का ढंग मुझसे भिन्न हो गया है। इस पर भी मैंने इस चर्चा को आगे नहीं चलाया। हम बातें करते-करते टूनी और रोमिली के समीप पहुँच गए थे। हमें वहाँ पहुँचा देख रोमिली हमको टूनी के पास छोड़, राधा, जो एक कमरे में सामान खुलवा रही थी, के पास चली गई।

उस रात हम रामवन के डाकबँगले में ही रहे। केशव का कहना था कि सामान टट्टुओं पर पीछे-पीछे आने के लिए छोड़, वे तेज घोड़ों पर एक दिन में चौंसठ मील की यात्रा कर किश्तवाड़ पहुँच जाएँ।

"पर राधा घोड़े पर इतनी लंबी यात्रा नहीं कर सकेगी।"

"तब तो बहुत कठिनाई होगी।"

"क्या कठिनाई होगी?"

"रोमिली इतने दिन यात्रा में व्यय नहीं कर सकती।"

"तो तुम लोग आगे निकल जाओ। हम तो पड़ाव पर ठहरते हुए ही आ सकते हैं।"

केशव चुप रहा। मैंने समझा कि केशव और रोमिली अगले दिन घोड़ों पर सवार हो चले जाएँगे, परंतु ऐसा नहीं हुआ। जब तक मैं और राधा तैयार होते रहे, वे हमारी प्रतीक्षा करते रहे। टूनी ने ही उनको रोक रखा था।

रात मैंने राधा से पूछा, "रोमिली ने तुमसे कुछ कहा है क्या?"

"हाँ, वह मुझसे बहुत ही प्रेम से मिली और ऐसे ढंग से बातें करने लगी कि मैं उस पर मोहित हो गई हूँ। यदि वह अथवा मैं पुरुष होती तो हम आपस में विवाह कर लेतीं।"

"ओह!" मैं हँस पड़ा। "पर मुझसे तो उसने एक बार केवल अभिवादन मात्र ही किया है।"

"इस पर भी वह मुझसे कह रही थी, 'राधा! तुम बहुत ही भाग्यशालिनी हो जो विनोदजी से विवाह कर सकी हो।'

"मैंने पूछा, 'क्या बात है उनमें?'

"इस पर वह आपके रूप-रंग की प्रशंसा करने लगी। जिस ढंग से उसने आपका वर्णन किया, वह अद्वितीय था। मैं भी जो, आपके साथ इतने वर्षों से रह रही हूँ, आपके विषय में वह बातें नहीं जानती थी, जो उसने वर्णन कीं।

"मैं चकित हूँ कि मैं, जिसको एक साधारण-सी बात समझती थी, उसका उसने चामत्कारिक ढंग से वर्णन किया।"

"रोमिली बहुत ही चतुर स्त्री है। वह जानती है कि दूसरों को अपने वश में कैसे किया जा सकता है! तुमको उससे सतर्क रहना चाहिए।"

"यह तो मैं आपको कहना चाहती थी। उसकी बातों से मुझको कुछ ऐसा प्रतीत होने लगा है कि वह आपसे प्रेम करने लगी है।"

मैं हँस पड़ा। मैंने कहा, "प्रेम करने का यह विचित्र ढंग है कि कल दिन भर हम यहाँ रहे हैं और उसने एक शब्द भी मुझसे नहीं कहा!"

"मैं समझती हूँ कि इसको उसके मन में आपके प्रति उग्र प्रेम का सूचक भी कहा जा सकता है।"

अगले दिन डाकबँगले के बरामदे में वहाँ के बैरे ने चाय लगा दी थी। हम चलने के लिए तैयार हो, वहाँ पहुँच गए और चाय के लिए बैठ गए। टूनी और रोमिली भी वहाँ आ बैठीं। केशव कुलियों को सामान लेकर आगे चलने के लिए कह रहा था।

ऐसा प्रतीत होता था कि केशव को वहाँ के सब लोग जानते थे और उसकी आज्ञानुसार काम करते थे। चाय पीकर हम घोड़ों पर सवार होकर आगे बढ़ गए।

रोमिली और टूनी आगे-आगे जा रही थीं। मैं, केशव और राधा पीछे-पीछे थे। मार्ग प्रशस्त नहीं था। दो घोड़े आसानी से साथ-साथ जा नहीं सकते थे। राधा मेरे और केशव के आगे-आगे थी।

कैसे बातें आरंभ हुईं, मुझे ध्यान नहीं, परंतु रॉबर्ट केशव के मस्तिष्क में खलबली मचा रहा था और वह धीरे-धीरे आगे निकलना आरंभ हो गया। कदाचित् मैंने टूनी की बात की थी और उसने रॉबर्ट के विषय में पूछना आरंभ कर दिया।

"जाते समय वह तुमसे मिला था क्या?"

"मैंने रॉबर्ट और टूनी को 'प्लाजा' में बैठे देखा था। मैं इनसे मिलने के लिए आगे बढ़ा तो हॉल में अँधेरा हो गया और पिक्चर आरंभ हो गई। विश्राम काल में वे दोनों चले गए थे। अगले दिन उनका मनचंदा के यहाँ से टेलीफोन आया तो टूनी मुझसे मिलने शाम को आई, परंतु रॉबर्ट नहीं आया।"

"मैं समझ सकता हूँ कि वह तुमसे क्यों नहीं मिला। उसको कुछ ऐसा विश्वास हो गया था कि तुम और पिताजी उसके जादू के असर में नहीं आए। टूनी को, जब उसके साथ भारत में आई थी और दोनों पिता के साथ कोठी में ठहरे थे, तब पिताजी ने उसके साथ बातचीत के पश्चात् कह दिया था कि वह कुटिल व्यक्ति है और उसको अपनी कुटिलता छोड़ देनी चाहिए।"

"मैं तो उसके प्रभाव में आ गया था, परंतु न जाने कैसे राधा उसके मन की अवस्था को भाँप गई थी। वह उससे संतुष्ट नहीं थी। ऐसा प्रतीत होता है कि राधा के विचार टूनी ने उसे बता दिए हों।"

"वह नीग्रो जाति के एक अच्छे परिवार का लड़का है। जब उसका विवाह एक सुंदर लड़की से हो गया, तो सुख और आराम का जीवन व्यतीत करने से उसके मन में अपने पूर्वजों के संस्कार जाग पड़े प्रतीत होने लगे। वह मुझसे नर-मांस भक्षण की बातें करने लगा। मैंने उसको कई बार मना भी किया, परंतु ऐसा प्रतीत होता है कि यह इच्छा उसके रक्त में विद्यमान थी। एक दिन वह भुना हुआ मांस लाया और हमसे खाने को कहने लगा। मैंने पूछा तो वह बोला, यह एक हिरन का मांस हैं। हमने खाया और हमारे खा चुकने के पश्चात् उसने बताया कि जंगल में एक गद्दी स्त्री ने उसके ऊपर आक्रमण कर दिया था। उसने सुरक्षा में उसे मार डाला। इसके पश्चात् उसकी खुर-खोज मिटाने के लिए उसने इस स्त्री को भून डाला और पेट भर खाया। बचा हुआ मांस हमारे खाने को भी ले आया।

"मैंने उसको बहुत डाँटा। इस पर भी मैं उसको निकालना नहीं चाहता था। वह बहुत ही काम का व्यक्ति था। हमारे स्वर्गलोक के निर्माण में उसका तीन-चौथाई भाग अवश्य है। जब टूनी उसके साथ जाने लगी तो मैंने समझा था कि वह उसको समझा-बुझाकर ले आ सकेगी। मैं उससे यह आशा नहीं करता था कि वह टूनी को ही मारकर खा जाने के लिए तैयार हो जाएगा!"

"बात स्पष्ट है केशव! तुम लोगों की जीवन-मीमांसा ही ऐसी है कि नरबलि उसका अंतिम परिणाम है।"

"मैं ऐसा नहीं समझता। उसके पूर्वजों के संस्कार ही उसके रक्त में उभर उठे प्रतीत होते हैं। हमारी जीवन-मीमांसा तो जीवन को पुष्ट करनेवाली है। उसमें नर-हत्या का प्रश्न ही उत्पन्न नहीं हो सकता। मैंने इस विषय पर रोमिली से विचार-विनिमय किया है

और हम इस परिणाम पर पहुँचे हैं कि हम मनुष्य के विनाश के लिए नहीं, प्रत्युत उसके जीवन को सुलभ और सुखद बनाने के लिए यत्नशील हैं। तुम देखोगे तो निश्चय ही समझ जाओगे कि वैज्ञानिक जीवन-मीमांसा जीवन को लंबा करनेवाली है। जीवन को समाप्त करनेवाली नहीं।"

"देखना तो यह है कि जीवन लंबा करने के साथ बुद्धि को विकास मिलता है अथवा नहीं! जहाँ बुद्धि मलिन हो जाए, वहाँ उन्नति के साथ मन विकृत होने लगता है और अंत में सर्वनाश ही इसका परिणाम है।"

इस प्रकार वार्त्तालाप चलता रहा और हम अंतिम निर्णय पर, सदा की भाँति, नहीं पहुँच सके।

□

रामवन से एक दिन में कष्टिगढ़ और फिर एक दिन में बरुत पहुँच गए। प्रातः के चले हुए मध्याह्न के समय वहाँ पहुँचे। बरुत से केवल पंद्रह मील किशवन था। वहाँ खाना खाया और शेष पंद्रह मील पार करने के लिए हम चल पड़े। इस समय हम किश्तवाड़ की वादी में पहुँच चुके थे। यह छोटा-सा मैदान है और इनमें कई गाँव हैं। मैदान के बीचोबीच चंद्रभागा गुजरती है। वादी इतनी सुहावनी फल-फूलों से भरपूर है कि यह पाँच मील का मार्ग पार करने में हमें कई घंटे लगे। स्थान-स्थान पर नवीन दृश्य आँखों के सम्मुख आते और हम उनसे अपनी आँखें तृप्त करने वहाँ खड़े हो जाते। कहीं चीड़ के पेड़ों की घनी छाया, कहीं केशर की क्यारियाँ और गुलाब और सूर्यमुखी फूलों के उद्यान आ जाते तो हम उनको देखने लग जाते।

जब हम चंद्रभागा पार करने लगे तो अँधेरा हो चला था। राधा ने पूछा, "केशवजी! कितनी दूर चलना होगा और?"

"वह देखो।" केशव ने कुछ दूर पर एक उगते हुए चाँद की ओर उँगली कर दी।

राधा ने देखा और विस्मय में पूछने लगी, "चाँद?"

"नहीं, आज तो कृष्ण-अष्टमी है। चाँद तो रात के बारह बजे निकलेगा। यह चाँद नहीं है। यह हमारे स्वर्गलोक में प्रकाश करने के लिए एक लैंप है।"

"लैंप?" अब मैंने आश्चर्य से पूछा।

रोमिली हँस पड़ी। मैंने उसको पहली बार हँसते हुए देखा था। जब वह लाहौर में मिस्टर थापर की कोठी में दिखाई दी थी, तब वह चुप और गंभीर ही दिखाई दी थी। अब भी चार दिनों से वह हमारे साथ थी और उसने एक शब्द भी मुझको संबोधन करके नहीं कहा था। हँसना तो दूर की बात थी। आज उसको हँसते देख मैंने कहा, "एक बात तो हुई! भाभी हँसती भी हैं, यह आज पता चला।"

उसने मेरी ओर देखकर कहा, "आपकी अज्ञानता देखकर।"

"कुछ भी हो भाभी! तुम्हारे मोतियों के समान श्वेत सुंदर दाँत देखने को मिले, सो मैं अपना सौभाग्य समझता हूँ।"

"ओह! तो आप रसिक भी हैं! मुझको मालूम न था।"

"मालूम होता तो आप क्या करतीं?"

"आपसे प्रेम की बातें करती। मुझको तो कुछ ऐसा प्रतीत हुआ था कि आप प्रोफेसर मार्टिन की भाँति सूखी लकड़ी हैं।"

"ये महाशय कौन हैं?"

केशव ने उत्तर दिया, "फिलाडेल्फिया यूनिवर्सिटी के प्रोफेसर थे। कभी किसी से बात तक नहीं करते थे। प्रायः लाइब्रेरी में अपनी कुर्सी पर बैठ गरदन झुकाए किसी पुस्तक को पढ़ते हुए मिलते थे।"

"तो भाभी! बहुत भूल की तुमने। मुझको तुम्हारे विचारों का पता होता तो मैं स्वयं ही बुला लेता। परंतु मैंने तो यह समझा था कि नानी नूरी की भाँति तुम अभिमान की पुतली हो, जो मुझसे परिचय भी नहीं चाहतीं।"

"नहीं चाहती थी, इसी कारण कि मैं आपको प्रोफेसर मार्टिन समझ बैठी थी।"

"पर हैं तो विनोद।"

"क्या अभिप्राय हैं इस नाम का?"

अब केशव ने समझाया, "विनोद के शाब्दिक अर्थ हैं—क्रीड़ा, आनंद।"

रोमिली ने व्यंग्य भाव में कहा, "तभी टूनी के साथ आपने विनोद किया है?"

"टूनी तो मेरी बहन है।"

हम चंद्रभागा पार कर किनारे पर खड़े थे। वहाँ से चढ़ाई आरंभ होती थी। केशव का निवासस्थान कुछ ऊँचाई पर था। केशव ने कहा, "स्वर्गलोक की सीमा यहाँ से आरंभ होती है।"

मैंने कुछ विशेषता देखने की लालसा से चारों ओर दृष्टि दौड़ाई। चंद्रभागा वहाँ एक छोटी-सी नदी थी, जिसको पार करने के लिए उस पर लकड़ी का पुल बना था। हमने अपने घोड़े नदी के उस पार ही छोड़ दिए थे और पैदल ही पुल पार कर आए थे।

केशव ने कहा, "देखो विनोद! यह," उसने एक चिनार के पेड़ की ओर उँगली कर कहा, "हमारे स्वर्गलोक का प्रहरी है। हमारी इच्छा के बिना कोई यहाँ से आगे नहीं बढ़ सकता।"

"यह पेड़ कैसे रोक लेगा?" हम सब पुल पार कर अभी तक किनारे पर ही खड़े थे।

"तुम बिना नाम-धाम बताए आगे जाकर देख लो!"

मैंने कहा, "ठीक है।" और मैं आगे बढ़ा। अभी पेड़ की सीध में गया ही था कि पेड़ के पत्तों में से आवाज आई, "कौन जाता है?"

मैंने समझा कि कोई पुरुष पेड़ के पत्तों में छुपकर बैठा है। इस पर भी मैंने परीक्षा करने के लिए आवाज का उत्तर नहीं दिया और चलता गया।

केवल दो पग ही बढ़ा था कि मुझको ऐसा प्रतीत हुआ कि किसी ने मेरे पाँव पकड़ लिये हैं। वे भूमि से चिपक गए प्रतीत होते थे। इस पर पुन: आवाज आई, "नाम-धाम और काम बताओ।"

मैंने विवश हो कहा, "भाई! तुम हो कौन? कहाँ छुपे हो? और इस भूमि पर गोंद क्यों लगा रखी है?"

इस पर आवाज हँसी और फिर बोली, "अपना नाम, धाम और काम बताओ।"

मैंने कहा, "नाम है विनोद। रहनेवाला हूँ लाहौर का और अपने मित्र केशव से मिलने आया हूँ।"

"ठहरो!" उत्तर मिला। आधे मिनट के पश्चात् आवाज आई, "जा सकते हो।"

मैं चलने के योग्य हो गया और पगडंडी पर पेड़ से आगे निकल गया। आगे जाकर मैंने पेड़ की ओर देखा। मुझको अभी भी विश्वास था कि पेड़ पर कोई छिपा बैठा है।

मेरे मन के भावों को जान केशव तथा अन्य साथी हँस पड़े। उन्होंने पुल के समीप से ही आवाज दी, "केशव, रोमिली, राधा और मालती हैं।"

पुन: आवाज आई, "ठहरो।"

और आधा मिनट पश्चात् उनको जाने की स्वीकृति मिल गई। वे वहाँ से आगे आकर मेरे पास खड़े हो गए। मैं अभी भी उस पेड़ की ओर देख रहा था। केशव ने मेरे देखने का अभिप्राय समझ पूछा, "क्या देख रहे हो, विनोद?"

"देख रहा हूँ कि वहाँ पेड़ पर कोई छिपकर तो नहीं बैठा!"

रोमिली और केशव हँस पड़े। टूनी ने कहा, "आप पुन: लौट जाइए और फिर आने का यत्न करिए और उत्तर अंट-संट दीजिए। फिर देखिए क्या होता है?"

मैं परीक्षा करने के लिए पुन: पुल के पास चला गया। इसके पश्चात् चलकर आने लगा तो वही आवाज आई, "कौन जाता है?"

मैंने उत्तर में कहा, "जब तक बाहर निकलकर बात नहीं करते, नहीं बताऊँगा।"

मेरे कहने का कुछ भी उत्तर नहीं मिला। इस पर भी मेरे पाँव जकड़ गए और भूमि के संग चिपट गए।

दो-तीन मिनट तक पाँव उठाने का यत्न करता रहा, परंतु कुछ परिणाम नहीं निकला। आखिर मैंने कहा, "भाई! मैंने अपना परिचय अभी तुमको दिया था, भूल गए हो क्या?"

उत्तर मिला, "अपना नाम-धाम, काम बताओ।"

मैंने बताया, "विनोद, लाहौर का निवासी और केशव से मिलने आया हूँ।"
आवाज आई, "ठहरो।" और कुछ काल पश्चात् स्वीकृति मिल गई, "जा सकते हो।"

मेरे पाँव छूट गए। मैंने केशव से कहा, "कल प्रकाश में आकर देखूँगा।"

"देखो, मैं बताता हूँ। इस पेड़ में हमने एक इलेक्ट्रॉनिक ब्रेन लगा रखा है। उसमें मुख, कान और आँखें हैं। आँखें देखती हैं और मुख बोलता है। कान सुनते हैं और फिर वह मस्तिष्क स्वर्गलोक के गार्डरूम को बेतार के टेलीफोन द्वारा संदेश भेजता है। वहाँ पर आनेवाले मेहमानों की सूची रहती है। यदि नाम उस सूची में से हुआ तो स्वीकृति मिल जाती है। यदि कोई ऐसा व्यक्ति आ जाए, जिसका नाम सूची में न हो, तो फिर मुझसे पूछा जाता है। मैं जब कहता हूँ, तब ही उस व्यक्ति को भीतर आने की स्वीकृति मिलती है?"

"गार्डरूम में कोई मनुष्य रहता होगा?"

"नहीं। वहाँ पर भी एक वैसा ही इलेक्ट्रॉनिक ब्रेन लगा रहता है, जो नाम-धाम सुनकर सामने लगी सूची देखता है। यदि सूची में नाम होता है तो स्वीकृति-संदेश सीमा पर पहुँच जाता है, नहीं तो वही मस्तिष्क मुझसे पूछता है।"

इस समय राधा ने कहा, "केशव भैया! भूख लग गई है। यह चामत्कारिक यंत्र कल देखेंगे।"

"यहाँ से वह स्थान, जहाँ हमारा चाँद दिखाई देता है, पाँच मील है, परंतु हमको यह सब अंतर चलना नहीं पड़ेगा। हमारे लिए यहीं सवारी आ जाएगी।"

वहाँ से हम पचास पग गए होंगे कि एक पत्थर और सीमेंट की बनी कोठरी मिली। उसका द्वार बंद था। केशव ने द्वार के सम्मुख खड़े होकर कहा, "हमें केशव भवन जाना है।"

"कौन हो?" आवाज आई।

"केशव और चार साथी।"

दरवाजा खुल गया। कोठरी में प्रकाश हो रहा था। भीतर कोई नहीं था। एक गंडोला वहाँ रखा था। दरवाजा खुलते ही केशव पीछे हट गया और वह गंडोला स्वयं खिसककर बाहर आ गया। हम उसमें चढ़ गए।

यह गंडोला एक कटोरे की भाँति बड़ा-सा बरतन था। इसकी लंबाई-चौड़ाई आठ-नौ फीट के लगभग थी। हम पाँचों उसमें खड़े हो गए। हमारे पाँव के नीचे गरड़-गरड़ का सा शब्द होने लगा और गंडोला भूमि पर से ऊपर उठने लगा।

सूर्य अस्त हो चुका था, परंतु भवन की छत पर एक बहुत बड़ी थाली-सी वस्तु चमक रही थी और कई मीलों तक अपना प्रकाश फेंक रही थी। अँधेरे में भी हम एक-दूसरे को उसके प्रकाश के कारण भलीभाँति देख रहे थे।

तृतीय परिच्छेद 127

गंडोले के विषय में मैंने पूछा, "यह हेलिकॉप्टर यहाँ कैसे आ गया?"

"यह हेलिकॉप्टर नहीं है। इसका सिद्धांत उसका सा नहीं है। इसका नाम हमने 'पुष्पक विमान' रखा है। यह बाहर से देखने में एक कमल के फूल के समान लगता है।"

इस समय वह गंडोला भूमि से लगभग सौ फीट ऊपर उठ चुका था। अब वह वेग से उस चाँद की ओर चल पड़ा।

जब गंडोला उड़ता हुआ जा रहा था, केशव ने इसके कार्य करने के विषय में बताया, "यह जो गरड़-गरड़ का सा शब्द हो रहा है, वह हमारे नीचे बहुत से छिद्रों में से वेग से निकल रही वायु का शब्द है। हमारे पाँव के तले एक सिलिंडर में, दबाव से जमी हुई वायु भरी हुई है। जब हम इस गंडोले में चढ़ते हैं तो हमारे पाँव के बोझ से सिलिंडर का वॉल्व (ढकना) खुल जाता है। जितना बोझ इस गंडोले पर पड़ता है, उसी मात्रा में वॉल्व खुलता है। सिलिंडर का ढकना खुलने से गंडोले के पेंदे में कई छिद्रों में से वायु बहुत ही वेग से निकलने लग जाती है। कई छिद्रों के द्वार नीचे की ओर खुलते हैं। वायु नीचे को जाती है और उसके बैक-प्रेशर (Back Pressure) से गंडोला ऊपर को उठता है।

"जब गंडोला पर्याप्त ऊँचाई तक पहुँच जाता है तो यह बटन दबाने से इसके कुछ छिद्र पीछे की ओर से खुल जाते हैं और वायु पीछे की ओर निकलनी आरंभ हो जाती है। इस तरह पीछे की ओर वायु निकलने से, उसके बैक-प्रेशर (Back Pressure) से गंडोला आगे को बढ़ना आरंभ हो जाता है।"

"तो यह जेट-विमान के समान है।"

"हाँ।"

पाँच मिनटों में ही हम एक विशाल भवन की छत पर पहुँच गए। गंडोला वहाँ पहुँच छत पर उतरकर खड़ा हो गया और हम उससे बाहर निकल आए।

छत से लगभग पचास फीट की ऊँचाई पर वह चाँद प्रकाश दे रहा था। वह निराधार लटका हुआ प्रतीत होता था। छत उसके प्रकाश से जगमग-जगमग कर रही थी। मैंने पूछा, "यह लैंप किसके सहारे लटक रहा है?"

"यह इलेक्ट्रोमैग्नेटिक तरंगों के आधार पर खड़ा है। इसके लिए किसी आधार की आवश्यकता नहीं। जैसे भूमि अथवा अन्य तारागण हैं, वैसे ही यह है।"

केशव हमें छत के एक कोने में बने जंगल में ले गया। हमारे वहाँ पहुँचते ही वह भाग नीचे की ओर धँसने लगा। यह यहाँ की लिफ्ट थी। जब हम चार मंजिल नीचे पहुँच गए तो वह छत का टुकड़ा, अर्थात् लिफ्ट रुक गई और हम उसमें से बाहर निकल आए।

टूनी राधा को लेकर एक कमरे में चली गई। रोमिली एक अन्य कमरे में चली गई और केशव मुझे एक तीसरे कमरे में ले गया। उस भवन में इस प्रकार के कई कमरे थे।

वास्तव में, ये स्नानागार थे। केशव ने मुझे उस स्नानागार में ले जाकर कहा, "देखो, समझ लो। इस बटन के दबाने से स्नानागार बंद हो जाता है।" इतना कह केशव ने वह बटन दबाया। द्वार बंद हो गया। केशव ने इसके पश्चात् एक दूसरा बटन, जिस पर नंबर दो लिखा था, दबाया। सामने की दीवार में से एक द्वार खुल गया। एक स्त्री, जिसने केवल जाँघिया और स्तनों को समेटने के लिए अँगिया पहन रखी थी, आकर सामने खड़ी हो गई। मैं घबरा गया। केशव हँस पड़ा और बोला, "डरो नहीं। यह साइंटिफिक-स्त्री है। यह प्लास्टिक की बनी है। इसमें इलेक्ट्रॉनिक मस्तिष्क लगा है। इससे स्नान के विषय में जो चाहो, काम करवा सकते हो। अच्छा देखो, एक बात और समझ लो। यदि तुम्हें इसकी आवश्यकता न हो, तो यह तीसरा बटन दबा देना। बटन नं. चार से बाहर का दरवाजा खुल जाता है। कपड़े यही पुतली ला देगी।" इतना कह केशव कमरे से बाहर निकल गया।

मैंने सामने खड़ी पुतली को देखा। यदि वह निश्चल न खड़ी होती तो सत्य की स्त्री प्रतीत होती। उसके चमड़े की चमक, उसकी आँखों की ज्योति और बालों की बारीकी तथा कोमलता सब एक जीवित सुंदर स्त्री के समान थीं।

मैंने उसकी परीक्षा लेने के लिए कहा, "मेरे कपड़े उतार दो।" वह पुतली चंचल हो उठी। उसकी आँखों की चमक बढ़ गई। उसके मुख पर मुसकराहट प्रतीत होने लगी। उसने मेरा कोट पकड़ा और मैंने बाँहें पीछे की ओर कीं तो उसने उसे उतार लिया। इसी प्रकार अन्य कपड़े उतारे। इसके पश्चात् उसने सब कपड़े एक 'सिंक' में डाल दिए और वे वहाँ से किसी अज्ञात स्थान को चले गए।

मैंने कहा, "गरम जल तैयार है क्या?"

पुतली ने सिर हिलाकर 'हाँ' कहा और सामने रखे टब में टैप खोल दिया। जब कुछ गरम जल टब में पड़ गया, तो उसने उसे बंद कर ठंडे जल का टैप खोल दिया। एक हाथ जल में डाल, वह देखने लगी कि ठीक तापमान पर हुआ है अथवा नहीं। जब ठीक हो गया तो उसने ठंडे पानी का टैप भी बंद कर दिया। अब उसने हाथ के संकेत से मुझे कहा कि मैं स्नान करूँ।

जब मैं टब में घुस गया तो उसने साबुन लेकर मेरे शरीर को मलना आरंभ कर दिया। मेरे विस्मय का ठिकाना नहीं रहा, जब मुझको उसके हाथों का स्पर्श जीवित प्राणी के समान अनुभव हुआ। उस पुतले ने मुझे खूब मल-मल कर स्नान कराया। यह एक आश्चर्यजनक आविष्कार था।

मैं आधा घंटा स्नानागार में रहा और वहाँ उस प्लास्टिक की पुतली ने हाड़-चाम

की बनी जीवित स्त्री को भी मात कर दिया था। उस दिन के स्नान से मेरे दिल में यह अनुभव हुआ कि मेरे जन्म-जन्मांतर की थकावट दूर हो गई है। स्नान समाप्त होने से पहले उस पुतली ने साबुन को पानी टब से निकाल ताजा गरम और ठंडा जल टब में भरकर मुझको पुनः स्नान कराया। इसके पश्चात् उसने स्नानागार में लगी एक अलमारी में से रात के पहनने के कपड़े निकालकर मुझे पहनाए और जिस द्वार से आई थी, उधर चली गई। उसके जाने पर मैं उसे देखता रह गया।

जब मैं गुसलखाने से निकला, तो राधा मुझको उस कमरे में ले गई, जो हमको सोने के लिए मिला था। हमारा सामान वहाँ पहुँच चुका था और उसे खोलकर कपड़े वार्डरोब में तथा बिस्तर पलंगों पर लगा दिए गए थे। मैंने राधा से पूछा, "यह सब तुमने किया है ?"

"नहीं। यहाँ विचित्र प्रकार के नौकर हैं। वे हैं तो प्लास्टिक के पुतले, परंतु कार्य करते हैं मनुष्यों के समान। यहाँ हमारे ट्रंक और बिस्तर मेरे आने से पहले ही पहुँच चुके थे। रोमिली मेरे साथ थी। उसने उस पलंग के समीप लगा बटन दबाया तो एक स्त्री की शक्ल का पुतला उस दीवार से निकला और हमारे सामने खड़ा हो गया। रोमिली ने आज्ञा दी, 'यह सामान लगा दो और खाने पर जाने के कपड़े निकाल दो।'

"उस पुतले ने हमारे बिस्तर खोले और लगा दिए। शेष सामान उस वार्डरोब में नीचे के दराज में रख दिया। इसके पश्चात् उसने ट्रंक खोले और मेरे तथा आपके कपड़े पृथक्-पृथक् कर वार्डरोब में रख दिए। मैं उसको कहती जाती थी कि ये कपड़े मेरे हैं तो वह उन्हें एक ओर रखती जाती थी। जब मैं कहती कि ये कपड़े आपके हैं तो उन्हें दूसरी ओर लगाती जाती थी। जब सब कपड़े पृथक्-पृथक् छँट गए तो मैंने कहा, 'रख दो।' उसने दोनों ढेरियाँ पृथक्-पृथक् अलमारी में रख दीं। इसके पश्चात् उसने कपड़ों पर उँगली रखी और मेरे संकेत पर जो कपड़े मैंने पहनने थे, उसने निकाल दिए। मैंने पहन लिये। आपके लिए कपड़े रखे हैं।"

मैं कपड़े पहन रहा था कि वार्डरोब के समीप एक बल्ब जल गया। मैं इसका अर्थ अभी समझने की चेष्टा कर ही रहा था कि दीवार में से एक बक्सा बाहर निकल आया। उसको खोलकर देखा तो उसमें मेरे और राधा के कपड़े, जो स्नानागार के 'सिंक' में डाल दिए थे, धुलकर, सुखाकर और आयरन किए हुए पड़े दिखाई दिए।

मैं उनको उठाने लगा तो आवाज आई, "साहब, नौकरानी से कहिए।"

"मैंने पलंग के समक्ष रखा बटन दबाया, तो बगल की दीवार में से एक द्वार खुला और एक पुतली पूर्ण रूप से वस्त्र पहने आई और कपड़ों की ओर देखकर, सिर हिलाकर आज्ञा पालन करने की रुचि प्रकट कर, कपड़े उठा वार्डरोब में रखने लगी।

हम दोनों ड्रेसिंग टेबल के सामने खड़े थे कि इतने में बाहर से घंटी बजी। हम समझ

गए कि खाने के लिए आमंत्रित किया जा रहा है। इस पर भी हम नहीं जानते थे कि खाने का कमरा किधर है और कैसे वहाँ जाना चाहिए?

मैंने पुन: बटन दबाया तो वह स्त्री-पुतली अपने स्थान से बाहर आई। मैंने कहा, "भोजन के लिए कहाँ जाना है?"

इस पर उस पुतली ने कमरे का द्वार खोला और एक अन्य पुतले की ओर संकेत कर दिया। यह पुतला पुरुष के आकार का था। वह हमें पथ-प्रदर्शन कराता हुआ भोजनागार में ले गया।

वहाँ केशव और रोमिली तथा टूनी पहले से उपस्थित थीं। मैंने भोजन की मेज पर बैठे हुए केशव को कहा, "दोस्त! मानता हूँ तुमको। तुमने विज्ञान को अपना दास बनाकर रखा हुआ है।"

"राधा भाभी!" केशव ने कहा, "यात्रा की थकावट दूर हुई या नहीं?"

"आपकी उस छोकरी ने मल-मलकर मेरी खाल उधेड़ दी मालूम होती है। न खाल रही है और न थकावट। मैं कुछ दुबली हो गई मालूम होती हूँ।"

रोमिली हँस पड़ी। मैंने कहा, "पुतली को प्लास्टिक का बना जानते हुए भी उसको जीवित प्राणियों की भाँति काम करते हुए देख, मुझको उसके सामने अपने कपड़े उतारते हुए लज्जा लगने लगी थी। किसी बहुत ही अच्छे कारीगर की बनी प्रतीत होती है।"

"हाँ, इनमें मशीनरी तो मेरी और रोमिली की बनाई हुई है, परंतु बाहरी रूप रॉबर्ट का बना है। वह वास्तव में एक अच्छा कलाकार है। मुझको उसके चले जाने का भारी शोक है।"

"मैं जानती हूँ," रोमिली ने कहा, "वह शीघ्र ही लौट आएगा, एक लाख रुपया उसके हाथों में अधिक दिन ठहर नहीं सकता।"

"कहाँ व्यय करेगा वह इतनी रुपया?"

"जो सुख वह यहाँ भोगता था, वह तो उसे एक करोड़ रुपयों में भी उपलब्ध नहीं हो सकता। वह सबकुछ एक लाख रुपयों में करना चाहेगा और परिणामस्वरूप सबकुछ व्यय कर डालेगा।"

मैंने पूछा, "क्या आप लोग उसको पुन: उसी रूप में रख लेंगे, जिस रूप में वह रहता था?"

"नर-हत्या यहाँ वर्जित है। इस बात का उसे पता है।"

"पर क्या परस्त्री-गमन वर्जित नहीं?"

"जब दोनों पक्ष बालिग हों और परस्पर की अनुमति हो, तो नहीं।"

"पर ऐसा व्यवहार यहाँ क्षम्य है क्या?"

तृतीय परिच्छेद

"देखो विनोद!" केशव ने कहा, "यह स्वर्गलोक है। यहाँ अप्सराएँ रहती हैं और देवताओं की पत्नियाँ भी। कौन स्त्री किस रूप में रहना चाहती है, उसकी इच्छा पर निर्भर है। कोई किसी दूसरे पर अपने विचार थोप नहीं सकता। न ही किसी को कुछ करने के लिए बाध्य किया जाता है।"

मैं इससे संतुष्ट नहीं था, परंतु इस समय बहुत से प्लास्टिक के पुतले हाथों में एक-एक ट्रे लिये हुए, जिनमें भाँति-भाँति के व्यंजन रखे थे, एक पंक्ति में भोजनागार में प्रविष्ट हुए। वे एक-एक कर सबके सामने अपनी ट्रे लेकर घूम गए। हमने जो कुछ जितना-जितना लेना था, ले लिया और वे जिधर से आए थे, उधर ही चले गए।

भोजन करते हुए मैंने पूछा, "इनके चलने-फिरने के लिए शक्ति का स्रोत क्या है? क्या इनमें 'ड्राई बैटरी' लगी है?"

"नहीं प्रोफेसर महोदय! नहीं। इनमें 'एटॉमिक-एनर्जी' (अणु शक्ति कार्य करती है। एक बार पारे का अस्थिर आइसोटोप (Active Isatope of Mercury) भर दिया जाता है। आधे ग्राम आइसोटोप में इतनी शक्ति होती है कि ये पुतले दस-बारह वर्ष तक कार्य कर सकते हैं।

"इनमें इलेक्ट्रॉनिक मस्तिष्क का डिजाइन मैंने किया है, उसको मेरे डिजाइन के अनुसार बनाया है 'कार्मिस रेडियो कंपनी' ने। उस मस्तिष्क को इन पुतलों में फिट किया है रॉबर्ट ने। मनुष्य की समय-समय पर क्या-क्या आवश्यकताएँ रहती हैं, यह गणना कराई है रोमिली ने।

"टूनी और रॉबर्ट तो इन सुविधाओं को भोगनेवाले ही हैं।"

भोजन अति स्वादिष्ट बना था। लंबी यात्रा के पश्चात् स्नान और मालिश के कारण भूख से व्याकुल हम उस भोजन पर बाघ की भाँति टूट पड़े।

मैंने पूछा, "केशव, क्या भोजन बनानेवाले भी ये ही पुतले हैं?"

"नहीं। यह अभी हम नहीं बना सके। हमने एक पाचक रखा हुआ है। वह एक इटैलियन है। वह ल्योनार्डी नाम का व्यक्ति है और अति स्वादिष्ट भोजन बनाता है।"

"वह यहाँ सपत्नीक रहता है क्या?"

"इटली से तो वह अकेला आया था, परंतु यहाँ एक पहाड़ी लड़की से उसने विवाह कर लिया है।"

भोजन हो चुकने के पश्चात् एक प्लास्टिक का बैरा हमारे लिए प्यालों में बनी हुई कॉफी ले आया। जब हम कॉफी पी चुके तो केशव हम सबको ड्राइंगरूम में ले गया। यह एक बहुत बड़ा कमरा था। हमारे लिए कुर्सियाँ दीवार के साथ-साथ लगी थीं और बीच में हॉल सारा खाली था। फर्श चिकनी लकड़ी का बना था।

हमारे बैठते ही उस स्थान के पहाड़ी पुरुष और स्त्रियाँ रंगारंग कपड़े पहने आए

और केशव को नमस्कार कर नाच करने लगे। कभी पृथक्-पृथक् और कभी जोड़े के रूप में वे नाच करते रहे। कुछ उनमें ऐसे भी थे, जो बाँसुरी तथा तबले से उनका साथ दे रहे थे। नाच के साथ उनका गाना भी चल रहा था, जो पहाड़ी भाषा में था।

यद्यपि हम गीत के वाक्यों को समझने की योग्यता नहीं रखते थे, तो भी इतना तो हम समझ ही रहे थे कि उनके गीत का विषय प्रेम है, प्रेमी-प्रेमिका का वियोग और फिर दोनों का विरह में व्याकुल होकर परस्पर उलाहना देना और आह्वान करना उनके गीतों का विषय था। आह्वान के पश्चात् मिलन होता और दोनों पंक्तियों के लोग मिल-मिलकर नाचते-गाते थे।

बहुत रात गए तक यह कार्यक्रम चलता रहा। जब वे चले गए तो हम अपने कमरों में सोने के लिए चले गए। राधा सोने से पहले कहने लगी, "केशव ने अद्भुत स्थान बना लिया है।"

"हाँ। परंतु यह ऐसे ही है, जैसे किसी स्त्री के श्रृंगार करने का कोई अर्थ नहीं, जब तक उसका प्रयोग मनुष्य के मन को सुंदर बनाने में न हो।"

□

अगले दिन प्रात:काल मैं और राधा उठे और केशव के प्रासाद के पीछे बने उद्यान में टहलने लगे। रात हम इस ओर आए ही नहीं थे। उद्यान में घास लगी थी, जो बार-बार मशीन से काट और रोलर से दबा-दबाकर मखमल की भाँति मुलायम कर दी गई थी। बीच-बीच में रंग-बिरंगे पुष्पों की क्यारियाँ थीं। ये मखमली दरी पर बिछे हुए रंगीन कालीनों की भाँति प्रतीत होती थीं। उद्यान में लताकुंज भी थे। मैं और राधा इन लताकुंजों में देखने गए, तो वे भीतर से भाँति-भाँति के फूलों से रँगे हुए प्रतीत होते थे।

राधा का कहना था, "केशव ने सत्य ही जंगल में मंगल कर रखा है। अवश्य ही उसने लाखों रुपए इस काम पर व्यय किए होंगे।"

उद्यान काफी लंबा-चौड़ा था। हमको उसे देखने में एक घंटे से ऊपर लग गया। इस समय तक सूर्य दूर पहाड़ियों की चोटियों पर से ऊपर उठ आया था। प्रभाकर की प्रथम रश्मियों से केशव के प्रासाद के चुंबन का दृश्य अति लुभायमान था। मैं और राधा इस भव्य दृश्य को देख रोमांचित हो उठे।

इस समय केशव और रोमिली भी भवन से निकले। दोनों ने 'नाइट गाउन' पहने थे तथा नंगे पाँव थे। ठंडी-ठंडी घास पर चलते हुए वे हमारे पास आ गए।

"बहुत जल्दी जाग पड़े हो, विनोद?"

"हाँ! पलंग की कोमलता ने हमको चिरकाल तक सोने नहीं दिया।"

"रात पुतलियों की मालिश से थकावट ऐसी दूर हो गई थी कि लंबी नींद की आवश्यकता ही नहीं रही थी।" राधा ने कहा, "मैं रात के बारह बजे सोकर सवेरे चार

बजे ही उठ बैठी थी। बाहर अभी काफी ठंड थी, इस कारण बिस्तर में बैठे-बैठे ही जाप करती रही।"

"जाप ?" रोमिली खिलखिलाकर हँस पड़ी। मैं उसके घंटियों के समान हँसने की झनकार सुन उसके मुँह को देखने लगा। प्रभात की शीतल समीर लगने से उसके गाल सेब की भाँति लाल हो रहे थे और उनमें अनार के दानों की भाँति श्वेत दाँत अति मनोहर दिखाई दे रहे थे। रोमिली ने राधा की बाँह में बाँह डालकर कहा, "इस स्वर्गलोक को देखकर तो हमारी पूजा और केशवजी का जप करना चाहिए।"

"जिसने यह सबकुछ बनाया है, उसी का नाम स्मरण करती हूँ।" राधा ने मेरी ओर प्रोत्साहन पाने की आशा में देखते हुए कहा।

मैं कुछ कहना चाहता था, परंतु रोमिली और राधा दोनों बाँह में बाँह डाले हुए गुलाब की झाड़ियों की ओर चली गईं। गुलाब के सफेद, लाल फूल बड़े-बड़े थे। उनके पास जाकर रोमिली ने एक श्वेत गुलाब उखाड़कर राधा की वेणी में खोंस दिया। रोमिली के बाल कटे हुए थे। इस कारण उसके सिर में फूल खोंसने का प्रश्न ही नहीं उठता था। रोमिली ने एक अन्य फूल तोड़कर अपने गाल के साथ लगा, उसकी कोमलता तथा शीतलता का स्वाद लेना आरंभ कर दिया।

दोनों फूल से लदे पौधों के समीप खड़ी स्वयं पुष्पवत् प्रतीत होती थीं। केशव ने पूछा, "दोनों में कौन अधिक सुंदर प्रतीत होती है ?"

"निश्चय राधा।" मैंने कहा। मैं देख रहा था कि शरीर में रोमिली का सौंदर्य निर्विवाद रूप से श्रेष्ठ था, परंतु मैं राधा और रोमिली के मुखों पर अंकित भावों को देख रहा था।

राधा सात्त्विक भावों को अपनी आँखों से प्रसारित कर रही प्रतीत होती थी और रोमिली साक्षात् मेनका प्रतीत होती थी। उसकी अलसाई आँखें और चंचल भाव-भंगी मन को चंचल करने में लीन प्रतीत होती थीं।

केशव ने मेरी ओर देखकर कहा, "तुम्हारी आँखें कह रही हैं कि राधा नहीं, रोमिली अधिक सुंदर है।"

"मेरी आँखें देख रही हैं कि तुम्हारी पत्नी वासनामय है।"

"इसी को तो सौंदर्य कहते हैं।"

"मेरा मत इससे भिन्न है। सौंदर्य हृदय में शांति और आत्मा में आनंद उत्पन्न करनेवाली वस्तु है। यही कला है। इसी कारण सौंदर्य को कला और कला को सुंदर कहा गया है।"

"यह सब वाग्जाल है। सुंदर वह है, जो देखने में अच्छा प्रतीत हो और जो हमारी इंद्रियों को आसक्त कर ले। उदाहरण के रूप में मधुर संगीत वह है, जो कानों को प्रिय

हो। सुंदर रूप वह है, जो आँखों को प्रिय हो। अब तुम इंद्रियों को आत्मा कहो अथवा परमात्मा कहो, तुम्हारी इच्छा है।"

"देखो विनोद! जब आज से सात वर्ष पूर्व मैं कश्मीर में पहुँचा था तो अपने निवास के लिए एक ऐसा स्थान बनाने की मेरी इच्छा बन चुकी थी। मैं उसके लिए उपयुक्त स्थान ढूँढ़ता-ढूँढ़ता यहाँ आ पहुँचा। यहाँ का प्राकृतिक सौंदर्य तो तुमने देखा ही है। साथ ही, यहाँ की सुंदर स्त्रियों को भी देखोगे तो इस स्थान में स्वर्गलोक बनने के पूर्ण लक्षणों का ज्ञान पा जाओगे। मैंने देखा और यहाँ पर वह पहाड़ी और मैदान मोल ले लिया। इस पहाड़ी पर एक झरना है। मैंने वहाँ अपना विद्युत् उत्पादक यंत्र लगा दिया और उससे इतनी विद्युत् निकलने लगी कि इस पहाड़ के उस पार्श्व में एक गाँव जगमग-जगमग कर दिया गया है। फिर पेड़ों को पयोंदे लगाकर तथा अणुशक्ति से सींचकर खेतों तथा पेड़ों की उपज को दस गुणा अधिक कर दिया है।

"इसके पश्चात् मैंने यह निवास-गृह बनवाया और इसे यंत्रादि से संपन्न किया। जनता को कपड़े बुनने, मकान बनाने और फलों को खाने का स्वभाव डाला। इससे उस गाँव की स्त्रियाँ दुगुनी सुंदर हो गई हैं। उनको देख कोई भी पुरुष उनसे प्रेम-प्रलाप करने की इच्छा करने लगता है।

"अब मैंने उनमें ऐसी स्त्रियाँ बनानी प्रारंभ कर दी हैं, जो वास्तव में स्वर्गलोक की अप्सराओं का-सा कार्य करती हैं। जब किसी मनुष्य को वश में करना होता है तो मैं उनमें से अपने कार्य में दक्ष एक स्त्री को उसके पास भेज देता हूँ और वह पुरुष मेरे पाँव चूमने लग जाता है।"

मैं केशव की मनोवृत्ति देख चकित रह गया। केशव ने मेरे भावों को समझ कहना चालू रखा, "यहाँ खाने-पहनने और स्त्रियों की कमी नहीं है। यहाँ लोग स्वतंत्र विचारोंवाले हैं। वे स्वेच्छा से विचरते हैं। मुझको किसी बात की कमी प्रतीत नहीं होती। एक बात, जो संसार के लोग भगवान् के अधीन मानते हैं, मैंने उसे भी अपने अधीन करने का यत्न आरंभ कर दिया है। वह मृत्यु है। मैं वृद्धजन को युवा कर उनकी आयु में वृद्धि करने के उपाय ढूँढ़ रहा हूँ। एक उपाय तो मैंने प्रतीत किया है। एक विशेष प्रकार की विद्युत् तरंगें उत्पन्न कर वृद्धों को उनमें स्नान कराता हूँ और फिर उनको युवा स्त्रियों में छोड़ देता हूँ। परिणाम उन युवा स्त्रियों से जानकर अपने अन्वेषण को आगे चलाता हूँ।"

"इन परिणामों के लिए स्त्रियाँ और पुरुष तुमको मिल रहे हैं क्या?"

"इतने लोग आते हैं कि मुझे बहुतों को अस्वीकार कर वापस भेजना पड़ता है। अब मैं इसी अर्थ नए परीक्षण कर रहा हूँ। उसको मैं 'कायाकल्प' कहता हूँ।"

इस समय निवासगृह की छत पर से घंटा बजा। केशव ने बताया, "स्नान का समय हो गया है। चलो।"

तृतीय परिच्छेद

स्नान के पश्चात् अल्पाहार किया। इसके पश्चात् मैं केशव के साथ उसकी प्रयोगशाला में जा पहुँचा। केशव मुझे भवन के भूगर्भ-आगारों में ले गया। उसने मुझे भाँति-भाँति के यंत्र दिखाए, जो उसको तथा अन्य वहाँ रहनेवालों को प्रत्येक प्रकार की सुख-सामग्री प्राप्त कराते थे। इन यंत्रों को दिखाते और समझाते हुए केशव ने कहा, "विज्ञान की सर्वोत्कृष्ट खोज का परिणाम मैं तुम्हें दिखाना चाहता हूँ।" इतना कह वह मुझे प्रासाद की ऊपर की मंजिल पर ले गया। वहाँ ले जाकर उसने कहा, "मैं आज कुछ स्त्रियों का कायाकल्प कर रहा हूँ। देखोगे?"

"अवश्य। मैं विज्ञान के चामत्कारिक कार्यों से अवश्य परिचित होना चाहता हूँ। केवल इनके अर्थ लगाने में मेरा तुम्हारे से मतभेद हैं।"

केशव की प्रयोगशाला में इसी अर्थ तीन वृद्धा स्त्रियाँ उपस्थित थीं। एक की आयु अस्सी वर्ष के लगभग थी। दूसरी पचहत्तर वर्ष की और तीसरी साठ वर्ष की।

केशव ने उन्हें एक-एक कर कार्यालय में बुलाया। मुझको केशव ने अपने समीप एक कुर्सी पर बैठा लिया। पहली आनेवाली स्त्री साठ वर्ष की थी। जब वह आई तो केशव ने पूछा, "क्या नाम है तुम्हारा?"

"रामी।"

"आयु?"

"साठ वर्ष।"

"तुमने करीम को देखा है? उसका मैंने कायाकल्प किया था।"

"मैं उसको जानती हूँ, इसीलिए तो यहाँ आई हूँ।"

"देखो रामी! इस प्रयोग में मृत्यु भी हो सकती है।"

"मृत्यु क्यों होगी? करीम तो पचहत्तर वर्ष का था। वह तो मरा नहीं।"

"ठीक है। पर संभावना तो है ही।"

इस पर वह गंभीर हो गई। उसके मुख पर झिझक देख केशव ने कहा, "तुम अभी बाहर बैठकर विचार कर लो। पीछे बताना।"

जब वह चली गई तो मैंने कहा, "यह स्त्री अपने वर्तमान जीवन से अभी निराश नहीं हुई। इसी कारण विचार कर रही है कि अपने इस शेष थोड़े से जीवन को खतरे में डाले या नहीं!"

इसके पश्चात् दूसरी स्त्री, जो पचहत्तर वर्ष की थी, आई। केशव ने उससे भी वही प्रश्न किए। उस स्त्री ने बताया कि उसका नाम मीनार है और वह मरने से नहीं डरती।

"तुम युवा क्यों होना चाहती हो?" केशव ने पूछा।

"मैं जीवन का आनंद अभी और लेना चाहती हूँ।"

केशव मुस्कराया और बोला, "अच्छा, अभी बाहर ठहरो।"

तीसरी स्त्री आई और उसने अपना परिचय दिया, "मेरा नाम मुरली है। मैं अभी जीना चाहती हूँ। मेरा पति इस समय पचासी वर्ष का है। वह भी करीम की भाँति युवा होना चाहता है। आपने उसको वचन दिया है कि उस पर भी यह जादू करेंगे। परंतु उससे पहले मैं युवा होना चाहती हूँ, जिससे मेरे रहते वह करीम की भाँति लोगों के घरों की दीवारें न फाँदता फिरे।"

केशव मुस्कराया और पूछने लगा, "यदि तुम मर गईं तो?"

"इसकी मुझे चिंता नहीं। मैं तो जुआ खेलना चाहती हूँ। युवा हो गई तो आनंदभोग करूँगी और यदि मर गई, तो वह तो वैसे भी होने ही वाला है।"

केशव को इस स्त्री की युक्ति पसंद आई। उसने निश्चय किया कि वह तीनों पर प्रयोग करेगा। अब पुनः रामी को बुलाया गया और उससे पूछा गया, "क्यों, क्या निश्चय किया है तुमने?"

"मैं मरने को तैयार हूँ।"

"तो लगाओ अँगूठा यहाँ।" केशव ने मेज में से एक कागज निकालकर उसके सामने रख दिया। रामी ने बाएँ हाथ का अँगूठा आगे कर दिया। केशव ने उस पर स्याही लगाई और कागज पर उसका निशान बना दिया। उसके पश्चात् केशव ने मुझसे साक्षी भरने को कहा। मैंने रामी से कहा, "जाओ अपने पड़ोस में से किसी को अपना गवाह बनाकर ले आओ।"

"बाबू! मुझको शर्म आती है।"

"अरे! शर्म किस बात की?"

"मैं युवा बनना चाहती हूँ। सब मेरी हँसी करेंगे, मैं गाँव में यह बात नहीं कह सकती।"

इस पर केशव ने अपने बेतार के टेलीफोन से किसी से गाँव में बातचीत की और एक व्यक्ति को रामी का साक्षी बनने के लिए बुला भेजा।

जब तक वह साक्षी गाँव से आए, केशव ने अन्य दो स्त्रियों से भी कागज पर अँगूठे लगवा लिये। इसके पश्चात् मुझको साथ लेकर प्रयोगशाला में चला गया। केशव ने स्वयं सीसा धातु के पतरे के कपड़े पहन लिये। मुझको भी उसने वैसे ही कपड़े पहनने को दिए। मुखों पर नकाबें चढ़ा लीं। जब हम तैयार हो गए तो केशव ने कमरे में प्रकाश कर दिया। वह कमरा चारों ओर से तथा छत की ओर से पूर्ण रूप से बंद था। भीतर की वायु में एक प्रकार की गंध सी आ रही प्रतीत होती थी।

केशव ने बिजली का स्विच खोला तो सामने रखी मशीन दृष्टिगोचर होने लगी। केशव ने मुझको समझाया, "विद्युत् तरंगें इसमें से निकलती हैं। उस प्राणी का, जिसका कायाकल्प करना होता है, इन तरंगों में स्नान होगा। इस काल में उसको पसीना आता है,

पेशाब तथा टट्टी आती है। कै होती है और नाक तथा गले में से श्लेष्मा निकलती है। इस प्रकार पूर्ण शरीर की शुद्धि हो जाने के पश्चात् हम उसको एक अन्य कमरे में ले जाते हैं। वहीं एक दूसरी प्रकार की किरणें उस पर छोड़ी जाएँगी। वे पौष्टिक हैं। उनसे शरीर के कोषाणुओं को पुष्टि मिलती है। तदंतर उसको रुग्णालय में ले जाकर एक सप्ताह तक पौष्टिक भोजन तथा औषधियाँ दी जाती हैं।"

◻

"इस प्रकार हमने तीन व्यक्तियों के लिए एक सप्ताह के परीक्षण का प्रबंध कर रखा है।"

मुझको समझाकर केशव बाहर चला गया। वहाँ साक्षी करनेवाला व्यक्ति आ गया था।

जब पहली प्रकार की किरणों का, जिनको केशव 'शोधन-किरण' के नाम से पुकारता था, स्त्री के सर्वथा नग्न शरीर पर प्रयोग किया गया, तो वह स्त्री टट्टी, पेशाब तथा कै आदि से अधमरी के समान हो गई। इस सब समय गाँव का एक वैद्य तथा एक परिचारिका वहाँ उपस्थित रहे—वैद्य समय-समय पर नाड़ी देखकर बताता रहा कि स्त्री जीवित है। और परिचारिका उसका मल-मूत्र साफ करती रही। ये भी सीसे के से पतरे के वस्त्र पहने थे।

बीस मिनट में उस स्त्री का शरीर आधे से भी कम रह गया। अब केशव ने अपनी विद्युत् किरणों को बंद किया और उस स्त्री को तौलिए से धो-पोंछ तथा उठवाकर दूसरे कमरे में ले गया।

कमरा उष्ण था, सुगंधित पुष्पों की गंध से सुवासित तथा सुंदर चित्रों से सुशोभित था। यहाँ उस स्त्री को एक पलंग पर लिटा दिया गया। वह अर्ध-चेतनावस्था में थी और कुछ कहती अथवा हिलती-डुलती नहीं थी। अब छत पर लगे विद्युत् के एक प्रकार के यंत्र को खोल दिया गया। एक मध्यम रक्त वर्ण का प्रकाश उसमें से निकलकर उस स्त्री पर पड़ने लगा। वह चेतनावस्था में आई और भूख-भूख पुकारने लगी। केशव ने हॉर्लिक्स के दो प्याले बनवा रखे थे। वे उस स्त्री को पीने के लिए दिए गए। कुछ मिनटों पश्चात् उसने और खाने को माँगा। अब सेब का रस उसे दिया गया। इसके पश्चात् उसे दूध दिया गया। इस प्रकार आधे घंटे के इस प्रयोग में उस स्त्री ने लगभग दो सेर दूध और सेर भर के लगभग सेब का रस लिया।

इस प्रयोग के पश्चात् वह स्त्री सबल, सचेत और सतर्क हो गई प्रतीत होने लगी। चैतन्य होते ही उसने केशव की ओर देखा और पूछा, "कपड़े पहन लूँ!"

केशव मुस्कराया और बोला, "नहीं। अभी ठहरो।"

उसको उसी अवस्था में एक तीसरे कमरे में ले जाया गया। वहाँ तीन पलंग रखे

थे। एक पर उसको लिटा दिया गया और छत पर लगे एक यंत्र में से धीमा नीले रंग का प्रकाश उस पर पड़ने लगा।

वहाँ प्लास्टिक की एक पुतली नर्स का काम कर रही थी। वह इस स्त्री के सिर और शरीर पर एक प्रकार के तेल की मालिश करने लगी।

उसको वहीं छोड़ हम पुन: प्रथम कमरे में पहुँचे। वहाँ दूसरी स्त्री, जिसकी आयु पचहत्तर वर्ष की थी, पहले ही वहाँ तैयार खड़ी थी। उसे देख मुझे यह समझ आया कि पहली स्त्री से यह यौवन प्राप्त करने की अधिक इच्छुक है।

इसके साथ प्रयोग करने में यह विशेषता रही कि यह पूर्णतया अचेत हो गई थी। इसके अतिरिक्त अन्य किसी प्रकार का अंतर प्रतीत नहीं हुआ।

तीसरी स्त्री के विषय में केशव स्वयं संशित था कि वह प्रथम प्रयोग सहन भी कर सकेगी अथवा नहीं! केशव ने उसे पुन: समझाया, "तुम्हारे जीते रहने की आशा कम है। फिर विचार कर लो।"

वह स्त्री डटकर वहाँ खड़ी रही। किरणों का प्रभाव तो उस पर पहले की भाँति ही हुआ, परंतु वह मरणासन्न अवस्था में ही दूसरे कमरों में ले जाई गई। वहाँ उसमें शक्ति का संचार किया जाने लगा, परंतु सफलता नहीं मिली। वह अचेत ही रही। इसके पश्चात् उसी अचेतनावस्था में ही उसको उठाकर रुग्णालय में ले जाया गया। उसने दूध अथवा फलों का रस नहीं लिया। अब पौष्टिक औषधियों के इंजेक्शन लगाए जाने लगे। इस पर भी कोई परिणाम नहीं निकला। परंतु वह स्त्री जीवित थी और 'जब तक स्वास तब तक आस' के सिद्धांतानुसार उस पर प्रयोग किए जाते रहे।

उस अचेत स्त्री को उठाकर एक पृथक् कमरे में रख दिया गया।

इन परीक्षणों में चार घंटे लग गए। इसके पश्चात् हम मध्याह्न के भोजन के लिए भोजनागार में चले गए।

रोमिली मेरे साथ की कुर्सी पर बैठी थी और केशव मेज की दूसरी ओर टूनी के साथ बैठा था। राधा मेरे दूसरी ओर थी। इस समय मुख्य बातचीत रोमिली ही कर रही थी।

सब भोजन कर रहे थे और रोमिली कह रही थी, "जब मैंने विनोदजी को पहले दिन देखा था, तो मैं इनकी सुंदर और चमकीली आँखें देखकर इन पर मोहित हो गई थी। मैं समझ गई कि टूनी क्यों इन पर आसक्त है। साथ ही, यह जानते हुए कि उन्होंने टूनी के साथ कैसा बुरा व्यवहार किया है, मैं इनसे घृणा करती थी।

"मुझसे केशवजी ने कहा भी कि परिचय हो जाना चाहिए। ये उनके परम मित्र हैं। परंतु मैं नहीं मानी और परिचय करने के लिए तैयार नहीं हुई। राधा बहन से अपने गलत व्यवहार की क्षमा माँगने भी जान-बूझकर उनकी अनुपस्थिति में ही गई।

◻

"इसके पश्चात् उस दिन, रामवन में मैंने इनको देखा तो इनकी आँखों की विचित्र

तृतीय परिच्छेद

चमक देख अपना हृदय खो बैठी। परंतु यह विचार कर कि वे हमारे प्रोफेसर मार्टिन की भाँति शुष्क विचारों के होंगे, चुप रही।

"कल मार्ग में इनके व्यंग्य को सुनकर ही पता चला कि आप सौंदर्य की परख भी रखते हैं।"

रोमिली के इस कथन पर मैं मुस्कराया, परंतु चुप रहा। इस पर भी वह मुझसे कुछ कहे जाने की आशा में मेरी ओर देखती रही। बात केशव ने की, "मनुष्य स्वभाव से सौंदर्य का उपासक है। बालक भी स्वभाव से रंग-रंग की वस्तुओं को पसंद करता है।"

"यह तो ठीक है।" मैंने कहा, "परंतु सौंदर्य क्या है और सौंदर्य का उपभोग क्या है, यह शिक्षा और संस्कारों के अधीन, मनुष्य पृथक्-पृथक् ढंग से समझता है। रोमिली भाभी का शरीर सुंदर है। यह तो ठीक है, परंतु इस सौंदर्य का उपयोग क्या है, यह कदाचित् भाभी को पता नहीं! इसी कारण जब यह किसी को अपने सौंदर्य की प्रशंसा करते पाती हैं, तो उस पर काम-बाण छोड़ने लगती हैं।"

"वाह! यह आप कैसे कहते हैं, मेरे देवर महोदय!"

"कल जब मैंने कहा था कि आपके दाँत सुंदर हैं, तो जिस प्रकार आपने आँखें मटकाई थीं, वैसी आँखें नाटक-मंडली की नटियाँ आसक्ति का भाव प्रकट करने के लिए बनाती हैं।"

"मैंने जो कुछ कल किया था, वह तो मुझको स्मरण नहीं, परंतु इतना मैं कह सकती हूँ कि किसी स्त्री को सुंदर कहने का जो प्रभाव उस पर होता है, वही मुझ पर हुआ होगा।"

मैं हँस पड़ा और कहने लगा, "मुझको इस विषय में बहुत कम अनुभव है, भाभी! मैंने अपने जीवन में बहुत कम स्त्रियों को सुंदर माना तथा कहा है। इस कारण उनके मन पर ऐसा कहने का क्या प्रभाव होता है, ठीक प्रकार बता नहीं सकता।"

"अच्छा विनोद!" केशव बोला, "तुमने किस-किस को सुंदर कहा है?"

"एक राधा को, दूसरे टूनी को और अब रोमिली को। शायद एकाध किसी अन्य लड़की को भी वार्त्तालाप में साधारण रूप से सुंदर कह दिया हो, तो स्मरण नहीं।"

इस पर रोमिली कहने लगी, "तो सुंदर स्त्री का क्या उपयोग है, जो आप समझते हैं?"

"सुंदर स्त्री का उपयोग वही है, जो एक सुंदर फूल का है। उद्यान में रहने से उद्यान की शोभा बढ़ती है और घर में गुलदस्ता बनाकर ले जाएँ तो वह ड्राइंग-रूम की शोभा में कारण हो जाता है।"

"राधा ड्राइंग-रूम की शोभामात्र है!"

"राधा सुंदर होने के अतिरिक्त भी कुछ है। इस कारण यह घर की शोभा के साथ-साथ पत्नी का कार्य भी करती है। इसी प्रकार टूनी भी सुंदर होने के साथ मेरी बहन का स्थान लिये हुए है और मेरे स्नेह की पात्री है। भाभी! तुम भी सुंदर होने के साथ-साथ मेरे स्नेह की पात्री बन रही हो।"

"आप का अभिप्राय 'अफैक्शन' से है न?"

"हाँ 'अफैक्शन' (स्नेह), 'लव' (प्रेम) दो भिन्न-भिन्न अर्थसूचक शब्द हैं। इसके अतिरिक्त 'लव' (प्रेम) और 'लस्ट' (वासना) भी एक अर्थ नहीं रखते। सौंदर्य लस्ट (वासना) सूचक नहीं। यह लव (प्रेम) तथा अफैक्शन (स्नेह) सूचक ही होता है।"

"एक बात तो मैं समझती हूँ कि आपमें विश्लेषणात्मक बुद्धि केशवजी से अधिक है।"

"रसायनशास्त्र (केमिस्ट्री) तो विषय ही विश्लेषणात्मक है। इस कारण अपने विचारों के प्रत्येक क्षेत्र में भी मेरी विश्लेषणात्मक बुद्धि कार्य करती है।"

इस पर केशव ने कहा, "यह जो कुछ तुम यहाँ देखते हो, क्या यह विश्लेषणात्मक प्रतिभा का परिणाम नहीं है?"

"केशव! मैंने अपने और तुम्हारे में तुलना नहीं की। यह तो रोमिली के विचार हैं। परंतु मैं तो जो कुछ यहाँ देख रहा हूँ, वह विश्लेषणात्मक की अपेक्षा समन्वयात्मक बुद्धि का अधिक प्रदर्शन है।"

बुद्धिशील समाज की यह पहली झलक मुझको केशव के स्थान में मिली। राधा इस पूर्ण वार्त्तालाप में चुपचाप हमारा मुख देखती रही। वार्त्तालाप का पूर्ण भार मेरे ऊपर ही रहा। रोमिली निस्संदेह एक अति मनमोहक और बुद्धिजीवी युवती थी। इस समय वह अपने पूर्ण यौवन में थी और एक सुंदर पुष्प की भाँति जिधर भी जाती थी, अपनी छटा बिखेरती जाती थी।

भोजनोपरांत हम कुछ काल के लिए विश्राम करने अपने-अपने कमरे में चले गए। जाने से पूर्व रोमिली ने कहा, "केशवजी, आज किश्तवाड़ में तहसीलदार से मिलने जा रहे हैं और आप मेरे साथ गाँव में चलिएगा। वास्तव में, हमारे कार्य का मुख्य परिणाम वहाँ ही उत्पन्न हो रहा है।"

□

विश्राम करने के समय राधा ने बताया कि वह टूनी के साथ पहाड़ी पर, जहाँ विद्युत्-केंद्र है, देखने जा रही है। मुझको एक बात का अनुभव हुआ था। प्रातःकाल से राधा कुछ अधिक चंचल और सबल दिखाई देने लगी थी। मैं उसके स्वास्थ्य में यह परिवर्तन देख प्रसन्न था। वहाँ की जलवायु स्फूर्तिदायक और केशव के भवन की सेवा शक्तिकारक लगी। मुझको भी विश्वास हो गया था कि घर जाकर मैं अपने लेखन-कार्य में दुगुनी शक्ति से लग सकूँगा।

मध्याह्नोत्तर तीन बजे के लगभग मैं कपड़े पहन लंबी सैर के लिए तैयार होकर निकला। राधा और टूनी 'राइडिंग-सूट' पहने घोड़ों पर सवार होकर जाने के लिए तैयार खड़ी थीं। रोमिली सिविलियन पोशाक में अर्थात् साड़ी-जंपर पहने साथ चलने को निकल आई।

जब राधा और टूनी चली गईं, तो रोमिली ने उनको जाते देख कहा, "राधा का स्वास्थ्य यहाँ बन जाएगा।"

"हाँ, यदि वह नित्य इस प्रकार घूमने जाती रही तो!"

"आप मना नहीं करेंगे तो वह जाएगी ही। जहाँ वे जा रही हैं, वहाँ अस्त होते सूर्य का बहुत ही सुंदर दृश्य दिखाई देता है। केशवजी कभी वहाँ चले जाएँ, तो घंटों खड़े देखते रह जाते हैं।"

"तब तो हमको भी वहाँ जाना चाहिए था।"

"एक दिन चलेंगे। आज तो गाँव का कार्यक्रम है।"

"वहाँ क्या है?"

"गाँववालों की पंचायत बैठी है। पंचों ने मुझे भी बुलाया है, जिससे मैं उनको न्याय करने में सहायता दूँ।"

"तो तुम पंचों की अध्यक्षा बनकर जा रही हो?"

"आइए। इससे आपको यहाँ के सर्वसाधारण के विचारों का ज्ञान होगा। ये बहुत ही मजेदार लोग हैं।"

हम दोनों पैदल ही चल पड़े। रोमिली बहुत तेज चलनेवाली स्त्री थी। मुझको उसके साथ-साथ रहने के लिए लगभग भागना ही पड़ रहा था। वह चलती भी जाती थी और बातें भी करती जाती थी। मैं तो कठिनाई से ही उसके साथ रह पाता था। इस कारण उसकी बातों को सुनता था और चुपचाप चला जाता था। जब उसने देखा कि मैं बिल्कुल बोल ही नहीं रहा, तो वह खड़ी हो गई और बोली, "आप कुछ कह नहीं रहे?"

"मैं भागना और युक्तियुक्त बात करना साथ-साथ नहीं कर सकता।"

रोमिली मुस्कराई और पूछने लगी, "तो क्या आप कुर्सी पर बैठकर ही विचार कर सकते हैं?"

"विचार करने के लिए सर्वोत्तम आसन तो पद्मासन ही है। भागते हुए विचार करनेवाले प्राय: गड्ढे में गिरते हैं।"

"अच्छा, मैं धीरे-धीरे चलती हूँ। बात यह है कि आज भोजन के समय आपने 'अफैक्शन' (स्नेह) तथा 'लव' (प्रेम) में जो भेद बताया था, उसके विषय में मैं जानकारी प्राप्त करना चाहती हूँ। अंग्रेजी भाषा में 'मदरली लव' शब्द का प्रयोग अशुद्ध है क्या?"

"अंग्रेजी भाषा में क्या शुद्ध है अथवा क्या अशुद्ध, मैं बताने का अधिकार नहीं रखता। हाँ, हिंदी में प्रेम, वात्सल्य और स्नेह पृथक्-पृथक् शब्द हैं और ये पृथक्-पृथक् भावनाओं को प्रकट करते हैं। प्रेम शब्द पति-पत्नी के परस्पर लगाव को अथवा जहाँ पति-पत्नी जैसे लगाव की याचना हो, वहाँ ही प्रयोग होता है। स्नेह उन संबंधियों तथा मित्रों में लगाव का नाम है, जहाँ यौन-संबंध न हो सके अथवा न होना हो। वात्सल्य उस लगाव को कहते हैं, जो किसी बड़ी आयु के व्यक्ति का छोटी आयु के व्यक्ति से हो।"

"तो मेरा सौंदर्य आपके लिए लव का सूचक है अथवा 'अफैक्शन' का?"

"मैं तो इसको 'अफैक्शन' का सूचक ही मानता हूँ। तुम मेरे मित्र की पत्नी हो। मैं तुमको अपनी भाभी अर्थात् बहन ही मान सकता हूँ। आपकी भाषा में भी तो 'सिस्टर-इन-ला' (भाभी) का शब्द ही तुम्हारे लिए प्रयुक्त कर सकता हूँ।"

"यहाँ इस स्थान के समाज में, यौन-संबंध अबाध माना गया है। टूनी के, यदि वह चाहे तो, केशव से संबंध में भी बाधा नहीं।"

"बाधा किसकी?"

"बाधा सामाजिक कानून की है। यह समाज प्रशस्त और विशाल हृदय है।"

"ठीक है। परंतु मैं बाधा तो अपने मन की कह रहा हूँ। समाज भले ही बहन-भाई के विवाह की स्वीकृति दे दे, परंतु जब विवाह करनेवालों का मन नहीं मानेगा, तब तक विवाह हो किस प्रकार सकेगा?"

"ठीक है। तो फिर कोई बाहरी प्रतिबंध नहीं है न?"

"बाहरी प्रतिबंध भी है, परंतु हम उसकी अवहेलना कर सकते हैं। हमारी ओर समाज इस अपराध के लिए हमारा बहिष्कार कर सकता है। परंतु मन के बंधनों को तोड़ने से मन की अवहेलना असंभव हो जाती है। उस अवस्था में आत्मघात के अतिरिक्त और कोई उपाय ही नहीं रह जाता।"

"मन को हम शिक्षा और प्रचार से अनुकूल कर सकते हैं।"

"देखो भाभी! यदि प्रतिबंध मनुष्य, प्रकृति और प्रकृति के नियमानुकूल हुआ, तब तो इसका विरोध अस्थायी रूप में ही हो सके तो हो। भ्रम दूर होने पर मनुष्य-प्रकृति अपना अस्तित्व प्रकट कर ही देगी।"

"जब करेगी, तब देखा जाएगा। इस समय तो लाभ, जो बंधन तोड़ने से हो सकता है, हो ही जाएगा।"

इस समय हम गाँव में पहुँच गए थे। एक विशेष बात उस गाँव में यह थी कि गाँव की सड़कें पक्की बनी थीं। नालियाँ थीं, मकान पक्के बने थे और खिड़कियाँ चौड़ी-चौड़ी बनी थीं। प्रत्येक घर की खिड़की में फूलों के गमले रखे दिखाई दे रहे थे। मुझको

इन बातों की ओर ध्यानपूर्वक देखते हुए देख, रोमिली ने कहा, "हमने इस गाँव को एक अमरीकन गाँव की भाँति साफ-सुथरा बनाने का यत्न किया है।"

गाँव में बच्चे तो खेल रहे थे, परंतु कोई बड़ी आयु का पुरुष अथवा स्त्री नहीं थी। मेरे पूछने पर रोमिली ने कहा, "सब लोग पंचायत में गए होंगे।"

हम गाँव के मध्य में पहुँचे तो वहाँ एक बहुत ही सुंदर उद्यान दिखाई दिया। उस उद्यान में एक घास का मैदान था, जिसमें सारे गाँव के स्त्री-पुरुष बैठे हुए थे। हमें वहाँ पहुँचते देख सब चुप कर गए। हमारे लिए और पंचों के लिए एक मंच बना था। जब हम बैठ गए तो पाँच पंच हमारे दोनों ओर बैठ गए और पंचायत आरंभ हुई। पंचराज एक मुसलमान नूरुद्दीन था। उसने खड़े होकर कहा, "गाँव के रहनेवाले भाइयो और बहनो! मेरे पास एक शिकायत आई है। शिकायत करनेवाला करामत है। मैं करामत से कहता हूँ कि वह पंचों के सम्मुख उपस्थित होकर अपनी शिकायत रखे।"

एक व्यक्ति, भूमि पर बैठे हुओं में से खड़ा होकर कहने लगा, "पंचों की सेवा में मेरी प्रार्थना है कि इस वर्ष मेरे खेत में गाजर बहुत मोटी-मोटी हुई थीं। अन्य किसी के भी खेत में ऐसी गाजरें नहीं हुईं। कल पीरू के घर वैसी ही मोटी गाजरें, जो मेरे खेत में पैदा हुई थीं, ढेर लगा हुआ था। मेरी शिकायत है कि पीरू ने मेरी गाजरें चुराकर अपने घर में रखी हुई हैं। मैंने पीरू के पड़ोसियों को वे गाजरें दिखा दी थीं। वे मेरे कहने की साक्षी देंगे।"

नूरुद्दीन ने कहा, "उन पड़ोसियों के नाम बताओ।"

"एक बुद्धू चमार है। दूसरा कमल नाम का भिक्षुक है और तीसरा नंदू पांडे है।"

इस पर एक-एक कर तीनों से पूछा गया और उन्होंने करामत की बात का समर्थन किया। उन्होंने बताया कि सिवाय करामत के खेतों के इतनी बड़ी गाजरें और किसी के खेत में नहीं देखीं। वैसी गाजरों का ढेर पीरू के घर के आँगन में लगा हुआ था।

अब पीरू से इस विषय में पूछा गया। उसने कहा, "मैंने गाजरें चोरी नहीं कीं। मुझको किसी ने दी हैं और मैं बताना नहीं चाहता कि किसने दी हैं। यदि करामत कहे और पंचगण आज्ञा दें, तब ही बताऊँगा।"

पंचराज ने पूछा, "वे गाजरें करामत के खेतों की हैं क्या?"

"हाँ। उसके खेत की हैं, परंतु मैं चोरी करके नहीं लाया।"

"तो तुम्हारे घर कैसे आ गईं?"

"घर पर तो मैं उठाकर लाया था, परंतु किसी ने मुझको दी थीं और मैं ले आया।"

"यदि किसी ने चोरी कर तुम्हें दीं, तो चोरी का माल लेनेवाला भी चोर माना जाता है।"

"हाँ। परंतु उसने चोरी नहीं की थीं। उसको वहाँ से उखाड़ने का अधिकार था।"

"वह कौन है ?"

"करामत कहे तो बता दूँगा।"

"क्यों भाई करामत ?"

नूरुद्दीन ने पूछा, "क्या उसका नाम पूछा जाए, जिसने पीरू को गाजरें दी थी ?"

"जरूर पूछा जाए। मुझको पता लगना चाहिए कि मेरे खेतों में से गाजरें उठाकर ले जाने का किसको अधिकार हो गया है ?"

"नंदू पांडे की बीवी गौरी ने खेत में से उखाड़ी थीं और मुझको दी थीं।"

इस पर नूरुद्दीन ने पूछा, "तुम कैसे कहते हो कि गौरी को करामत के खेतों से गाजरें उखाड़ने का अधिकार है ?"

"यह मैं जानता हूँ। यदि गौरी से पूछा जाए तो वह स्वयं बता सकेगी।"

अब गौरी को सामने आने के लिए कहा गया। "क्यों गौरी ! तुमने वे गाजरें करामत के खेत से उखाड़ी थीं ?"

"हाँ।"

"क्यों ?"

"करामत ने मुझको कहा था कि जितनी मुझे जरूरत हो, मैं वहाँ से उखाड़ लिया करूँ।"

"क्यों कहा था ?"

"यह तो करामत से पूछिए कि क्यों कहा था ?" गौरी ने मुस्कराकर कहा।

करामत ने कहा, "मैंने गौरी को कहा था कि जितनी उसकी आवश्यकता हो, न कि जितने उसके दोस्तों की आवश्यकता हो !"

सब उपस्थित लोग उसकी इस बात से हँसने लगे। सरपंच ने करामत से फिर पूछा, "तुमने यह कहा था कि जितनी आवश्यकता हो, वह निकाल ले ?"

"हाँ, कहा था।"

"तुमने कहा था क्या कि केवल अपनी आवश्यकता के लिए ?"

"मेरे कहने का मतलब यही था।"

"तुमने सीमा बाँधी थी कि इतनी ले और इससे अधिक न ले ?"

"नहीं। जितनी इसको आवश्यकता हो ले ले, ऐसा कहा था।"

"तो फिर यह झगड़ा क्यों करते हो ? वह तुम्हारा सारा खेत उखाड़कर जहाँ-जहाँ से उसकी कोई आवश्यकता पूरी हो, उसको प्रयोग कर सकती है। पीरू से उसका कोई काम गाजर देने से पूरा हुआ होगा, तभी तो उसने गाजरें दी होंगी। ऐसी अवस्था में उसने अपनी आवश्यकता के अनुसार ही तो ली हैं।"

मैं पंचायत की काररवाई सुनकर चकित रह गया। एक तो प्राय: लोग सत्य भाषण कर रहे थे। दूसरे सब अपने मन की बात स्वतंत्रतापूर्वक कहते थे। मेरे मन पर गाँववालों का यह चरित्र उनके प्रति अच्छा प्रभाव डाल रहा था। परंतु पंचायत की अगली काररवाई ने मेरे विचारों को भारी धक्का पहुँचाया।

इस समय नंदू पांडे, जो करामत के कथन की साक्षी कर रहा था, उठकर कहने लगा, "एक मेरी भी प्रार्थना है। स्वीकृति हो तो पंचों के सम्मुख उपस्थित करूँ!"

नूरुद्दीन ने कहा, "हाँ, बताओ क्या बात है?"

"मेरा यह आरोप है कि करामत ने मेरी बीवी गौरी को गाजरें उखाड़ने का अधिकार देकर अनधिकार चेष्टा की है। वह बताए कि उसने ऐसा क्यों किया है?"

"बताओ करामत?"

"गौरी मेरी प्रेमिका है।"

नंदू पांडे ने कहा, "यहाँ के नियमानुसार मुझको गौरी से संबंध-विच्छेद करने का अधिकार है।"

"गौरी क्या कहती हो तुम?" सरपंच ने पूछा।

"मैं करामत की प्रेमिका अवश्य हूँ, परंतु मेरा उससे किसी भी प्रकार का शारीरिक संबंध नहीं है।"

"शारीरिक संबंध तो परिणाम है प्रेम का। जब कारण का प्रमाण मिल गया तो कार्य हुआ ही है। यह न्याय का नियम है।"

मुझे इस प्रकार इन देहातियों को युक्तियाँ करते देख विस्मय हुआ। वार्त्तालाप आगे चलती गई। नंदू पांडे ने कहा, "मुझको आज से गौरी के पालन-पोषण के भार से मुक्त किया जाए।"

गौरी ने कहा, "जब तक पांडे यह सिद्ध न करे कि शारीरिक संबंध हुआ है, तब तक वह मुझे छोड़ नहीं सकता।"

"तो तुम शारीरिक संबंध से इनकार करती हो?"

"तो ये गाजरें करामत ने क्यों दी थीं?"

"शारीरिक संबंध बन जाने की आशा में।"

"तो तुमने आशा दिलाई थी क्या?"

"हाँ, परंतु केवल मौखिक रूप में।"

"क्यों पांडे! अब क्या कहते हो?"

"यदि गौरी का कहना ठीक भी मान लिया जाए, तब भी मन की स्वीकृति मुख्य बात है। शारीरिक कार्य तो उसका परिणाम है। जब गाजरों का उपहार दिया जा चुका है तो कार्य होगा ही। मुझको संबंध-विच्छेद की स्वीकृति दी जाए।"

"करामत! तुम क्या कहते हो?"

करामत चुप रहा। वह कुछ कह न सका। इस पर सरपंच ने प्रश्न पूछा, "तुमने यह गाजरों का उपहार गौरी को शारीरिक संबंध के प्रतिरूप में दिया था अथवा उसकी आशा में?"

करामत बोला, "मैं इसका उत्तर स्वयं न दूँगा। जो कुछ गौरी ने कहा है, उसे ही ठीक मान लिया जाए।"

इस अनिश्चित उत्तर को सुन सब हँसने लगे। इस पर पंच रोमिली से पूछने लगे कि क्या किया जाए? जहाँ तक करामत का आरोप था, पीरू पर चोरी सिद्ध नहीं हो सकी। जहाँ तक नंदू की प्रार्थना के विषय में बात थी, मतभेद था। दो पंच कहते थे, "जब तक शारीरिक संबंध का प्रमाण न मिल जाए, तब तक संबंध-विच्छेद की स्वीकृति नहीं दी जा सकती।" अन्य दो पंचों का मत था, "यदि शारीरिक संबंध नहीं बना भी मान लिया जाए, तब भी उसकी स्वीकृति दी गई है। जब स्वीकृति दे दी गई तो गौरी को करामत के पास चला जाना चाहिए। अन्यथा हम ऐसे व्यवहार को प्रोत्साहन देंगे, जिसमें स्त्रियाँ शारीरिक संबंध की आशा दिलाकर पुरुषों को लूटा करेंगी।"

सरपंच ने रोमिली से पूछा, "ऐसी अवस्था में क्या होना चाहिए?"

"संबंध-विच्छेद स्वीकार होना चाहिए।"

"तब गौरी कहाँ जाएगी?"

"जहाँ उसकी इच्छा हो।"

"यदि करामत, जो अब गाजरें पीरू को देने से उस पर से विश्वास खो चुका है, अपने घर न रखे तो?"

"तो वह अप्सरा बन जाएगी।"

मुझको अप्सरा का अर्थ समझ आया वेश्या। इस कारण मैं रोमिली के इस कथन पर चकित रह गया। इस पर भी मैं इस मामले में अपनी सम्मति देना नहीं चाहता था। रोमिली की सम्मति मान ली गई।

☐

पंचायत के पश्चात् रोमिली मुझको करामत के खेत में ले गई। करामत ने एक गाजर निकालकर दिखाई। वह पाँच सेर के लगभग होगी। मैं देखकर चकित रह गया। रोमिली ने कहा, "हम एक रहस्य को जान गए हैं। एक प्रकार की विद्युत् तरंगों का रहस्य हम पा गए हैं। ये तरंगें वनस्पतियों में नवीन जीवन का संचार कर देती हैं, जिससे वे अथवा उन पर उगनेवाले फल-फूल बहुत बड़े-बड़े होने लगते हैं।"

"खेत की पैदावार कितने गुना बढ़ गई है?" मैंने पूछा।

उत्तर करामत ने दिया, "पिछले वर्ष इसी खेत में दस मन गाजर निकली थीं। इस

वर्ष चोरी हो जाने पर भी सौ मन गाजरें तो बाजार में बेच चुका है और अभी न जाने कितनी और हैं।"

चोरी की बात चलने पर मुझे गौरी की अवस्था का स्मरण हो आया। मैंने करामत से पूछा, "अब गौरी का क्या होगा?"

"वह वेश्या बनेगी। मैं उसको घर पर रखूँगा नहीं। उसने मुझको धोखा दिया है। मुझसे प्रेम प्रकट कर, मुझसे गाजरें लेकर अपने एक अन्य प्रेमी को दी हैं।"

"तुमने जब गाजरों की चोरी का आरोप लगाया था, तो पहले गौरी से पूछ तो लेते?"

"मैं समझता हूँ कि नहीं पूछा तो अच्छा किया है। गौरी की धोखेबाजी पता चल गई है।"

"पर उसका जीवन बरबाद हो जाएगा।"

"नहीं हुजूर! उसको खाने-पहनने को पंचायत देगी और अब वह सबके काम की वस्तु बन जाएगी। हमारे मालिक उसके स्वास्थ्य और सौंदर्य को उन्नत करने का उपाय करेंगे और वह बहुत काम की स्त्री हो जाएगी।"

"पंचायत वेश्याओं के पालन-पोषण का प्रबंध करती है क्या?"

"हाँ सरकार! हम सब अपनी आय का दसवाँ भाग पंचायत को देते हैं। उसमें से अप्सरा मंदिर का खर्चा भी चलता है। सड़कें और गाँव सुंदर बनाने का काम भी उसी धन से होता है।"

मुझको समझ में आया कि केशव यहाँ नई संस्कृति को जन्म दे रहा है। अपने विचार से वह संसार की अन्य संस्कृतियों पर उन्नति कर रहा मानता होगा। परंतु वास्तव में क्या यह उन्नति है?

जब हम करामत के खेतों से चल पड़े तो रोमिली ने पूछा, "अब किधर चलिएगा?"

"मैं क्या जानूँ? मैं तो इस स्थान से, यहाँ के रहनेवालों से और यहाँ के रहन-सहन से बिल्कुल अपरिचित हूँ।"

"तो चलिए, नदी के किनारे चलकर बैठेंगे।" हम नदी की ओर चल पड़े। मार्ग में रोमिली ने एक खेत दिखाया, जिस पर विद्युत् तरंगों का प्रयोग हो रहा था। खेत के चारों ओर विद्युत् तरंगों के फेंकनेवाले यंत्र लगे थे और वे चल रहे थे। रोमिली ने बताया, "ये यंत्र चौबीस घंटे तक चलेंगे। इनसे खेत में डाले बीजों और उनसे उत्पन्न हो रहे अंकुरों में पर्याप्त शक्ति का संचार हो जाएगा। उनके कोषाणुओं के न्यष्टियों में नए कोषाणु बनाने की अपार शक्ति आ जाएगी और वे खेत की उपज दस गुना अधिक बढ़ा देंगे।"

हम कुछ समय तक उस परीक्षण को देखते रहे। खेत में बीज तीन दिन पूर्व डाला गया था। इन किरणों के प्रभाव से बीजों से अंकुर निकलते हुए दिखाई देने लगे थे।

निकले हुए अंकुर वृद्धि पाते दृष्टिगोचर होने लगे थे। पूर्ण खेत में ऐसे कुलबुल-कुलबुल हो रही थी, मानो उसमें कृमि रेंग रहे हों। इस चामत्कारिक प्रयोग को देख मैं चकित रह गया। मैंने रोमिली से कहा, "यदि केशव अपना यह परीक्षण लिखकर किसी इंग्लैंड अथवा अमरीका के 'साइंटिफिक जर्नल' में छपवा दे तो निस्संदेह उसको 'नोबेल पुरस्कार' मिल जाएगा।"

"हमें किसी पुरस्कार की आवश्यकता नहीं। हमको ख्याति की लालसा नहीं। हमको सुख भोगना है। जीवन छोटा है और संसार के सुख अगणित हैं। सब-के-सब हम भोग नहीं सकेंगे।"

इतना कहते-कहते उसने मेरी बाँह में बाँह डाली और हम नदी की ओर चल पड़े। मैंने उसका ध्यान वैज्ञानिक विषयों की ओर रखने के लिए पूछा, "इन यंत्रों की देखभाल कौन करता है?"

"हमने इस गाँव में पंचायत बना दी है। उसको कर लेने का अधिकार गाँव के वासियों ने दे दिया है। उस धन से यहाँ कई प्रकार के कार्य चलते हैं। एक अप्सरा मंदिर है, एक अस्पताल है, एक स्कूल है। सड़कें और टूटे हुए मकानों का निर्माण होता है। यह खेतों में जल अथवा विद्युत् किरणों से सिंचाई भी पंचायत के हाथ में है। ये सब प्रबंध पंचायत करती है। विद्युत् हम इनको निःशुल्क देते हैं। भूमि का कर भी पंचायत को मिलता है। राजा का लगान हम देते हैं।"

हम चंद्रभागा के किनारे पर पहुँचे। एक बड़े से पत्थर पर दोनों बैठ गए। नदी का बड़े-बड़े पत्थरों पर से गड़गड़ाते हुए बहना अति लुभायमान दिखाई देता था। पार नदी के किनारे पर चुनार के पेड़ थे और दूर पहाड़ पर चीर के पेड़। पहाड़ों के ऊपर अस्ताचल की ओर जाता हुआ सूर्य अपनी मनोहर छटा प्रसारित कर रहा था।

सूर्य की किरणें नदी के उछलते-कूदते जल पर पड़ती हुई अनेकानेक रंग उत्पन्न कर रही थीं।

रोमिली ने मेरी बाँह को, जो अभी तक उसकी बाँह में पड़ी थी, कुछ दबाते हुए कहा, "कितना मादक दृश्य है यह! इसे देखकर ही तो केशव ने यहाँ अपना स्वर्गलोक बनाने का निश्चय किया था।"

"सत्य है। इस दृश्य में मन को सम्मोहित करने की शक्ति है। चित्त करता है कि इसके सौंदर्य को आँखों से पीता ही जाऊँ। कठिनाई यह है कि इंद्रियों को सुख देने से वे तृप्त नहीं होतीं। प्रत्युत उनकी तृष्णा बढ़ती जाती है।"

"आपका सिद्धांत तो यह है न कि वास्तविक सौंदर्य आत्मा को शांति पहुँचाता है। शांति पहुँचानेवाली वस्तु तो तृप्तिकारक होनी चाहिए। यह कहकर अब आपने अपनी बात का ही खंडन कर दिया।"

"नहीं। यह खंडन नहीं है। देखो भाभी! भोजन का स्वाद एक वस्तु है और उसका पुष्टिकारक गुण दूसरी बात। स्वाद तो जिह्वा लेती है, परंतु पुष्टीकरण पेट में जाकर होता है। यदि कोई मिठाई का स्वाद मुख में ले-लेकर फेंकता चला जाए, तो तृप्ति नहीं होती। तृप्ति तब ही होती है, जब भोजन आमाशय में जाता है और इसमें पुष्टिकारक गुण विद्यमान होता है।

"इसी प्रकार सौंदर्य यद्यपि आँखों तक ही रहे तो तृप्ति नहीं होती। तृप्ति तब होती है, जब सौंदर्य मन द्वारा आत्मा तक उतर जाए।

"स्वाभाविक परिस्थिति में तो सौंदर्य आँखों द्वारा देखा जाकर आत्मा तक पहुँचता ही है। यह बिल्कुल खाए हुए भोजन की भाँति ही है, जो जिह्वा को स्वाद देने के पश्चात् आमाशय में उतरता ही है। कठिनाई वहाँ उपस्थित होती है, जब आमाशय रुग्ण हो और खाए-पीए को कै कर दे। जब मन अथवा आत्मा स्वस्थ न हो तो आँखों द्वारा ग्रहण किया सौंदर्य आत्मा तक उतरता ही नहीं। यह कै हो जाता है और तृप्ति नहीं देता।"

"अच्छा विनोदजी! यह बताइए कि मेरा सौंदर्य आपकी आत्मा तक उतर रहा है अथवा आँखों तक ही रह रहा है?"

मैंने उसकी आँखों में देखकर कहा, "मुझे तुम्हें देखकर तृप्ति हो रही है। इससे मेरा अनुमान है कि आत्मा तक पहुँच रहा है।"

"जब कोई मनुष्य भोजन कर तृप्ति अनुभव करता है तो क्या करता है?"

"खाना छोड़ देता है।"

"इसी प्रकार जब मैं मन भरकर तुम्हें देख लेता हूँ और तृप्त हो जाता हूँ तो तुम्हें देखने को जी नहीं करता। एक बार का देखा हुआ चिरकाल तक तृप्ति देता है।"

"यह तो आप अरुचि की बात कर रहे हैं। जैसे अस्वादिष्ट पदार्थ को खाने से अरुचि होती है, वैसे ही आप मेरे से अनुभव करते प्रतीत होते हैं।"

"नहीं रोमिली! अरुचि एक सर्वथा पृथक् बात है। अस्वादिष्ट पदार्थ के स्वाद का स्मरण कर उसको पुन: खाने की इच्छा नहीं होती। यह अरुचि है। उसका स्वाद स्मरण कर आनंद के स्थान पर घृणा ही अनुभव होती है। परंतु स्वादिष्ट पदार्थ का स्वाद और उसके तृप्तिकारक प्रभाव को स्मरण कर तो आनंद अनुभव होता है और इसके पश्चात् पुन: उसके लेने की इच्छा होती है।"

"तो आप मुझको पुन: देखने की भी इच्छा करते हैं?"

"हाँ।"

"तो आप मुझको अपना क्यों नहीं लेते? मुझको अपना बना लीजिए। मैं आपके पास सदा रहूँगी।"

"तुम तो अपनी ही हो। मेरे परम मित्र की स्त्री हो। मेरी भाभी हो।"

"मेरा अभिप्राय है कि मुझको पत्नी बना लो।"

"मैं संबंध-विच्छेद में विश्वास नहीं रखता और शारीरिक संबंध होने से कोई अपना अधिक हो जाता है, ऐसा नहीं मानता। यदि ऐसा होता तो वेश्याओं को लोग अपने समीप अधिक समझते।

"देखो रोमिली! तुम बहुत अच्छी हो। पढ़ी-लिखी और बुद्धिशील हो। तुमने यहाँ पर जो कुछ किया है, अद्वितीय है। इससे मैं तुम्हारे प्रशंसकों में से हूँ। इस पर भी तुम मेरी पत्नी नहीं हो सकतीं। पत्नी के कर्तव्य और अधिकार भिन्न हैं। तुम अति श्रेष्ठ होते हुए भी न तो पत्नी के कर्तव्य पालन कर सकती हो और न ही उसका अधिकार पा सकती हो।"

इस पर रोमिली के माथे पर त्योरी चढ़ गई। उसने पूछा, "मैं पत्नी के कर्तव्य क्यों नहीं पालन कर सकती?"

"इस कारण कि तुम दूसरे की पत्नी हो। तुमने उसको वचन दिया है कि तुम उसकी निष्ठावान स्त्री बनकर रहोगी।"

"मैं आपके लिए केशव को छोड़ सकती हूँ।"

"मैं यह नहीं चाहता। कारण यह कि मैंने राधा को वचन दिया है। मैं उसका निष्ठावान पति रहूँगा। मैं अपना वचन भंग नहीं करना चाहता।"

"क्या मैं उससे अधिक सुंदर नहीं हूँ?"

मैंने मुस्कराकर उसकी ओर देखकर कहा, "जो सौंदर्य एक पति अपनी पत्नी में देखना चाहता है, वह तुममें राधा से कम है।"

"वह सौंदर्य क्या है?"

"इस सौंदर्य का संबंध मन से है। राधा निष्ठावान है। वह मेरे अतिरिक्त किसी अन्य को पति के रूप में ध्यान में भी नहीं ला सकती। तुममें मन की वह दृढ़ता नहीं। भगवान् जाने तुमने मेरी इन आँखों में क्या देखा है कि तुम मुझसे संबंध के लिए व्याकुल हो रही हो! मैं इन दोनों बातों में कोई संबंध नहीं देखता।"

"विवाह तो एक प्रकार का 'कॉन्ट्रैक्ट' है न? यह दोनों की अनुमति से टूट भी सकता है।"

"हम हिंदू इसको ठेकेदारी नहीं मानते। इसको हम धर्म का संबंध समझते हैं। यह एक बार बन जाने से टूट नहीं सकता।"

"इस पर भी पुरुष तो दो-तीन विवाह कर लेते हैं।"

"हाँ, परंतु विवाह टूट नहीं सकता।"

"तो पत्नी को दो अथवा तीन विवाह की स्वीकृति क्यों नहीं?"

"इस कारण कि स्त्री संतान को अपने गर्भ में रखती है। संतान के मन में यह संदेह

उत्पन्न न होने देने के लिए कि उसका पिता कौन है, स्त्री को एक ही पति की पत्नी बनकर रहने का विधान है।"

"यह तो अन्याय है।"

"स्त्री के साथ हो सकता है, परंतु भावी संतान के विचारों को शुद्ध-पवित्र रखने के लिए यह अन्याय भी सह्य है।"

"इस बात में संदेह उत्पन्न होने से कि किसी का पिता कौन है, उस संतान के मन में क्या खराबी उत्पन्न हो सकती है?"

"हिंदुओं के समाज में किसी को अपने पिता का ज्ञान न होना अशोभनीय माना जाता है। इस कारण स्त्री को एक ही पति रखना आवश्यक माना गया है।"

"इसमें कोई युक्ति नहीं है।"

"मन की भावनाएँ युक्ति के तराजू पर नहीं तोली जातीं। इस पर भी रोमिली! मैं यह कहना चाहता हूँ कि इस प्रकार की बातों से कोई लाभ नहीं। एक अंतिम बात तुमको समझ लेनी चाहिए कि जैसे टूनी मेरी बहन है, वैसे ही तुम मेरी भाभी हो और राधा मेरी पत्नी है। यह मेरा अविचल निश्चय और विश्वास है।"

"आप इस निश्चय से डिग नहीं सकते क्या?"

"तुम जैसी स्त्रियों के सम्मोहन में आकर अस्थायी रूप में पथ-भ्रष्ट हो सकता हूँ; इस पर भी उससे बचने के लिए मैं कोई उपाय छोड़ूँगा नहीं। पथ-भ्रष्ट होने पर भी मैं उस पतन से उठने के लिए प्रायश्चित्त करूँगा।"

रोमिली का मुख उतर गया। उसने पत्थर से उठते हुए कहा, "मैं अभी निराश नहीं हुई। मैं फिर यत्न करूँगी।"

हम दोनों बाँह में बाँह डाले हुए ही केशव भवन की ओर लौट पड़े। मैंने लौटते हुए कहा, "जब-जब तुम वासना से ग्रस्त होती हो, तुम्हारा सौंदर्य फीका पड़ जाता है।"

मैं मन में विचार करता था कि केशव रोमिली के मेरे प्रति विचारों को जानता है अथवा नहीं। मुझको विश्वास था कि वह जानता है, परंतु वह इस बात की परवाह नहीं करता। इस बात का विश्वास होने से मुझको केशव पर दया आने लगी। मैंने निश्चय कर लिया था कि एक बार उससे इस विषय में बात करूँगा। मैं जानता था और अपने मन में अनुभव करता था कि मैंने आज अपने को रोमिली के सम्मोहन से बचा लिया है। इस पर भी मैं अपनी बार-बार परीक्षा करना नहीं चाहता था। मैंने निश्चय कर लिया कि आगे से राधा सदा मेरे साथ रहा करेगी।

भवन पर पहुँचे तो केशव लॉन में खड़ा अस्सी वर्ष की बुढ़िया के शव को गाँव में संस्कार के लिए भेज रहा था। मैं उसके पास पहुँचा तो उसने बताया, "वह स्त्री शुद्धीकरण सह नहीं सकी।"

"दूसरी दो कैसी हैं?"

"वे ठीक हैं। अभी भी नील वर्ण किरणों में स्नान कर रही हैं। चलो दिखाऊँ।"

मृत शव के चले जाने पर हम भवन में चले गए। रोमिली अभी भी मेरी बाँह-में-बाँह डाले हमारे साथ थी। हम उस कमरे में पहुँचे, जिसमें दोनों स्त्रियाँ लेटी हुई थीं। कमरे में ऊष्मा पर्याप्त थी और दोनों स्त्रियाँ अभी भी सर्वथा अवस्त्र नील वर्ण प्रकाश में लेटी हुई थीं। केशव ने मुझसे कहा, "इनके सिर पर देखो। नए काले बाल निकल रहे हैं।" उसने एक स्त्री के स्तनों को, जो प्रातःकाल खाली थैलियों की भाँति लटके हुए थे और अब शुद्धि-प्रक्रिया के कारण सुकड़कर छाती के साथ लग गए थे, उँगली से दबाते हुए कहा, "देखो, ये एक कुमारी के स्तनों की भाँति पनपने लगे हैं।"

उनकी चमड़ी में भी नया तेज आता दिखाई देने लगा था। साथ ही, आँखों की ज्योति बढ़ने लग गई थी। केशव ने बताया, "करीम को स्वास्थ्य-लाभ करने में दस दिन लगे थे। वह पचहत्तर वर्ष का बूढ़ा अब पच्चीस वर्ष का युवा प्रतीत होता है। इन स्त्रियों में तो शक्ति का संचार अधिक वेग से हो रहा प्रतीत होता है। पाँच-छह दिनों में ये विवाहने योग्य हो जाएँगी।"

उस स्थान से हम बाहर चले गए। सूर्यास्त हो चुका था और अँधेरा होने जा रहा था। मैं राधा को घोड़े पर सवार आते देखने के लिए भवन से बाहर निकल आया। रोमिली अभी भी मेरे साथ चिपटी हुई थी। वह मेरे आशय को समझ गई थी। पूछने लगी, "राधा को देखने जा रहे हैं क्या?"

"हाँ। अब तक उनको वापस आ जाना चाहिए था। अँधेरा हो रहा है।"

"यहाँ अँधेरा होता ही नहीं। व्योम में प्रकाश कर दिया जाएगा।"

"इस पर भी सर्दी हो रही है। उनको आ जाना चाहिए।"

हमको भवन से बाहर आए अभी पाँच मिनट मुश्किल से हुए होंगे कि पहाड़ी पर से दो घुड़सवार आते दिखाई देने लगे। रोमिली ने कहा, "वे आ रही हैं।"

रोमिली मेरी बाँह में बाँह डाले खड़ी रही और मैं राधा और टूनी की प्रतीक्षा करता रहा। राधा घोड़े पर खुली हवा में सैर करने से लाल हो रही थी और घोड़े को एड़ लगाकर टूनी से आगे निकल आई थी। उसने घोड़ा खड़ा किया तो मैंने आगे बढ़, उसको घोड़े से उतरने में सहायता दी। इस समय मैंने अपनी बाँह में से रोमिली की बाँह निकाल दी थी।

राधा अति प्रसन्न और सबल दिखाई देने लग गई। वह राइडिंग ड्रेस में बहुत ही अच्छी लग रही थी। टूनी आई तो मैं उसके साथ अपने कमरे में चला गया। राधा ने कहा, "हमने खूब घुड़दौड़ की है और मैं समझती हूँ कि एक ही दिन में मेरा बल दुगुना हो गया है।"

तृतीय परिच्छेद

"बहुत खूब!"

"वहाँ पहाड़ी पर, जहाँ पावर प्लांट लगा है, किश्तवाड़ की पूर्ण वादी का दृश्य देखने को मिलता है। बहुत ही मनोहर है।"

टूनी और रोमिली भवन के दूसरे कक्ष में चली गई थीं। मैं समझ गया कि रोमिली टूनी को अपनी असफलता का विवरण बताने ले गई है।

जब राधा कपड़े बदल चुकी और प्लास्टिक की सेविका चली गई, तो वह मेरे पास आकर पूछने लगी, "क्या देखा आपने?"

"गाँव की पंचायत देखी। एक साफ-सुथरा गाँव देखा। खेतों को धन उगलते देखा और फिर चंद्रभागा को वादी में बहते देख मन बहलाते रहे हैं।"

"आपने कुछ खाया है अथवा नहीं?"

"नहीं। चाय के लिए तो बहुत देरी हो गई है। अब तो भोजन ही करेंगे।"

"हम तो चाय ऊपर से ही पी आए थे।"

"अच्छा किया है।" हम दोनों आरामकुर्सियों पर बैठकर बातें कर रहे थे कि केशव ने कमरे के बाहर से पुकारा, "विनोद!"

"हाँ केशव! भीतर आ जाओ।"

केशव आया तो उसके साथ एक स्त्री भी आई। वह स्त्री एक सुंदर युवती थी। वस्त्र तो यद्यपि साधारण से ही पहने थे, इस पर भी उसके नख-शिख तथा रूप-लावण्य पर्याप्त अच्छा था।

"देखो विनोद!" केशव ने कहा, "तुम लोग आज पंचायत कर आए हो और क्या कर दिया है वहाँ?"

"क्या कर दिया है? मैं इस स्त्री को नहीं जानता।"

"नंदू पांडे की बीवी को नंदू ने छोड़ दिया है और करामत ने उसको रखा नहीं। अब वह इसके पति पीरू को लेकर भाग गई है।"

"तो यह पीरू की बीवी है? यह तो गौरी से अधिक सुंदर है।"

"हाँ, पर यह दो बच्चों की माँ है। गौरी के बच्चा हुआ नहीं और न होने की आशा है। इस कारण यह और बच्चे पीरू को बोझा प्रतीत हुए हैं। गौरी तो सर्वथा मुक्त ही है।"

"तो हमने इसमें क्या कर दिया है?"

"पांडे को संबंध-विच्छेद की स्वीकृति नहीं देनी चाहिए थी।"

"न्याय किया है पंचों ने। सम्मति दी थी रोमिली ने। अब मेरी सम्मति मानें तो पांडे इससे विवाह कर ले। दो बच्चे फोकट में मिल जाएँगे। साथ ही, तुम यह कृपा कर दो कि पीरू के खेत पांडे को दिलवा दो!"

विनोद इस प्रस्ताव से फड़क उठा, परंतु एक ही क्षण में उसको पांडे की प्रवृत्ति

समझ में आ गई। वह गंभीर हो गया और बोला, "विनोद! यह पांडे केमिस्ट्री का एम.एस-सी. नहीं है। ब्राह्मण होते हुए एक मुसलमान से विवाह नहीं करेगा।"

"उसकी स्त्री, जो एक मुसलमान ले गया है!"

"ये युक्तियाँ उसको समझ नहीं आ सकतीं। वह अपने को परमात्मा का अधिमत (Preferred) पुत्र मानता है और किसी निकृष्ट जीव से वह संपर्क रखना नहीं चाहेगा।"

"उसको बुलाओ तो!"

पीरू की बीवी को रोमिली के पास भेज केशव ने गाँव में संदेश भेज दिया कि नंदू पांडे को भेज दिया जाए।

इस संदेश को भेज वह वहाँ ही बैठ गया और बताने लगा कि किशतवाड़ में तहसीलदार आया हुआ है। उसने मुझको बुला भेजा था। उसका कहना है कि एक रॉबर्ट का पत्र महाराज के नाम पर आया है, जिसमें उसने लिखा है कि हम नर-मांस खानेवाले हैं। उसने यह भी लिखा है कि हम नर-मांस खाकर अस्थियों का चूरा कर चंद्रभागा में बहा देते हैं। इसी कारण उसने अपनी बीवी मालती को छोड़ दिया है।

"महाराज ने वह पत्र जाँच के लिए तहसीलदार के पास भेजा है। उस भद्र पुरुष ने मुझसे बताकर जाँच करने की इच्छा प्रकट की है। मैंने उसको बुलाया है और वह कल हमारे गाँव में जाँच करने के लिए आ रहा है।

"मैंने उसको रॉबर्ट के विषय में केवल यह बताया है कि वह मालती से रुपया ऐंठना चाहता था। मालती ने उसको एक लाख रुपया दिया भी है। अब वह और अधिक की आशा करने लगा है। इस प्रकार के झूठे लांछन लगाकर वह और अधिक धन ऐंठने का यत्न कर रहा है।"

"मैं चाहता हूँ कि नर-हत्या की बात उसे न बताई जाए। कारण कि यदि हम रॉबर्ट पर आरोप लगाएँगे तो जाँच होगी। हम प्रमाण देंगे तो हमको अपनी सफाई देनी पड़ेगी। व्यर्थ के झंझट से बचने के लिए हमको नर-हत्या से अनभिज्ञता ही प्रकट करनी चाहिए।"

अब मैंने अपने मन की बात कह देनी उचित समझी। राधा भी सामने थी और मैंने उसके सम्मुख ही कहना ठीक समझा। मैंने कहा, "केशव! मैं तुमसे एक अत्यावश्यक बात करना चाहता हूँ। यदि नाराज न हो तो कहूँ!"

"हाँ-हाँ, कहो।"

"उस समय से, जब मैंने रोमिली के सुंदर दाँतों की प्रशंसा की थी, वह मेरे पीछे पड़ी है। आज उसने स्पष्ट शब्दों में मेरे सम्मुख प्रस्ताव रखा है कि वह तुमसे संबंध-विच्छेद कर मुझसे विवाह करने को तैयार है। मैं कहना चाहता हूँ कि मुझसे तो वह यह

तृतीय परिच्छेद

बात स्वीकार न करा सकी, परंतु किसी अन्य को वह यह कह बैठी और वह मान गया तो एक भयंकर परिस्थिति उत्पन्न हो जाएगी।"

"तुमने उसको स्वीकार क्यों नहीं किया?"

"इस कारण कि मेरा विवाह एक ऐसी स्त्री से हो चुका है, जो मुझको अति प्रिय है और साथ ही इस कारण कि रोमिली मेरे मित्र की बीवी है।"

"देखो विनोद! मैं रोमिली के स्वभाव से परिचित हूँ। मैं इस बात को जानता हूँ कि कॉलेज के दिनों में उसका रॉबर्ट तथा अपने अन्य सहपाठियों के साथ संबंध रहा है। मुझको यह भी विदित है कि उसका रॉबर्ट से, जब वह यहाँ था, संबंध था। यदि रॉबर्ट के विरुद्ध नर-हत्या की बात न होती, तो कदाचित् वह उसके साथ ही चली गई होती, नर-हत्या ने उसके मन में उसके प्रति ग्लानि उत्पन्न कर दी प्रतीत होती है। यदि तुम उसको स्वीकार कर लेते तो मुझको प्रसन्नता ही होती। कारण यह कि तुम मेरे मित्र हो। मेरी वस्तु मेरे मित्र के पास ही रहेगी।"

"पर ऐसी स्त्री को तुम अपनी वस्तु समझते हो क्या?"

"वह मेरे साथ दस वर्षों से रही है और मेरे इस अद्भुत आयोजन में मेरी सहयोगिनी है।"

"कुछ भी हो। यदि उसकी दृष्टि किसी दुष्ट प्रकृति के पुरुष पर टिक गई तो वह उसके आदेश पर प्रत्येक कार्य करने के लिए तैयार हो जाएगी। मित्र! मैं यहाँ तुम्हारा जीवन भययुक्त समझता हूँ।"

"हा-हा-हा!" केशव खिलखिलाकर हँस पड़ा। "देखो विनोद!" उसने कहा, "मैं मौत से नहीं डरता, यद्यपि मैं मरना भी नहीं चाहता। अतएव, मैंने रक्षा का पूर्ण प्रबंध किया हुआ है। यह मैं तुम्हारे सामने एक दिन रखूँगा।"

केशव के कहने पर मुझे शांति नहीं हुई। मैं अपने मन में एक योजना बनाने लगा था, परंतु उसके सफल होने में मुझको पूर्ण विश्वास नहीं था। इस पर भी मैंने वह केशव से कह दिया, "मैं समझता हूँ कि इसके लिए कोई ऐसा कार्य ढूँढ़ निकालो कि वह इधर-उधर भटक न सके।"

"रोमिली एक कामांध स्त्री है। उसको संसार की कोई भी अन्य वस्तु बाँधकर नहीं रख सकती। उसकी काम-तृप्ति होती ही रहनी चाहिए। इसी कारण मैं रॉबर्ट को यहाँ बुलाने पर मान गया था। मेरे लिए यदि उसका संबंध तुमसे हो जाता तो कम-से-कम आपत्तिजनक होता। परंतु मैं तुम्हें इस बात के लिए बाध्य नहीं कर सकता। भाभी के अधिकारों पर मैं छापा नहीं डालना चाहता।"

राधा मुस्कराई और चुप रही। मैंने कह दिया, "नहीं मित्र! यह नहीं हो सकता। रोमिली से तो मालती कहीं अधिक योग्य और अभीष्ट थी। जब अपने सिद्धांत के अधीन

उसको मैं बहन से कुछ अधिक अधिकार न दे सका, तो रोमिली के लिए तो प्रश्न ही नहीं उठता।"

हम भोजन करने जा रहे थे कि नंदू पांडे आ पहुँचा। वहाँ की प्रथानुसार मेज पर उसके और पीरू की बीवी के लिए भी स्थान बना दिया गया था। नंदू पांडे के लिए पेड़े, खोआ, दूध की मिठाई और पूरी का प्रबंध हो गया। शेष सबके लिए एक जैसा प्रबंध था।

नंदू को कुछ संकोच हुआ कि वह उसी मेज पर खा रहा है, जिस पर पीरू की बीवी खा रही है, परंतु अपने लिए विशेष प्रबंध देख वह संतुष्ट हो गया।

भोजन करते हुए बात रोमिली ने आरंभ की, "पांडेजी! गौरी तो गई और आपकी इच्छा से गई है। अब आप नया विवाह करेंगे क्या?"

"मालकिन! मैं भी यह गाँव छोड़कर जा रहा हूँ।"

"क्यों?"

"यहाँ मेरे योग्य कोई भी लड़की नहीं है और यदि मैं कोई बाहर की लड़की विवाह कर यहाँ लाऊँ तो वह भी यहाँ रहते बिगड़ ही जाएगी।"

"कैसे बिगड़ जाएगी?"

"गौरी पर मेरा बहुत विश्वास था। वह कुछ बड़ी सुंदरी भी नहीं थी, परंतु पीरू के साथ भाग गई। उस बेचारी का भी कोई दोष नहीं। यहाँ का वातावरण ही ऐसा है। यदि यहाँ सर्दी अधिक न हो तो यहाँ की स्त्रियाँ और भी अधिक दुराचारिणी हो जातीं।"

"तो क्या करोगे?"

"मैं श्रीनगर चला जाऊँगा। वहाँ किसी भली लड़की से विवाह कर रहूँगा।"

"यदि यहाँ तुमको कोई सुंदर बीवी मिल जाए और तुम्हारे साथ प्रेमपूर्वक रहे तो फिर कैसा रहेगा?"

"सरकार! यह पीरू की बीवी के विषय में कहते हैं न? यह है तो भली औरत, परंतु मुसलमानिन है और फिर पूर्व-विवाहिता है। एक ब्राह्मण यह अधर्म कैसे स्वीकार कर सकता है?"

"इसमें अधर्म क्या है? यहाँ का समाज तो इसको बुरा मानेगा नहीं। साथ ही तुम्हारी गौरी से यह अधिक सुंदर है। इसके दो बच्चे भी साथ हैं। यदि तुम मान जाओ तो पीरू के खेत भी साथ में मिल जाएँगे।"

ये प्रलोभन नंदू के लिए बहुत प्रबल सिद्ध हो रहे थे। वह चुप कर गया। उसको चुप देख केशव ने कहा, "तो ठीक है न, पांडेजी?"

"एक बात तो समझ में आ रही है। पीरू से मेरा बदला निकल जाएगा, परंतु जैसे पीरू ने मेरी बीवी से विवाह नहीं किया, वैसे ही मैं पीरू की बीवी को विवाह के बिना ही रखूँगा।"

"यह हो सकता है। उस अवस्था में पीरू के खेत पीरू की बीवी के नाम रहेंगे। तुम्हारे उसके साथ न रहने पर ये खेत उसके ही पास रहेंगे।"

"खेतों की मुझे चिंता नहीं। पर मैं धर्म की वेदी पर बैठकर एक मुसलमानिन को अपनी पत्नी नहीं बना सकता।"

मैं समझ रहा था कि नंदू पीरू की बीवी को एक रखैल बनाकर रख रहा है। यह पीरू की बीवी के सौंदर्य का प्रतिचार (Response) नहीं था और न ही किसी प्रकार की आसक्ति का सूचक था। यह तो बदले की भावना से हो रहा प्रतीत होता था। मैं इस भावना को देख इस सुख-संपन्न गाँव में पूर्ण प्रयत्न को आधार रहित ही मानता था। मैं चाहता था कि नंदू को कहूँ कि विवाह के मामलों में ईमानदारी से काम लो, क्योंकि पीरू की बीवी ने उसका कुछ बिगाड़ा नहीं था। उसको उसके पति के बदले में दंडित करना, उसके प्रति अन्याय होगा। परंतु मुझको कुछ कहने का अवसर ही नहीं मिला। केशव ने कह दिया, "हमारे लिए विवाह कर रखो अथवा बिना विवाह के, बात एक ही है। यह तुम्हारे घर पर रहेगी। इसके बच्चों के पालन का भार तुम पर है। इस काल के लिए पीरू के खेतों की पैदावारें तुम्हारी होंगी।"

"मुझको स्वीकार है।"

"तो भोजन के पश्चात् घर चले जाओ। कल पंचायत में तुम्हारे इस प्रबंध की घोषणा कर दी जाएगी।"

भोजन के पश्चात् जब वे चले गए तो मैंने केशव से कहा, "यह भी ठीक नहीं हुआ।"

"क्यों?"

"इसीलिए कि बिना विवाह के इस प्रकार रहने की प्रेरणा करना आप लोगों को शोभा नहीं देता। आप यहाँ पढ़े-लिखे बुद्धिमान व्यक्ति हैं। यदि सब इसी प्रकार विवाह करने लगे तो पारिवारिक जीवन सर्वथा निर्मूल हो जाएगा। इससे समाज नष्ट-भ्रष्ट हो रसातल को पहुँचेगा।"

"कुछ नहीं होगा। नियम-उपनियमों के बंधनों से मुक्त हो, प्राणी सुख-सुविधा का भागी बनेगा। सुखी और स्वतंत्र प्राणी अबोध उन्नति के मार्ग पर चलता हुआ जीवन व्यतीत करेगा।"

रात राधा ने मुझसे वह सबकुछ सुनाने का आग्रह किया, जो मेरे और रोमिली के बीच में हुआ था। उसने कहा, "जब टूनी ने मुझको कहा कि मैं उसके साथ पावर प्लांट देखने चलूँ और उसने बताया कि आप रोमिली के साथ पंचायत देखने जा रहे हैं, तो मैं उस समय समझ गई कि रोमिली आप पर अपना मोह-जाल बिछाने का यत्न कर रही है। एक बार तो मेरे मन में आया कि आपको सचेत कर दूँ। परंतु शीघ्र ही मुझे अपने

ऊपर ग्लानि उत्पन्न हुई। मैंने आपकी दृढ़ता पर संशय किया था। जब मैं और टूनी लौटे तो आपकी बाँह में बाँह डाले हुए देख मुझे शोक हुआ कि मैंने आपको सचेत क्यों नहीं किया? परंतु समीप पहुँचकर रोमिली के मुख पर देखने से मेरे पूर्ण संशय का निवारण हो गया। मैं समझ गई कि आप पर संदेह करना मेरी भूल थी।

"अब आप क्या करना चाहते हैं?"

"कुछ नहीं। मुझको विश्वास है कि तुम्हारे रहते हुए मुझे कोई पथ-भ्रष्ट नहीं कर सकता।"

"मैं एक बात कहती हूँ कि यदि आपके संपर्क से रोमिली स्थिरचित्त हो सके और केशवजी के मन को शांति मिल सके तो यह पाप नहीं होगा।"

"नहीं राधा! यह नहीं होगा। इसके अतिरिक्त, मैं रोमिली को सीधे मार्ग पर लाने का यत्न करूँगा।"

यद्यपि राधा मुझको कह रही थी कि मैं रोमिली के प्रेम की प्रतिक्रिया दूँ तो भी मैं समझता था कि अंतरात्मा में वह मेरे व्यवहार को ठीक ही मानती थी।

अगले दिन मैंने केशव के वैज्ञानिक परीक्षणों में अधिक रुचि लेनी प्रारंभ कर दी। मैं उन स्त्रियों को देखने गया, जिनका कायाकल्प किया जा रहा था। उनका शरीर, जो शुद्धीकरण के समय बिल्कुल सूख गया था, अब भर आया था। सब पके हुए बाल झड़ चुके थे और उनके स्थान पर काले बाल उग रहे थे; आँखें मोटी और चमकदार हो गई थीं। गाल भर आए थे और मुख अंडाकार दिखाई देने लगा था। शरीर का मांस चमकदार और मुलायम हो गया था। गरदन और मुख पर की झुर्रियाँ बिल्कुल नहीं रही थीं। स्तन भर आए थे और उनकी चूचियों का रंग, जो वृद्धावस्था के कारण काला पड़ गया था, अब युवा कुमारियों की तरह गुलाबी हो गया था। दोनों अभी तक निर्वस्त्र बिस्तरों पर पड़ी थीं और अभी भी उन पर नीलवर्ण किरणों का प्रकाश पड़ रहा था। जो विशेष बात उनमें दिखाई दी थी, वह उनको मेरे वहाँ पहुँचने से लज्जा का अनुभव होना था। परीक्षण से पूर्व उनको वस्त्र उतारने के लिए कहा था, तो उन्होंने निस्संकोच कपड़े उतार दिए थे, मानो वे काठ की पुतलियाँ ही हैं। परंतु अब केवल बाईस घंटों के अंतर पर मुझे कमरे में देख बिस्तर की चादर लपेटने का यत्न करने लगी थीं। वहाँ समीप कोई वस्त्र न देख उनका मुख लाल हो गया था।

मैंने समझा, इनके शरीर के पुनरुद्धार के साथ-साथ इनके मन में भी यौवन आ गया है। मैंने उनके संकोच मिटाने के लिए पूछा, "रात नींद कैसी आई?"

"अच्छी प्रकार से आई?"

"अब कैसा अनुभव करती हो?"

"हम अब अपने घर जाना चाहती हैं।"

"डॉक्टर अभी आकर बताएँगे।"

मैं उस कमरे में चला गया, जहाँ उनकी शुद्धि की गई थी। केशव वहाँ था और अपने यंत्रों को ठीक कर रहा था। मुझको देख उसने पूछा, "देखा है, उन बूढ़ी स्त्रियों को ?"

"हाँ! अब वे उन्नीस-बीस वर्ष की युवतियाँ प्रतीत होने लगी हैं।"

"चलो, तो देख लूँ।"

केशव ने भी उनकी परीक्षा की और उसके पश्चात् उनको कहा, "अब तुम दोनों उठो और अपने वस्त्र पहन लो। अब तुम जा सकती हो, परंतु एक सप्ताह तक नित्य एक घंटे के लिए तुमको यहाँ आना पड़ेगा। एक सप्ताह में तुम्हारे बाल खूब लंबे, घने और चमकीले हो जाएँगे।"

वे उठकर कमरे से बाहर की ओर भागने लगीं कि केशव ने उनको कहा, "ठहरो, कहाँ जाओगी ? बिना कपड़े पहने बाहर निकलोगी तो सर्दी में मर जाओगी।"

वे वहीं ठहर गई। केशव ने एक बटन दबाया। एक प्लास्टिक की पुतली भीतर आ गई और केशव ने उसको आदेश दिया, "इनको कपड़े पहनाकर चाय पिलाकर विदा करो।"

पुतली ने झुककर संकेत किया, मानो वह सबकुछ समझ गई हो!

हम वहाँ से बाहर आए। केशव मुझे अपने पावर रूम में ले गया। वह उस सब के रहस्य को समझाने लगा, "जहाँ कल टूनी और राधा गई थीं, मैंने वहाँ एक विद्युत् उत्पादक यंत्र लगा रखा है। वहाँ एक झरना है। उस झरने के जल को नियंत्रण में करना पड़ा और उसके पश्चात् उसमें यंत्र लग सका। इस सब पर हमारा दो लाख रुपया खर्च हुआ था। उसके समीप ही मैंने आइसोटोप्स छाँटने का यंत्र लगाया है। वहाँ मैंने पारे के आइसोटोप्स पृथक् किए हैं। एक आइसोटोप्स, जिसका भार 202 है, एकत्र कर लिया जाता है। वह ही शक्ति का स्रोत है, जिसका प्रयोग मैं भिन्न-भिन्न प्रकार से करता हूँ। इन प्लास्टिक के पुतलों के इलेक्ट्रॉनिक मस्तिष्क में, रात को प्रकाशित होनेवाले चाँद में तथा जीवनदान करनेवाले यंत्रों में वही प्रयोग हो रहा है।

"इस आइसोटोप को मैं विघटित होते समय इलेक्ट्रोमैग्नेटिक तरंगों से आंदोलित करता हूँ, जिससे उसमें से निकल रही किरणें मार्ग बदल लेती हैं। इस प्रकार की किरणें शरीर का शोधन करती हैं, दूसरी पोषण।

"दो मिस्त्री पावर हाउस में और एक समझदार संरक्षक आइसोटोप्स पृथक् करनेवाले यंत्र की देखभाल के लिए हैं। वहाँ से विद्युत् तारों द्वारा यहाँ भवन में और गाँव में वितरण के लिए आती है। इन तारों को लाने में हमारा एक लाख रुपया खर्च हुआ था। गाँव में एक व्यक्ति विद्युत्-वितरण केंद्र में कार्य करता है और एक व्यक्ति यहाँ भवन में।

"गाँव की पंचायत खेतों में पोषण यंत्रों द्वारा शक्ति वितरण करती है और सब गाँववालों से उनकी उपज का दशांश लेती है।

"हमने इन यंत्रों को पूर्ण कराने में पाँच लाख रुपए से ऊपर व्यय किया है। और ऐसा करने में चार वर्ष का समय लग गया है। अब दो वर्षों से उपज बढ़ रही है। गाँववाले धनी होते जा रहे हैं। धन के साथ-साथ उनके विचारों में भी परिवर्तन होता जा रहा है। पंचायत ने इस वर्ष बच्चों के लिए एक विद्यालय खोल दिया है, परंतु मेरा प्रौढ़ शिक्षा कार्य तो छह वर्षों से चल रहा है। जो कुछ तुमने कल पंचायत में देखा है, वह उस शिक्षा का ही परिणाम है।

"मुसलमान स्त्रियों ने परदा छोड़ दिया है। मुसलमान पुरुषों ने सफाई के विचार से दाढ़ी मुँडवानी आरंभ कर दी है। खान-पान में लोग विशाल विचार रखने लग गए हैं। नंदू पांडे की बात तुमने देखी है। वह मुसलमान स्त्री को पत्नी बनाने के लिए तैयार हो गया है।"

"यह सबकुछ ठीक है केशव! परंतु मैं जो कुछ कल से देख रहा हूँ, वह मनुष्य के वास्तविक दोषों में सुधार नहीं। निर्धनता, अशुचिता, अशिक्षा और अज्ञानता ये सब बुरी बातें हैं और उनको दूर करना आवश्यक है। परंतु मनुष्य के वास्तविक दोष हैं—काम, क्रोध, लोभ, मोह और अहंकार। इनमें कितनी कमी तुम करा सके हो? मैंने कल पंचायत में इनका प्रदर्शन देखा है।"

"देखो विनोद! काम-क्रोधादि अवगुण न कभी दूर हुए हैं और न होंगे। इन पर माथा-पच्ची करनी व्यर्थ है। ये अवगुण जब बढ़ जाते हैं तो फिर समाज में संघर्ष उत्पन्न हो जाता है और उसके पश्चात् अवगुण स्वयमेव सीमा में आ जाते हैं।"

"परंतु सीमा में आने से पूर्व महाप्रलय भी उत्पन्न कर सकते हैं। मान लो क्रोधवश ये गाँववाले तुम पर पिल पड़ें तो तुम मियाँ-बीवी इन गाँववालों के सम्मुख क्या कर सकोगे?

"अभी तक तो इनको पता नहीं कि रॉबर्ट, टूनी का पति, नर-मांस खाता था और तुम जीवित मानवों की हत्या कर उन पर परीक्षण कर रहे हो। मुझको भय है कि कहीं ये बातें उनको पता चल गईं तो वे लोग क्या कर बैठेंगे, कहा नहीं जा सकता।"

केशव हँस पड़ा। वह बोला, "विनोद! तुम समझे नहीं। हम मूर्ख नहीं हैं। इस प्रदेश में इतना वैभव और धन-दौलत लेकर अकेले बैठे हैं तो अपनी शक्ति के भरोसे ही। मैंने एक ऐसा यंत्र बनाया है, जो हम यहाँ से पाँच मील के अंतर पर खड़े व्यक्ति पर घुमा दें तो यह बिना किसी प्रत्यक्ष संबंध के उस व्यक्ति को समाप्त कर सकता है। यदि पाँच सहस्त्र व्यक्ति भी इस भवन पर आक्रमण करें, तो मैं अकेला उस यंत्र द्वारा उनको मृत्यु की नींद सुला सकता हूँ।

तृतीय परिच्छेद 161

"एक बार नासिर जूँ बागी हो गया। वह हम सबके विरुद्ध गाँववालों को उभारने का प्रयत्न करना चाहता था। मुझे इसका पता चल गया। मैं भवन की छत पर गया और उसको कुछ गाँववालों से राय करते देख सबकुछ समझ गया। मैंने उस यंत्र से उन सब खड़े हुओं पर अल्ट्रासोनिक-वेव (तीव्र शब्द तरंगें) छोड़ दीं और वे सब-के-सब एकदम मर गए। उनको पता भी नहीं चला कि यह कैसे हुआ ? इसके पश्चात् आज तक किसी का साहस नहीं हुआ कि हमारे विरुद्ध किसी को कुछ भी कह सके। आओ मेरे साथ, मैं तुम्हें वह यंत्र दिखाता हूँ।"

केशव मुझे छत पर ले गया। भवन की सबसे ऊपरी गुमटी में एक बड़ा-सा यंत्र लगा हुआ था। केशव मुझे गुमटी में ले गया। उसने वहाँ पर रखे दो बटन के प्रकार के प्लग अपने कानों में ठूँस लिये और दो मुझे कानों में लगाने के लिए दे दिए। उसके पश्चात् उसने यंत्र में लगे एक बटन को दबा दिया। और मुझसे बोला, "अब इस यंत्र में से ध्वनि तरंगें, जिनकी बारंबारता (फ्रीक्वेंसी) एक क्षण में कई लाख है, निकल रही हैं। यंत्र का मुख इस समय प्रकाश की ओर है और ये तरंगें एक ध्वनिदंड (वीय) में जा रही हैं। यदि कोई प्राणी ध्वनिदंड में आ जाए तो एक क्षण में ही उसकी मृत्यु निश्चित है।

"वह देखो, एक कौआ उड़ता हुआ इसके मार्ग में आ रहा है। इसकी अब खैर नहीं।"

देखते-देखते वह कौआ ज्यों ही ध्वनिदंड में आया कि लोट-पोट होकर भूमि पर गिर गया।

केशव ने बताया, "यह ध्वनिदंड यहाँ से पाँच मील तक अपना विनाशकारी प्रभाव रखता है। इस यंत्र की सहायता से मैं पूर्ण सेना को, जो भवन पर आक्रमण कर रही हो, नष्ट कर सकता हूँ।"

केशव की इस शक्ति का अनुमान लगा, मैं काँप उठा। मैं मन में विचार करता था कि यह वैज्ञानिक, जो मनुष्य को मिट्टी का ढेला मात्र ही समझता है, इस शक्ति के प्रयोग से कितना अनर्थ कर सकता है!

मैं अभी उस भयंकर स्थिति का अनुमान लगा ही रहा था कि केशव ने यंत्र को बंद कर दिया और गर्व से सिर ऊँचा उठाकर कहा, "विनोद! मैं अपने को सहस्त्रबाहु हो गया समझता हूँ। विज्ञान ने मेरी बाँहों की संख्या को हजार गुणा कर दिया है। मैं इन सहस्त्रों सबल भुजाओं के बल से यहाँ बैठा भगवान् से अधिक बलशाली अनुभव करता हूँ।

"विज्ञान का अभी अंत नहीं पहुँचा। यह संभव है कि अपने जीवन काल में ही मैं सहस्त्रबाहु से लक्ष-लक्ष भुजाओं का स्वामी बन जाऊँ!"

मध्याह्न के भोजनोपरांत विश्राम के समय रोमिली, केशव और टूनी आए और यह निश्चय हुआ कि घोड़ों पर सवार होकर चंद्रभागा के किनारे-किनारे नदी के ऊपर को

जाया जाए। वहाँ से लगभग दस मील के अंतर पर एक जल-प्रपात है और वहाँ चीड़ के पेड़ों का जंगल है। सायंकाल की चाय वहाँ पर जाकर ली जाए।

मुझको यह कार्यक्रम बहुत अच्छा प्रतीत हुआ। हम सब साथ-साथ जा रहे थे। इससे मैं आशा करता था कि रोमिली अपने प्रस्ताव को कम-से-कम आज के लिए स्थगित रखेगी।

केशव का उद्देश्य तो केवल यह प्रतीत होता था कि मुझको और राधा को उस क्षेत्र की अच्छी सैर कराई जाए। परंतु रोमिली इस प्रकार के भ्रमण से मेरे और अधिक समीप आना चाहती थी।

इस विषय में उसका प्रयत्न मार्ग में ही आरंभ हो गया। राधा और टूनी घोड़ों पर सवार हो आगे निकल गईं। उनके साथ चाय का सामान था। मैं, रोमिली और केशव पीछे थे। केशव ने रोमिली के विषय में बात आरंभ कर दी। मैं समझ गया कि उसका आशय था कि रोमिली अपनी मुझ पर आसक्ति की बात न चला दे। उसने कहा, "मेरा रोमिली से परिचय पेरिस में हुआ था। वहाँ होटे-डि-पेरिस में चाय पी रहा था कि मेरे समीप से यह ऐसे गुजरी, जैसे कोई केतु गुजर गया हो। इसकी चमक-दमक से मेरी आँखें चुँधिया गईं। मैंने इसका पीछा किया। चाय के पश्चात् जब यह होटल से निकली तो मैं टैक्सी में इसके पीछे-पीछे निकल पड़ा। यह वहाँ एक सिनेटर के घर ठहरी हुई थी। जब यह मकान के भीतर चली गई तो मैंने दरबान से इसका परिचय प्राप्त किया और फिर इसका पीछा करता हुआ फिलाडेल्फिया जा पहुँचा! वहाँ वह सदा युवकों से घिरी रहती थी! मैंने इससे परिचय प्राप्त किया और इसको अपने मन की बात बताई। विस्मय की बात यह हुई कि यह तुरंत मान गई। इसके इतनी जल्दी मान जाने पर मुझको इसकी सद्भावना पर संदेह हो गया, परंतु इसने मुझको ऐसा फाँसा कि मैं इसे छोड़ नहीं सका। अब भी मैं अनुभव करता हूँ कि यह चाहे किसी से भी अपना संबंध बनाए, मैं इसको छोड़ नहीं सकता।

"विवाह के पश्चात् इसने रॉबर्ट को फार्म पर बुला लिया और मैं जान गया कि यह अनिष्ठावान पत्नी है। परंतु जब भी यह मेरी ओर मुस्कराकर देखती है, मैं इसका बेदाम का गुलाम बन जाता हूँ। इसने कहा कि इसके पिता के जीते-जी यह भारत नहीं आएगी। मैं मान गया और वहीं ठहर गया। इसने कहा कि वह रॉबर्ट को छोड़ नहीं सकती। मैंने इसको मना नहीं किया। इसने कहा कि इसके पिता का धन अमरीका में ही लगा रहेगा। मुझको आपत्ति नहीं हुई। विनोद! मैं तो इसके जादू के प्रभाव में हूँ और मुझको इसका शोक नहीं है। हमारे विवाह को आज दस वर्ष हो चुके हैं और मुझको, जहाँ तक इसके मेरे साथ संबंध का प्रश्न है, अभी आपत्ति नहीं हुई। जब भी चाहूँ, यह मुझसे प्रेम तथा प्यार करने को तैयार रहती है।"

"केशव! आश्चर्य तो इस बात का है कि तुम्हारे अभी तक संतान क्यों नहीं हुई?"

तृतीय परिच्छेद

"हमने इस ओर अभी तक ध्यान भी नहीं दिया।"

"तुम्हारा चित्त नहीं करता कि तुम्हारे कोई बच्चा हो ? प्लास्टिक के खिलौनों से कब तक खेलते रहोगे ?"

केशव चुप रहा। मैंने उसके मुख की ओर देखा। वह गंभीर था। मैंने रोमिली की ओर देखा। वह ऐसे घोड़ा दौड़ाती जा रही थी, मानो वह हमारी बातें सुन न रही हो। मैंने रोमिली को संबोधित कर पूछा, "भाभी ! तुमको बच्चे नहीं चाहिए क्या ?"

"चाहिए क्यों नहीं ? परंतु न हों तो क्या करूँ ?"

"तुम लाहौर चली आओ और परीक्षा करवाओ।"

"परीक्षा करवाई थी। मेरी डिंब-ग्रंथियों में दोष है।"

इतना कहते-कहते उसकी आवाज में कुछ भारीपन आ गया। मैं समझ गया कि यह एक दु:खद विषय है। साथ ही मुझको यह ज्ञात हुआ कि रोमिली जैसी अपने को स्वतंत्र कहनेवाली स्त्री भी मानवीय भावनाओं से ऊपर नहीं है। इस पर मैंने कहा, "हमारे हिंदू समाज में तो इसका एक ही उपाय है कि स्त्री अपने पति को दूसरा विवाह करने की स्वीकृति दे दे।"

"यह मैं कह चुकी हूँ।" रोमिली ने डबडबाई आँखों से कहा, "परंतु ये मानते नहीं। कहते हैं कि इनको संतान की आवश्यकता नहीं।"

"तो किसी की संतान को गोद ले लो।"

"मैंने टूनी के पहले बच्चे के विषय में कहा था, परंतु वह इतना बदसूरत है कि मन नहीं माना। कभी मन में विचार आता है कि यहाँ के किसी बच्चे को गोद ले लूँ, परंतु भय लगता है कि यहाँ के गँवारों का पुत्र उच्च विचार भी सीख सकेगा या नहीं ?"

"देखो भाभी ! तुम जाड़ों में लाहौर चली आओ। वहाँ तुम्हारी यह कठिनाई भी दूर हो सकेगी।"

"केशवजी भी चलें तो !"

"ये तो पिछले जाड़ों में वहाँ जा चुके हैं।"

"हाँ, परंतु केवल एक दिन के लिए। हमको एक शक्तिशाली ट्रांसफॉर्मर चाहिए था। ये प्रात:काल पहुँचे, उसका ऑर्डर दिया और रात की गाड़ी से वापस चले आए। एक दिन के लिए मैंने जाना उचित नहीं समझा।"

"अब मैं तुमको निमंत्रण देता हूँ। बताओ, आओगी न ?"

"पहले तो आपके यहाँ जाते संकोच होता था। अब तो संकोच नहीं होना चाहिए।"

"हाँ, और यदि तुम आओगी तो तुम्हारे पीछे-पीछे केशव भी दौड़ा आएगा।"

"आप इसमें क्या कहते हैं ?" रोमिली ने केशव से पूछा।

"इस विषय में विचार तथा चिंता करनी व्यर्थ है। तुम अपना प्रोग्राम बनाओ। मैं अपनी सुविधा उस समय देख लूँगा।"

"भाभी! तुम आओगी तो केशव भैया अवश्य आएँगे।"

"पर विनोद! तुम भाभी को निमंत्रण दे रहे हो, परंतु इसकी इच्छाओं की पूर्ति कर सकोगे क्या?"

"उसके लिए तुम जो हो। सो तुम उसमें मेरी सहायता कर दोगे। साथ ही, यहाँ एकांत में रहते-रहते, जहाँ करने को कुछ काम नहीं, सिवाय वासना में चित्त दौड़ाने के और कुछ नहीं हो सकता। वहाँ करने को बीसियों और काम होंगे। एक बार भाभी का ध्यान उधर गया तो वह सबकुछ भूल जाएगी।"

"करने को तो यहाँ काम कम नहीं। इस पर भी यह वासनामय बनी रहती है।"

हम नियत स्थान पर पहुँच गए थे। कल-कल करती हुई चंद्रभागा एक ऊँचे स्थान से नीचे गिर रही थी और फिर पत्थरों से टकराती हुई मुख से फेन छोड़ती हुई पश्चिम की ओर बहती चली जा रही थी।

किनारे पर बड़े-बड़े पत्थर बिखरे पड़े थे। राधा और टूनी एक बड़े से सपाट पत्थर पर बैठीं हमारी प्रतीक्षा कर रही थीं। उन्होंने अपने घोड़े चीड़ के एक पेड़ से बाँध दिए थे।

हमने भी अपने घोड़े अन्य पेड़ों से बाँधे और चंद्रभागा के किनारे-किनारे चीड़ के जंगल में टहलने लगे। स्वभावानुकूल रोमिली ने मेरी बाँह में बाँह डाली और मेरे साथ टहलने लगी। केशव राधा और टूनी के पास जा बैठा।

मैंने रोमिली से कहना शुरू किया, "कल की पंचायत का दृश्य देखकर मैं इस परिणाम पर पहुँचा हूँ कि यह गाँव के लोग अपनी योग्यता से अधिक संपन्न हो गए हैं और इसका परिणाम ठीक नहीं रहेगा।

"जब कोई व्यक्ति वह वस्तु पा लेता है, जिसका वह अधिकारी नहीं, तब वह स्वयमेव नाश को प्राप्त होता है।"

"यह क्यों?"

"अनधिकारी को अधिकार मिलने पर वह उसका दुरुपयोग करता है। जब किसी बात का दुरुपयोग हो तो उससे हानि ही होगी। जितना बड़ा दुरुपयोग होगा, उतनी ही बड़ी हानि होगी।

"यहाँ अधिकार असीम हैं। अतएव, उसका दुरुपयोग भी बहुत बड़ा हो सकता है। इसके परिणाम भी उतने ही भयंकर होंगे।"

"क्या असीम अधिकार मिल रहे हैं इनको?"

"प्रकृति की वह गूढ़ शक्ति, जिनका अंशमात्र भी अभी अमरीका तथा अन्य उन्नत देशों को प्राप्त नहीं, इन गँवार देहातियों को नि:शुल्क उपलब्ध है। इससे इनको भारी

अवकाश मिल रहा है, जिसमें वे बैठे काम, क्रोध, लोभ, मोह तथा अहंकार के झंझटों में फँसते जाते हैं।"

"कल पंचायत में जो कुछ हुआ है, इसकी ओर तुमने ध्यान नहीं दिया। गौरी से करामत वासना-तृप्ति कर चुका था अथवा करना चाहता था, परंतु गौरी पीरू से वासना-तृप्ति कर रही थी। पीरू की बीवी गौरी से अधिक सुंदर थी, परंतु पीरू उससे संतुष्ट नहीं था और कदाचित् उससे चोरी गौरी को रखैल बनाए हुए था।

"इसके अतिरिक्त नंदू ने बिना विचार किए क्रोध में गौरी का बहिष्कार कर दिया और गौरी ने इस गाँव की वेश्या बनने के स्थान पर एक पुरुष के साथ भागना उचित समझा। यह सब मन के विकार सुख-सुविधा के साथ बढ़ गए हैं।"

"अमरीका में भी यह सब होता है और वहाँ तो इसका परिणाम भयंकर नहीं हुआ। मैं आपको बताती हूँ कि वहाँ सौ में से कदाचित् एक-दो ही विवाह करनेवाले जोड़े ऐसे होते होंगे, जिनको आप वास्तविक रूप से अविवाहित कह सकें।"

मैंने वहाँ के समाज के चलते रहने का कारण बताया, "वहाँ का समाज कई बातों में यहाँ से श्रेष्ठ है। जनता का एक विशेष अंग धार्मिक विचारों को रखता है। यही कारण है कि यौन संबंधी दुर्व्यवस्था होने पर भी वहाँ ईर्ष्या, द्वेष इत्यादि अवगुण विशेष मात्रा में दिखाई नहीं देते।"

"आप अमरीका कभी गए नहीं, तभी ऐसी बातें कहते हैं। वहाँ चोर, डाकू, रिश्वत लेनेवाले, झूठ बोलनेवाले और सब प्रकार के अवगुणों को रखनेवाले प्रचुर मात्रा में विद्यमान हैं। हाँ, एक बात है। वहाँ सब जानते हैं कि 'ऐवरीबडी इज ए स्कौन्ड्रल टिल ही प्रूव्ज हिमसेल्फ टु बी ए जेंटलमैन' (जब तक कोई अपने को भला सिद्ध न करे, हम सबको बदमाश समझते हैं)। इससे ही हम समाज के बुरे अंग से अपने को सुरक्षित रख सकते हैं।"

"यही तो भयंकर स्थिति है, जिसकी ओर अभी मैंने संकेत किया है। करोड़ों व्यक्ति दिन-रात एक-दूसरे से भयभीत रहते हैं। यह कितनी विषादजनक स्थिति है! सड़क पर चलते प्रत्येक व्यक्ति पर संदेह बना रहता है कि वह मुझ पर डाका डालने आ रहा है। कितनी दु:खप्रद अवस्था है!"

रोमिली मुस्कराकर बोली, "हमारा स्वभाव बन गया है। जैसे दिन-रात भययुक्त कार्य में संलग्न रहनेवाले व्यक्ति को अपने कार्य से भय नहीं प्रतीत होता, वैसी ही परिस्थिति हमारी है। हम यह जानते हुए भी कि किसी का भी विश्वास नहीं करना चाहिए, निर्भीकता से घूमते-फिरते हैं। सतर्क रहना हमारा स्वभाव हो गया है।"

"इसका अर्थ तो यह निकला कि प्रत्येक अमरीकन नागरिक स्वभाव से चोर, डाकू, और धोखेबाज बनता जा रहा है! सरल चित्त कोई है ही नहीं।"

"यह बात तो स्वीकार करने योग्य नहीं। न्यूनाधिक कुछ-न-कुछ अंश तो समाज का ऐसा है ही, जो हृदय से सरल होंगे और उनकी रक्षा करनी राज्य के लिए आवश्यक हो जाती है।"

"राज्य को समाज के महान् अंग में से कुछ सरल चित्त लोगों की रक्षा, जहाँ भारी चिंता का कारण होगी, वहाँ प्राय: असंभव भी रहती होगी।"

"तो आप यहाँ और क्या करना चाहते हैं, जो यहाँ पहले नहीं हो रहा?"

"मैं चाहता हूँ कि भौतिक उन्नति और विकास के साथ-साथ मानसिक विकास को भी अवसर मिले। मन के विकारों से मनुष्य को बचना चाहिए। इनमें से प्रत्येक व्यवहार उचित स्थान और मात्रा में ही सहन हो सकता है, परंतु प्रत्येक व्यवहार प्रत्येक स्थान पर और सीमा से बाहर करने योग्य नहीं होता।

"देखिए, अपनी वस्तु की कामना करना तो अवगुण है ही, परंतु किसी पराए की वस्तु की कामना तो सहन नहीं हो सकती। करामत ने नंदू की बीवी की कामना की। समाज ने गाजर-मूली की चोरी की ओर तो ध्यान दिया, परंतु नंदू की बीवी के मन को चुराने की ओर ध्यान नहीं दिया।

"नंदू पांडे ने बदले की भावना से पीरू को बीवी को अपने घर ले जाने की इच्छा बना ली, परंतु अपनी बीवी को वापस लाने की कामना नहीं की।

"इस प्रकार अन्य बातें हैं। मैं समझता हूँ कि भौतिक उन्नति के होने पर भी यहाँ का समाज पतन की ओर जा रहा है।"

रोमिली ने कहा, "यहाँ एक और भी है, जो ऐसी बातें करता है। हमारे पावर स्टेशन से पाँच मील दूर उत्तर की ओर एक कंदरा में एक बौद्ध भिक्षुक रहता है, जो ऐसी ही बातें कहता रहता है। उसकी इस दिशा में मान्यता होने पर भी लोग करते वही हैं, जो हम कहते हैं।

"प्रत्येक पूर्णिमा के दिन गाँव के प्राय: नर-नारी उसके दर्शनों के लिए जाते हैं। उसका उपदेश सुनते हैं और जब वहाँ से लौटते हैं तो पुन: अपने कार्य में पूर्ववत् संलग्न हो जाते हैं।

"पहले तो उस महात्मा के कहने पर लोग चिंता अनुभव करने लगते थे। धीरे-धीरे वह चिंता दूर होने लगी और अब लोग उसकी हँसी करने लग गए हैं। मेरे विचार में वह समय दूर नहीं, जब लोग उसकी अवहेलना तक करने लग जाएँगे।"

मुझको इससे और भी चिंता लग गई। यह तो भगवान् और शैतान में सतत हो रहे संघर्ष का नमूना ही प्रतीत हुआ! मेरा मन भयभीत हो चुप कर गया।

हम टहलते हुए वापस वहाँ आ गए, जहाँ राधा, टूनी इत्यादि बैठे थे। केशव, राधा और टूनी जल में पत्थर फेंकने का मुकाबला कर रहे थे। राधा दोनों को इसमें पछाड़ रही थी।

जब हम वहाँ पहुँचे तो एक व्यक्ति एक प्रकार के चूल्हे पर कुछ गरम कर रहा था। ऐसा प्रतीत होता था कि उस आदमी को उन्होंने पैदल यहाँ पर पहले ही भेज दिया था।

हम पानी में पत्थर फेंकनेवालों के समीप जा खड़े हुए। मैंने पूछा, "क्या हो रहा है, केशव ?"

"राधा भाभी बहुत अच्छा निशाना लगाती हैं। देखो, वह नदी में एक शिवलिंग के आकार का पत्थर है। हमने यह शर्त लगाई है कि प्रत्येक को बीस बार निशाना लगाने का अवसर मिलेगा और जो अपनी बीस बारी में सबसे अधिक बार निशाना लगा सकेगा, वह जीतेगा।

"राधा भाभी बीस बारी में पंद्रह बारी लगा चुकी हैं। टूनी बारह बार और मैं दस बार फेंक चुका हूँ और एक बार भी सफल नहीं हुआ।"

मैं और रोमिली भी इस खेल में सम्मिलित हो गए। केशव तो केवल सात बार ही निशाना लगाने में सफल हुआ। मैंने यत्न किया तो बारह बार सफल हुआ। रोमिली चौदह बार सफल हुई।

यूँ तो राधा जीत गई थी, परंतु रोमिली ने कहा कि उसमें और राधा में फिर मुकाबला हो जाए। राधा मान गई। इस बार दस बार पत्थर फेंकने का निश्चय हुआ। केशव उनमें मध्यस्थ बन गया। पहले रोमिली को अवसर मिला। एक समान बीस पत्थर बटोर लिये गए और रोमिली फेंकने लगी। दस बार में वह केवल पाँच बार ही सफल हुई। प्रत्येक बार जब कंकड़ लक्ष्य पत्थर पर गिरता था, तब वह प्रतिस्पंदित होकर दूर जल में जा पड़ता था। राधा ने अब यत्न किया। उसने छह बार लगाया। वह जीत गई।

मैं राधा में इतना ठीक निशाने लगाने की योग्यता देख चकित रह गया। एक बात मुझको समझ में आई कि इस भ्रमण का वह मुझसे अधिक लाभ उठा रही है। खुली शीत हवा और सूर्य की किरणों से उसके गालों पर लाली दौड़ रही थी।

केशव ने निर्णय दे दिया, "राधा भाभी जीत गईं।"

रोमिली और टूनी ने ताली बजाकर इस विजय का अभिवादन किया। मैंने पूछा, "जीतने पर क्या होगा राधा का ?"

"आज की वह रानी होगी।"

"न। मैं रानी नहीं बन सकती। इस देश की रानी तो रोमिली है।"

"पर वह तो हार गई है।" केशव ने कहा।

"पत्थर फेंकने से क्या राज्य छीना जा सकता है ? न बाबा! मैं रानी नहीं बनती।"

"राधा भाभी युद्ध से डरती हैं।" टूनी ने कहा।

"हाँ, मेरी विजय युद्ध से नहीं, प्रेम से होगी।"

हम सब हँसते हुए वहाँ जा पहुँचे, जहाँ हमारे लिए चाय का प्रबंध किया जा रहा

था। हमने चाय पी और फिर टहलने लगे। अब हम इकट्ठे थे। राधा मेरे एक ओर थी और टूनी दूसरी ओर। राधा के साथ रोमिली और फिर केशव था। रोमिली राधा से बातें कर रही थी। टूनी ने मुझे बताया, "आज प्रातःकाल तहसीलदार रॉबर्ट की शिकायत की जाँच करने आया था। उसने गाँव में बहुत लोगों से पूछताछ भी की और अब वह तापसी बाबा की कंदरा में जाँच के लिए गया है।"

"तुम उससे चिंतित क्यों हो?"

"वह बहुत ही दुष्ट व्यक्ति निकला है। पहले तो एक गद्दी स्त्री को मारकर खा गया और अब उस अपराध का दोष हम पर लगाना चाहता है। तापसी बाबा गद्दियों के गुरु हैं। यदि उसको उस स्त्री के लापता होने का ज्ञान हुआ तो वह कुछ-न-कुछ अड़ंगा अवश्य लगाएगा।"

"केशव तो कहता था कि उसने तहसीलदार को समझा दिया है।"

"हाँ; परंतु उस बाबा की इस इलाके में बहुत महिमा है। यदि उसने कुछ भी कहा तो तहसीलदार उसके कहने को मानेगा ही।"

"तो कल मैं और तुम वहाँ पर चलें। देखें, उसकी तहसीलदार से बातचीत का कुछ पता चलता है अथवा नहीं?"

"वह मुझको जानता है। मेरा विचार है कि आप अकेले ही जाएँ।"

मेरी इच्छा उस तापसी बाबा को देखने की हो गई। मेरे मन में आया कि उसको समझाऊँ कि वह आसपास के गाँव के रहनेवालों को ऐसी शिक्षा दे, जिससे लोग भौतिक उन्नति को आत्मिक उन्नति का स्थानापन्न न मान लें। इस पर भी मुझको संदेह था कि मैं उसको समझा सकूँगा अथवा नहीं!

हम घूमते-घूमते एक-दूसरे से दूर हो गए थे। घने चीड़ के पेड़ों की भीनी-भीनी सुगंधि में एक प्रकार की मादकता थी। मैं इस सुवासित वायु से बहुत ही आनंद अनुभव कर रहा था। फेफड़ों में जब यह वायु भरती थी, तो ऐसा प्रतीत होता था कि उनमें की प्रत्येक प्रकार की गंदगी दूर हो रही है।

एकाएक टूनी ने मेरी बाँह में बाँह डालकर पूछा, "आपका रोमिली से कुछ निश्चय हुआ है अथवा नहीं?"

"हो गया है।"

"क्या हो गया है?"

"दिसंबर के महीने में ये दो मास के लिए लाहौर आएगी और वहाँ के समाज में मेल-जोल पैदा करने का यत्न करेगी।"

"मैं यह नहीं पूछ रही। वह आपसे प्रेम करती है और आपसे प्रेम की याचना करनेवाली थी।"

"हाँ, यह बात भी हो गई है। मैं तो उसको भाई का स्नेह ही दे सकता हूँ।"

इतना कह मैंने टूनी के मुख पर देखा। मुझको कुछ ऐसा प्रतीत हुआ उसके मुख पर, मेरे इस कहने से संतोष व्यापक हो गया। इस पर भी मैंने पूछा, "तुम क्या चाहती थी मुझसे?"

"कल रोमिली ने मुझसे कहा था कि मैं राधा को लेकर पावर स्टेशन देखने चली जाऊँ और वह स्वयं आपको पंचायत में ले जाना चाहती थी। मुझे कुछ संदेह हुआ। मैंने पूछा, "भाभी! विनोदजी का तुम क्या करना चाहती हो?"

"उसने कहा, 'मैं उन्हें अपने वश में करूँगी।'

"'क्या होगा इससे?'

"'मैं उनसे प्रेम का प्रसाद पाऊँगी।'

"मैंने राधा भाभी से यह स्पष्ट कह दिया था और यह कहा भी था कि मेरे साथ-साथ जाने के स्थान वह आपके साथ जाएँ, परंतु वह बोलीं, 'मैं उनकी मालकिन नहीं। यदि वे स्वेच्छा से मुझसे प्रेम करते हैं, तो मैं उनके प्रेम की भाजन बनना चाहती हूँ। विवश कर अथवा परिस्थिति में बाधा बनकर प्रेम पाया तो क्या पाया?'

"यद्यपि मैं उसके इस विचार को उचित नहीं समझती थी, परंतु इसका कोई उत्तर नहीं दे सकी। अतः हम दोनों पावर स्टेशन चले गए।"

"मुझको अचंभा तो इस बात का है कि केशव उसको इस प्रकार इधर-उधर भटकने क्यों देता है? कल उसने मुझसे कहा था कि यदि वह मेरे साथ संबंध बनाती है, तो उसको किसी प्रकार की आपत्ति नहीं हो सकती।"

"एक बात शायद आप नहीं जानते कि भैया इस स्त्री के सम्मोहन में जकड़ा हुआ है। वह इसके जादू को तोड़कर निकल नहीं सकता। रोमिली की बात को वह टाल नहीं सकता।"

"बहुत ही शोचनीय अवस्था है।"

"पर एक बात है। इस 'इनफैचुएशन' (विमूढ़ता) की अवस्था में मनुष्य की अपने साथी में निष्ठा टूटती नहीं। मैं अपनी अवस्था का अवलोकन करती हूँ, तो यह पाती हूँ कि जब तक मैं आपके सम्मोहन में बँधी रही, मैं सुखी रही। जब भी आपके सम्मोहन से निकल विवाह करने की सोची, तब से ही दुःख पाना पड़ा है। इस बार तो जीवन से ही मुक्ति मिलनेवाली थी।"

"टूनी! मुझको खेद इस बात का है कि तुम और केशव कभी भी बात को ठीक ढंग से समझने का यत्न नहीं करते। तुम्हारे दुःख का कारण मेरे सम्मोहन से बाहर निकलना नहीं था, प्रत्युत तुम्हारा अपने लिए स्वयं पति ढूँढ़ने का प्रयास था, जिसके तुम योग्य नहीं हो। दोनों बार तुम्हारा चुनाव गलत रहा। यदि तुमने अपने पिता द्वारा निर्वाचित लड़के से

विवाह किया होता तो यह सब दु:ख और क्लेश न होता। मिस्टर थापर तुम्हारा विवाह एक नीग्रो से तो न करते।"

"पर एक बात है। वह प्रेम करना भी बहुत अच्छा जानता है।"

"फिर वही अयुक्तिसंगत बात कर रही हो। जिसको तुम प्रेम कहती हो, वह 'लस्ट' (वासना) मात्र है। प्रेम शरीर का विषय नहीं। उसका मन अति कुटिल था और आत्मा अज्ञानता के अंधकार में फँसी हुई थी।"

"विनोदजी! हम आत्मा के अस्तित्व को नहीं मानते और मन को प्रकृति का एक रूप ही मानते हैं। इंद्रियों के विषय ही सबकुछ हैं। यदि मीठे का स्वाद जिह्वा को मिलता है, तो वह ही मन को भी मिलता है। बिना जिह्वा के मन को स्वाद नहीं मिल सकता।"

"बात यह है कि इंद्रियों के स्वाद क्षण-भंगुर होते हैं। एक सीमा पार कर वे फीके पड़ जाते हैं। इसके विपरीत, कुछ काम होते हैं, जो बिना इंद्रियों की सहायता के भी सुख देते हैं। मान लो कि हम किसी भले व्यक्ति को धन अथवा सहयोग से सहायता देते हैं, तो इससे भी एक प्रकार का सुख मिलता है। इस सुख को हम आनंद कहते हैं। यह सुख इंद्रियों का विषय नहीं। यह मन द्वारा सीधा आत्मा को तुष्टि प्रदान करता है।"

"इस प्रकार के कर्मों से जो कोई प्रसन्न होती है, वह ही आत्मा है।

"जो सुख रॉबर्ट के सहवास से तुम्हें प्राप्त हुआ है, वह इंद्रियों द्वारा प्राप्त होने से न तो आनंद है, न ही प्रेम का सूचक है।"

"मैं इन फिलॉसफी की बातों को नहीं जानती। मैं तो यह कहती हूँ कि वह अति सुखकारक पति था। यदि वह मुझको मार डालने का प्रयास न करता, तो मैं उसे शायद कभी न छोड़ती।"

"यही तो मैं कह रहा हूँ कि यदि तुम यह जान सकतीं कि यह भद्र पुरुष नर-मांस भी खा सकता है, तो तुम उससे विवाह भी न करतीं। यही जानने की तुममें योग्यता नहीं थी। इससे पूर्व तुम मिस्टर फिशर के विषय में यह नहीं जानती थीं कि वह तुमको और अपने बच्चों को छोड़कर भाग जाएगा। यदि यह जानती होतीं तो तुम उससे विवाह न करतीं। तुममें यह सब जानने की योग्यता नहीं थी।"

"तो यह जानने की योग्यता किसमें थी? भविष्य में होनेवाली बात को कौन जानता है?"

"देखो टूनी! संसार में बहुत सी बातें अनुभव से आती जाती हैं। एक अनुभवशील व्यक्ति भविष्य की बातों का अनुमान लगा लेता है। कुछ अनुभवजन्य सिद्धांत होते हैं, जो अनुभवहीन व्यक्तियों को मार्ग दिखाते हैं। तुम न तो अनुभवशील थीं और न ही तुमने अनुभवजन्य सिद्धांतों का पालन किया। परिणाम अच्छा नहीं हुआ।"

"इस विषय में अनुभवजन्य सिद्धांत कौन से हैं?"

"अपनी बिरादरी में, अपनी जाति में, अपने धर्मानुयायियों में वर ढूँढ़ना। तुम्हारे दोनों वर इस सिद्धांत के विरुद्ध थे। इन सिद्धांतों की अवहेलना तो वह ही कर सकता है, जो विस्तृत अनुभव रखता हो।"

"यह अति कठिन बात है। वे लोग, जो इस विशाल संसार में जाति तथा बिरादरी की सीमाओं को पार कर चुके हैं, वे इन सीमाओं में ही अपनी दृष्टि सीमित कैसे रख सकते हैं?

"सागर में डुबकी लगानेवाले को तैरना आना ही चाहिए। जो तैरना नहीं जानते और समुद्र में घुस जाते हैं, वे तो डूबेंगे ही। अयोग्य आदमियों को बिरादरी के बंधन मानकर ही चलना चाहिए।"

☐

अगले दिन मैंने तापसी बाबा से मिलने जाने की घोषणा कर दी। केशव ने आश्चर्य में पूछा, "अकेले कैसे जाओगे?"

"गाँव में से किसी को साथ ले लूँगा।"

इस पर रोमिली ने कहा, "हम तो तहसीलदार को आज यहाँ आमंत्रित कर रहे हैं।"

"मेरा उससे मिलने के लिए यहाँ रहना आवश्यक है क्या?"

"नहीं।" केशव ने कुछ विचार कर कहा, "तुम जा सकते हो। मैं गाइड का प्रबंध कर दूँगा। राधा यहाँ रहेंगी। ठीक है न भाभी?"

"हाँ। आज यहाँ गाँव की स्त्रियाँ और लड़कियाँ मुझसे मिलने आ रही हैं। टूनी ने इस समारोह का प्रबंध किया है।"

"मेरा इस समारोह में भी रहना आवश्यक नहीं। इस कारण मैं जाऊँगा।"

विनोद ने भवन से गाँव में टेलीफोन कर एक व्यक्ति को, जो मार्ग जानता था, बुला लिया।

प्रातः का अल्पाहार और मध्याह्न का भोजन तथा तापसी बाबा के लिए फल ले हम चल पड़े। हम घोड़ों पर थे, जो पावर स्टेशन पर छोड़ देने थे। उसके आगे पैदल जाना था। मेरा गाइड एक मुसलमान था। उसका नाम यूसुफ था। वह लगभग पैंतीस वर्ष की आयु का प्रतीत होता था। देखने में अच्छा जवान और सुंदर लगता था। फलों और भोजन का थैला यूसुफ ने अपने घोड़े की काठी में लटका लिया था और मैं हाथ में एक छोटी-सी छड़ी लिये घोड़े पर बैठा था।

पाँच मील चढ़ाई का मार्ग था। इस कारण हम धीमी-धीमी चाल से चल रहे थे। मैंने मार्ग काटने के लिए यूसुफ से बातचीत प्रारंभ कर दी। परंतु उसने समझा कि शायद मैं कोई रहस्य की बात जानना चाहता हूँ। इस कारण हुजूर, मालिक, सरकार

इत्यादि शब्दों से मेरे प्रश्नों का उत्तर देता था। मुझको संदेह हो गया कि वह मुझसे कुछ छिपाना चाहता है। इस पर मैं विचार करने लगा कि इसको अपने मन की बात कहने के लिए उत्साहित करना चाहिए। मैं कायाकल्प करा रही स्त्रियों का किस्सा छेड़ बैठा। "यूसुफ भाई!" मैंने पूछा, "उन स्त्रियों को जानते हो, जिनको तुम्हारे मालिक जवान कर रहे हैं?"

यह प्रश्न पूछ मैंने यूसुफ के मुख पर देखा। उसका मुख लज्जा से अथवा किसी अन्य कारण से लाल हो गया और उसने प्रश्न का उत्तर देकर कहा, "सरकार! देखिए। यहाँ से किश्तवाड़ वादी का कितना सुंदर दृश्य दिखाई देता है!"

मैंने घोड़े को खड़ा कर लिया और अपने बाईं ओर, जिधर वह वादी थी, देखा। सत्य ही वादी अति सुंदर थी। वादी के बीचोबीच चंद्रभागा एक श्वेत मोटे रस्से की भाँति बलखाती हुई जाती दिखाई देती थी। मैंने वादी की ओर देखकर कहा, "ईश्वर ने सत्य ही इस जगह को बहिश्त का नमूना बनाया है। जहाँ यह जगह सुंदर है, वहाँ इस वादी के लोग भी अति सुंदर हैं। हाँ, तो तुम उस मीनार को जानते हो? परसों जब वह जवान होने के लिए आई थी, कितनी बदसूरत दिखाई देती थी। उसके गालों में गड्ढे थे। दाँत टूटे हुए थे। सिर पर टटनी बन चुकी थी। बाल पककर गिर चुके थे। आँखों पर की बरौनियाँ चाँदी के तारों की भाँति सफेद और कड़ी हो गई थीं। ठुड्डी के नीचे श्वेत दाढ़ी उगने लगी थी। जब उसने कपड़े उतारे, तो वह स्वयं भी अनुभव करती थी कि वह मिट्टी का ढेर मात्र है, उसको नंगा होने में न तो लज्जा होती थी, न ही किसी से भय। छाती पर स्तन खाली थैलों की भाँति लटक रहे थे।

"मैंने अगले दिन उसको देखा तो खुदा का नूर उसमें जलवानुमा दिखाई दिया। बुढ़ापे के सब लक्षण लोप हो चुके थे। उसका शरीर एक चौदह-पंद्रह वर्ष की कुमारी की भाँति चमकने लगा था और सबसे बड़ी बात यह थी कि वह स्वयं अनुभव करने लगी थी कि वह नंगी है और खूबसूरत है।"

ज्यों-ज्यों मैं मीनार की बात बताता जाता था, वह गंभीर होता जाता था। जब मैंने कहा कि वह महसूस करने लगी थी कि वह नंगी है और खूबसूरत है, तो वह बोल उठा। उसके मुख से आवाज ऐसे निकली, जैसे बीयर की बोतल में से कार्क उड़ जाता है। उसने कहा, "साहब! वह मेरी माँ है।"

मैं समझ गया कि वह क्यों इतना गंभीर होता जाता था! इस कारण मैं चुप कर विचार करने लगा कि वह किस कारण क्रोध में है? मैंने अपना मार्ग विचार लिया और कहा, "ठीक है। तुम्हारी सूरत उससे मिलती है। यूसुफ! क्या तुमको दुःख है कि वह जवान क्यों हो गई है?"

"सरकार!" वह पिघल पड़ा, "मैं अभी उसके पास से हो तो आ रहा हूँ। वह

तृतीय परिच्छेद

पंद्रह-सोलह साल की जवान लड़की बन गई है। उसकी सूरत चाँद के माफिक सुंदर मालूम होती है। मैं उसका लड़का हूँ और मेरी दो लड़कियाँ हैं। बड़ी सोलह साल की है। मेरी माँ उससे कई गुना ज्यादा खूबसूरत दिखाई देने लगी है। मेरे सामने दो सवाल बन गए हैं। मैं अपनी माँ की शादी करूँ या अपनी लड़कियों की? मेरी माँ की मौजूदगी में मेरी लड़की से कोई शादी नहीं करना चाहेगा। एक दूसरी बात भी है। जिस किसी से मेरी माँ शादी करेगी, वह मेरा बाप बन जाएगा। मेरे बच्चों का बाबा बन जाएगा। मेरी बीवी का श्वसुर होगा। मुझको यह पसंद नहीं।"

"पर यूसुफ! तुम्हारी माँ संसार के सब सुख भोग चुकी है। अब वह विवाह क्यों करेगी? उसको अब यह नया जीवन खुदा की इबादत में गुजारना चाहिए।"

"उसके सिर के बाल अभी एक बालिश्त भर ही लंबे हुए हैं। इस पर भी वह इतनी खूबसूरत दिखाई देने लगी है कि मैं उसका पुत्र होता हुआ भी उस पर मोहित हो गया अनुभव करता हूँ। ऐसी हालत में बाहर के लोगों का क्या हाल होगा? वे उसे छोड़ेंगे थोड़े ही। साथ ही, मेरी माँ तो आज ही कह रही थी कि वह यहाँ के महाराजा के साथ शादी करेगी। उस जैसी खूबसूरत औरत अपनी जवानी किसी गँवार देहाती पर बरबाद नहीं कर सकती।

"अभी पाँच दिन तक उसका इलाज और चलेगा। तब तक वह क्या बन जाएगी, कहा नहीं जा सकता!"

"अगर वह गाँव से बाहर जाकर किसी से शादी कर लेती है तो फिर तुमको चिंता नहीं करनी चाहिए। वह तुम्हारी आँखों के सामने नहीं आएगी।"

"ठीक है। मगर एक बात आप नहीं जानते। जितने मर्द और औरतें जवान बनाई जा रही हैं, वे पंचायत की जायदाद मानी जाती हैं। बिना पंचायत की इजाजत के वे गाँव छोड़कर नहीं जा सकते।"

"यह क्यों?"

"गाँव की पंचायत समझती है कि उसके माँ-बाप का दिया शरीर खत्म हो चुका है। यह नया शरीर बाबूजी के जादू की वजह से है। बाबूजी की सब चीजें पंचायत की जायदाद हैं। इसलिए ये जवान मर्द और औरतें भी पंचायत की जायदाद होंगी।"

"पंचायत उनका क्या करेगी?"

"पंचायत ने एक अप्सरा भवन खोल रखा है। ऐसी औरतें वहाँ रखी जाती हैं। वहाँ उनको गाना-बजाना सिखाया जाता है और वे गाँव के साझे इस्तेमाल की चीज बन जाती हैं।"

"तुम्हारी माँ क्या ऐसी जिंदगी बसर करना चाहती है?"

"मैंने अभी पूछा नहीं। एक बात उसने खुद बताई है कि वह शादी किसी जवान और अमीर मर्द से करेंगी।"

"मैं इसके मुतअल्लिक केशव बाबू से बात करूँगा।"

"केशव बाबू इसमें दखल नहीं देते। मालकिन हैं, जो सबकुछ करती हैं। अगर उनसे कहें तो शायद बात बन जाए।"

"तुम क्या चाहते हो? माँ अब जवान तो हो गई है। वह अब तुम्हारे बच्चों की टहल-सेवा तो करेगी नहीं। उसकी शादी भी होनी चाहिए, नहीं तो वह अप्सरा भवन में बैठ वेश्यापन करेगी। अगर कहीं भागकर किसी मैदानी नगर में चली जाए, तो वहाँ भी उसकी जिंदगी फाश औरतों की तरह चलेगी।"

"इसलिए मैं चाहता हूँ कि वह घर पर ही रहे। मैं उससे निकाह पढ़ा लूँगा।"

"निकाह की क्या जरूरत है?"

"उससे बच्चे हुए तो बिना बाप के होंगे।"

"तुम्हारी बीवी बनना मान जाएगी?"

"मैं उसको मना लूँगा।"

हम पावर स्टेशन पर पहुँच गए थे। हमने घोड़ों को खड़ा कर दिया। उनकी जीन खोल दी और लंबी रस्सी से उनको पेड़ों में बाँध दिया।

यूसुफ ने फलों और भोजन का थैला उठाया और हम पैदल पहाड़ पर और ऊँचे चढ़ने लगे।

◻

तापसी बाबा एक बौद्ध श्रावक था। गुफा, जिसमें वह रहता था, काफी गहरी और पहाड़ के भीतर गई हुई थी। भीतर पर्याप्त गर्मी थी और वह केवल लँगोटा बाँधे पद्मासन जमाए वहाँ पर बैठा था। यूसुफ ने कंदरा के द्वार पर सिर भूमि पर रख दंडवत् प्रणाम किया। मैं उसके पीछे-पीछे था। मैंने केवल झुककर हाथ जोड़ नमस्ते की। यूसुफ तो सलाम कर पीछे हट कंदरा की दीवार के साथ खड़ा हो गया। मैं सामने खड़ा रहा। तापसी बाबा के बाल सर्वथा श्वेत हो चुके थे। मुख पर झुर्रियाँ पड़ चुकी थीं। छाती का मांस लटकने लगा था। पेट बड़ा हो चुका था और गरदन कंधों में धँस सी गई थी।

मुझको चुपचाप सामने देख उसने हाथ के संकेत से बैठने के लिए कहा। मैं उसके सामने भूमि पर बैठ गया। मैं अभी तक बिल्कुल बोला न था। लगभग पाँच मिनट तक मेरे चुपचाप बैठे रहने के पश्चात् उसने कहा, "किसलिए आए हो?"

"मैं किश्तवाड़ की सुंदर घाटी की सैर करने आया था। यहाँ आकर आपकी ख्याति सुनी तो आपके दर्शन करने चला आया हूँ।"

"तो दर्शन कर लिये हैं?"

"भगवन् नहीं। अभी तो केवल शरीर के दर्शन किए हैं। यह तो कुछ दर्शनीय नहीं। मैं तो आपके आभ्यंतरिक दर्शन करना चाहता हूँ?"

"वह कैसे करोगे?"

"आप यदि कराना चाहें तो कर सकूँगा। अन्यथा बिना दर्शन लौट जाऊँगा।"

"मैं कैसे अपने आभ्यंतरिक दर्शन करा सकता हूँ।"

"मैं आपसे कुछ पूछना चाहता हूँ। आप अपने अनुभव, ज्ञान के आधार पर उस विषय पर प्रकाश डालेंगे तो मैं अपनी अभिलाषा पूर्ण कर सकूँगा।"

"हाँ, तो पूछो!"

"आपकी आयु कितनी है?"

"मुझको तो स्मरण नहीं। अस्सी वर्ष से इस कंदरा में रह रहा हूँ। उसके पूर्व मैं लद्दाख अंतर्गत स्कर्दू में रहता था। मुझको ज्ञात नहीं कि मैं कितनी आयु का था, जब यहाँ आया था। मात-पिता का देहांत बचपन में ही हो चुका था। इस कारण किसी ने बताया नहीं। न ही मैंने पूछा कि मेरा जन्म-वर्ष कौन सा है?"

"आपका इस गुफांतर्गत होने का उद्देश्य क्या है?"

"निर्वाण-प्राप्ति।"

"आप क्या अपने को निर्वाण-प्राप्ति के समीप अनुभव करते हैं, अथवा अभी दूर हैं?"

"मैं समझता हूँ कि मैंने बहुत सा मार्ग पार कर लिया है। मुझको यह पता नहीं कि कितना मार्ग और है, इस कारण बता नहीं सकता कि लक्ष्य से कितनी दूर हूँ!"

"यदि आपको कहा जाए कि आपको नई काया मिल सकती है, तो आप लेनी पसंद करेंगे क्या?"

"तुम्हारा मतलब है केशव बाबू के उपाय से?"

"जी हाँ। अभी दो दिन हुए एक वृद्धा को युवती बनते देखा है। वह तो वासनामय जीवन व्यतीत करने के लिए यौवन की लालसा करती थी, परंतु आप तो निर्वाण-प्राप्ति के लिए करेंगे। इससे आप पर किया प्रयत्न अवश्य सफल होगा। मेरे विचार में उस स्त्री पर प्रयत्न अर्थहीन हुआ है।"

"मुझको अब युवावस्था नहीं चाहिए। क्या जाने मैं निर्वाण-प्राप्ति के लक्ष्य के बिल्कुल समीप ही पहुँच चुका होऊँ और मृत्यु होते ही मुझको परम-पद मिलनेवाला हो।"

"यह तो आप ही जान सकते हैं। मेरी जीवन-मीमांसा यह है कि मनुष्य जीवन प्राणिमात्र को सेवा अथवा सहायता के लिए है। इस कारण इसको जितना भी लंबा किया जा सके, उतना ही ठीक है। भगवद्-भजन और लोक-सेवा में स्वास्थ्य की आवश्यकता

है। आपके लिए यह अद्वितीय अवसर है कि इस बुढ़ापे को पार कर नया जीवन प्राप्त कर लीजिए।"

"मैंने सुना है कि एक स्त्री उस दिन मर भी गई थी।"

मुझको एकांत वासी बाबा के केशव के विषय में इतना ज्ञान होने से अचंभा हुआ। मैं विचार करने लगा कि कौन है, जो ये सब बातें इसको बताता रहता है? इसके साथ ही, महात्मा के मर जाने की संभावना की ओर संकेत करने से मैं समझ गया कि यह मरने से डरता है।

मैंने कहा, "जी हाँ। वास्तव में, वह बहुत दुर्बल हो चुकी थी। वह शरीर-शुद्धि की क्रिया को सहन नहीं कर सकी। आपके लिए ऐसी संभावना नहीं है।"

"इस पर भी अब जीने को चित्त नहीं करता।"

"क्यों? क्या आप अपने मन की इस भावना पर प्रकाश डालेंगे?"

"मुझको अब इस संसार में सबकुछ व्यर्थ ही प्रतीत हो रहा है। यहाँ तक कि यह साँस लेने में भी कुछ अर्थ प्रतीत नहीं होता।"

"महाराज! क्या मैं एक प्रश्न और पूछ सकता हूँ? क्या इस संसार में निस्सारता इस कारण नहीं है कि आपने जीवन में कोई करने योग्य कार्य नहीं किया? अब आप शिथिलेंद्रिय हो, कुछ भी करने के अयोग्य हैं। इससे आपको अपने जीवन में सार प्रतीत नहीं होता!"

"करने योग्य कार्य क्या है, मुझको अभी तक इसका पता नहीं चला। गुरुदेव ने बताया था कि निर्वाण-प्राप्ति जीवन का एकमात्र उद्देश्य है। निर्वाण चिंतन से मिलता है। चिंतन किसका? भगवान् है नहीं। आत्मा का अस्तित्व नहीं। प्रकृति असीम है। इसका चिंतन मैंने किया है और तुम्हारे केशव ने भी किया है। वह मुझसे उसको अधिक समझ गया प्रतीत होता है। मैं प्रकृति की इस जीवनरूपी गाँठ को खोलने में संलग्न रहा हूँ और वह प्रकृति की इस गाँठ को दृढ़ता से बाँधने में। वह ठीक कर रहा है अथवा मैं कर रहा हूँ, कहना कठिन है। निर्वाण के मार्ग की गाँठ खोलना अवश्य है, परंतु खोलने के पश्चात् तो फिर अस्तित्व ही नहीं रहेगा। मैं प्रकृति के महान् सागर में उस बूँद के तुल्य हो जाऊँगा, जो उसमें विलीन हो गई है। इसमें लाभ क्या होगा?

"गुरुजनों ने बताया था कि यह जीवन दुःखों का भंडार है। संसार दुःखरूप है, इससे इसी जीवनरूपी गाँठ को खोल प्रकृति की शांतावस्था में लीन हो जाना चाहिए।

"इस पर मैं यह विचार करता हूँ कि केशव को सुख अधिक मिल रहा है अथवा मुझको? मेरी कुंडली खुल रही है, परंतु उत्तरोत्तर जीवन अधिक और अधिक दुःखमय

बन रहा है। केशव की कुंडली भिंच रही है और वह उत्तरोत्तर अधिक और अधिक सुखमय जीवन व्यतीत कर रहा है।"

तापसी बाबा की संशयात्मक बुद्धि को मैं समझ गया। नास्तिक सदैव अपने जीवन से असंतुष्ट रहते हैं। अंतर उसमें और केशव में केवल यह था कि केशव अपने जीवन से असंतोष लाभ कर जीवन को अधिक और अधिक सुखमय बनाने का यत्न कर रहा था, जिससे उसका असंतोष मिट सके और यह महात्मा इस असंतोष के कारण जीवन को नाशप्राय कर चुका है। दोनों में से कौन सा मार्ग इस असंतोष के निवारण में योग्य है, कहना कठिन है। संभव तो यह प्रतीत होता है कि दोनों में से कोई भी मार्ग संतोष लाने में सफल नहीं होगा।

आस्तिकों का मार्ग इससे बिल्कुल अलग है। इस पर भी इस सौ वर्ष के वृद्ध को कोई ऐसा मार्ग बताना, जो उसके अस्सी वर्ष के विचारों का विरोध कर सके, संभव न मान, मैंने इस वृद्ध महात्मा की धारणाओं को स्वीकार करते हुए कहा, "महाराज! मैं तो इस सबको इस प्रकार मानता हूँ। आपकी यह जीवन-गाँठ खुल गई है, कहना कठिन है। कदाचित् नहीं खुली। यदि खुल गई होती तो यह संशयात्मक बुद्धि न रहती। परिणाम यह प्रतीत हो रहा है कि आपका जीर्ण शरीर आपकी इस जीवन कुंडली को छोड़ जाएगा। आपकी जीवन कुंडली को खोलने के लिए एक और जन्म लेना पड़ेगा। इसके लिए आपको कहीं किसी माँ के गर्भ में पड़े रहकर वहाँ की यंत्रणा भोगनी पड़ेगी। फिर बालकपन का भ्रममय जीवन और युवावस्था का कामोत्पादक जीवन आपको पुनः निर्वाण पथ से कहीं दूर भी ले जा सकते हैं। इस कारण क्या यह ठीक नहीं होगा कि इसी जीवन को लंबा कर दिया जाए, जिससे आप इतने वर्ष के अनुभव और पवित्रता के आधार पर पुनः नया जीवन आरंभ कर सकें?"

वह महात्मा इस युक्ति को सुन स्तब्ध रह गया। आँखें मूँदे वह चिंतन करने लगा। मैं इससे अपने आगे की बात पर विचार करने लगा। एकाएक उसने आँखें खोलीं और मुझसे पूछा, "यह कहने तुम केशव की आज्ञा से आए हो?"

"नहीं महाराज! मैं तो अपने मन से ही यह निवेदन कर रहा हूँ। मेरे और केशव के विचारों में मतभेद है। वह नेकी उस बात को समझता है, जिससे उसका भला हो। मैं इस जीवन के बंधनों से मुक्ति परोपकार से ही संभव समझता हूँ। जहाँ मैं उसकी पूर्ण भौतिक उन्नति को आवश्यक मनाकर भी इस उन्नति का उद्‌देश्य लोक-सेवा ही मानता हूँ, वहाँ वह इसका उद्‌देश्य स्वार्थ-हित ही समझता है।

"यदि आप, जिनकी यहाँ इस स्थान पर बहुत ख्याति और मान्यता है, नवीन जन्म पा लें और केशव की भौतिक उन्नति का मुख स्वार्थ की ओर से मोड़कर

लोक-सेवा और प्राणिमात्र के सुख की ओर बदल सकें तो मैं समझता हूँ, मनुष्य समाज का और यहाँ रहनेवालों का भारी कल्याण होगा। बस, इसके अतिरिक्त मेरा और कोई प्रयोजन नहीं।"

"केशव मेरा विरोधी है। वह मेरा कायाकल्प करेगा क्या?"

"मैं उसको इस बात पर राजी करने का यत्न करूँगा।"

"मैं समझता हूँ कि वह मुझ पर परीक्षण नहीं करेगा और यदि करेगा तो संभव है, मुझ पर सीमा से अधिक उपचार कर मुझे मार डाले।"

"मैं केशव को इतना नीच नहीं समझता! भूल से अथवा अज्ञानता से कुछ खराबी हो जाए, तो दूसरी बात है। वह जान-बूझकर ऐसा नहीं करेगा। और मान लीजिए, कुछ खराबी भी हो गई और आपका देहांत हो गया, तब भी जो कुछ स्वाभाविक रूप में होनेवाला है, उससे खराब कुछ नहीं होगा।"

"मैं तो केशव को इतना अच्छा व्यक्ति नहीं मानता। कल ही तहसीलदार यहाँ आया था और मुझको बताया था कि केशव का एक साथी केशव को नर-मांसाहारी बताता है। वह दानव को मित्र बनाकर रखे हुए था और यदि ये नर-मांस खाते हों तो अचंभा करने की बात नहीं।"

मैंने सतर्क हो पूछा, "तो महाराज! आपको कोई ऐसी बात विदित है?"

अब उस तापसी बाबा ने पुन: आँखें खोलीं और मेरी ओर देखकर कहा, "मैं बहुत कुछ जानता हूँ, परंतु सांसारिक जीवों की त्रुटियों को कुरेदकर उनको दंड दिलाना मेरा कर्तव्य नहीं है।"

"पर मैं तो दंड देनेवालों में नहीं हूँ। तहसीलदार से, आप बताते अथवा न बताते, यह आपके निर्णय करने की बात थी। मैं तो केशव का मित्र हूँ और उसको ठीक मार्ग पर लाने में रुचि रखता हूँ।"

"परंतु मेरी इस ओर रुचि नहीं है। इसी कारण मैं पापियों को दंड भी दिलवाने के पक्ष में नहीं, जिससे वे ठीक मार्ग पर विवश कर न चलाए जाएँ। स्वत: स्वीकार किया हुआ उन्नति का मार्ग ही कल्याणकारी हो सकता है।"

"आपका कहना सत्य है। परंतु मैं तो किसी को विवश करने की भी क्षमता नहीं रखता। मैं उसको ज्ञान कराना चाहता हूँ कि वह भूल कर रहा है। इतने मात्र से वह समझकर ठीक मार्ग का अवलंबन कर सकता है।"

"देखो, वह हब्शी यहाँ जंगली स्त्रियों के साथ व्यभिचार करता था और जब कोई स्त्री उसके कार्य का विरोध करती तो वह उसको मारकर, भूनकर खा जाता था। केशव स्वयं भी विषय-लोलुप है। अंतर केवल इतना है कि जब उसकी इच्छा की

तृतीय परिच्छेद

अवहेलना होती है, तो वह हत्या नहीं करता, परंतु नीति से ऐसी परिस्थिति उत्पन्न कर देता है कि उसके विरोधी के लिए भाग जाने के अतिरिक्त कोई मार्ग ही नहीं रह जाता।"

"आप उसको उपदेश देकर इस व्यवहार से मुक्त क्यों नहीं करते?"

"मैं क्यों करूँ? और फिर मैं इतना बूढ़ा हो गया हूँ कि मेरे पास इस प्रकार की व्यर्थ बातों के लिए समय ही कहाँ है?"

"इसी से तो कहता हूँ कि आप कायाकल्प करवा लीजिए। जो शक्ति आपमें उत्पन्न होगी, वह आप भले कार्यों में लगा सकेंगे।"

"केशव मानेगा नहीं।"

"देखें। मैं चाहता हूँ कि यदि वह मान जाए, तो आप पर यह प्रयोग मेरे सम्मुख हो।"

इसके पश्चात् वहाँ के रहनेवालों के विषय में बातचीत होने लगी। गद्दी लोग, जो वहाँ पहाड़ों की कंदरा में रहते हैं, राजस्थान के राजपूत हैं। किसी समय मुसलमानों के उत्पीड़न से भागकर यहाँ आ बसे थे। तापसी बाबा भी उन्हीं में से हैं। जब यह अभी बालक मात्र ही था तो एक बौद्ध विहार में रख दिया गया। पहले सेवक के रूप में, पश्चात् श्रावक बन गया था। यहाँ इस कंदरा में प्रवेश पाए उसको लगभग अस्सी वर्ष हो चुके थे। तब से लेकर आज-पर्यंत वह केवल मध्याह्न के समय ही कंदरा से बाहर शौचादि के लिए निकलता था। उसके पश्चात् फल, कंदमूल खाकर पुन: कंदरा में प्रवेश कर जाता था।

◻

जब मैं लौट रहा था तो यूसुफ मुझसे ये पूछने लगा, "ये महाराज क्या कहते थे? मुझको तो कुछ समझ नहीं आया।"

"मैंने महात्माजी से कहा था कि वे भी केशव बाबू की चिकित्सा से युवा हो जाएँ। पहले तो वे माने नहीं, परंतु कुछ समझाने पर वे मान गए हैं। परंतु पहले केशव बाबू को भी तैयार करना है।"

"तो वे जवान होने के लिए तैयार हो गए हैं क्या?"

"हाँ।"

"जवान होकर क्या करेंगे?"

"खुदा की इबादत करेंगे।"

"जवानी में इबादत बहुत मुश्किल है।"

"इनका शरीर तो जवान होगा। इनका तजुरबा और अक्ल तो बूढ़ों जैसी होगी।"

"कहीं 'मानो' की भाँति वे मर न जाएँ!"

"मरना-जीना तो खुदा के हाथ में है।"

यूसुफ ने धीरे से कहा, "बाबू साहब! आपने बाबाजी को यह बताकर अच्छा नहीं किया।"

"क्यों?"

यूसुफ ने धीरे से कहा, "गाँव में एक करीम है। उसने भी यह इलाज करवाया था। पहले वह बहुत ही शरीफ आदमी था। लोग कहते हैं कि अपनी पहली जवानी की हालत में भी वह ठंडी तबीयत का आदमी था। मगर अब नई जवानी में तो वह पागल हो औरतों के पीछे भागता फिरता है। अप्सरा भवन में वह रोज जाता है और इस पर भी सब्र न कर वह गाँव की औरतों को खराब करता फिरता है।"

"मैं समझता हूँ कि वह अनपढ़ आदमी है। ये महात्माजी इतनी मूर्खता नहीं करेंगे।"

हम भवन में पहुँचे तो भवन का जश्न समाप्त हो चुका था। तहसीलदार किश्तवाड़ जा चुका था। गाँव के अप्सरा भवन की नर्तकियाँ भी चली गई थीं और केशव और टूनी भवन की ड्योढ़ी में खड़े बातें कर रहे थे। मुझको आया देख टूनी मेरे पास आई और पूछने लगी, "बातचीत हुई!"

"भीतर चलकर बताता हूँ।"

इतने में केशव आ गया। मैंने पाँच रुपए यूसुफ को इनाम दिए। रुपए लेकर वह सलाम कर चला गया। केशव के मुख पर चिंता की रेखाएँ देख मैं समझ गया कि कुछ गड़बड़ हो गई है। हम तीनों ड्राइंगरूम में जाकर बैठ गए। मैंने पूछा, "क्या हुआ है?"

केशव ने कहा, "तहसीलदार कहता है कि तापसी बाबा ने हमारे ऊपर बहुत से आरोप लगाए हैं।"

"क्या लगाए हैं?"

"हमारे यहाँ देहातियों पर ऐसे परीक्षण किए जाते हैं, जिनसे उनके मर जाने का भय रहता है। 'मानो' की मृत्यु की बात भी बताई है। रॉबर्ट के विषय में भी बहुत सी बातें बताई हैं।"

"तो फिर तहसीलदार क्या कहता था?"

"अभी तो कहता है कि इनसे कुछ सिद्ध नहीं हो सकता। इस पर भी उसको रिपोर्ट तो भेजनी ही पड़ेगी।"

"यही तो मैं पूछता हूँ कि क्या रिपोर्ट करेगा?"

"इसके लिए उसने कल बुलाया है।"

मुझको साथ ले चलना। तापसी के साथ तहसीलदार के विषय में बातचीत हुई है। उसने कहा है कि वह सबकुछ जानता है, परंतु सांसारिक जीवों की त्रुटियों को कुरेदकर उनको दंड दिलवाना उसका काम नहीं।"

"इससे तो यह पता चलता है कि उसने कुछ विशेष बात नहीं बताई!"

केशव गंभीर मुद्रा में बैठा रहा। टूनी ने कहा, "सारी बात बताएँ, तो कुछ पता चले।"

"मैं लगभग तीन घंटे वहाँ उसके पास रहा। सब बातें तो इसके साथ संबंध भी नहीं रखतीं। इतना मैं कह सकता हूँ कि तुम्हारे यहाँ की सब बातें उस तक पहुँचती रहती हैं। मेरे और राधा के यहाँ आने का उसको ज्ञान है। तुम्हारे यहाँ हो रहे कायाकल्प और 'मानो' के मरने का भी ज्ञान है। रोमिली के रॉबर्ट से संबंध को भी वह जानता है। तुम्हारे विषय में वह और बताता, परंतु यह जानकर कि मैं तुम्हारा मित्र हूँ, वह स्पष्ट रूप से कुछ कह नहीं सका। ऐसा प्रतीत होता है कि यहाँ का कोई आदमी उसके पास जाकर सब प्रकार के समाचार देता रहता है। मैंने उसके सम्मुख एक प्रस्ताव रखा है। वह यह कि वह अपना भी कायाकल्प करा ले। पहले तो वह तैयार नहीं होता था, परंतु काफी कहने-सुनने के पश्चात् वह मान गया है।"

इस पर केशव ने सतर्क हो कहा, "मैं उसका कायाकल्प नहीं करूँगा।"

"क्यों?"

"वह हमारा घोर विरोधी हो जाएगा।"

"यह भी हो सकता है कि वह नव-जीवन का आनंद पा तुम्हारा परम मित्र बन जाए!"

केशव इस सुझाव पर गंभीर हो गया। कुछ विचार कर कहने लगा, "बहुत मजा रहे यदि वह युवा हो, वासना में लिप्त हो जाए! एक बात का भय है कि वह कहीं प्राथमिक चिकित्सा में ही न मर जाए!"

"केशव! इसमें तुम्हें सावधानी से काम लेना पड़ेगा।"

"क्या सावधानी में प्रयोग करूँ?"

"काया-शुद्धि का उपक्रम एक ही घंटे में समाप्त न कर कई दिनों में समाप्त करो।

"प्रथम उपचार पंद्रह मिनट का हो। साथ ही कुछ शक्ति का संचार करो। फिर दूसरे दिन बीस मिनट और फिर इसी प्रकार पूर्ण चिकित्सा चौबीस घंटे में समाप्त करने के स्थान पर पंद्रह दिनों में समाप्त करो। उस अवस्था में रोगी के मरने का भय नहीं रहेगा।"

"अच्छी बात है। मैं करूँगा। उसको कहो कि वह घोषित कर दे कि अपनी इच्छा से मेरी चिकित्सा में आ रहा है।"

अगले दिन मैंने सरपंच नूरुद्दीन को बुलाकर तापसी बाबा को कहला भेजा कि वह चिकित्सा के लिए आ सकता है। आने से पूर्व वह अपने भक्तों में घोषित कर दे कि वह चिकित्सा करवा रहा है।"

उस दिन मध्याह्न पश्चात् मैं केशव के साथ तहसीलदार से मिलने गया। वह डाकबँगले में ठहरा हुआ था। हमको आया देख तहसीलदार ने बाहर आकर हमारा स्वागत किया। केशव ने मेरा परिचय कराया। बताया, "कल राधा देवी से आपका परिचय कराया था। आप उनके पति हैं। लाहौर गवर्नमेंट कॉलेज में प्रोफेसर हैं।"

मैंने बताया, "मुझको आपके आने की सूचना देरी से मिली थी और मैंने तापसी बाबा से भेंट के लिए कहला भेजा था, अतएव, आपके दर्शन करने से रह गया था। आज केशवजी यहाँ आ रहे थे, इस कारण मैंने भी दर्शनार्थ यहाँ आना उचित समझा।"

तहसीलदार ने बहुत ही प्रेम से हाथ मिलाया और कहा, "मैं भी गवर्नमेंट कॉलेज, लाहौर का विद्यार्थी रहा हूँ। उस नाते आपका शिष्य हूँ। आपसे मिलकर भारी प्रसन्नता हुई है।

"मैं महाराज की आज्ञा से यहाँ एक घटना की जाँच करने आया था। एक गद्दी स्त्री दो मास हुए गायब हो गई थी। उसकी हड्डियाँ तक नहीं मिलीं। एक मिस्टर रॉबर्ट ने बंबई से एक पत्र महाराज के नाम भेजा है कि यहाँ पर नर-मांस खाया जाता है। मैंने इस विषय में जाँच की है। यह तो ठीक है कि उस औरत का पता नहीं चला, परंतु किसी ने यहाँ नर-मांस खाया जाता देखा नहीं। तापसी बाबा झूठ बोलनेवाला आदमी नहीं और यहाँ के इलाके की उनको प्रत्येक सूचना रहती है। उनका कहना था कि केशवजी वाम-मार्गी हैं, इस पर भी वे नर मांसाहारी प्रतीत नहीं होते। इस कारण मैंने रिपोर्ट लिख दी है। आप जैसे पढ़े-लिखे प्रतिष्ठित व्यक्ति, जब यहाँ पर मेहमान बनकर आए हैं, तो मेरे लिए संदेह को कोई स्थान नहीं रहा।"

"मिस्टर रॉबर्ट ने अपना पता लिखा है क्या?"

"हाँ, ताजमहल होटल लिखा है।"

"अगर हम माँगें तो प्रमाणित प्रतिलिपि उस पत्र की मिल सकती है?"

"यह पत्र जाँच के लिए आया है। आपको मैं प्रमाणित कॉपी दे सकता हूँ। उसको प्रमाणित नहीं कर सकता।"

मैंने वैसी ही अप्रमाणित प्रतिलिपि माँगी। उसने अपने क्लर्क को एक कॉपी तैयार करने के लिए कह दिया। इस पर मैंने टूनी और रॉबर्ट का संबंध बताया। टूनी से एक लाख रुपया ऐंठने की बात बताई और फिर बताया कि उसको मारने के लिए बंबई से बीस मील दूर एक पहाड़ी पर ले गया था और वहाँ से एक घाटी पर से उसको धकेल दिया। यह तो भाग्य की बात थी कि वह बच गई। मैं उसको पकड़वाना चाहता हूँ।"

"यदि आप लाहौर के किसी कोर्ट द्वारा इस पत्र की कॉपी माँगें तो मिल सकेगी।"

इस पर केशव ने कहा, "तापसी बाबा कायाकल्प कराना चाहता है। और मैं अपनी चिकित्सा की परीक्षा उस पर करने के लिए तैयार हूँ। यदि आप दो-चार दिन और ठहरकर यह तमाशा देख सकें, तो अच्छा रहेगा।"

"नहीं, मैं तो चला जाना चाहता हूँ। हाँ, एक बार उनसे मिलने अवश्य जाऊँगा। भगवान् जाने कहीं वे चिकित्सा में चल ही न बसें!"

"चलिए, कल मैं भी चलने का विचार रखता हूँ।"

तहसीलदार का गवर्नमेंट कॉलेज का विद्यार्थी होना हमारे लिए बहुत ही सुविधाजनक हो गया। उसने जाँच पर अपनी रिपोर्ट लिख दी थी। उस रिपोर्ट को उसने हमें दिखाया। रिपोर्ट काफी संतोषजनक थी। सायंकाल, मैं और केशव प्रसन्नवदन वहाँ से लौटे।

भवन में पहुँचने पर नूरुद्दीन ने, जो तापसी बाबा से मिलकर लौट आया था, बताया कि तापसी बाबा कायाकल्प के लिए तैयार हैं और उसने अपने मिलनेवालों से कहना आरंभ कर दिया है कि वह बाबू साहब के पास इलाज के लिए आ रहा है।

वह उस दिन का दूसरा समाचार था, जो मेरे संतोष का कारण था। उस दिन राधा और टूनी गाँव में स्कूल देखने गई थीं।

□

राधा जब से यहाँ आई थी, एक प्रकार से उल्लसित और प्रफुल्लित अनुभव करती थी। उसके लिए यहाँ की जलवायु अत्यंत स्फूर्तिदायक सिद्ध हुई थी। उसका रंग और रूपरेखा निखर रही थी।

मेरी दिनचर्या लगभग ऐसी हो गई थी कि प्रात: पाँच बजे उठकर शौचादि से निवृत्त होकर स्नान करता। राधा भी इसी बीच नहा-धोकर तैयार हो जाती। इसके उपरांत हम संध्योपासना में लग जाते। इससे निवृत्त होने तक अल्पाहार हमारे कमरे में आ जाता था। अल्पाहार लानेवाली प्लास्टिक की पुतली होती थी। पूजा से छुट्टी पा हम बटन दबाते और पुतली आ जाती। उससे चाय लाने को कहते।

पाँच मिनट में चाय आ जाती। चाय के साथ दूध, मक्खन, टोस्ट, उबले हुए अंडे ले आती। कभी कोई विशेष चीज मुरब्बा आदि मँगवाना होता, तो उसे कहने पर वह भी ले आती।

राधा के लिए पुतली का ठीक वस्तु लाकर देना आश्चर्यकारक होता था। एक दिन उसने यह रहस्य समझने के लिए आग्रह किया। पहले तो मैंने कहा कि केशव से पूछना। इसके पश्चात् कुछ विचार कर स्वयं ही समझाने लगा। मैंने बताया, "इस पुतली में इलेक्ट्रॉनिक-संचालित मस्तिष्क कार्य करता है। इस मस्तिष्क में संदेश कान और आँखों द्वारा मस्तिष्क में पहुँचते हैं। आँखों द्वारा बाहर की वस्तुओं की छाया मस्तिष्क

के एक भाग पर पड़ती है। छाया के पड़ने पर उसमें से विद्युत् की लहर मस्तिष्क के उस भाग पर दौड़ जाती है, जहाँ उसका उत्तर देने की क्षमता रहती है। वह भाग उसी विशेष कार्य करने की योग्यता रखता है। वहाँ विद्युत् का प्रभाव पहुँचने से वह विशेष कार्य, जो वह भाग करने के लिए निर्माण किया गया है, करता है।

"एक पुतली के मस्तिष्क में दस-बारह प्रकार के कार्य समझने और करने के यंत्र बने हैं। और प्रत्येक कार्य एक-एक भाग करता है। आँखों से गई परछाईं अथवा कान से सुना शब्द मस्तिष्क के उन भागों को विद्युत् से उत्तेजित करता है, जो भाग ऐसा कार्य करने के लिए निर्माण हुआ है और उस आदेश के अनुरूप है।

"उदाहरण के रूप में हमको चाय की आवश्यकता है। हम आदेश देते हैं, चाय लाओ। हमारा यह शब्द कान द्वारा मस्तिष्क के उस भाग को उत्तेजित कर देता है, जो चाय लाने के लिए निर्माण किया गया है। उस भाग के उत्तेजित होते ही पुतली जाती है और पाचक को कहती है, 'चाय दो'। वह ट्रे में चाय रख देता है और वह ले आती है।

"इसी प्रकार अन्य कार्य भी होते हैं। केशव ने हर एक पुतली में कुछ एक काम करने के लिए प्रबंध किया है। प्रत्येक में दस-बारह प्रकार से अधिक कार्य नहीं हो सकते और साथ ही विशेष प्रकार के आदेश ही कानों द्वारा जाकर मस्तिष्क के उन भागों को उत्तेजित कर सकते हैं। यदि आदेश बदल दिए जाएँ, तो इन पुतलियों का मस्तिष्क कार्य नहीं कर सकता।"

राधा ने इस बात की परीक्षा करने के लिए पुनः बटन दबाया। जब पुतली आई तो उसने कहा, "यह मेरी पुस्तक अलमारी में रख दो।" पुतली चुपचाप खड़ी रही। इस पर राधा ने डाँटकर कहा, "जाओ रखो।" पुतली वापस जाने लगी। इस पर राधा ने पुनः डाँटकर कहा, "इधर आओ।" पुतली वहीं ठहर गई, परंतु लौटी नहीं।

यह देख राधा और मैं हँसने लगे। इस हँसी की आवाज से पुतली लौटकर देखने लगी। राधा ने कहा, "दो टोस्ट लाओ।"

पुतली सिर हिलाकर चली गई। राधा उसको देखने के लिए उसके पीछे-पीछे गई। पुतली साथ के कमरे में, जिसमें उसके लिए दीवार के साथ लगकर खड़े रहने का स्थान बना हुआ था, चली गई। दरवाजे से एक ओर हटकर, उसने पाचक को आवाज दी, "पाचक! दो टोस्ट मक्खन लाओ।" पाचक आया और एक ट्रे में मक्खन और टोस्ट रख गया और वह लेकर हमारे कमरे में आ गई।

राधा, जो विज्ञान की यह शिक्षा नहीं रखती थी, जो केशव और मैं रखते थे, यह सबकुछ अद्भुत और दैवी समझती थी। जहाँ पहले उसके मन में केशव और रोमिली के लिए कुछ विशेष आदर का भाव नहीं था, वहाँ अब वह उनको अति योग्य, कुशल बुद्धिवाला मानने लगी थी। यहाँ आने से पूर्व तो वह यह समझती थी

कि पश्चिमी शिक्षा के प्रभाव में शारीरिक सुख-प्राप्ति के लोभ में वे परमात्मा को भूल गए हैं, परंतु अब वह उनके परमात्मा के स्थानापन्न कार्य के प्रयत्न को विस्मययुक्त प्रशंसा से देखने लगी थी।

प्रात: के अल्पाहार के पश्चात् और मध्याह्न के भोजन के पूर्व तक मैं केशव के वैज्ञानिक उपकरणों का परिचय प्राप्त करता रहता था अथवा उसके परीक्षणों को देखता रहता था। राधा टूनी और रोमिली के साथ उनके पुस्तकालय में अध्ययन करती अथवा गाँव की स्त्रियों से मिलकर, उनकी अवस्था का ज्ञान प्राप्त करती रहती थी। इससे उसके मस्तिष्क पर यह प्रभाव पड़ने लग गया था कि केशव और रोमिली परमात्मा तथा आत्मा के अस्तित्व को माने बिना भी इन गाँववालों के कल्याण-कार्य में संलग्न हैं।

मध्याह्न के भोजन के पश्चात् हम सब एकत्र हो जाते। भोजन के समय प्राय: हँसी-मजाक चलता रहता था। जिस दिन तहसीलदार और केशव को तापसी बाबा से मिलने जाना था, उसके मनोभावों पर अनुमान लगाए जाते रहे। मेरे कहने पर कि वह चिंतन और संसार के मोह से छूटने के प्रयत्न को जीवन लंबा होने से अधिक कर सकेगा, तो रोमिली ने कहा, "चिंतन और भजन तो हो नहीं सकेगा। हाँ इंद्रियाँ, जो नवीन जीवन प्राप्त कर लेंगी, बाबाजी के मन को अपने वेगों के साथ बहाकर ले जाएँगी।"

"एक मनुष्य, जो नब्बे वर्ष का अनुभव रखता है और जिसने अपने तथा संसार के विषय में इतना कुछ मनन किया है, वह सुगमता से इंद्रियों के पीछे नहीं बहेगा।"

"यह भी परीक्षा का विषय होगा।" केशव ने कहा।

"आप उसके मार्ग में प्रलोभन न खड़े करिएगा, तो वह अपने निर्वाण के पथ पर चलता जाएगा।"

"निर्वाण पथ कोई हो भी तो भ्रम के पीछे भागे हुए मनुष्य को जब इंद्रियों के सुख की अनुभूति कराएँगे, तब वह उस शून्य के मार्ग को भूल जाएगा।"

"ये इंद्रियाँ इतनी प्रबल क्यों हो जाएँगी? पहले भी तो वह युवा अवस्था तपस्या तथा संयम के साथ पार कर चुका है?" राधा का प्रश्न था।

"बात यह है," रोमिली ने समझाया, "जीवन-शक्ति का केंद्र शरीर के असंख्य कोषाणों में न्यष्टिकण अर्थात् न्यूक्लियाई होते हैं। उनमें जीवन-उत्पादक शक्ति अथवा जीवन की अन्य विशेषताओं को उत्पन्न करने की शक्ति रहती है। हमारे यंत्रों से निकलनेवाली विद्युत् तरंगें इन न्यष्टियों में नवीन शक्ति का संचार करती हैं।

"प्रकृति ने भी इनमें नवीन शक्ति का संचार करने का एक ढंग बनाया है। वह उस समय होता है, जब पुरुष-बीज स्त्री-बीज के साथ जा मिलता है। बीज विशेष प्रकार के कोषाणु ही होते हैं। उन कोषाणुओं के न्यष्टि ही, दोनों वास्तव में, नवीन

शक्ति प्राप्त करते हैं। प्रकृति का यह उपाय दोषपूर्ण है। पुरुष-बीज, जो शक्ति स्त्री-बीज में डालता है, वह उस पुरुष की शक्ति के अनुसार ही होती है, जिसमें वह उत्पन्न होता है। यहाँ हम जिस शक्ति का इनमें संचार करते हैं, वह किसी पुरुष की शक्ति अथवा दुर्बलता से बढ़ती-घटती नहीं। इस शक्ति का स्त्रोत अति प्रबल और एकसार रहनेवाला है।

"एक उदाहरण से यह बात स्पष्ट हो जाएगी। गाय के दूध में गुण गाय के अपने स्वास्थ्य और बल पर निर्भर रहते हैं। परंतु जो कृत्रिम दूध है, वह तो अच्छा अथवा बुरा सदैव एक समान हीं रहेगा। यही बात डिंब अर्थात् स्त्री-पुरुष के बीज कोषाणों से बने कोषाणु समूह की है। डिंब एक अथवा अनेक कोषाणुओं का समूह होता है, जो पुरुष-बीज और स्त्री-बीज कोषाणुओं के संयोग से बनते हैं। डिंब के प्रथम कोषाणु की न्यष्टि के समान न्यष्टि, हमारे प्रयोग में उस यंत्र की शक्ति से बनती है, जो विद्युत् तरंगों को बनाते हैं। हमारा यंत्र पुरुष से अधिक शक्तिशाली और एक समान शक्ति उत्पन्न करने का स्त्रोत है। इस कारण, जो शक्ति हम न्यष्टियों में भर सकते हैं, वे अद्वितीय उग्र और भारी मात्रा में होने से नवीन यौवन प्राप्त व्यक्ति की इंद्रियों को अति वेगवान बना देती हैं। उनके वेग को साधारण मन रोक नहीं सकता। करीम की दशा मैं देख रही हूँ। उससे पूर्व सरस्वती को नवयौवन प्रदान किया तो विवश हो, उसको अप्सरा भवन में प्रवेश देना पड़ा। वहाँ उसकी शक्ति का भारी अंश नाच-गाने में व्यय होने लगा। शेष समय वह गाँव के अनेक युवकों के प्रमोद की वस्तु बनी रहती है।"

यह सब इतना चमत्कारपूर्ण था कि राधा के मन में केशव भगवान् की एक विशेष शक्तिधारी शक्ति प्रतीत होने लगा। वह विज्ञान को आत्मा और परमात्मा का विश्लेषणात्मक ज्ञान मानने लगी थी। उसके सम्मुख यह एक नवीन संसार खुलने लगा था और वह एक बालक की भाँति, जो मदारी के थैले में से नए-नए खेल-तमाशे निकालता देख चकित हो जाता है, केशव के भवन को देख रही थी।

केशव जब भी अपने किसी आविष्कार की व्याख्या करता तो कहता, "पुराणों में वर्णित स्वर्गलोक पर मेरा विश्वास दृढ़ होता जाता है। जिन बातों को मैं पहले गप्पें समझता था, अब मुझको प्रयोग की परिधि के भीतर प्रतीत होने लगी हैं। मैं कभी ऐसा समझता हूँ कि मैं ब्रह्मा हूँ और यहाँ इस इलाके में स्वर्गलोक का निर्माण कर रहा हूँ। मैं कभी यह विचार करता हूँ कि मैं इस स्वर्गलोक का राजा इंद्र हूँ और इसका संचालनकर्ता और भोगकर्ता हूँ।"

राधा मुग्ध हो यह सब सुनती और मन में केशव की प्रशंसा से भर जाती।

हम मध्याह्न के भोजनोपरांत आधा घंटा विश्राम करते थे और उसके पश्चात् भ्रमण

तृतीय परिच्छेद

करने के लिए निकल पड़ते। प्राय: राधा और टूनी साथ-साथ होतीं। मैं कभी केशव के साथ और कभी रोमिली के साथ जाता। रोमिली पहले कुछ दिन तो मेरे मन पर यह अंकित करने का यत्न करती रही कि वह मुझसे प्रेम करती है और मेरी संगत प्राप्त करने के लिए वह सबकुछ करने को तैयार है। कुछ दिनों के प्रयत्न के पश्चात् जब वह समझ गई कि यह प्रेम-प्रलाप मुझ पर कुछ भी प्रभाव नहीं उत्पन्न कर सका, तो वह मुझमें वासना उत्पन्न करने का यत्न करती रही। मेरे साथ सटकर बैठना और मेरी बाँह में बाँह डालकर चलना, अपने वासनामय विद्यार्थी जीवन की बातें बताना अथवा अप्सरा भवन में सरस्वती और करीम के कारनामों का वर्णन करना उसके काम-बाण थे, जिनसे वह मुझको अपने मोह में फँसाने का यत्न करती रहती थी।

एक दिन हम पावर स्टेशन की ऊपर की पहाड़ी पर घूमने गए। वहाँ सूर्य के मधुर ताप के कारण मुझको कुछ नींद आ गई। मैं एक पत्थर का आश्रय लेकर बैठा तो मेरी झपकी लग गई। मेरी नींद तब खुली, जब मुझे कुछ ऐसा अनुभव हुआ कि मेरे होंठों पर कोमल तथा उष्ण-स्पर्श हो रहा है। रोमिली मेरा मुख चूम रही थी। मेरी नींद खुली तो वह मुझसे चिपट गई और भरी आवाज में प्रेम का उपहार माँगने लगी। मैं बहुत ही कठिन समस्या में फँस गया अनुभव करने लगा। मेरे विचारों में निष्ठाओं और संकल्पों का होम होने ही वाला था कि मेरी आत्मा में ग्लानि इतनी प्रबल हो उठी कि मैं उसको झटका देकर उठ बैठा।

रोमिली हाँफती हुई और अपनी ही वासना में जलती हुई मेरे सामने लेटी थी। उसने कहा, "विनोद! कितने निर्दयी हो तुम! एक निष्ठुर कंजूस धनी की भाँति अपनी संपत्ति लिये ऐसे बैठे हो, जैसे साँप बैठता है।"

मैं अपने आवेगों पर काबू पाने का यत्न कर रहा था। इस कारण उसकी बातों को सुनता हुआ भी समझ नहीं रहा था। वह घायल नागिन की भाँति मेरे पाँव के पास लेट छटपटा रही थी। एक समय तो मुझको ऐसा आभास हुआ कि वह मुझको डसेगी और मैं, स्वाभाविक भाव में, एक पग पीछे हट गया।

अब वह भी उठी और बिना मुझसे एक भी शब्द कहे भवन की ओर चल पड़ी। मैं भी उसके साथ-साथ चल पड़ा। अभी हमने आधा मार्ग ही तय किया था कि वह एकाएक खड़ी हो गई और पूछने लगी, "अब मेरा आपसे क्या संबंध होगा?"

"देवर-भाभी का। और तो कोई हो नहीं सकता।"

"तुम मुझको बहुत ही पतित और नीच समझते होंगे?"

"नहीं भाभी! मैं तुमको कुशिक्षित छोटी बहन समझता हूँ।"

"आज की घटना बताकर सबके सम्मुख अपनी शेखी बघारोगे?"

"क्या हो गया है तुमको भाभी? मैं यह किसी को क्यों कहूँगा? तुमको स्वयं केशव से सबकुछ बता देना चाहिए। अपनी त्रुटियाँ स्वयं स्वीकार कर लेने से भ्रम उत्पन्न नहीं होता।"

वह गंभीर हो चलती गई। हम ढलान पर नीचे की ओर जा रहे थे। इस कारण मार्ग शीघ्र निपटता जाता था। भवन के समीप पहुँच, उसने खड़े होकर कहा, "मैं समझती हूँ कि मैं भूल कर रही थी। आप मेरे व्यवहार को भूल जाइए और मैं प्रयत्न करूँगी कि ऐसी घटना फिर न हो।"

"ठीक है। अब हम इसको भूल सकते हैं।"

"तो मेरे साथ गाँव को चलिए। वहाँ नूरुद्दीन से कुछ काम है।"

"चलो चलें।"

अब वह पुनः हँस-हँसकर बातें करने लगी।

भ्रमण के पश्चात् प्रायः पाँच बजे तक हम सब भवन में एकत्र हो जाते। वहाँ चाय और साथ में कुछ अल्पाहार लेकर कभी ताश, कभी शतरंज अथवा कोई अन्य खेल खेला करते थे। मैं केशव के पुस्तकालय से कोई पुस्तक लेकर पढ़ा करता।

रात के भोजन के पश्चात् या तो हम रेडियो सुनते थे अथवा गाँव के कुछ लोग आकर नाच-गाना सुनाते थे।

इस प्रकार दिन व्यतीत हो रहे थे।

◻

चतुर्थ परिच्छेद

तापसी बाबा कायाकल्प कराने के लिए बहुत ही उत्सुक प्रतीत होता था। जिस दिन केशव और तहसीलदार उससे मिलने गए थे, उस दिन तहसीलदार ने तापसी बाबा से कहा भी, "महाराज! आपकी आयु बहुत अधिक हो चुकी है और आप बहुत दुर्बल हैं। कहीं इस चिकित्सा में ही आपके प्राणांत न हो जाएँ?"

केशव ने ही यह बात तहसीलदार से कहलवाई थी। उसको भी संदेह था कि कदाचित् ऐसा हो न जाए!

तापसी बाबा का नाम भद्रायण था। उसके मन में यह बात बैठ गई थी कि जब मरना ही है तो चिकित्सा में मरे, तो क्या और स्वाभाविक ढंग से मरे, तो क्या? मृत्यु तो मृत्यु ही है। इस पर भी वह समझता था कि उसका सात्त्विक जीवन होने से 'मानो' की भाँति वह दुर्बल नहीं हुआ। इस कारण उसने तहसीलदार से कह दिया, "कुछ भी हो। मैं अपनी काया, गर्भ में जाने का कष्ट सहन किए बिना, बदलना चाहता हूँ। सफल हो गया तो मेरा अस्सी वर्ष का अनुभव और मेरी यौवनावस्था मुझे निर्वाण मार्ग पर बहुत आगे ले जाएगी।"

इस प्रकार बात तय हो गई। सायंकाल जब केशव भद्रायण के यहाँ से लौटा तो मुझको बताने लगा, "मैंने तहसीलदार के सम्मुख उसके मुख से कहलवा दिया है कि वह मर जाने से नहीं डरता।"

"इस पर भी मेरी सम्मति है कि जिस दिन वह चिकित्सा के लिए आए, आसपास के सब गाँववालों को एकत्र कर उनके सामने कहलवा देना चाहिए कि उसके मर जाने का भय है। इस पर भी वह स्वेच्छा से इस चिकित्सा के लिए आया है।"

यह बात केशव के मन लगी। मैंने आगे कहा, "मैं चाहता हूँ कि हमको पूर्ण प्रयत्न करना चाहिए कि तुम्हारा प्रयोग सफल हो। इसमें हमारा और विज्ञान का कल्याण है।"

मेरे कहने पर केशव ने चिकित्सा का कार्यक्रम बना लिया। पहले दिन इलेक्ट्रॉनिक तरंगों के नीचे, जिनसे शरीर की शुद्धि होती है, उसको केवल पंद्रह मिनटों के लिए रखने

का निर्णय किया गया। उसके पश्चात् एक घंटे तक न्यूट्रॉन की शक्ति संचार करनेवाली तरंगों से स्नान करवाकर विश्राम कराया जाए। इसी प्रकार अगले दिन उपचार बीस मिनट, तीसरे दिन तीस मिनट और चौथे दिन चालीस मिनट और पाँचवें दिन पचास मिनट और अंतिम दिन पूर्ण एक घंटा किया जाए।

इस प्रकार जो उपचार रामी और मीनार पर चौबीस घंटे में किया गया था, उसका एक सप्ताह में करने का कार्यक्रम बना लिया गया।

अगले मास की पूर्णिमा के दिन तापसी बाबा, आसपास के पचास गाँव के रहनेवाले और कंदराओं में रहनेवाले गद्दी जाति के लोगों के साथ एक भारी सवारी में, अपनी कंदरा से केशव के भवन में लाया गया। लगभग एक लाख की भीड़-भाड़ में तापसी बाबा भवन के सम्मुख पहुँचा और जनता को उपदेश देने लगा। उस उपदेश में उसने कहा कि कदाचित् उसकी मृत्यु हो जाए, तो उसके शरीर की राख चंद्रभागा में प्रवाहित कर दी जाए।

यह सबकुछ मेरे आग्रह पर किया गया। जो लोग इस प्रकार एकत्र हुए थे, दिन भर भवन के सम्मुख नाचते-गाते, खाते-पीते रहे। वास्तव में, वहाँ पर एक बहुत ही बड़ा मेला-सा लग गया था।

जब भद्रायण को भवन में ले जाकर एक कमरे में लिटा दिया गया, तो मैं और राधा मेले से दूर गाँव को पार कर चंद्रभागा के किनारे पर भ्रमण करने चले गए। हम खाली गाँव में से जा रहे थे, जबकि एक अति सुंदर लड़की हमको सामने से आती मिली। मैंने इतनी सुंदर लड़की इस इलाके में अभी तक नहीं देखी थी। हम एक-दूसरे के समीप होकर जा रहे थे कि वह लड़की मेरा मार्ग रोककर खड़ी हो गई और बोली, "सलाम बाबूजी!"

मैंने ध्यान से उसको देखा तो पहचान गया। वह मीनार थी। "ओह!" मैंने विस्मय प्रकट करते हुए कहा, "यह तुमको क्या हो गया है?"

"मैं खुद नहीं जानती क्या हो गया है? मैं पचहत्तर वर्ष की बूढ़ी थी। अब मुझमें नए-नए शौक पैदा होने लग गए हैं। लोग मुझको घूर-घूर कर देखते हैं और ऐसी फूहड़ बातें करते हैं कि बरबस मेरी हँसी निकल पड़ती है।"

"अच्छा मीनार! तुम अपने इस नए जीवन से खुश हो?"

"हाँ बहुत। सिर्फ एक बात है कि अब मैं आसमान में उड़ना चाहती हूँ, परंतु मेरे पंख नहीं।"

मैंने उसकी आँखों में देखकर कहा, "तुम्हारे लिए पंख मोल मिलने अब मुश्किल नहीं। तुम किसी बड़े शहर में चली जाओ। कोई धनी आदमी मिल जाएगा, जो तुमको हवाई जहाज में बैठाकर तुम्हें आसमान में उड़ा सकेगा।"

"यही तो मुश्किल है। मैं अकेली किसी शहर में जा कैसे सकती हूँ? वहाँ के लोग मुझे कौओं और गिद्धों को भाँति नोच लेंगे। यह मुझको पसंद नहीं। मैं शरीर से जवान हो गई हूँ, परंतु अक्ल से अभी पचहत्तर वर्ष की हूँ।"

"तुम यूसुफ को साथ लेकर जा सकती हो। वह तुमको बंबई ले जाएगा। संभव है, तुमको किसी थिएटर अथवा सिनेमा में नौकरी मिल जाए। नहीं तो कोई मालदार सेठ मिल जाएगा, जो तुमसे विवाह कर तुमको हवा में उड़ाकर विलायत अथवा अमरीका ले जाएगा।"

"मैं तो केशवजी से विवाह करने का विचार रखती हूँ।"

"केशव से?" मैंने विस्मय में पूछा, "उसने कुछ कहा है इसकी बाबत?"

"नहीं, उन्होंने कुछ नहीं कहा। मेरी ही इच्छा हो रही है।"

"यूसुफ कहता था कि वह तुमसे विवाह करना चाहता है।"

"वह बेवकूफ है। मैंने उसको दूध पिलाया है। मैं उससे कैसे विवाह कर सकती हूँ?"

"अब किधर जा रही हो? मेला देखने नहीं गईं?"

"मेले में जाती तो लोग मुझ पर टूट पड़ते। मैं आजकल अपने को छुपाकर रखती हूँ। दिन भर बैठी-बैठी थक गई थी। विचार आया कि नदी के किनारे ही टहल आऊँ।"

"हम भी उधर जा रहे हैं।"

"तो आपके साथ चलें?"

"और कहीं मैं तुमसे प्रेम करने लगा तो?" मैंने मुस्कराकर पूछा।

"तो आपसे विवाह कर लूँगी।"

"पर मैं तो बहुत गरीब आदमी हूँ। मैं तो तुमको आसमान पर उड़ा नहीं सकता।"

"इस पर भी आप बहुत अच्छे हैं। केशवजी से भी अधिक अच्छे हैं।"

"यह तुमको किसने कहा है? मैं तो केशवजी को अपने से अच्छा समझता हूँ।"

"मुझको मालकिन ने बताया है कि आप उनके घरवाले से अच्छे हैं। वे भी आपसे मुहब्बत करती हैं। मगर आप अपनी बीवी को छोड़ उससे मुहब्बत नहीं कर सके।"

"तो तुमसे कैसे मुहब्बत कर सकूँगा?"

"आपने ही तो पूछा था कि मुझसे मुहब्बत करने लगे तो मैं क्या करूँगी? मैंने बता दिया कि क्या करूँगी! आप विश्वासयोग्य हैं, खूबसूरत हैं और पैसेवाले भी हैं।"

"पैसेवाले? यह भी क्या तुम्हारी मालकिन ने बताया है?"

"हाँ, मैंने पूछा कि आपका केशव बाबूजी से क्या रिश्ता है? तो उन्होंने बताया कि उनकी सारी जायदाद उनके वालिद साहब ने आपको दे दी है।"

"सारी तो नहीं। हाँ, एक हिस्सा तो जरूर दिया है। पर मैं उसको भी वापस करनेवाला हूँ।"

"तो फिर गुजर कैसे होगा?"

"मैं एक सरकारी स्कूल में पढ़ाता हूँ और मुझको सात सौ रुपया वेतन मिलता है।"

"सात सौ?" उसने आँख फाड़कर देखते हुए कहा।

"हाँ, क्यों?"

"सात सौ तो बहुत हैं। आप एक और विवाह आसानी से कर सकते हैं।"

"यूँ तो मेरी आमदनी और भी है। परंतु इससे मैं तुम्हें आसमान की सैर नहीं करा सकता।"

इस पर उसने मुस्कराते हुए कहा, "कुछ हरज नहीं। अगर आप मुझसे विवाह कर लें तो मैं आसमान की सैर नहीं करूँगी।"

"पर मुझमें क्या लगा है? और ऐसे बहुत से लोग हैं, जो मुझसे ज्यादा अमीर और समझदार हैं।"

"नहीं विनोद बाबू! आप मान जाइए। मैं इनको मना लूँगी।" यह कहते हुए उसने राधा की ओर संकेत कर कहा।

"कैसे मना लोगी?" राधा ने मुस्कराते हुए पूछा।

"आपके पाँवों पड़ूँगी, मिन्नत करूँगी और टहल-सेवा करूँगी।"

"पर जानते हो, मालकिन जैसी सुंदर और धनी औरत को इन्होंने ठुकरा दिया है? तुमको कैसे स्वीकार करेंगे?" राधा ने मुस्कराते हुए कहा।

"मैं उससे ज्यादा सुंदर हूँ और साथ ही उसको अपने धन का गुरूर है। मैं तो गरीब औरत हूँ। मुझको टहल-सेवा करने में शर्म नहीं आती।"

"लो जी! इसको ही ले लो।" राधा ने हँसते हुए मुझसे कहा।

"मालकिन!" मीनार ने कहा, "मुझको अपने साथ अपने शहर ले चलिए। मैं अपनी खिदमत से आपको खुश कर लूँगी।"

राधा ने कनखियों से मेरी ओर देखते हुए कहा, "रोमिली से है तो अधिक खूबसूरत और मैं समझती हूँ कि ज्यादा समझदार भी है।"

"बात तो तुम ठीक कहती हो। पर मैं भी अपना कायाकल्प करवा लूँ। तब ही तो इससे विवाह कर सकता हूँ। नहीं तो दो युवा बीवियों के बीच मेरा कचूमर निकल जाएगा।"

"नहीं-नहीं हुजूर! आप घबराइए नहीं। मैं अगरचे देखने में पंद्रह-सोलह साल की लड़की लगती हूँ, पर मेरा मन पचहत्तर साल का बूढ़ा है।"

"फिर भी मैं केशव से कहूँगा कि मेरा भी कायाकल्प कर दे, जिससे मैं तुमको यहाँ से ले चलूँ।" इस पर मीनार तथा राधा दोनों हँसने लगीं।

चतुर्थ परिच्छेद

◻

अगले दिन तापसी बाबा की चिकित्सा प्रारंभ हो गई। पहले ही दिन उसको बीस के लगभग दस्त आए। शोधन-क्रिया बंद कर उसको रसायन-क्रिया दी गई। तापसी बाबा इससे ही बहुत दुर्बलता अनुभव करने लगा था, परंतु रसायन-क्रिया के प्रयोग से पुनः उसमें शक्ति का संचार होने लग गया। अगले दिन शोधन-क्रिया बीस मिनट तक की गई। इससे फिर कै, दस्त और पसीना आया, परंतु उतनी दुर्बलता नहीं हुई, जितनी पहले दिन हुई थी और रसायन-क्रिया से बाबा की शक्ति पहले से अधिक होने लगी।

इसी प्रकार चिकित्सा पहले से अधिक और अधिक उग्र होती गई।

तापसी बाबा की चिकित्सा लगभग समाप्त हो चुकी थी, परंतु उसको भवन से जाने की स्वीकृति नहीं दी गई थी। कंदरा में उसका रहना उचित नहीं समझा गया। वह अब बीस वर्ष का युवक-सा प्रतीत होने लग गया था। गौर वर्ण, लंबा सा चेहरा, चौड़ा मस्तक और दृढ़ चुबुक थी। उसके नए दाँत आने शुरू हो गए थे। काले, मुलायम और गुफ्फेदार बाल उगने शुरू हो गए थे। बाँहें और जँघाएँ पुष्ट हो गई थीं।

अभी भद्रायण भवन में ही ठहरा हुआ था। उसमें अभी भी शक्ति संचार किया जाता था। एक दिन मध्याह्न के भोजन के समय केशव ने घोषणा की, "भाभी!" वह राधा को संबोधन कर कह रहा था, "विनोदजी भी कायाकल्प कराएँगे।"

राधा को मीनार की बात स्मरण नहीं रही थी। इससे उसने पूछा, "और केशवजी आप भी करा रहे हैं क्या?"

"मीनार मुझसे विवाह थोड़े ही कर रही है?"

इस पर मेरी हँसी निकल गई। राधा भी मीनार का नाम सुन हँस पड़ी और पूछने लगी, "तो वह आपके पास आई थी क्या?"

"हाँ! अभी सप्ताह में एक बार आती है। आज उसने कहा कि यदि मैं विनोदजी का कायाकल्प कर दूँ तो वह उनसे विवाह कर लेगी।"

मैंने व्यंग्य के भाव से कहा, "वह है तो बहुत सुंदर।"

"मैं उसको अपने लिए रखना चाहता था, पर यदि विनोद का मन उस पर रीझ गया है तो मैं इसमें कुछ नहीं कहूँगा और विनोद का कायाकल्प भी कर दूँगा।"

"केशव!" मैंने गंभीर होकर कहा, "वह तुम्हारे लिए ही रहेगी। तुम इतना विचार करो कि जो पुरुष रोमिली को अस्वीकार कर चुका है, वह मीनार को कैसे स्वीकार कर सकता है?"

"मनुष्य-प्रकृति के विषय में भविष्यवाणी नहीं की जा सकती।"

"मैं अपने मन की बात बताता हूँ। मैं उससे विवाह नहीं करूँगा।"

"क्यों?"

"मेरा विवाह राधा से हो चुका है और मैं एकपत्नीव्रत में विश्वास रखता हूँ।"

"पर विनोदजी!" रोमिली ने कहा, "वह मुझसे कहीं अधिक सुंदर निकली है!"

"सौंदर्य अपने-अपने मन की भावना पर दिखाई देता है। मुझको राधा सबसे अधिक सुंदर दिखाई देती है।"

सब हँसने लगे। राधा ने गंभीर हो कहा, "केशवजी! आप इनका कायाकल्प कर दीजिए। मैं मीनार को नौकर बनाकर साथ ले जा रही हूँ। क्या जाने लाहौर जाकर वह इन्हें फुसलाने में सफल हो जाए।"

"पर मैंने तो अभी तक किसी युवा का कायाकल्प किया नहीं। मैं इसका परीक्षण अपने मित्र पर नहीं करूँगा।"

"तब तो बहुत कठिन बात होगी। मीनार कितने वर्ष तक युवा रह सकेगी?"

"मैं क्या जानूँ? ये परीक्षण अभी नए हैं। आज से तीस-चालीस वर्ष पश्चात् आज के परीक्षणों का परिणाम निकलेगा।"

उसी मध्याह्नोत्तर केशव, मैं, रोमिली आदि घूमने किशतवाड़ गाँव की ओर गए। मार्ग में रोमिली ने मीनार की बात आरंभ कर दी, "भाभी! मीनार को सत्य ही साथ ले जा रही हो?"

"नहीं। वह तो केवल हँसी हो रही थी।"

"ले जाओ न!"

"क्यों?"

"उसके यहाँ रहने से भारी झगड़ा हो सकता है। वहाँ जाने पर उसको कौन उड़ा ले जाता है और कौन नहीं? इसका प्रभाव हम पर नहीं पड़ेगा; परंतु यहाँ यदि किसी प्रकार से झगड़ा हुआ तो हमारी स्थिति डाँवाँडोल हो जाएगी।"

"आपकी स्थिति का उस स्त्री से क्या संबंध है?"

"इस समय यहाँ आसपास के गाँव में कोई ऐसा युवा पुरुष नहीं, जो मीनार से विवाह न करना चाहता हो। यह यदि अब तक बची हुई है, तो इस कारण कि केशवजी ने यह कहा हुआ है कि अभी उसकी चिकित्सा समाप्त नहीं हुई और उससे पूर्व उससे सहवास करनेवाले को हानि पहुँचने की संभावना है।

"उसके विवाह के लिए तैयार होते ही यहाँ दंगल होने लगेगा। मैं इसकी परवाह नहीं करती, यदि इस दंगल में भाग लेनेवालों में एक आपके मित्र न होते!"

"केशव मीनार को पाने के लिए देहातियों से मुकाबला करेगा क्या?"

उत्तर केशव ने दिया, "मैं भी हाड़-मांस का बना हूँ और मुझमें इच्छाएँ अभी मरीं नहीं। तुम मित्र हो। तुम्हारे लिए तो मैं उसको दे देने को तैयार हैं, परंतु अन्य किसी के लिए नहीं।"

चतुर्थ परिच्छेद

"मुझको मीनार ने कहा है कि वह तुमसे विवाह करना पसंद करेगी।"

"पर यदि दूसरे उसको ऐसा करने देंगे, तभी न!"

"मैं समझता हूँ, तुम्हारे मुकाबले में कोई नहीं आएगा। यह तब तक ही है, जब तक लोग तुमको चाहनेवालों में नहीं जानते।"

"पर एक है, जो मेरे और उसके बीच आने के लिए तैयार है। रोमिली का कहना है कि मैं उससे विवाह न करूँ। वह मेरे इस विवाह को पसंद नहीं करती।"

"तो क्या वह किसी अन्य से आपका विवाह पसंद कर लेगी?"

"हाँ, यदि तुम रोमिली से विवाह कर लो तो वह मुझे मीनार से विवाह करने के लिए आपत्ति नहीं करेगी, अन्यथा किसी से नहीं।"

"मेरा विचार है कि न रोमिली दूसरा विवाह करे और न तुम करो। इस प्रकार की इच्छा करना ही पाप है।"

इस पर केशव हँस पड़ा। उसने पूछा, "पाप किसे कहते हैं?"

"वह कर्म पाप होता है, जिससे अपने को अथवा सर्वसाधारण को हानि पहुँचे।"

"हानि पहुँचानेवाले काम को कोई करेगा ही क्यों?"

"इस कारण कि मनुष्य काम-क्रोधादि के वश में यह समझ ही नहीं सकता कि अमुक कार्य उसके लिए हानिकर है अथवा नहीं!"

मुझको कुछ ऐसा अनुभव होने लगा था कि रोमिली और केशव की अब बननी बंद हो गई है। इस कारण मैंने उसका ध्यान मीनार से हटाकर दूसरी ओर खींचना चाहा था। मैंने कहा, "केशव! यह मीनार से तुम्हारा विवाह रोमिली से विग्रह का कारण बन जाएगा।"

"जब मैंने रोमिली को सब प्रकार की स्वतंत्रता दे रखी है, तो फिर वह मुझको यह अधिकार क्यों नहीं देती?"

"तुमने स्वतंत्रता देकर अच्छा नहीं किया और तुम अब विवाह के पश्चात् ऐसी स्वतंत्र माँग कर अच्छा नहीं कर रहे।

"एक बार तुम लोगों ने परस्पर वचन दिया था कि एक-दूसरे के अतिरिक्त किसी अन्य के प्रति पति अथवा पत्नी की भावना नहीं रखेंगे। अब उस वचन को भंग करने का कोई कारण नहीं है।"

"यह वचन भंग पहले रोमिली ने ही किया है। इसने रॉबर्ट से संबंध स्थापित किया तो मैंने भी यह अपना अधिकार समझा है कि जिससे चाहूँ, मैं अपना संबंध स्थापित कर सकता हूँ।"

इन दो अपार धन तथा विज्ञान के स्वामियों को निपट गँवारों की भाँति लड़ते देख मुझे विस्मय हुआ। मैंने केशव से कहा, "आज तुम्हारी इस प्रवृत्ति को देख मुझे विस्मय हो रहा है। तुम इतने विद्वान् और समझदार होकर व्यर्थ का विग्रह कर बैठे हो।"

सायंकाल भोजन में वह स्वाद नहीं था, जो पिछले इतने दिनों से आ रहा था। उस दिन भोजन के पश्चात् राधा से कहा, "हमको यहाँ से शीघ्र ही लौटने का प्रबंध करना चाहिए।"

"क्यों?"

"यह गृहकलह का केंद्र बनने जा रहा है। यहाँ रहता हुआ मैं इससे निर्लेप नहीं रह सकूँगा।"

"आप यहाँ से इस समय जाएँगे तो रोमिली और केशव दोनों को नाराज कर देंगे। दूसरी ओर, जो कुछ आप इस झगड़े को शांत करने के लिए कर सकते हैं, वह भी नहीं कर सकेंगे।"

अगले दिन मध्याह्नोत्तर मैं केशव को अपने साथ टहलाने ले गया। रोमिली गाँव में, किसी कार्यवश, गई हुई थी। टूनी कुछ सुस्त रहती थी। मुझको संदेह हो रहा था कि वह तीसरी बार माँ बनने जा रही है।

नदी के किनारे पहुँच टहलते हुए मैंने कहा, "केशव! यह रोमिली से झगड़ा किस प्रकार निपटेगा? और चाहे कुछ भी हो, उससे लड़ने में कल्याण नहीं।"

"देखो विनोद! यह आजकल गाँव में लोगों को मेरे विरुद्ध भड़का रही है। यही कारण है कि लोग मेरी अवहेलना करने लगे हैं।"

"पर क्यों? वह ऐसा क्यों करती है?"

"तुमसे प्रेम में असफल होकर वह मेरे विरुद्ध हो गई है।"

"ऐसी अयुक्तिसंगत परिस्थिति में तुम शांति से नहीं रह सकोगे। मेरा विचार है कि तुम कुछ समय के लिए रोमिली को यहीं अकेला छोड़ मेरे साथ लाहौर चले चलो।"

"मैं भी कुछ ऐसा विचार कर रहा हूँ। कुछ काल के लिए छोड़ने से तो कुछ लाभ नहीं। मैं तो सदैव के लिए संबंध-विच्छेद करने की सोच रहा हूँ।"

मैं केशव के इस विचार को सुन चकित रह गया। मैं भी इस उलझन को सुलझाने का यही उपाय ठीक समझता था। इस पर भी मैंने कहा, "क्या और कोई मार्ग नहीं है?"

"मैं सदैव नवीन मार्ग की खोज में रहता हूँ। कोई तुम्हें सूझ रहा हो तो बताओ।"

"मैं समझता हूँ कि रोमिली को कुछ काल के लिए अमरीका चला जाना चाहिए। तुम बच्चों की भाँति खिलौनों से खेलनेवाले अपने-अपने खिलौनों से उकता गए हो। तुमको अपने खिलौने बदल लेने चाहिए।"

केशव ने माथे पर त्योरी चढ़ाकर कहा, "विनोद! तुम प्रत्येक बात में मेरी और रोमिली की बच्चों की भाँति अवहेलना करते रहते हो। तुम्हारा यह व्यवहार कुछ अच्छा नहीं है। हम मानव हैं। मानवों की भाँति ही रहना चाहते हैं। तुम अपने को मनुष्यों से ऊपर

बनाकर रखे हुए हो और तुम्हारा यह व्यवहार ही हमको इस विपरीत मार्ग पर धकेल रहा है।"

"केशव! तुम वही कर रहे हो, जिसका मुझको भय था। काम से क्रोध उत्पन्न होता है। वही अवस्था तुम्हारी हो गई है।"

"नहीं मित्र! काम से क्रोध नहीं, प्रत्युत अतृप्त कामना से क्रोध उत्पन्न होता है। यह अतृप्त कामना तुम्हारे कारण है।"

"काम सदैव अयुक्तिसंगत होता है और अयुक्तिसंगत कामना सदैव अतृप्त रहती है।"

"और युक्तिसंगत कामना को क्या कहते हैं?"

"प्रेम।"

"दोनों में अंतर क्या है?"

"काम वासना का सूचक है। यह शरीर का विषय है। प्रेम मन और आत्मा का विषय है। इसमें वासना की गंध भी नहीं होती।"

"तुम एक महान् भ्रम में फँसे हुए विद्वान् हो। एक अनपढ़ को भ्रम से निकाला भी जा सकता है, परंतु तुम्हारे जैसे पढ़े-लिखे को भ्रम से निकालना प्रायः असंभव है। इस पर भी तुम्हारी योजना प्रयोग में लाने योग्य तो है ही। हम दोनों लाहौर चले चलें और वहाँ साधारण व्यक्तियों की भाँति जाकर रहें। यदि रोमिली की इच्छा हो तो अमरीका चली जाए। मुझको यह स्वीकार है। रोमिली से बात कर तुम पता करो कि वह क्या चाहती है?"

☐

मैंने उसी दिन रात के भोजन के पश्चात् रोमिली से पृथक् में बातचीत की। मैं उसके निजी कमरे में चला गया और उससे मैंने कहा, "भाभी! आज केशव से मेरी बहुत बातें हुई हैं। मैंने उसको कहा कि मुझको उसमें और तुममें बढ़ रहे वैमनस्य का आभास हो रहा है और मैं नहीं चाहता कि आप दोनों छोटे-छोटे बच्चों की भाँति झगड़ा करें।"

रोमिली हँस पड़ी और कहने लगी, "तो बूढ़े लोग किस प्रकार झगड़ा करते हैं?"

"बूढ़े लोग झगड़ा करते हैं, तो एक-दूसरे को समझने के लिए और फिर कोई समझौता कर जीवन-निर्वाह करने के लिए। बच्चे झगड़ते हैं, केवल अपनी बात मनवाने के लिए।"

"तो आप हमको बच्चों की भाँति झगड़ा करते समझते हैं?"

"यह मैंने समझा है। मेरी समझ गलत भी हो सकती है। अब तुम दोनों का काम है कि मुझको गलत सिद्ध करो। क्या तुम यह झगड़ा कर रहे हो, कोई शांतिपूर्वक रहने का मार्ग ढूँढ़ने के लिए?"

"हम झगड़ रहे हैं सुख-साधना के लिए।"

"जहाँ दो अथवा अधिक प्राणी रहते हैं, वहाँ यह अत्यावश्यक है कि ऐसा मार्ग ढूँढ़ा जाए, जिसमें दोनों को सुख मिले। ऐसा करने के लिए प्राय: समझौता ही करना पड़ता है। समझौते के समय सब इकट्ठा रहनेवालों को कुछ-न-कुछ त्याग करना पड़ता है।"

"देखिए विनोदजी!" रोमिली ने अकड़कर बैठते हुए कहा, "इस समय तक लगभग एक मिलियन डॉलर मैं खर्च कर चुकी हूँ और उसका फल भोगना चाहती हूँ।"

"जो कुछ तुमने खर्च किया है, वह स्वेच्छा से किया है अथवा केशव के तुम्हें विवश करने पर? यदि अगर स्वेच्छा से किया है, तो उसका इस झगड़े से कोई संबंध नहीं।

"झगड़ा रुपए के कारण नहीं हो रहा। झगड़ा हो रहा है, आप दोनों के एक-दूसरे के व्यवहार को नापसंद करने पर। केशव मीनार से विवाह करना चाहता है। तुम इसको पसंद नहीं करती। क्यों? यह पूछने की आवश्यकता नहीं। मैं तो यह कह रहा हूँ कि तुम दोनों एक-दूसरे के विरुद्ध रहो, यह उचित नहीं। कोई मध्यम मार्ग ढूँढ़ा जा सकता है।"

"अब यह असंभव है।"

"क्यों? क्या हो गया है अब?"

"केशव ने बताया था कि वह लखपति है। परंतु अभी तक एक पैसा उसके पिता का उसे नहीं मिला!"

"फिर वही पैसे की बात आ गई। तुमने कभी उसको कहा है कि वह अपने पास से अपना खर्च करे?"

"अब कहती हूँ।"

"तो हो जाएगा। इसमें तुमको संदेह क्यों हुआ कि वह व्यय नहीं कर सकता, अथवा नहीं करेगा?"

रोमिली इस प्रश्न पर कुछ सोच में पड़ गई। शायद इसका उत्तर उसके पास नहीं था। एकाएक वह बोली, "मैं अब इस लंपट के साथ नहीं रह सकती।"

"भाभी! तुम हमारे एक मीमांसक के कथन को सत्य सिद्ध कर रही हो। उसने कहा है कि काम से क्रोध उत्पन्न होता है। क्रोध से लोभ, लोभ से मोह और अंत में अहंकार। इन सबका परिणाम होता है विनाश। तुम सब अवस्थाएँ पार कर अब विनाश की ओर बढ़ रही हो।"

"तुम्हारे मीमांसक क्या कहते हैं, मैं नहीं जानती। मैं एक बात जानती हूँ कि केशव का विवाह मीनार से नहीं होगा। यह केवल तब ही हो सकता है, जब आप मुझसे विवाह के लिए तैयार हो जाएँ।"

रोमिली के इस असंगत व्यवहार से मेरी हँसी निकल पड़ी। मैंने कहा, "इन दोनों

चतुर्थ परिच्छेद

बातों में क्या संगति हो सकती है ? मैं तुमसे विवाह करना नहीं चाहता। मेरे लिए तुम केशव और मीनार को कुछ ऐसा करने के लिए विवश कर रही हो, जिसका मेरे साथ कुछ भी संबंध नहीं। यह कैसे हो सकता है ?"

"इस प्रकार होगा। आप मुझसे विवाह करना नहीं चाहते। केशव आपको मेरे लिए राजी कर सकता था। इसी प्रकार, मैंने मीनार को मना लिया है कि केशव से विवाह न करे।"

"मीनार मान गई है क्या ?"

"उसको मानना ही होगा। नहीं तो मैं पूर्ण गाँव भर को यहाँ बैठी एक बटन दबाकर समाप्त कर दूँगी।"

मैं इस वासना में लिप्त स्त्री को इस अपार शक्ति की स्वामिन देखकर काँप उठा। शक्ति के आने के साथ ज्ञान-वृद्धि भी आवश्यक है, अथवा शक्ति एक भयंकर वस्तु बन जाती है। इस पर भी मैं अपने को शांत रख कहने लगा, "रोमिली! तुम मीनार को मना लो। तब बात सहज में समाप्त हो जाएगी। जब वह केशव से संबंध रखना नहीं चाहेगी, तो मैं केशव को मना लूँगा कि वह उससे विवाह न करे।"

"मैं आज गाँव गई थी और उससे मिली थी। उसने कहा है कि वह आपसे विवाह की इच्छा करती है और यदि आप नहीं मानेंगे तो केशव से विवाह में उसको आपत्ति नहीं होगी। मैंने उससे कहा है कि जहाँ तक आपका संबंध है, वह आपको मना ले। मुझको कुछ नहीं कहना; परंतु केशव से विवाह की बात वह अपने मन से निकाल दे। उसने कुछ उत्तर नहीं दिया। इस पर भी वह समझ जाएगी। उसका पचहत्तर वर्ष का अनुभव उसको मेरे मार्ग से हट जाने की राय देगा।"

"तब तो तुम्हारे और केशव में झगड़े की जड़ ही लोप हो जाएगी।"

"अभी तक तो केशव, जब कभी किसी स्त्री से संबंध बनाता है, तो यह जानकर कि मैं उससे अधिक सुंदर हूँ, मेरे पास लौट आता है। परंतु इस स्त्री से संबंध हो जाने पर वह मुझको छोड़ देगा। वह अद्वितीय सुंदरी है।"

"ठीक हैं। मैं समझ गया। इस सब विज्ञान में कौशल प्राप्त करने पर भी तुममें स्त्री-सुलभ ईर्ष्या कम नहीं हुई। रोमिली! यह सांसारिक पदार्थ सुख में कारण नहीं हुए न ? क्या यह सत्य नहीं कि मन के विचार ही सुख साधना में सहायक होते हैं ?"

☐

अगले दिन मैंने केशव से रोमिली के साथ हुई सारी बात बताकर कहा, "केशव! यदि तुम शांतिमय उपायों से मीनार को विवाह पर राजी नहीं कर सकते तो तुम उसके अधिकारी नहीं हो।"

"पर विनोद! दूसरे पक्ष को भी शांतिमय उपाय प्रयोग में लाने चाहिए।"

"वह उसको डरा-धमका रही प्रतीत होती है। तुम भी ऐसा कर सकते हो, परंतु एक बात स्मरण रखना कि तुम पुरुष हो। तुम्हें कोई ऐसी घटिया बात नहीं करनी, जो साधारण स्त्रियाँ करती हैं। गंभीर उच्च विचार पुरुष को शोभा देते हैं।"

"मैं एक बात आज से ही करना चाहता हूँ कि अपना व्यय अपने धन से करूँ।"

"केवल यही नहीं, प्रत्युत रोमिली का व्यय भी, भवन को चलाने का व्यय भी तुम अपने पास से करो। आवश्यकता हो तो धन पैदा करने का यत्न करो।"

"वह अपने धन का क्या करेगी?"

"यह जानना तुम्हारा काम नहीं। पुरुष होने के नाते तुमको अपना और अपने परिवार का व्यय स्वयं करना चाहिए।"

मैं समझता था कि यह झगड़ा ठंडा पड़ गया है और धीरे-धीरे समाप्त हो जाएगा। परंतु यह मेरी भूल थी। भद्रायण नब्बे-पंचानबे वर्ष का अनुभव रखता था और अब बीस वर्ष का पट्ठा दिखाई देने लगा था। उसको देख कोई यह नहीं कह सकता था कि यह वही पहाड़ की कंदरा में रहनेवाला तापसी बाबा है! ऐसा प्रतीत होता था कि वह किसी पहाड़ी राजा-रईस का युवा लड़का है। वह स्वयं भी जब अपना मुख दर्पण में देखता था, तो अपने साधु होने पर संदेह करने लगता था। उससे शक्ति-तरंगों में स्नान करते हुए पंद्रह दिन से ऊपर हो चुके थे, एक दिन मैं उससे मिलने उसके कमरे में गया। रोमिली उसके पास बैठी उसे अंग्रेजी पढ़ा रही थी। मुझे आया देख रोमिली ने कहा, "विनोदजी! देखिए। यह है आधुनिक विज्ञान का चमत्कार! क्या यह आश्चर्यकारक नहीं?"

"निश्चय ही आश्चर्यजनक है महाराज!" मैंने तापसी बाबा की ओर देखकर कहा, "अब तो आप शीघ्र ही यहाँ से जाने योग्य हो जाएँगे। क्या मैं जान सकता हूँ कि आपकी अब जीवनचर्या क्या होनेवाली है?"

वह विस्मय में मेरा मुख देखने लगा। कदाचित् उसने इस विषय पर विचार ही नहीं किया था। कुछ समय तक विचार कर उसने कहा, "मैं एक बात पर विचार कर रहा हूँ। क्या मैंने अपना अस्सी वर्ष का जीवन व्यर्थ तो नहीं गँवाया? अभी किसी निर्णय पर नहीं पहुँचा। आशा है, जाने से पूर्व अपने विचार आपको बताऊँगा। यदि यह नवीन जीवन, जैसा कि मैं समझता हूँ, एक अनमोल रत्न है, मुझको इसके लिए आपका आभारी होना ही चाहिए। आपने ही इसका सुझाव दिया था और इसका प्रबंध करवाया था। मैं इसका प्रतिकार आपको क्या दूँ, यह सोच रहा हूँ।"

यह बात यहीं समाप्त हो गई। इस पर भी मैं भद्रायण के विचारों में परिवर्तन होता देख चकित रह गया। उसके पश्चात् इधर-उधर की बातें होती रहीं।

एक दिन राधा ने मुझे बताया कि केशव का भवन एक तहखाने के ऊपर बना है, जिसमें अनेकानेक यंत्र लगे हैं। पावर स्टेशन से विद्युत् इस भवन के नीचे तहखाने तक

चतुर्थ परिच्छेद

आती है और फिर यहाँ से इस भवन के भिन्न-भिन्न स्थानों को जाती है। यह चंद्रभागा के किनारे पर लकड़ी काटने के लिए, गाँव में आटा पीसने के लिए, गाँव तथा घरों में प्रकाश के लिए दी जाती है। इसके साथ ही तहखाने में एक ग्रेफाइट के संदूक में पारे और कोबाल्ट के आइसोटोप्स जमा कर रखे हैं। यहाँ से एक मार्ग भूमि के नीचे-नीचे गाँव तक जाने को भी बना है। सर्दी की ऋतु में जब चारों ओर बर्फ पड़ी रहती है, वह मार्ग गाँव से संपर्क के लिए बनाया हुआ है। राधा ने एक बात और बताई कि गाँव के नीचे भी एक तहखाना है। उसमें कई आइसोटोप्स ऐसे रखे हैं, जिनके फट जाने की संभावना है। इस कारण उनको यहाँ न रख वहाँ रखा है।"

मैंने राधा से पूछा, "तुम्हें यह कैसे पता चला है?"

"टूनी ने बताया है। वह कहती थी कि रोमिली केशव से रुष्ट है। वे दोनों इन आइसोटोप्स को अपने अधिकार में रखे हुए हैं। अब यदि वे चाहें तो इस भवन को तथा गाँव को एक क्षण में स्वाहा कर सकते हैं।"

"रोमिली और केशव अपनी और एक-दूसरे की शक्ति को भलीभाँति जानते हैं और वे यह जानते हुए कि दूसरे को नष्ट करने का अभिप्राय स्वयं को नष्ट करना है, इसका प्रयोग नहीं करेंगे।"

"क्रोध में मनुष्य सबकुछ कर सकता है। कुछ कहा नहीं जा सकता।"

मैं अब वहाँ से लाहौर जाने के विषय में विचार करने लगा। इस कारण मैंने राधा से पूछा, "यहाँ से कब विदा होना चाहिए?"

"आपको कब कॉलेज में उपस्थित होना है?"

"उसमें तो अभी एक मास है।

"यह स्थान बहुत सुंदर है और यहाँ की जलवायु अति स्वास्थ्यकर है। देखो न, मैं लाहौर में कभी पैदल चलती थी तो कोठी से लॉरेंस गार्डन तक जाने पर थक जाया करती थी। अब तो मैं दिन भर यहाँ घूमती हूँ और थकावट नहीं होती।"

"तुम्हारा विचार है कि अभी एक मास और यहाँ रहें?"

"यदि कोई विशेष कार्य हो तो चल भी सकते हैं।"

"कुछ विशेष कार्य तो नहीं है।"

टूनी के गर्भ का निश्चय हो गया था। उसके दोनों पहले बच्चे स्विट्जरलैंड में पढ़ रहे थे। तीसरे के विषय में भी वह यही विचार कर रही थी। रॉबर्ट से उसका लड़का सर्वथा काला और चपटे नाक का था। यह गर्भ भी रॉबर्ट से ही था और वह वैसे ही किसी बच्चे के पैदा होने की आशा कर रही थी। उसने राधा से कहा भी था कि इस बार वह बच्चा पैदा होने के समय लाहौर के किसी अस्पताल में प्रवेश लेगी। इस कारण उसे भी हमारे साथ ही लाहौर जाना था।

एक दिन मीनार तापसी बाबा के कमरे में से घबराई हुई निकली। उसको भयभीत देखकर मैं उसके पास पहुँच, उससे पूछने लगा, "क्या बात है मीनार?"

"आपका कमरा किधर है?"

"क्यों?"

"मैं आपसे मिलने आई थी। ड्योढ़ी में बाबा मिल गए और अपने कमरे में ले गए। कहते थे, आप भी वहीं हैं।"

"मैं उस कमरे में ठहरा हुआ हूँ।"

"चलिए। वहाँ चलकर बात कहूँगी।"

"राधा तो टूनी के साथ किश्तवाड़ तक गई है।"

"तब तो ठीक है, चलिए।"

"बात क्या है?"

इतने में रोमिली तापसी बाबा के कमरे में से निकल आई और हम दोनों को बातें करते देख खिलखिलाकर हँस पड़ी। मैंने उसकी ओर देख पूछा, "भाभी! क्या बात है? यह बहुत डरी हुई है?"

"इसको कमरे में ले जाओ। आपको बता देगी। जाओ मीनार!"

वह रोमिली के इस कथन से काँपने लगी। मैं विस्मय में दोनों का मुख देखने लगा। जब दोनों कुछ नहीं बोले तो मैंने मीनार से कहा, "अब तुम जाओ, फिर किसी दिन आना।"

मीनार भयभीत वहाँ से चली गई। मैंने रोमिली से कहा, "अब बताओ, क्या बात है? यह किस काम से आई थी?"

रोमिली मुझको अपने कमरे में ले गई। वहाँ बैठ उसने एक प्याला कॉफी मँगवाई। मैं कॉफी नहीं पीता था।

कॉफी पीते हुए रोमिली ने कहा, "मीनार आपसे मिलने आई थी। क्यों? मैं नहीं जानती। उसने बताया नहीं। जब वह ड्योढ़ी पर पहुँची तो भद्रायण, जो बाहर लॉन में धूप सेंक रहा था, वहाँ चला आया। मीनार वहाँ खड़ी थी कि कोई उसको मिले तो वह पूछे कि आपका कमरा किधर है! भद्रायण उसे देख वहाँ आया था या ऐसे ही, कह नहीं सकती। जब वह ड्योढ़ी में पहुँचा तो मीनार ने आपके विषय में पूछा। उसने कहा कि आप उसके कमरे में हैं और उसको वहाँ ले गया। वहाँ जाकर उसने मीनार से प्यार करना शुरू कर दिया। मैं लाइब्रेरी में बैठी थी कि मुझको मीनार भद्रायण के कमरे में जाती दिखाई दी। मैंने उस ओर ध्यान नहीं दिया; परंतु जब उसको गए आधा घंटा से ऊपर हो गया तो मैं यह देखने के लिए कि भीतर क्या हो रहा है, भद्रायण के कमरे में चली गई।

भीतर जाकर मैंने देखा कि वह और मिस्टर केशव मल्ल-युद्ध कर रहे हैं। मीनार भयभीत एक दीवार के साथ खड़ी थी।

"मेरे वहाँ पहुँचने पर उनका युद्ध रुक गया। वे मेरी ओर देखने लगे। मेरे पूछने पर केशवजी ने कहा, 'मीनार स्वयंवर कर रही है। उसने कहा है कि जो दूसरे की पीठ लगा देगा, वह उससे विवाह कर लेगी। इस कारण हम इस पुरस्कार को पाने के लिए कुश्ती कर रहे थे।'

"मैंने देखा कि केशवजी हाँफ रहे थे और भद्रायण अभी भी उसी प्रकार तरोताजा दिखाई दे रहा था। यदि मैं उस मल्ल-युद्ध को जारी रहने देती तो निस्संदेह केशवजी हार जाते और भद्रायण मीनार को पा जाता। मैंने भद्रायण से पूछा, 'तो आप भी इससे विवाह करेंगे ?'

"'क्या हानि है ?'

"मैंने मीनार से पूछा, 'तुम जीतनेवाले से विवाह करोगी ?'

"उसने यह बात बताई, जो मैंने उसके आने के विषय में कही है। उसके पश्चात् उसने कहा, 'तापसी बाबा मुझे प्यार करने लगे और मुझको भी प्यार करने के लिए कहने लगे। मैं अभी इनकार कर ही रही थी कि केशव बाबू उस दरवाजे से आए। उन्होंने बाबाजी को मना किया। पर बाबाजी ने कहा, 'मीनार मेरी बीवी बनेगी।' केशव ने मुझसे पूछा तो मैंने मना कर दिया। इस पर बाबाजी ने पूछा कि क्या मैं केशव की बीवी बनूँगी ? मैंने इससे भी इनकार कर दिया। इस पर दोनों कहने लगे कि दोनों मुझसे बलपूर्वक व्यभिचार करेंगे। मैंने छुट्टी पाने के लिए कह दिया कि मैं केवल एक को प्रसन्न कर सकती हूँ। दोनों कुश्ती कर लें। जो जीतेगा, उसको मैं प्रसन्न कर दूँगी। इस पर दोनों कुश्ती करने लगे। मैं यहाँ से भागने का उपाय सोच रही थी।'

"मुझको मीनार की चतुराई पर क्रोध चढ़ आया। मैंने उसके मुख पर जोर से चपत लगाई और कहा, 'भाग जाओ। शर्म नहीं आती अपने से बड़ों की हँसी उड़ाते हुए !'

"वह तो यही चाहती थी। इस कारण यहाँ से भागने लगी।"

मैं भी वृत्तांत सुन हँसने लगा। रोमिली भी हँस रही थी। मैंने पूछा, "भाभी ! यदि तुम केशवजी को हार जाने देतीं तो मीनार पर भद्रायण का दावा होता। तुम छुट्टी पा जातीं और मीनार भी शायद प्रसन्न हो जाती। केशव भी हारकर मीनार का नाम न लेता। एक पत्थर से दो लक्ष्य मारने की बात सिद्ध हो जाती।"

"विनोदजी ! आप भूतकाल की बातें कर रहे हैं। तब से करोड़ों टन जल चंद्रभागा में बह निकल चुका है।"

"क्या मतलब ?"

"मतलब यह कि भद्रायण केशव से अधिक सुंदर और योग्य व्यक्ति है। मैं यहाँ

भद्रायण के साथ रहकर विहार करूँगी। भद्रायण मान गया था। आज अकस्मात् मीनार को देख उसका चित्त विचलित हो गया था।"

यह सुन तो मेरी और भी हँसी निकल आई। रोमिली भी हँस रही थी। मैंने उससे पूछा, "तो भाभी! अब क्या करोगी?"

"भद्रायण मान जाएगा। मैं मीनार को केशवजी से विवाह करने के लिए तैयार कर लूँगी। इस प्रकार जीवन शांति से चल पड़ेगा।"

मैं इस स्त्री की अपने सुख और आराम के लिए इस प्रकार योजना बनाते देख मन-ही-मन दु:ख अनुभव करता था। मैंने एक लंबी साँस ली और कहा, "अब तो तुम्हें मेरे इनकार करने का दु:ख नहीं रहा न?"

"आप? यह बात नहीं। आप आज भी मेरे साथ संबंध बनाना स्वीकार कर लें तो मैं यह सबकुछ छोड़ आपके साथ चलने के लिए तैयार हूँ।"

"पर भद्रायण तो सुंदर है।"

"वह गँवार है।"

"वह मुझसे अधिक युवा और शक्तिशाली है।"

"एक बैल की भाँति।"

"मुझको तो समझ नहीं आता कि मुझमें तुम क्या पाती हो?"

"यदि मेरी आँखों से देखते तो समझ जाते।"

"मैंने अपने को दर्पण में देखा है।"

"अपनी आँखों से न? एक बात मैं आपको बता देना चाहती हूँ कि जो कुछ आपके मुख पर दिखाई देता है और जिसका मैं वर्णन नहीं कर सकती, एक चमकते हांडे के अंदर जैसे लैंप की संभावना रहती है, वैसे ही कुछ है।"

मैं मुस्कराकर उसके कमरे से बाहर निकल गया।

☐

वहाँ से मैं केशव के कमरे में गया। वह अपने पलंग पर लेटा गरम 'इलेक्ट्रिक पैडों' से सेंक कर रहा था। एक प्लास्टिक की पुतली इसमें उसकी सहायता कर रही थी। दरवाजे पर खड़े हो मैंने पूछा, "मैं अंदर आ सकता हूँ, केशव?"

"हाँ-हाँ, आओ।"

मैं उसके समीप पलंग पर बैठ गया और पूछने लगा, "क्या हुआ है?"

"जवानी जोश मार उठी थी। भद्रायण से हाथापायी हुई। मेरे मन में विचार था कि कुछ भी हो, है तो वह पंचानबे वर्ष का बूढ़ा। परंतु मेरा विचार गलत निकला। उसने हाथापायी में मेरी वह गत बनाई कि जीवन भर याद रखूँगा।"

"पर यह सब हुआ क्यों?"

"मैं उद्यान में लगे उस पंप को देख रहा था। उसमें कुछ दोष आ गया है। वहाँ से मैंने देखा कि मीनार ड्योढ़ी में खड़ी किसी की प्रतीक्षा कर रही है। मैं उससे जाकर पूछना चाहता था कि वह किसको ढूँढ़ रही है कि इतने में वह शैतान का बच्चा भद्रायण आया और उसको अपने कमरे में ले गया। मैं पिछले दरवाजे से उसके कमरे में गया तो देखा कि वह मीनार को अपनी भुजाओं में जकड़ उसका मुख चूमने का यत्न कर रहा है। मीनार छटपटा रही थी। मैंने उसको छुड़ाया। मीनार ने कह दिया कि दोनों में से जो कुश्ती में दूसरे को पछाड़ेगा, वह उसको प्रसन्न कर देगी। बस फिर क्या था! हम दोनों कुश्ती करने लगे। भद्रायण तो साँड़ की भाँति मजबूत निकला और मैं चक्कर खाकर गिरने ही वाला था कि रोमिली आ गई। उसने मीनार के मुख पर एक चाँटा लगाया और भगा दिया।"

"पर केशव!" मैंने गंभीर होकर कहा, "तुमने तो मीनार का विचार छोड़ दिया हुआ है। फिर यह सब कैसे हुआ?"

"मैं तो केवल यह देखने गया था कि मीनार वहाँ क्या कर रही है? वहाँ जब उसने कहा कि जो भी कुश्ती में जीतेगा, वह उसे प्रसन्न कर देगी तो मैं लालच में आ गया। साथ ही, भद्रायण की ललकार को सहन नहीं कर सका।"

"परिणाम यह हुआ कि तुम दोनों को मीनार मूर्ख बनाकर चली गई।"

"हमें मूर्ख बनाने का परिणाम तो उसे मिल ही गया है। मैं समझता हूँ कि घर जाकर गाल पर सेंक कर रही होगी।"

मेरी हँसी निकल गई। केशव मेरी ओर देखने लगा तो मैंने कहा, "उसके मुख पर चाँटा लगने से तुम्हारी पीड़ा कम हो गई है क्या?"

"मन को संतोष हुआ है।"

"दूसरे के दुःख से संतोष करना अच्छी बात नहीं है।"

"कुछ भी हो, मजा आ गया है। पर मैं तो भद्रायण के व्यवहार पर विस्मय कर रहा हूँ। वह साधु, जो अस्सी वर्ष तक ब्रह्मचर्य पालन कर चुका है, अब किस प्रकार व्याकुल हो रहा था!"

"इसका अचंभा मुझको भी है। मेरा विचार था कि वह स्वस्थ शरीर पाकर लोक-कल्याण के कार्य में लग जाएगा। परंतु वह तो सर्वथा पशु निकला!"

"मैं देख रहा हूँ कि इस कायाकल्प की चिकित्सा के उपरांत भिन्न-भिन्न व्यक्ति भिन्न-भिन्न प्रकृति के बन रहे हैं। एक सरस्वती थी। उसने अप्सरा बनना स्वीकार किया। इस समय वह वहाँ की सब स्त्रियों से श्रेष्ठ नाचने-गानेवाली बन गई है। रामी तो युवा बन अपने पुत्र-पौत्रों में लीन हो गई है। मीनार का व्यवहार तो तुम देख ही रहे हो। यह भद्रायण तो सबसे विलक्षण निकला!"

"इसका कारण जानने का यत्न करो, केशव! यह भी जानकारी का विषय है।"

"यदि रोमिली यहाँ न आती तो वह मुझको मार ही डालनेवाला था। मैं उसको कल छुट्टी दे देना चाहता हूँ। जहाँ उसकी इच्छा हो, चला जाए।"

मैं मन में विचार कर रहा था कि भद्रायण भी इस भवन की एक समस्या बनने जा रहा है। मैंने केशव को सचेत कर दिया, "केशव! मान लो कि वह यहाँ से न जाए और एक अन्य स्त्री वही समस्या तुम्हारे सामने रख दे, जो मीनार ने रख दी है कि तुम दोनों में द्वंद्व युद्ध हो जाए और जो जीते, वही यहाँ रहे तो क्या करोगे?"

केशव को मेरे इस कथन का अर्थ समझने में कुछ समय लगा। जब वह ठीक अर्थ समझ गया तो कहने लगा, "तुम्हारा मतलब रोमिली से है न?"

"मेरे कहने का मतलब है कि वह ऐसा कह सकती है।"

"कुछ बात हुई है उसकी तुमसे?"

"मेरा यह अनुमान है।"

यह सुन केशव गंभीर विचार में पड़ गया। फिर कुछ विचार कर कहने लगा, "कल इसका निर्णय करूँगा।"

"देखो केशव! कोई अंतिम निर्णय करने से पूर्व मुझसे राय कर लेना। कदाचित् मैं तुम्हें कोई सुझाव दे सकूँ!"

रात के भोजन पर केशव उपस्थित नहीं हो सका। रोमिली इधर-उधर की बातें करती रही। राधा और टूनी को भी इन घटनाओं का पता चल रहा था। इस समय केशव के विषय में किसी ने कुछ नहीं पूछा और न ही किसी ने कुछ कहा।

भोजनोपरांत हम केशव के कमरे में पहुँचे। वह गहरी नींद सो रहा था। रोमिली ने कहा, "आज की मेहनत से थककर सो रहे हैं।"

हम दबे पाँव वहाँ गए थे और वैसे ही वापस लौट आए। राधा और टूनी तो ड्राइंगरूम में रेडियो सुनने चली गईं। मैं और रोमिली भद्रायण के कमरे में चले गए। वह बिल्कुल ठीक था। भोजन कर कमरे में टहल रहा था। हमें देख वह खड़ा हो गया और प्रश्नभरी दृष्टि से देखने लगा। बात मैंने आरंभ की, "महाराज! सुना है कि आपकी केशव से कुश्ती हो गई थी?"

"हाँ। मैं उसको पछाड़ने ही वाला था कि देवीजी वहाँ आ पहुँचीं और बीच-बचाव करने लगीं। वह बच गया।"

"केशव कह रहा था कि आप अब सब प्रकार से ठीक हैं। अब आपको जाने का प्रबंध करना चाहिए। कब जा रहे हैं आप?"

"यह भवन इन देवीजी का है। जब ये कहेंगी, तब ही चला जाऊँगा। अब मैं कंदरा में वापस नहीं जा रहा। इस भवन का-सा सुख और आराम वहाँ नहीं है।"

चतुर्थ परिच्छेद

"यह ठीक है। परंतु यह तो दूसरे का मकान है न? अभी तो आप गाँव में किसी गृहस्थ के घर चले जाइए। उसके पश्चात् अपना एक मकान बनवा लीजिएगा।"

इतना अच्छा मकान बनाना मेरी सामर्थ्य के बाहर है और यदि संभव हुआ तो मैं इस मकान में ही रह जाऊँगा। यह बहुत बड़ा है। इसमें दो से कहीं अधिक प्राणी रह सकते हैं।"

"इस मकान के मालिक तो चाहते हैं कि आप चले जाएँ।"

"मालकिन यह हैं। क्यों रोमिली देवी? आप चाहती हैं कि मैं चला जाऊँ?"

रोमिली ने उत्तर देने के स्थान पर मुझसे पूछ लिया, "क्या केशव ने आपसे यह कहा है?"

"नहीं, यह मैं अपने मन से कह रहा हूँ। मेरा अनुमान है कि इस महाराज के चले जाने से ही अब तुम्हारा कल्याण होगा।"

"इसके लिए मैं स्वयं केशवजी से बात कर लूँगी।"

भद्रायण मेरी ओर देख मुस्कराया और बोला, "विनोद बाबू! आप मित्र के अधिकारों को पार कर गए हैं। देवीजी ने आपको आपका स्थान बता दिया है। मैं समझता हूँ कि आप पुनः ऐसी धृष्टता नहीं करेंगे।"

"मैंने आपको आदेश नहीं दिया था। यह तो सुझाव था। आपने नहीं माना। इसके जो भी भयंकर परिणाम हो सकते हैं, वे आप सहन करिए। मैंने अपना कर्तव्य पालन कर दिया है।"

इतना कह मैं कमरे से निकलने के लिए घूम गया। रोमिली वहीं रह गई। मैं अपने कमरे में चला आया। राधा और टूनी ताश खेल रही थीं। मुझको अपने कमरे में जाते देख दोनों मेरे कमरे में आ गईं। मैंने बात टालने के लिए कह दिया, "ताश के लिए मुझे भी निमंत्रण देने आई हो?"

उत्तर टूनी ने दिया, "नहीं, मैं तो आपसे एक बात कहने आई हूँ।"

"क्या?"

"मैं और राधा भाभी कई दिनों से गाँव में जाकर वहाँ के रहनेवालों से मिल रही हैं। इससे हमें कई बातों का रहस्य पता चल गया है। एक तो यह कि रोमिली ने गाँव भर में यह विख्यात कर रखा है कि वह मालकिन है। केशव तो एक भूखा-नंगा युवक था, जिसके प्रेम में फँसकर उसने विवाह कर लिया था। परंतु वह महापतित निकला है। अब उससे उसका संबंध नहीं रहा।

"दूसरी बात यह विख्यात की गई है कि केशव एक दिन पूर्ण गाँव को ध्वंस कर देना चाहता है। अभी तक वह ऐसा नहीं कर सका, इसका कारण रोमिली है। अपने को वह दया की मूर्ति बता रही है।

"तीसरे, यह कहा जा रहा है कि केशव रॉबर्ट को वापस बुला रहा है। रॉबर्ट केशव का बहनोई है और वह उस दुष्ट को बुलाना चाहता है।

"इन बातों का परिणाम यह हो रहा है कि गाँव में केशव के विरुद्ध षड्यंत्र किया जा रहा है।"

"वह ऐसा क्यों कर रही है?"

"कारण हम नहीं जानते। परंतु यह सत्य है कि वह केशव से घृणा करने लगी है।"

"यह तो अति भयंकर परिस्थिति है।"

"हाँ, और अब हम लोगों को यहाँ से चले जाना चाहिए। आपके यहाँ रहने से रोमिली का मन अशांत रहता है और वह अपना क्रोध दूसरों पर निकाल रही है।"

"मैं केशव को भी साथ ले जाना चाहता हूँ।"

"पर वह चलेगा क्या?"

"उसको समझाने का यत्न करूँगा।"

"यह तुरंत करना चाहिए। यह भद्रायण बाबा महादुष्ट है। यह भी एक कारण है इस झगड़े का।"

"सो मैं जानता हूँ।"

अगले दिन समाचार मिला कि मीनार गाँव छोड़कर चली गई है। समाचार लानेवाले से मैंने पूछा कि किधर गई है? उसने कहा, "कह नहीं सकते। उसने पीरू की बीवी से रामवन के लिए टट्टू भाड़े पर लिया था। करामत का छोटा भाई टट्टू साथ लेकर गया था।"

रोमिली ने यह समाचार सुना तो हँसते हुए कहा, "एक ही चपत से चंद्रभागा के पार जा गिरी है।"

मुझको भी यह समझ आया कि वह मालकिन से झगड़ा कर यहाँ रहना असंभव समझ, चली गई है।

केशव अब ठीक हो गया था। रात भर की नींद के पश्चात् वह तरोताजा अनुभव करने लगा था। उसमें और रोमिली में उस दिन घंटा भर वार्त्तालाप हो चुकी थी। ऐसा प्रतीत होता था कि वे किसी समझौते पर पहुँच चुके हैं। केशव को जब मीनार के चले जाने का पता चला तो वह आश्चर्य में खड़ा रह गया। इसके पश्चात् उसे संतोष ही हुआ।

प्रातः के अल्पाहार के पश्चात् मैं पुस्तकालय में अध्ययन कर रहा था। रोमिली वहाँ आ गई। मैंने उसको आते देखा तो कहा, "भाभी! ऐसा प्रतीत होता है कि केशव भैया से बातचीत हो गई है।"

"हाँ, उसी विषय में आपसे कुछ कहने आई थी।"

"मुझसे?"

"हाँ। मैं बहुत ही धनवान् हूँ। यह तो आप जानते ही हैं। इस गाँव पर और इस भवन पर सब धन मेरा ही लगा हुआ है। सब लगभग एक मिलियन डॉलर व्यय हो चुका है। मैं इतना कुछ करने के पश्चात् अब यहाँ की मालकिन बनकर रहना चाहती हूँ। मैं नहीं चाहती कि कोई भी व्यक्ति मुझको आदेश देनेवाला रहे।

"मैंने यह सबकुछ केशवजी को भी बता दिया है और वे मान गए हैं।"

"तो अब मुझको यह कहना चाहती हो कि हम केशव के मेहमान हैं और इस कारण यहाँ नहीं रह सकते?"

"आप तो मेरे मेहमान हैं।"

"नहीं। मुझको केशव ने आमंत्रित किया था। उसने यह समझ निमंत्रण दिया था कि वह यहाँ का मालिक है। मैं भी कुछ ऐसा ही समझता था। अब मेरा और केशव का भ्रम दूर हो गया है। इस कारण मैं आज ही जाने का प्रबंध कर देता हूँ।"

"विनोद बाबू! मैं आज से आपको आमंत्रित करती हूँ। आप देखेंगे कि केशवजी से मैं कम खातिर करनेवाली नहीं हूँ।"

"आपका बहुत धन्यवाद है। आपका निमंत्रण मिल गया है। परंतु मैं विचार कर ही इसको स्वीकार कर सकता हूँ। मेरे साथ राधा भी है। उससे भी राय करनी होगी।"

"उसको मैं निमंत्रण दे आई हूँ। उसने कुछ उत्तर नहीं दिया। कहती थी कि एक हिंदू पत्नी के नाते वह बिना आपकी राय के यहाँ रहना नहीं मान सकती, अन्यथा वह मेरे निमंत्रण से प्रसन्न थी। अभी आपकी छुट्टियाँ भी बाकी हैं। राधा का स्वास्थ्य सुधर रहा है। इस कारण आपको यहाँ रहने में संकोच नहीं करना चाहिए।"

"अच्छी बात है। राधा से बात कर आपकी सेवा में निवेदन करूँगा।"

मैं पुस्तकालय से निकल राधा को ढूँढ़ता हुआ टूनी के कमरे में जा पहुँचा। टूनी अपना बिस्तर बाँध रही थी। मुझको देख वह राधा से बोली, "विनोदजी आ गए हैं?"

"हाँ, क्या हो रहा है?" मैंने पूछा।

"आपसे रोमिली भाभी की बातचीत हुई है क्या?"

"हुई है। यहाँ राज्य-परिवर्तन हो गया है। नवीन राजा की ओर से मुझको यहाँ रहने का निमंत्रण मिल गया है।"

"वह तो महारानीजी मुझको भी दे गई हैं। टूनी को निमंत्रण नहीं मिला। इस कारण यह जाने की तैयारी कर रही है। मैं आपकी राय की प्रतीक्षा में हूँ।"

"मैं अंतिम निर्णय से पूर्व केशव से मिलना चाहता हूँ।"

"वह बाहर लॉन में टहल रहे हैं। उनको भी साथ ले चलना चाहिए। वे तो नवीन राज्य में बंदी बनकर ही रह सकेंगे।"

"रोमिली ने इस विषय में कुछ कहा है?"

"नहीं। परंतु इतिहास के अध्ययन से मैं इसको ऐसा ही समझी हूँ। राज्य-परिवर्तन पर पुराने राजा का स्थान जेलखाना ही होता है। भले ही वह जेलखाना सोने का बना हो!"

मैं बाहर लॉन में जा पहुँचा। केशव ने मुझे देख सीधा पूछा, "तुम जा रहे हो विनोद?"

"तुमको साथ ले चलने के लिए ठहरा हूँ।"

"मुझको साथ ले चलकर क्या करोगे? मेरा स्थान अपनी बीवी के पास है। वह इस समय काम-वासना से पागल हो रही है। इस पागलपन में उसको छोड़कर जाना उचित नहीं समझता।"

"पर वह तुम्हारी पत्नी है क्या?"

"तो क्या है?"

"मुझको तो यह प्रतीत हुआ है कि अमरीकन धनी औरतों की भाँति उसने अपने लिए एक अस्थायी पति भाड़े पर रखा हुआ था। अब उस पति-नौकर की सेवाएँ समाप्त हो गई हैं। उसके स्थान पर कोई अन्य रखा जा रहा है।"

"ऐसा भी मान लूँ, तब भी तो मुझको अभी डिसमिस नहीं किया गया!"

"तुमको एक पदच्युत-राज्याधिकारी की भाँति कैदी बना लिया गया है।"

केशव हँस पड़ा और बोला, "कैदी? विनोद! तुम मुझको अभी नहीं जानते। मेरा चरित्र-निर्माण अमरीका और किश्तवाड़ में हुआ है। यह कैदी होकर चुप रहनेवाला नहीं है।"

"केशव! संसार इस गाँव और भवन से बहुत बड़ा है। इससे भी अधिक अद्भुत बातों से भरा पड़ा है। मत लोभ में फँसो। आओ मेरे साथ। तुम अपनी योग्यता से संसार में सर्वश्रेष्ठ वैज्ञानिक की पदवी पा जाओगे। मैं तुमको इस संसार में उस स्थान पर ले जाकर बैठा दूँगा, जहाँ पर रोमिली इत्यादि विषय-लोलुप स्त्रियाँ दृष्टि भी नहीं डाल सकतीं।"

"बस! बस! विनोद! मैं अभी नहीं चल रहा। तुम जाओ। पर वह तो मुझको कहती थी कि आपको यहाँ ठहरने का निमंत्रण देगी!"

"वह मिल गया है और मैंने उस निमंत्रण को अस्वीकार करने का निश्चय कर लिया है।"

केशव मेरे मुख को देखता रहा। वह मन-ही-मन कुछ विचार कर रहा था। अंत में उसने भूमि की ओर देखते हुए कहा, "जाओ विनोद! तुम लोग जाओ। मैं तुम्हारे पीछे-पीछे ही आऊँगा।"

"तो हमारे साथ नहीं चलोगे?"

"नहीं। मेरा काम अभी समाप्त नहीं हुआ। मैं उसको पूरा करके ही यहाँ से जाऊँगा।"

"क्या काम है तुम्हारा? यदि उसका परीक्षणों से संबंध है, तो तुम्हारे पास साधन है और तुम लाहौर में ही ऐसी लेबोरेटरी स्थापित कर सकते हो।"

"नहीं, इसके अतिरिक्त भी कुछ काम है।"

मैंने केशव को प्रलोभन देने के लिए कहा, "मीनार लाहौर चली गई है।"

"मीनार मुझको बहुत पसंद है। परंतु उससे भी अधिक मुझे कोई और पसंद है और वह यहीं है।"

"तुम्हारा मतलब है रोमिली?"

"हाँ और नहीं भी। विनोद! तुम जाओ। मैं तुम्हारे साथ नहीं चल सकता। रोमिली तुमसे भी घृणा करने लगेगी। मैं यह नहीं चाहता। मैं इस सर्दियों में ही लाहौर पहुँच जाऊँगा और फिर वहाँ लेबोरेटीरी खड़ी करने का विचार कर लेंगे।"

मेरा मन किसी अज्ञात भय की आशंका से काँप रहा था। एक बात मैं जानता था कि अणु के अंतर्गत शक्ति के विनाशकारी प्रभाव से तो कोई बच नहीं सकता। इस कारण दोनों में से कोई भी इसका प्रयोग नहीं कर सकेगा। मैंने एक बार फिर प्रयत्न करते हुए कहा, "रोमिली से मुझको भय नहीं। मैं तो भद्रायण से डरता हूँ। वह तुमसे अधिक शक्ति रखता है। साथ ही, वह गँवार बैल बुद्धिवाला है।"

"तुम मेरी चिंता मत करो। विश्वास रखो, मैं तुम्हारे पास आठ दिसंबर तक पहुँच जाऊँगा। तब तक मेरा यहाँ का कार्य समाप्त हो जाएगा।"

इस समाप्ति की बात सुन मेरा हृदय काँपने लगा। मैं बहुत ही अर्थपूर्ण भाव से केशव की ओर देखने लगा। वह मुझे अकेला छोड़ अंदर चला गया। मुझे विश्वास था कि वह अपने आँसू छिपाने के लिए कहीं खिसक गया है।

मैं सीधा अपने कमरे में पहुँचा और राधा को, जो अपना सामान बाँध रही थी, बोला, "केशव हमारे साथ नहीं जा रहा और हम लोग आज मध्याह्न के भोजन के पश्चात् यहाँ से रवाना हो जाएँगे। पीरू को यह कहने जा रहा हूँ कि वह किश्तवाड़ से पाँच टट्टू, दो सामान लादने के लिए और तीन सवारी के लिए लेकर हमारी चंद्रभागा के पुल के उस ओर प्रतीक्षा करे। यहाँ से हम उड़नखटोले पर चलेंगे।"

"यहीं से घोड़ों पर क्यों नहीं?"

"बिना रोमिली की स्वीकृति के जाना असंभव है। सीमा पर बाधा जो है। इस कारण रोमिली से विमान माँगने में भी कोई हानि नहीं।"

"ठीक है।"

मैं घुड़सवारों की पोशाक पहन गाँव को चला गया। मध्याह्न के भोजन के समय प्रबंध कर लौट आया। भोजन में केशव भी मेज पर साथ बैठा था। आज एक विशेष बात थी। भद्रायण के लिए मेज पर प्रबंध किया हुआ था। रोमिली केशव और भद्रायण के बीच

में थी। भोजन करते हुए मैंने रोमिली से कहा, "भाभी! हम आज यहाँ से जा रहे हैं। आप लोगों के हम बहुत कृतज्ञ हैं, जो हमारी सेवा आप लोगों ने की है। वास्तव में, यहाँ डेढ़ मास का निवास तो जीवन भर स्मरण रहेगा।"

"तो आप मेरा निमंत्रण अस्वीकार कर रहे हैं?"

"क्या यह निमंत्रण अगले वर्ष के लिए स्थगित नहीं किया जा सकता?"

"वह बहुत दूर है। इस पर भी आप जब चाहें, आ सकते हैं। यदि आने से पूर्व एक पत्र डाल देंगे तो रामवन में आपके लिए घोड़े तैयार मिलेंगे।"

"धन्यवाद! आशा करता हूँ कि अगले वर्ष फिर इस स्थान का अभ्यागत बनूँगा।"

"अच्छी बात है। इस वर्ष तो आप केशवजी से मिलने आए थे। देखें, आपमें मुझसे मिलने की इच्छा होती है अथवा नहीं! आपके लिए घोड़ों का प्रबंध कर देती हूँ।"

"मैंने पीरू को भेज नदी पार घोड़ों का प्रबंध कर लिया है। आप हमको नदी तक भेजने का प्रबंध कर ही देंगी।"

"आपका सामान टट्टुओं पर चला जाएगा। आपको मैं विमान पर छोड़ आऊँगी। यह विमान हम अपने इलाके से बाहर नहीं ले जा सकते। इसके उड़ाने की स्वीकृति का प्रश्न है। वह हमने ली नहीं।"

"मैं यही कहनेवाला था कि विमान पर हमको नदी तट तक भेज दीजिए। आगे हम स्वयं चले जाएँगे।"

रोमिली ने टूनी की ओर देखकर अधिकारयुक्त भाषा में कहा, "टूनी! तुम बताओ। जा रही हो या यहाँ रहने का विचार है?"

"मैंने विनोदजी के साथ जाने का निश्चय कर लिया है।"

"प्रसव के लिए यहाँ आओगी?"

"नहीं, लाहौर अस्पताल में प्रबंध हो जाएगा।"

इस प्रकार बात सुगमता से निपट गई। हम भोजन के पश्चात् अभी विश्राम कर ही रहे थे कि हमारा सामान टट्टुओं पर लाद दिया गया और नदी की ओर भेज दिया गया।

विदा होने से पूर्व मैंने केशव से मिलने का यत्न किया, परंतु वह अपने कमरे में भीतर से द्वार बंद किए हुए था। मैंने धीरे-धीरे खटखटाया, परंतु उसने खोला नहीं। विवश हम भवन की छत पर जा पहुँचे। रोमिली ने हमको विमान पर चढ़ाया और स्वयं भी उसमें सवार हो गई। पाँच मिनट में हम नदी के किनारे पर जा पहुँचे। इस बार विमान नदी पार जाकर उतरा। पीरू हमारे लिए घोड़े लिये तैयार खड़ा था। हमारा सामान किश्तवाड़ से आए टट्टुओं पर लाद दिया गया था। हमने रोमिली से हाथ मिलाया और सवार होकर किश्तवाड़ की ओर चल दिए।

चतुर्थ परिच्छेद

जब रामवन के डाकबँगले पर पहुँचे तो वहीं मीनार हमें मिल गई। वह हमको आते देख, आगे बढ़कर हमारे सामने आ खड़ी हो गई। ज्यों ही मैंने उसको पहचाना, उसने झुककर सलाम किया और कहा, "बाबू साहब! नौकरी मिल जाए। बहुत गरीब-दुखिया हूँ।"

मैंने पूछा, "क्या काम करोगी?"

"बच्चों को खिलाऊँगी, कपड़े धो दूँगी, बिस्तर लगा दूँगी। पाँव दबाऊँगी, सिर मसलूँगी और जो भी काम आप बताएँगे, कर दूँगी।"

मैंने पूछा, "वेतन क्या लोगी?"

"रोटी, कपड़ा और रहने को स्थान।"

"कुछ चुराकर भाग गई तो?"

"चोरी करने की आदत नहीं बाबूजी! इस पर भी कुछ चुरा लिया तो आपके घर में ही रखूँगी। ले नहीं जाऊँगी। मेरा और कोई है भी तो नहीं!"

"कोई हो गया तो?"

"उसको भी आपके घर ले आऊँगी।"

"तुम्हारे पुत्र का क्या हुआ?"

"कौन लड़का बाबूजी! मेरा तो अभी विवाह भी नहीं हुआ।"

"यूसुफ तुम्हारा लड़का नहीं है क्या?"

"कौन यूसुफ? गाँव मीरीवाला? वह तो मीनार का लड़का था। मीनार मर गई है। मैं···मेरा नाम···मीनार नहीं है।"

"तो क्या नाम है तुम्हारा?"

"जो भी आप रख लें।"

इस समय डाकबँगले का बैरा चला आया और हमारा सामान टट्टुओं से उतरवाकर भीतर ले जाने लगा। मैंने मीनार से पूछा, "कहाँ ठहरी हो?"

"वह नीचे यूसुफ के श्वसुर का मकान है। वह मुझको पहचान नहीं सका। इस पर भी मेरी खूबसूरती देख, मुझको अपने लड़के यूसुफ के साले के साथ शादी करने के लिए कह रहा है। मैंने उसको कहा है कि मैं पंजाब जा रही हूँ कमाने के लिए। इस पर वह बहुत समझा रहा था। वहाँ पेशेवर औरतों की बातें बताकर मुझको डरा रहा है। यूसुफ का साला बीस वर्ष का अच्छा-खासा जवान है। मैंने उसको अभी न नहीं की। नदी पार करते आपको देखा तो सबकुछ भूल यहाँ आ आपकी प्रतीक्षा करने लगी थी।"

"राधा से पूछ लो। यदि उसको नौकरानी की आवश्यकता हुई तो नौकरी मिल जाएगी।"

राधा और टूनी घोड़ों से उतर पड़ी थीं। मैं भी घोड़े से उतर लगाम से उसे एक पेड़ के साथ बाँध, डाकबँगले में चला गया। राधा और टूनी मीनार से बातें करती रहीं। मैं अपना बिस्तर पलंग पर खोल लेट गया। इस समय राधा आई और कहने लगी, "मैंने उस स्त्री को नौकर रख लिया है।"

"कौन स्त्री?" मैंने चौंककर पूछा।

"यही, जो बाहर खड़ी है। यह कहती है कि इसका नाम गुलबदन है।"

"वह कहती थी कि उसकी शादी की बातचीत यूसुफ के साले से हो रही है।"

"यूसुफ का साला किसी अन्य स्त्री से विवाह कर लेगा। वह हमारे साथ चलेगी। कल वह हमारे चलने से एक घंटा पहले चल पड़ेगी और बटोत में हमारे साथ पहुँचेगी। उसके पश्चात् वह हमारे साथ ही लाहौर रहेगी।"

"जैसा मन में आवे करो।"

"तो आपको यह प्रबंध पसंद नहीं?"

"राधा! वह आग है।"

"नहीं जी! वह पचहत्तर वर्ष की अनुभवी होने से शांति और सुख का सागर होगी।"

मैं हँसकर चुप कर रहा।

जब हम बटोत पहुँचे तो गुलबदन हमको अपनी गठरी पीठ पर लटकाए डाकबँगले की ओर जाती दिखाई दी। हम पहुँचे तो वह हमारी मंडली में नौकरानी के रूप में सम्मिलित हो गई।

मैं छुट्टियाँ समाप्त होने के पंद्रह दिन पूर्व ही लाहौर पहुँच गया था। वहाँ पहुँच राधा, टूनी और गुलबदन कोठी की सफाई आदि में लग गईं।

मैं माता-पिता तथा अन्य संबंधियों से मिलने में लग गया।

टीमू हमारे वहाँ पहुँचने से दो दिन पश्चात् पहुँच गया। वह गुलबदन को देख विस्मय में उसका मुख देखता रह गया। धीरे-धीरे दोनों में परिचय हुआ और फिर स्नेह हो गया। गूलबदन टीमू को बहुत ही प्यार करने लग गई। उसकी देखभाल गुलबदन का विशेष कार्य हो गया।

◻

टीमू इस समय नौ वर्ष का हो गया था और वह बहुत ही समझदार लड़का था। एक दिन वह मेरे स्टडीरूम में आया और मेरे सामने आकर खड़ा हो गया। मैं एक पुस्तक पढ़ने में सर्वथा लीन था। इस कारण मुझको उसके आने को पता नहीं चला। एक बार शायद उसने धीरे से कहा भी, "पिताजी!" परंतु मैंने ध्यान नहीं दिया। इस पर वह चुपचाप खड़ा मेरे पुस्तक से ध्यान टूटने की प्रतीक्षा करने लगा।

पीछे जब मैंने उसकी ओर देखा तो उसने बताया कि वह पंद्रह मिनट से मेरे ध्यान

टूटने की प्रतीक्षा कर रहा था। मैंने चिंतित हो पूछा, "क्या बात है टीमू?"

"पिताजी! यह गुलबदन कौन है?"

"क्यों, क्या हुआ है?"

"कल मेरा कमरा साफ कर रही थी तो मेरी पुस्तकों और कपड़ों को ध्यान से सजा-सजाकर रख रही थी। मैंने उसको कहा, 'गुलबदन! जाओ। मेरे मित्र आ रहे हैं।'

"'तो क्या हुआ?' उसने पूछा।

"'वे तुम्हारी बातें करते हैं। मुझे पसंद नहीं।'

"'क्या कहते हैं वे?'

"'कुछ है, जो मुझे कहते लज्जा आती है।'

"इस पर वह मुझे प्यार देकर पूछने लगी, 'क्या कहते हैं बेटा टीमू! क्या मेरी निंदा करते हैं?'

"'नहीं। वे कहते कि तुम पिताजी की बीवी हो।'

"इस पर उसने पूछा, 'तुम्हारे पिताजी की बीवी तुम्हारी क्या लगी?'

"'मेरे पिताजी की बीवी मेरी माँ है।'

"'तो तुम्हारे पिताजी की बीवी तुम्हारी माँ लगी न?'

"मैं उसका मतलब नहीं समझा। इस पर उसने कहा, 'तुम्हारी माँ राधा है न?'

"'हाँ।' मैंने कहा।

"'वह तुम्हारे पिता की बीवी है न?'

"'हाँ।'

"'तो तुम्हारे पिता की बीवी तुम्हारी माँ लगी?'

"'हाँ।'

"'तो मेरा तुम्हारी माँ कहे जाने पर तुमको लज्जा क्यों लगती है?'

"रात मैंने माताजी से पूछा तो वे कहने लगीं कि गुलबदन ठीक कहती है। इसमें लज्जा की क्या बात है? वह तुम्हारी माँ ही सही। क्या हो गया फिर? इस पर मैंने माताजी से पूछा, 'क्या गुलबदन की पिताजी से शादी हो गई है?'

"माताजी ने कहा, 'यह पिताजी से पूछना।'

"पिताजी! यह पूछने के लिए खड़ा हूँ।"

पहले तो मुझको चिंता लग गई कि टीमू को क्या बताऊँ? उसके पश्चात् यह सोचकर कि इस लड़के को झूठ न बतलाना चाहिए, साथ ही इसको उतनी बात ही बतानी चाहिए, जितनी यह समझ सकता है। मैंने उसको समीप रखी कुर्सी पर बैठने के लिए कहा। अभी तक वह स्वभावानुकूल खड़ा था। जब वह बैठ गया तो मैंने कहा, "गुलबदन बहुत अच्छी लड़की है। वह मुझसे प्रेम करने लगी है। मेरा उससे विवाह नहीं हुआ और

न ही वह मेरी बीवी है। परंतु वह कहती है कि मेरे अतिरिक्त वह किसी से विवाह नहीं करेगी। जब तक वह यह समझती है, वह अपने को तुम्हारी माँ ही समझेगी।"

"पर पिताजी! मेरे मित्र मेरी हँसी क्यों उड़ाते हैं?"

"इसलिए कि उनकी माता गुलबदन जैसी सुंदर नहीं है। वे तुमसे ईर्ष्या करते हैं।"

"पर पिताजी! वे कहते हैं कि वह आपकी बीवी है।"

"वे मूर्ख हैं। वे ये सब बातें नहीं जानते।"

"पर मैं क्या करूँ?"

"तुम उनसे कहो कि वह तुम्हारी माँ है। किसी स्त्री को माँ कहने में लज्जा क्यों लगती है?"

"यदि वह बुरे चरित्र की न हो तो?"

"गुलबदन बुरे चरित्र की नहीं है। तुमने उसमें कोई बुरी बात देखी है क्या?"

"नहीं। पर लड़के जो हँसी करते हैं?"

"यदि तुम्हारी माता की कोई हँसी करे तो?"

"तो मैं उससे लड़ पड़ूँगा।"

"ठीक है। पर ध्यान रखो। लड़ाई में जीतनेवाले की सब प्रशंसा करते हैं। हारनेवाले की सब हँसी उड़ाते हैं। लड़ना है तो जीतकर दिखलाओ। वरना एक दूसरा भी उपाय है।"

"वह क्या है पिताजी?"

"हँसी करनेवालों की परवाह ही मत करो।"

परंतु टीमू अवहेलना नहीं कर सका। अगले दिन वह स्कूल से आया तो उसके बहुत स्थानों पर चोटें लगी थीं। उसकी आँखें भी सूज रही थीं और घावों से खून बहा प्रतीत होता था। राधा ने उसे देखा तो घबराकर उससे पूछने लगी, "टीमू! यह क्या हुआ है?"

"लड़ाई हुई है माँ! मोहन जो हमारे घर आता है न, वह सब लड़कों के सामने गुलबदन की हँसी उड़ाने लगा। मैंने उसे मना किया, परंतु वह माना नहीं। फिर मैं उससे लड़ पड़ा। मैंने उसको खूब पीटा है। मुझको तो हलकी सी ही चोट लगी है।"

गुलबदन टीमू की बातें सुन रही थी। वह यह सुनकर कि टीमू उसके लिए ही लड़ा था और उसने एक लड़के को खूब पीटा है, प्रसन्नता से रो पड़ी। टीमू ने उसकी आँखों में आँसू देख पूछा, "गुलबदन! तुम क्यों रोती हो?"

"मेरा बेटा मेरी इज्जत के लिए लड़ता है, यह जान मुझको बड़ी प्रसन्नता हुई है। आओ बेटा! तुम्हारे माथे पर सेंक कर दूँ।"

मैं आया तो राधा ने मुझको सारी बातें बताईं। राधा को चिंतित देख मैंने कहा,

"इसमें चिंता की कोई बात नहीं। मुझको विश्वास है कि अब लड़के कभी उसको तंग नहीं करेंगे। मेरी इच्छा होती है कि जाकर देखें कि इससे लड़नेवाले के कितनी चोट लगी है और वह कुछ अक्ल भी सीखा है अथवा नहीं!"

मैंने टीमू के मित्रों से, जो कभी-कभी उसके साथ घर आया करते थे, पता किया और मुझे यह जानकर बड़ी प्रसन्नता हुई कि मोहन पाँच दिन तक स्कूल नहीं आ सका। सब लड़के कहते थे कि मोहन ने टीमू को 'गुलबदन रंडी के लड़के' कहकर पुकारा था। इस पर टीमू ने उसको मना किया और जब वह नहीं माना तो टीमू उससे भिड़ गया। कई बार झपट हुई। आखिर लहूलुहान हो मोहन भाग गया।

□

ऐसा प्रतीत होता है कि मोहन को पीटे जाने के पश्चात् समझ आ गई थी। इसके कई दिन पीछे वह टीमू से कहने लगा, "अब तुम मुझको घर नहीं बुलाते?"

"तुमको शरीफ लोगों के घर जाने का तरीका नहीं आता।"

"देखो टीमू! मेरे पिताजी ने कहा है कि मैं तुम्हारी माँ से जाकर क्षमा माँगूँ।"

"क्षमा माँगने से क्या होगा?"

टीमू चुप रहा, परंतु घर आकर उसने मुझको सब बात बताई। मैंने कहा कि वह गुलबदन से पूछे। यदि वह क्षमा देना चाहती है तो मोहन को बुला ले।

"आप पूछ लीजिए।"

टीमू गुलबदन को बुला लाया। वह आई तो मैंने कह दिया, "टीमू तुमसे कुछ कहना चाहता है।"

"हाँ! टीमू! बताओ।" गुलबदन ने कहा।

टीमू ने वही सारी बात गुलबदन को बता दी! उसके पश्चात् उसने पूछा, "मौसी! क्या कहूँ उसको?"

वह मेरी ओर मुस्कराकर पूछने लगी, "बताइए, क्या कहा जाए?"

"जैसा मन में आए करो।"

"मुझसे पूछकर तो टीमू लड़ा नहीं। मैं तो उसकी ऐसे ही परवाह न करती, जैसे भौंकनेवाले कुत्तों की नहीं की जाती है। अब टीमू लड़ा है तो मैं क्या जानूँ, यह अब उससे कैसा व्यवहार करेगा?"

"मान लो कि वह स्वयं तुम्हारे पास आए तो क्या करोगी?"

"मेरे पास ऐसे बच्चों के लिए सिवाय प्यार के और कुछ नहीं है। उस बच्चे का पिता बहुत ही अच्छा प्रतीत होता है।"

जब मोहन क्षमा माँगने आया तो गुलबदन उसको अपने कमरे में ले गई और उसने उसे मिठाई और फल खिलाए और अंत में कहा, "मोहन! अब तुम भी मेरे बेटे हो गए

हो। समझे! अब मैं तुमसे भी वैसे ही प्यार करूँगी, जैसे टीमू से करती हूँ। तुम अपने पिताजी से पूछना कि मेरा तुमको बेटा कहने से मैं उनकी बीवी हो गई क्या?"

मोहन को समझ आ रही थी। वह ऐसा कहने से रो पड़ा।

टूनी अब कोठी से बाहर नहीं आती थी। इस बार उसको विशेष कष्ट हो रहा था। गुलबदन उसकी सेवा में दिन-रात लगी रहती थी। राधा ने एक दिन उससे कहा भी, "गुलबदन! तुम यहाँ विवाह के लिए आई थीं। तो क्या तुम्हारे लिए वर ढूँढ़ा जाए?"

"मेरा विवाह तो हो चुका है। कोई माने, चाहे न माने। मेरा विवाह विनोद बाबू से हो गया है। रही भोग-विलास की बात, वह मैंने अपने जीवन में बहुत किया है। और अधिक नहीं किया तो कुछ हानि नहीं हो रही।"

"मेरा विचार है कि तुमको विवाह कर लेना चाहिए। मुझको भय है कि तुम्हारा हाल कहीं टूनी की तरह ही न हो जाए।"

"नहीं होगा राधा बहन! टूनी और मुझमें भारी अंतर है। जब उसने पहला विवाह किया था, तो उसको कुछ भी ज्ञान नहीं था। दूसरा विवाह भी उसने भूल से किया था। मैंने तो गृहस्थ भलीभाँति भोगा है। मेरा पहला पति यूसुफ का बाप मुझसे बहुत प्यार करता था। मेरा मन विषय-भोग से भर चुका है।

"मैं तो विवाह का विचार भी नहीं करती। परंतु विनोद बाबू को देख मुझे उनकी सेवा करने की इच्छा जाग उठी है। सो यह करने का अवसर मिल गया है। मुझको इससे अधिक और कुछ नहीं चाहिए।"

◻

पंचम परिच्छेद

मैंने नवंबर के तीसरे सप्ताह में एक पत्र केशव को लिखा और उसको स्मरण कराया कि उसने दिसंबर की आठ तारीख को लाहौर आने का वचन दिया था। मेरा पत्र लौट आया। किश्तवाड़ के डाकखाने की मोहर लगी हुई थी और ऊपर लिखा था कि केशव का भवन जलकर राख हो गया है। वहाँ कोई नहीं है।

लिफाफे पर यह लिखा पढ़कर मुझे भारी शोक हुआ। राधा ने यह सुनते ही कहा कि वहाँ जाकर पता करना चाहिए। गाँव में यदि कोई बच गया होगा तो कुछ पता चल सकता है। मैंने एक सप्ताह की छुट्टी ली और किश्तवाड़ के लिए चल पड़ा। अभी बर्फ पड़नी शुरू नहीं हुई थी। इस पर भी सर्दी काफी हो गई थी। जम्मू में टट्टू करने के लिए मंडी पहुँचा तो मुझको एक व्यक्ति, जिसके मुख तथा शरीर के कुछ अन्य भागों में पट्टियाँ बँधी थीं, दिखाई दिया। शरीर की लंबाई तथा रंग से मुझे ऐसा लगा कि जैसे रॉबर्ट हो। वह मंडी में एक दुकान पर बैठा था। मैं उसके पास गया तो मैंने देखा कि उसका मुख पूर्ण रूप से पट्टियों से ढका हुआ था। उसकी आँखें भी खुली नहीं थीं। मैंने उसको धीरे से पुकारा, "रॉबर्ट!" उसने सिर उठाकर मेरी ओर देखने का यत्न किया, परंतु आँखों पर पट्टी बँधी होने से कुछ भी देख न सका। उसने पूछा, "कौन?"

मैंने उत्तर दिया, "विनोद।"

"ओह! कैसे आए हो?"

"केशव का पता करने।"

"कुछ पता नहीं कहाँ है?"

"रोमिली?" मैं उसके पास बैठ पूछने लगा।

"उसकी तो हड्डियाँ तक पिघल गई लगती हैं।"

"ओह! तुम यहाँ कैसे आए हो? यह सब क्या और कैसे हुआ?"

"मेरे पास रुपया समाप्त हो गया था। मैंने विचार किया कि रोमिली से कुछ लेकर अमरीका लौट जाऊँ। किश्तवाड़ पहुँचा और भवन में जाकर देखा कि न तो वहाँ टूनी

है और न केशव। रोमिली एक सुंदर नौजवान के साथ वहाँ रहती थी। वह मुझको देख धमकाने लगी कि पुलिस के हवाले कर देगी। मैं जानता था कि मेरे विरुद्ध कुछ सिद्ध नहीं किया जा सकता। मैं रोमिली के विरुद्ध बहुत कुछ सिद्ध कर सकता था।

"इस कारण मैं वहाँ डट गया। दो-तीन दिन पश्चात् वह शांत हो गई और मैं अपने पुराने संबंध उससे बनाने लगा। उसका वह नौजवान मित्र, जिसको वह भद्रायण कहती थी, मुझसे चिढ़ने लगा। एक दिन वह मुझसे भिड़ गया। मैंने उसकी खूब मरम्मत की। वह घायल हो, खाट पर लेट गया। उसको घायल देख रोमिली मुझसे नाराज हो गई।

"भद्रायण का आस-पड़ोस के गाँवों में खूब रसूख था। उसने पीटे जाने पर अपने भक्तों और मित्रों को कहला भेजा। इस पर वे हजारों की संख्या में भवन के चारों ओर एकत्र होने लगे। कौशल ने लोगों को कहला भेजा कि मैंने उसको घायल किया है। मैं उसको मारकर खा जाना चाहता था। अतएव, एकत्र लोगों ने और पंचायत ने रोमिली से मुझको माँगा। लोग इतने क्रुद्ध थे कि वे भवन को गिरा देना चाहते थे और आग लगा देने की धमकी देने लगे थे। मैंने जब देखा कि भवन को आग लगने वाली है और रोमिली अपने साधनों से उस भीड़ को जला देने में संकोच करती है तो मैंने उससे कहा कि वह अणु हथगोले मुझको दे दे और भीड़ में जलाता हुआ निकल जाऊँगा। उसने यही ठीक समझ मुझको कई वैसे गोले दे दिए। मैं भवन की ड्योढ़ी में खड़ा लोगों से पूछने लगा, 'बताओ क्या चाहते हो?'

"'तुम्हारा जीवन! तुमने हमारे गुरुजी को पीटा है।'

"मैंने कहा, 'यह झूठ है कि मैंने पीटा। वास्तव में, यह मुझको मार डालना चाहता था। मैंने अपनी रक्षा में एक-दो घुँसे उस पर चलाए हैं।'

"इस समय भीड़ के पीछे से आवाज आनी शुरू हो गई, 'मार डालो इस दुष्ट को, इस पर भीड़ मुझ पर टूट पड़ी। मैं चबूतरे से उतर बाहर की दीवार पर जा पहुँचा। लोग मुझ पर लपके। मैंने जेब से एक हथगोला निकाल भीड़ में फेंक दिया। वह मुझसे लगभग बीस फीट के फासले पर जाकर फटा। उसके फटते ही वहाँ आग लग गई। लोग मशालों की भाँति जलने लगे। लोगों में भगदड़ मच गई। इस भगदड़ में मैं अपने को सुरक्षित पा एक ओर भागने लगा। उधर कुछ लोगों ने मुझे घेर लिया। मैंने उन पर दूसरा हथगोला छोड़ा। वे लोग मेरे बहुत समीप आ पहुँचे थे। इस कारण इस हथगोले की लपट मुझको भी लग गई। एक आदमी, जिसको आग लग गई थी, मुझसे आकर लिपट गया। मैंने बहुत कठिनाई से अपने को छुड़ाया, परंतु उस समय तक मेरे कपड़ों को भी आग लग गई थी। उस आग को बुझाते-बुझाते मेरे हाथ और मुख झुलस गए। आँखों में घाव आए। मैं किश्तवाड़ और वहाँ से पिट्ठू पर बैठ जम्मू चला आया। यहाँ पंद्रह दिन अस्पताल में रहने के पश्चात् बंबई जाने की तैयारी में बैठा हूँ। मेरे साथ बंबई से एक नौकर आया

था। उसको मैंने किश्तवाड़ में छुपा रखा था। वह मुझको यहाँ तक लाया है। अब बंबई ले जाने का प्रबंध वही कर रहा है।"

मैंने पूछा, "केशव का कुछ पता चला?"

"नहीं। रोमिली से मैंने पूछा था। उसने यह कहा था कि वह कहीं भाग गया है।"

"वह वहाँ भवन में नहीं था?"

"मैंने नहीं देखा।"

"कितने दिन रहे हैं आप?"

"पंद्रह-सोलह दिन।"

"'रोमिली का क्या हुआ?"

"मैं जब किश्तवाड़ में घायल पड़ा था तो मैंने वहाँ के कई लोगों से सुना है कि केशव-भवन जलकर भस्म हो गया है। गाँव मीराशाह का तो चिह्न मात्र भी नहीं रहा। लोगों की भीड़, जो मुझको मार डालने के लिए दौड़ी थी, सब बुरी तरह जलकर भस्म हो गई थी।"

मेरे हथगोलों से तो इतना भयंकर परिणाम नहीं निकल सकता था। उससे तो दो-तीन सौ से अधिक मर नहीं सकते थे। भवन को आग कैसे लगी और गाँव कैसे बरबाद हुआ, मैं नहीं जानता।"

"रोमिली ने कदाचित् स्वयं आग लगा दी होगी।"

"इसमें कोई कारण प्रतीत नहीं होता। मेरी रक्षा के लिए उसने यह किया होगा, मुझको विश्वास नहीं आता। कुछ भूल अथवा घबराहट में हो गया हो तो हो सकता है अथवा उस मूर्ख भद्रायण ने ही स्वयं आग लगा दी हो!"

"तुमको विश्वास है कि भवन में कोई नहीं बचा?"

"मेरी आँखें खराब हो गई थीं। इस कारण मैं कुछ देख नहीं सका। मेरे नौकर ने बताया था कि भवन में से आग की लपटें निकलती हुई किश्तवाड़ में दिखाई दे रही थीं। भवन तीन दिन तक जलता रहा था और बीच-बीच में उसमें विस्फोट होते रहे थे।"

'इतना भयंकर कांड हो गया और किसी को पता तक नहीं!' मैंने मन में विचार किया। इसका उत्तर रॉबर्ट के एक वाक्य से मिला, "अस्पताल में मुझसे डॉक्टर ने यह वचन लिया है कि मैं किसी भी समाचार-पत्र अथवा सार्वजनिक स्थान पर यह बात नहीं बताऊँ।"

मैं रॉबर्ट से केशव के विषय में कुछ जान नहीं सका। इतना समाचार संतोषजनक प्रतीत होता था कि घटना के समय वह भवन में नहीं था। घटना के कई दिनों पूर्व वह वहाँ से कहीं चला गया था। रोमिली का यह कहना कि वह कहीं भाग गया है, यह बताता था कि उसको भी उसका पता नहीं था।

बहुत विचारोपरांत मैंने यही उचित समझा कि किश्तवाड़ जाऊँ और वहाँ से पता करूँ कि क्या केशव का कोई समाचार मिल सकता है ?

□

मैं किश्तवाड़ के लिए चल पड़ा। डोडा में से जा रहा था कि करामत मिल गया। वह वहाँ पर पगडंडी के एक किनारे पर पत्थर पर बैठा थकावट दूर कर रहा था। मैंने उसको पहचान, अपना घोड़ा रोका। उसने मुझको पहचान सलाम किया। मैंने पूछा, "क्या कर रहे हो ?"

"मैं पंजाब नौकरी करने जा रहा हूँ।"

"मीराशाह का क्या हुआ है ?"

"कुछ नहीं बचा सरकार! इस दिन सवेरे मालकिन ने मुझको बुलाकर कुछ पत्र डाक में डालने के लिए किश्तवाड़ भेजा था। मैं जब किश्तवाड़ को आ रहा था, तो आसपास के गाँवों के सहस्त्रों लोग भवन को ओर जाते हुए मिले। सब कह रहे थे कि हब्शी ने तापसी बाबा को मार डाला है। इससे मैं चिंता अनुभव कर रहा था। इस कारण जल्दी-जल्दी डाकखाने पहुँच चिट्ठियाँ आदि रजिस्टरी करवा रहा था कि भवन की ओर से बहुत चीख-पुकार के शब्द सुनाई देने लगे। मैंने उस ओर देखा तो भवन से लपटें निकलती दिखाई दीं। उसके पश्चात् भवन में से भवन के बड़े-बड़े पत्थर आकाश की ओर उड़ने लगे। यह तीन दिन तक चलता रहा। तीन दिन के पश्चात् आग तथा लपटें बंद हुईं। इस समय तक मैं किश्तवाड़ ही पड़ा रहा और यह सब देखता रहा। तीन दिन के पश्चात् मैं गाँव के लोगों की खबर लेने के लिए उधर को गया। मैं नदी पार कर कुछ ही दूर जा सका था। भूमि गर्मी से पिघलकर पत्थर बन गई थी। इस पर भी अभी वहाँ की जमीन इतनी गरम थी कि मैं उस पर पैदल नहीं चल सका। एक बात वहाँ जाकर दिखाई दी कि भूमि पिघलकर स्लेट की भाँति सपाट हो गई है। वहाँ न तो कोई जीव-जंतु और न ही कोई पेड़, घास-फूस आदि बचा है।

"मैंने करामत से पूछा, 'केशव बाबू को तुमने कब देखा था ?'

"वे तो इस घटना के कई दिन पूर्व से ही कहीं लापता थे। मालकिन बताती थीं कि वे नाराज होकर कहीं चले गए हैं।'"

"नाराज क्यों हो गए थे ?"

"शायद मालकिन और तापसी बाबा का विवाह हो गया था, इसी कारण। बाबूजी! ऐसा प्रतीत होता है कि वहाँ शैतान का राज्य हो गया था। उसने सबकी बुद्धि मलिन कर दी थी। कुछ दिन से हब्शी भी वहाँ लौट आया था। उसका भी पता नहीं चला कि कहाँ गया है ?"

केशव के विषय में कुछ पता नहीं चला कि कहाँ गया है ? यदि वह वहाँ से कई

पंचम परिच्छेद

दिन पूर्व ही चल पड़ा था, तो उसे लाहौर आना चाहिए था। वह क्यों नहीं आया? यह एक रहस्य की बात थी। मैं बार-बार विचार करता था कि वह कहाँ जा सकता है? मुझको इस प्रश्न का कुछ भी उत्तर नहीं सूझता था।

मैंने करामत को अपने साथ लिया और किश्तवाड़ जा पहुँचा। वहाँ जाकर करामत और रॉबर्ट के बयानों का समर्थन प्राप्त हुआ। किसी ने केशव बाबू को नहीं देखा था। मैं वहाँ के तहसीलदार से मिला। वह भी घटना की जाँच करने वहाँ आया हुआ था। वह मुझको देखकर बहुत प्रसन्न हुआ। उसका विचार था कि शायद मैं इस घटना पर प्रकाश डाल सकूँ। जब मैंने बताया कि मैं स्वयं जानकारी प्राप्त करने आया हूँ, तो उसको बहुत निराशा हुई। उसने अपना अनुमान बताया, "यह अमरीकन औरत रोमिली, अमरीकावालों का दारू-बारूद का गोदाम यहाँ बनाए हुए थी। हमको विश्वस्त सूत्र से पता चला है कि यहाँ से तिब्बत पर हमला करने की तैयारी की जा रही थी।"

मैं यह अनुमान सुन मन-ही-मन हँसा। इस पर भी मैंने इस विचार का खंडन नहीं किया। केशव के विषय में जानकारी प्राप्त करने पर बताया, "मेरे गुप्तचरों ने एक बात पता की है। केवल एक आदमी भवन से बचकर निकला है। उसके दोनों हाथ और मुख बुरी तरह झुलसे हुए थे। वह एक दिन यहाँ रहा है और फिर उसका पता नहीं चला कि कहाँ गया है?"

मेरा अनुमान था कि तहसीलदार रॉबर्ट के विषय में कह रहा है। मैं चंद्रभागा पार कर भवन के स्थान पर पहुँचा। वहाँ की भूमि वास्तव में पिघलकर एक बहुत बड़ा टीला बन गई थी। वहाँ से दो मील की परिधि में तो हरियाली का चिह्न मात्र भी नहीं रहा था।

गाँव भी इस दो मील की परिधि के बीच आ गया था। पावर स्टेशन तक जाने का मार्ग टूट गया था। इस पर भी वहाँ एक इमारत के खँडहर दिखाई देते थे। ऐसा प्रतीत होता था कि भवन के धमाकों से वहाँ की इमारत टूट गई है।

मैं निराश लाहौर लौट आया। मुझे वहाँ पहुँचने पर पता चला कि रॉबर्ट बुरी तरह से घायल होकर लाहौर मेयो अस्पताल में पड़ा है। उसके घाव भर नहीं रहे थे और डॉक्टर बहुत परेशान थे।

मैं उससे अस्पताल में मिलने गया। डॉक्टरों ने बताया कि उसके हाथों में गैंगरीन हो गई थी। इस कारण उसके हाथ काटने पड़े थे। उसके मुख पर भी दोबारा ऑपरेशन किया जा चुका था। डॉक्टरों ने यह कहा कि उसके ठीक होने में दो माह का समय लग जाएगा। इस पर भी वह कुरूप तो हो ही गया है।

दिसंबर और जनवरी भी समाप्त हो गया। रॉबर्ट ठीक तो हो गया; परंतु उसका मुख अति भयंकर हो गया था। दोनों हाथ कट चुके थे। उसका अस्पताल का खर्चा टूनी दे रही थी।

जब वह अस्पताल से निकला तो टूनी से आर्थिक सहायता ले, वह पेरिस में प्लास्टिक सर्जरी के लिए चला गया। वह मार्च के अंत में विदा हुआ। उसका विचार था कि टूनी भी उसके साथ चले, परंतु टूनी का प्रसवकाल समीप था, इस कारण इस विषय पर विचार करना भी आवश्यक नहीं था।

जहाँ तक केशव का संबंध था, उस पर रॉबर्ट कुछ भी प्रकाश डाल नहीं सका था। मैंने केशव के चित्र के साथ उसका पता बतानेवाले को पाँच सहस्र रुपया के इनाम की घोषणा कर दी। लाहौर, दिल्ली, कलकत्ता, बंबई के कई पत्रों में इस घोषणा का विज्ञापन दिया गया।

टूनी के इस बार एक लड़की हुई। वह रंग की तो काली थी, परंतु उसकी सूरत टूनी से मिलती थी। टूनी इस लड़की को पा बहुत प्रसन्न थी।

मेरे मस्तिष्क में यह बात बैठ-सी गई थी कि केशव कहीं चला गया था। शायद वह तिब्बत ही चला गया हो और पीछे होनेवाली दुर्घटनाओं का उसे ज्ञान तक न हो। इस कारण समाचार-पत्रों में कभी-कभी उसके लिए इनाम सहित घोषणा करवा दिया करता था।

यह अप्रैल की दस तारीख थी। मैं कॉलेज जा रहा था कि एक व्यक्ति मुख पर कपड़ा लपेटे, सिर पर पगड़ी बाँधे और एक लंबा चोगा, कश्मीरी ढंग का पहने, कोठी के बाहर खड़ा, मुझे मिला। वह आगे आ, मुझसे भीख माँगने लगा। जो हाथ उसने आगे पसारा था, वह लकड़ी का था। मुझको उस पर दया आ गई। कुछ देने के विचार से मैं जेब टटोलने लगा। मेरे पास एक अठन्नी थी। मेरे मन में आया कि कह दें कि इस समय पैसे नहीं हैं। फिर सोचा कि चलो, अठन्नी ही दे दूँ! यह सोचते-सोचते मैं कुछ आगे निकल गया। अठन्नी देने के विचार से मुख घुमाकर पीछे देखा। मुझको उसका मुख दिखाई दिया। उसके मुख की आकृति विचित्र ही थी। मुख का बहुत सा भाग तो पगड़ी तथा अँगोछे से, जो उसने मुख पर लपेटा हुआ था, छुपा था। इस पर भी उसके मुख का कुछ भाग दिखाई दे गया। वह पिघले हुए खिंग्गार की तरह काला और आकृतिविहीन दिखाई दिया। नाक के स्थान पर एक चपटा सूराख था। आँखें भी दो सूराख-सी ही शेष थीं।

मैंने अठन्नी उसके लकड़ी के हाथ पर रखने के लिए निकाली और उसका मुख देख अवाक् रह गया। अठन्नी दे लौटने लगा कि उसका मुख खुला और उसने कुछ कहा। मैं समझा कि मेरा नाम ले रहा है। मैं रुक गया। उसने दूसरा शब्द बोला, "केशव!"

मुझको चक्कर से आने लगे। सड़क के किनारे लगे पेड़ का आश्रय ले, मैं खड़ा हो गया। वह मेरे समीप आ अपना लकड़ीवाला हाथ अपने हृदय पर रख बोला, "के···श···व।"

"तुम केशव?" मैंने आँखें फाड़-फाड़कर देखते हुए पूछा।

उसने सिर हिलाकर स्वीकार किया। मैं उसको बाँह से पकड़ कोठी के भीतर ले गया। उसको ड्राइंग-रूम में बैठा, कॉलेज टेलीफोन कर दिया कि मैं बीमार हूँ और कॉलेज नहीं आ रहा। उसके पश्चात् मैं उसके पास जाकर बैठ गया और पूछने लगा, "तुम दिखाई तो कुछ और, मेरा मतलब है कि कुछ नहीं देते। पर तुम यहाँ आए कैसे?"

उसने पुनः संकेत से कहा, "मैं···बोल न···हीं···स···क···ता।" मैंने उसका चोगा उतारा। उसका पूर्ण शरीर वैसा ही था, जैसा उसका मुख। दोनों हाथों के ठूँठ रह गए थे। टाँगें भी जल गई थीं। केवल वे चलने-फिरने योग्य थीं। मैंने नौकर को बुलाया और उसकी सहायता से केशव को नहलवाया। नए कपड़े पहनाए। उसके पश्चात् राधा और टूनी को बुलाया। वे इस जले-भुने मांस के पिंड को देख विस्मय में देखती रह गईं।

अब केशव की चिकित्सा आरंभ हुई। मैंने एक योग्य बढ़ई बुलाकर उसके लिए लकड़ी के हाथ बनवाए। एक योग्य हकीम को बुलाकर उसके शरीर पर नित्य मालिश करानी आरंभ कर दी।

गुलबदन ने जब उसको देखा तो उसकी सेवा में जी-जान से लग गई। कई मास की मालिश तथा औषधि के पश्चात् केशव इस योग्य हुआ कि बोल सके। उसकी जिह्वा अब काम करने लगी थी और वह मन के भावों को प्रकट करने योग्य हो सका था। लकड़ी के हाथों में पेंसिल लेकर, मोटे-मोटे अक्षरों में वह लिख सकने योग्य हो गया था।

अच्छा पौष्टिक भोजन मिलने से उसका मस्तिष्क भी काम करने लग गया था। चिकित्सा करते-करते अप्रैल से अक्तूबर मास हो गया। मैंने कॉलेज से दो वर्ष की छुट्टी ली और विमान से वियाना उसके इलाज के लिए जाने की तैयारी कर दी। टूनी अपने बच्चों से मिलने के लिए उत्सुक थी।

राधा और गुलबदन केशव के निमित्त साथ चल दीं।

वियाना में डॉक्टरों के बोर्ड ने उसकी परीक्षा कर कह दिया कि वह प्लास्टिक सर्जरी से ठीक नहीं हो सकता। उसके चमड़े के सेल सर्वथा मर चुके थे। सब डॉक्टर विस्मय करते थे कि अभी तक वह जीवित किस प्रकार है!

वहाँ से हम अमरीका चले गए। रोमिली की मृत्यु घोषित हो चुकी थी। उसकी संपत्ति का कोई उत्तराधिकारी न होने से स्टेट की ओर से आत्मसात् कर ली गई थी।

फिलाडेल्फिया जाकर पता चला कि रॉबर्ट को जब पेरिस में डॉक्टरों ने चिकित्सा के योग्य नहीं समझा, तो उसने पोटैशियम साइनाइड खाकर आत्महत्या कर ली।

केशव ने जब देखा कि डॉक्टरों ने उसको भी चिकित्सा से ऊपर घोषित कर दिया है तो उसने मुझको पृथक् बुलाकर कहा, "विनोद! मेरा मन कहता है कि मैं ठीक हो सकता हूँ। मैं अपने ऊपर कायाकल्प की चिकित्सा करना चाहता हूँ। मेरा विचार है कि

मेरे शरीर का नव-निर्माण हो सकता है। परंतु इसके करने से पूर्व मैं दो बातें करना चाहता हूँ। एक तो चिकित्सा की पूर्ण प्रक्रिया और संभावित भय के समय क्या किया जाए, लिख देना चाहता है। दूसरे, मैं भवन से तुम्हारे चले आने के पश्चात् क्या हुआ और मैं कैसे बच निकला, बता देना चाहता हूँ। संभव है कि चिकित्सा में यह शेष शरीर भी समाप्त हो जाए। इस कारण मेरे पूर्ण प्रयत्नों का परिणाम लिखित रूप में आ जाना चाहिए।"

यद्यपि मुझको उसकी चिकित्सा से उसके बचने की आशा नहीं थी। इस पर भी उसको निराश करना अनुचित था। मैंने देखा कि उसका शरीर दिन-प्रतिदिन क्षीण होता जाता था। उसके शरीर के कोषाणु में नए कोषाणु बनाने की शक्ति नहीं थी। साफ ही उसकी खाल तो सर्वथा मर चुकी थी। उसमें अनुभव करने की शक्ति भी नहीं रही थी।

केशव का कहना था कि यदि उसकी 'थ्योरी' (विचारधारा) ठीक है तो निस्संदेह उसको ठीक हो जाना चाहिए। कम-से-कम उसका मस्तिष्क और शरीर के शेष अंग कार्य करने के योग्य अवश्य हो जाएँगे। उसके शरीर का क्षय रुक जाएगा।

केशव की योजना में मैं रुचिपूर्वक सहयोग देने लगा। उसने, अभी हम न्यूयॉर्क में ही थे, पूर्ण उपकरण की सूची, जो उसको अपनी चिकित्सा के लिए चाहिए थी, बना डाली। उसने सूची में नाप-तोल, बनावट और उसके काम करने की विधि का एक विस्तृत विवरण लिखवा दिया। इसके लिखाने में उसको एक मास से ऊपर लग गया। उसका मस्तिष्क अब उतने वेग से कार्य नहीं करता था, जितना पहले किया करता था। इस पर भी वह मुझको समीप बैठा लिखाता जाता था। सब वृत्तांत इतना रोचक और चामत्कारिक था कि उसको लिखने में भी एक प्रकार का आनंद-सा आ रहा है।

केशव ने लिखाया—

"शरीर छोटे-छोटे घरों (सेल्स), अर्थात् कोषाणुओं का बना है। शरीर के अंगों में ये कोषाणु हैं और इन कोषाणुओं के बीच-बीच में जो स्थान रिक्त रह जाता है, उसमें मल एकत्र होता रहता है। ये कोषाणु, जिनको अंग्रेजी भाषा में 'सेल' कहते हैं, शरीर का जीवित भाग हैं। कोषाणुओं के बीच-बीच में रिक्त स्थानों पर एकत्र मल शरीर का निर्जीव भाग है।

"जीवित और निर्जीव भाग में अंतर यह है कि जीवित भाग में बढ़ने की शक्ति रहती है। एक कोषाणु से दो कोषाणु, दो से चार, चार से आठ, इसी तरह कोषाणु बढ़ते जाते हैं। यह कोषाणु-विभाजन-क्रिया जब तक शरीर में जीवन है, निरंतर चलती रहती है। मल में इस प्रकार की बढ़ोतरी नहीं होती। मल कोषाणुओं में से उत्पन्न, उनका व्यर्थ का भाग है, जो रिक्त स्थानों में एकत्र होता है। इस पर भी शरीर के स्वास्थ्य के लिए शरीर का मल भाग उतना ही आवश्यक है, जितना जीवित भाग।

"प्रत्येक कोषाणु की बनावट में तीन अंग आवश्यक हैं। प्रथम तो उस कोषाणु की

दीवार, जो कोषाणु को चारों ओर से घेरे रहती है। दूसरा, कोषाणु के बीच एक प्रकार का अर्द्ध-तरल पदार्थ 'प्ररस' (प्रोटोप्लाज्स) नाम का भरा रहता है। तीसरा, इस 'प्ररस' के भीतर एक प्रायः ठोस पीले रंग का बिंदु समान कण रहता है। इस बिंदु को 'न्यष्टि' (न्यूक्लियस) कहते हैं। पूर्ण कोषाणु की लंबाई-चौड़ाई एक इंच का पाँच सौवाँ भाग होती है।

"कोषाणु के विभाजन को वृद्धि कहते हैं। शरीर की रक्षा तथा वृद्धि के लिए यह वृद्धि भी निरंतर होनी आवश्यक है। शरीर जब कार्य करता है तो ये कोषाणु टूटते हैं और इस टूट-फूट से होनेवाली कमी की पूर्ति के लिए नए कोषाणु बनते रहने आवश्यक हैं, अन्यथा शरीर में क्षय आरंभ हो जाता है।

"घरों अर्थात् कोषाणुओं में वृद्धि विखंडन अर्थात् फिक्शन (Ficsion) क्रिया से होती है। कोषाणु, जिसमें विखंडन होता है, में का न्यष्टि (न्यूक्लियस) दो भागों में बँट जाता है। न्यष्टि के दो खंड एक-दूसरे से दूर-दूर हो जाते हैं। तदनंतर प्ररस (प्रोटोप्लाज्म) न्यष्टि के दो खंडों के आसपास एकत्र होने लगता है। बीच में स्थान रिक्त हो जाता है और इस रिक्त स्थान पर घर अर्थात् कोषाणु की दीवार बैठनी आरंभ हो जाती है। अंत में, आर-पार की दीवार वहाँ मिलकर घरों को दो भागों में बाँट देती है। इस तरह एक कोषाणु अर्थात् सेल से दो सेल हो जाते हैं। यथासमय नए बने कोषाणु पुनः इसी प्रकार विखंडित होते हैं।

"घरों के विखंडन होने की प्रक्रिया अनंतकाल तक नहीं चल सकती। कई लाख बार विखंडित होने पर न्यष्टि (न्यूक्लियस) में विखंडित होने की शक्ति क्षीण होती जाती है। अंत में यह शक्ति सर्वथा नष्ट हो जाती है।

"प्रकृति ने न्यष्टि में विखंडित होने की इस शक्ति को पुनरुज्जीवित करने का एक उपाय बनाया है। वह है—पुरुष-बीज कोषाणु तथा स्त्री-बीज कोषाणु का समागम। इन दो कोषाणुओं के समागम से जो नवीन व्यष्टि बनती है, उसमें पुनः विखंडित होने की पूर्ण शक्ति आ जाती है और यह पुनरुज्जीवित न्यष्टि पुनः लाखों बार विखंडित होने में सफल हो जाती है।

"पुरुष-बीज कोषाणु और स्त्री-बीज कोषाणु में की शक्ति का मैंने अध्ययन किया है। अध्ययन के पश्चात् मैं इस परिणाम पर पहुँचा हूँ कि यह प्रकृति की विशेष शक्ति है, जो समागम से बने न्यष्टि में उत्पन्न होती है।

"अणु (एटम) जैसा कि प्रायः सब वैज्ञानिक जानते हैं, किसी मूल द्रव्य (एलिमेंट) का छोटा कण है। लोहा ले लीजिए। इसका प्रत्येक टुकड़ा वही गुण रखेगा, जो लोहे का बड़ा टुकड़ा रखता है। आप अपने यंत्रों से बारीक-से-बारीक टुकड़ा कर लीजिए, तब भी जो टुकड़ा बनेगा, वह बड़े टुकड़े के समान ही गुण रखेगा। लोहे के टुकड़े यंत्रों से

बहुत बारीक नहीं हो सकते। और भी बारीक टुकड़े करने हों तो रासायनिक उपायों को प्रयोग में लाया जाता है।

"यह बारीक और बारीक टुकड़े करने की प्रक्रिया भी असीम नहीं। एक ऐसी सीमा आती है, जहाँ पर लोहे के और बारीक टुकड़े करने पर लोहा अपना गुण खो बैठता है। ऐसे बारीकतम टुकड़े को, जो लोहे का गुण रखता है, 'अणु' कहते हैं।

"संसार के सब पदार्थ लगभग बानबे मूल द्रव्यों से बने हैं, अर्थात् संसार में बानबे प्रकार के अणु पाए जाते हैं। ये बानबे अणु जब आगे विखंडित किए जाते हैं, तो इन सबमें से तीन प्रकार के अंश निकलते हैं—एक अंश को इलेक्ट्रॉन कहते हैं, दूसरे को प्रोटॉन और तीसरे को न्यूट्रॉन।

"सब मूल द्रव्यों के अणु विभक्त होने पर एक जैसे ही तीन प्रकार के कणों को छोड़ते हैं। परंतु एक प्रकार के अणु और दूसरे प्रकार के अणु में अंतर उनमें इलेक्ट्रॉन, प्रोटॉन और न्यूट्रॉन की संख्या और स्थान के ऊपर निर्भर करता है।

"भिन्न-भिन्न मूल द्रव्यों में तीन प्रकार के मुख्य अंतर देखे गए हैं। एक उनके रासायनिक गुणों में, दूसरे उनके अणु भार में, तीसरे उनके अखंडित रहने की शक्ति में। ये तीनों गुण उन द्रव्यों के अणुओं में इलेक्ट्रॉन, प्रोटॉन और न्यूट्रॉन कणों की संख्या और स्थान के अनुसार होते हैं। इलेक्ट्रॉनों से रासायनिक गुण बनते हैं। प्रोटॉनों की संख्या से अणु भार और न्यूट्रॉन की संख्या से विखंडित होने की शक्ति।

"एक अणु के विखंडित होने से दो अथवा कई छोटे-छोटे कण, जो नवीन मूल द्रव्यों के अणु होते हैं, बन जाते हैं। इस विखंडन क्रिया के होने पर एक अणु में से कई इलेक्ट्रॉन, प्रोटॉन और न्यूट्रॉन नव-निर्मित अणुओं में स्थान नहीं पाते और स्वतंत्र हो जाते हैं। स्वतंत्र होने पर ये इलेक्ट्रॉन, प्रोटॉन और न्यूट्रॉन अपना-अपना कार्य करते हैं। इलेक्ट्रॉन स्वतंत्र होकर विद्युत् शक्ति को उत्पन्न करते हैं। प्रोटॉन स्वतंत्र होने पर ऊष्मा और न्यूट्रॉन स्वतंत्र होने पर उत्तेजना उत्पन्न करते हैं। जिस भी द्रव्य में ये, चाहे तो वह मूल द्रव्य हो अथवा कार्य द्रव्य, होते हैं, उसमें अपने-अपने कार्य के अनुसार हलचल उत्पन्न कर देते हैं।

"मेरा मत है कि पुरुष-बीज और स्त्री-बीज कोषाणुओं के न्यष्टियों का जब समागम होता है, तो उनमें उपस्थित अणुओं के न्यूट्रॉन में अदला-बदली होती है और इनके कारण ही उन कोषाणुओं से बने डिंब के कोषाणुओं में पुन: विखंडित होने की शक्ति उत्पन्न हो जाती है।

"मैंने एक प्राणी के शरीर में असंख्य कोषाणुओं के न्यष्टियों में, अपने यंत्रों द्वारा, स्वतंत्र हुए न्यूट्रॉनों का समावेश करने का प्रबंध कर दिया है और प्राणी के कोषाणुओं

पंचम परिच्छेद

में विखंडित क्रिया को बल प्रदान कर, प्राणी में पुनरुज्जीवन का संचार किया है। यही 'कायाकल्प' है।

"प्राणी में कोषाणुओं का विखंडित होकर स्वस्थ कोषाणु बनाना ही जीवन और यौवन का लक्षण है। इस प्रकार हमारी प्रक्रिया से प्राणी यौवनावस्था में आ जाता है।

"इस क्रिया के होने में एक बाधा रहती है। यह कोषाणुओं के मध्य में स्थित मल है। मल शरीर के धातुओं को दृढ़ता प्रदान करता है। परंतु यदि मात्रा से अधिक एकत्र हो जाता है, तो कोषाणुओं के विखंडित होने में बाधा बन जाता है। इस कारण जहाँ यह आवश्यक है कि न्यष्टियों में विखंडित होने की असीम शक्ति आ जाए, वहाँ यह भी आवश्यक है कि उसमें विखंडित होने में बाधा, अर्थात् मल, न्यून-से-न्यून आवश्यक मात्रा में ही रहे। अतएव, न्यूट्रॉन के शरीर में संचार करने से पूर्व शरीर में से वह मल, जो आवश्यकता से अधिक है, निकाल दिया जाए। इसके लिए इलेक्ट्रॉन की किरणों का प्रयोग किया जाता है।

"शरीर को शुद्ध कर प्राणी को न्यूट्रॉन की वर्षा में स्नान कराना चाहिए। जब किसी अणु में से न्यूट्रॉन निकलते हैं, तो उसमें का कुछ प्रोटॉन भाग स्वतंत्र हो जाता है। यह अत्यंत ऊष्मा अर्थात् तीव्र गर्मी में परिवर्तित हो जाता है। इस तीव्र गर्मी से बचने के लिए पूर्ण यंत्र शीतल जल से घिरा रहता है।

"मूल पदार्थ यूरेनियम का एक रूप (आइसोटोप) सुगमता से विखंडित हो जाता है। मैंने पारे का एक ऐसा रूप भी पता कर लिया है, जो विखंडित किया जा सकता है। पारे के उस रूप में विखंडन क्रिया आरंभ करने के लिए पारे के अणुओं पर न्यूट्रॉन की वर्षा करनी पड़ती है। ये न्यूट्रॉन स्वखंडित हो रहे यूरेनियम में से प्राप्त किए जाते हैं। जब एक बार पारे का वह रूप विखंडित होने लगता है तो वह होता रहता है। जहाँ इसके विखंडित होने से अतुल मात्रा में ऊष्मा निकलती है, वहाँ स्वतंत्र न्यूट्रॉन भी निकलते हैं। ये न्यूट्रॉन प्राणी के शरीर में कोषाणुओं के न्यष्टियों को जीवन प्रदान करते हैं।

"इस कार्य के लिए हमें भारी दबाववाला विद्युत् प्रवाह चाहिए। उसके लिए यहाँ से एक विद्युत् उत्पादक यंत्र ले चलना चाहिए। बहुत शक्तिशाली इलेक्ट्रोमैग्नेटिक फील्ड उत्पन्न करने के लिए यंत्र चाहिए। आइसोटोप पृथक् करने के लिए पाइल बनवाने चाहिए और फिर आइसोटोप में विखंडन आरंभ करने के लिए रिएक्टर चाहिए।

"यह सब सामान लाहौर में नहीं लग सकेगा। हमें किसी पहाड़ी स्थान पर जाकर ऐसा प्लांट लगाना होगा। कश्मीर में अब यह नहीं हो सकता। वहाँ पर जो दुर्घटना हुई है, उसमें हमें पुन: वहाँ प्लांट लगाने में कठिनाई होगी। मेरा विचार है कि मसूरी, नैनीताल अथवा अल्मोड़ा के किसी एकांत स्थान पर, जहाँ की जलवायु उत्तम हो तथा तापमान कम हो, हमें प्लांट लगा लेना चाहिए।"

केशव ने यह सब लिखवाया। साथ ही डाइनेमो को स्पेसिफिकेशंस, इलेक्ट्रोमैग्नेट्स की रूपरेखा तथा अन्य उपकरणों के चित्र बनवाए। इस प्रकार सब वस्तुओं के विषय में विचार करने तथा उनके उचित यंत्रों का निर्माताओं को ऑर्डर देने में कई मास लग गए। इस सब समय हम न्यूयॉर्क में रहे और गुलबदन जी-जान से केशव की सेवा करती रही।

जब यह सामान तैयार हो रहा था, हम भारत लौट आए। कुछ दिन दिल्ली में रहकर मैं पहाड़ी इलाकों के विषय में जानकारी प्राप्त करने लगा। स्थान के लिए तीन बातें आवश्यक थीं—एकांत तथा ठंडा स्थान हो, जहाँ जल पीने में मीठा और स्वास्थ्य के लिए अच्छा हो, जहाँ समीप कोई ऐसी नदी-नाले में जलप्रपात हो, जो बारहों मास चलता रहे। इस प्रकार का स्थान ढूँढ़ने में पर्याप्त दौड़-धूप करनी पड़ी। अंत में अल्मोड़ा के मार्ग में भुवाली से एक ओर, रामनगर गाँव के मार्ग पर एक स्थान मिल गया। वहाँ पर पावर स्टेशन बनाया गया। इसके पश्चात् वहाँ रहने के लिए एक मकान बनवाया। पावर स्टेशन के समीप एक पाइल और एक रिएक्टर लगवा लिया था।

यह सब करते-कराते दो वर्ष व्यतीत हो गए। इस सब समय केशव लाहौर कोठी में ही रहा। गुलबदन केशव की सेवा में संतोष पाती थी। टूनी, जो हमारे साथ यूरोप गई थी और स्विट्जरलैंड में ही रह गई थी, अब वह भी लौट आई थी। इस बार वह अपने दोनों लड़कों को भी साथ ले आई। उसकी इच्छा यह थी कि इनको भारत में ही पढ़ाए।

उसका सबसे बड़ा लड़का बिल्कुल अपने फ्रेंच पिता पर गया था।

वह इस समय ग्यारह वर्ष का था। उससे छोटा छह वर्ष का था और तीसरी लड़की थी, जो इस समय दो वर्ष से ऊपर की हो चुकी थी। तीनों भिन्न-भिन्न आकृति तथा स्वभाव के बालक थे। इस पर भी टूनी उनको साफ-सुथरा रखने में और उनकी देखभाल करने तथा शिक्षा दिलाने में दिन-रात लगी रहती थी।

गुलबदन केशव की एक पत्नी से भी अधिक सेवा कर रही थी। राधा अन्य सारा प्रबंध तथा हमारे सुख और आराम का प्रबंध करती थी। सर्दी की ऋतु में रामनगर में काम बंद था। इस कारण मैं अब प्रायः लाहौर में ही रहता था। यही विचार था कि इमारत का काम अप्रैल में पुनः प्रारंभ हो जाएगा।

इन दिनों केशव ने मीराशाही में हुई दुर्घटना का पूर्ण वृत्तांत लिखवा दिया, उसने लिखवाया—

"जब आप लोग भवन से चले गए, मैं अपने मन में विचार करने लगा कि क्या रोमिली का व्यवहार क्षमा योग्य है? रोमिली ने विवाह के समय मुझे वचन दिया था कि वह मेरी निष्ठावान पत्नी बनकर रहेगी। पिछली अर्थात् विवाह से पूर्व की सब बातें छोड़ देगी। उस समय उसकी कही बात उसके हृदय से निकलती प्रतीत हुई थी। जब उसने रॉबर्ट को अपने पिता के फार्म पर काम करने के लिए बुलाया, तो मुझको संदेह हुआ कि

पंचम परिच्छेद

वह अपना वचन भंग कर रही है। मैंने उसके रहन-सहन की देख-रेख आरंभ कर दी। इस पर भी मुझे उसके व्यवहार में कोई दोष प्रतीत नहीं हुआ। मैं और वह दोनों परस्पर बहुत प्रेम करते थे।

"हमारे भारत आने तक मुझको वह अपने पतिव्रत वचन पर आरूढ़ ही प्रतीत हुई थी। लाहौर में उसने रॉबर्ट और टूनी को पत्र लिखा कि वे चले आएँ। उन दिनों मैं अपने स्वर्गधाम की रूपरेखा बनाने में लगा था। रॉबर्ट बहुत ही अच्छा इंजीनियर था। उसका पिता इंजीनियर का काम करता था। इस कारण उसकी सेवाएँ स्वर्गधाम के निर्माण करने में अत्यावश्यक हो गईं। रॉबर्ट के विषय में पहला विवाद लाहौर में हुआ है। मैंने रोमिली से कहा था, 'भारत में बहुत अच्छे कारीगर और बहुत ही कम वेतन पर मिल सकते हैं।'

"रोमिली ने कहा था, 'रॉबर्ट केवल कारीगर ही नहीं, प्रत्युत वैज्ञानिक भी है। उसको हम अपना उद्देश्य बताएँगे तो वह बिना अधिक पूछताछ के हमारे मतलब की वस्तु बना देगा। जहाँ तक वेतन का प्रश्न है, वह हमसे कुछ नहीं लेगा। वह टूनी का पति है और मैं टूनी को अपने 'हेवनली एवोड' का एक निवासी बनाना चाहती हूँ।

"'देखो रोमिली!' मैंने अपने मन के संदेह को स्पष्ट रूप में उसके सम्मुख रख दिया, 'तुम्हारा जो संबंध रॉबर्ट से रहा है, उसके कारण तुमको रॉबर्ट से दूर ही रहना चाहिए।'

"'मेरा संबंध तो कॉलेज के बीसियों विद्यार्थियों से रहा है। इससे क्या होता है? मैं अब सबको स्मरण नहीं रखती।'

"'पर डार्लिंग! तुम स्वयं ही कहती थीं कि रॉबर्ट तुमको सबसे अधिक पसंद था। मैं यह नहीं कह रहा कि तुम उसको उसी लगाव के कारण बुला रही हो। मैं तो यह कहता हूँ कि उसके समीप आ जाने से तुमको उसके साथ मधुर संबंध की याद आती रहेगी और किसी भी समय तुम पदच्युत हो सकती हो।'

"'नहीं, ऐसा कुछ नहीं होगा। आप निश्चिंत रहें।'

"इस प्रकार रोमिली ने मेरे मन में उठी आशंका को दूर कर दिया और हम लाहौर से अपने स्वर्गधाम के लिए स्थान ढूँढ़ने चल पड़े।

"पिताजी से मैंने अपनी योजना नहीं बताई। मैं इसमें समय व्यर्थ गँवाना नहीं चाहता था। हम लाहौर से मरी गए। मरी से एबोटाबाद, मार्ग में गलियों तक का भी निरीक्षण किया। हमने स्थान के चुनाव में कुछ शर्तें बना रखी थीं—पहली शर्त यह थी कि भूमि उपजाऊ हो। दूसरी, स्थान कुछ मैदानी हो और पहाड़ी। तीसरी, वहाँ जलप्रपात हो, जो वर्ष भर चलता रहे। चौथी, वर्षा कम होती हो। पाँचवीं, बर्फ भी कम पड़ती हो। छठी, गर्मियों में तापमान अस्सी डिग्री 'फारेनहाइट' से अधिक न हो। सातवीं, वहाँ के निवासी सुंदर स्त्री-पुरुष हों तथा मत-मतांतरों के झगड़ों से ऊपर हों।

"इन आधारभूत बातों को अधिक-से-अधिक मात्रा में ढूँढ़ने के लिए हम कश्मीर गए। वहाँ से एबोटाबाद। यहाँ के इलाके में तो हमको अपनी शर्तों में कोई भी नहीं मिल रही थी। सबसे बड़ी त्रुटि वहाँ पर यह थी कि यहाँ रहनेवाले मुसलमान प्राय: मूर्ख, गँवार, महजबी दीवाने और अति क्रूर प्रकृति रखनेवाले थे। वहाँ के प्राय: पुरुष, स्त्री कुरूप तथा बेडौल थे।

"इसके पश्चात् हम कश्मीर की वादी में पहुँचे। भूमि उपजाऊ थी। जल-प्रपात पहाड़ों पर थे। मैदानी क्षेत्र भी थे। लोग भी सुंदर थे, परंतु अनपढ़ थे और मुल्लाओं के हाथों में थे। कश्मीरी पंडित मुसलमानों से भी अधिक भ्रम और सांप्रदायिकता में फँसे हुए थे। सबसे बड़ी त्रुटि इस क्षेत्र में महाराज का समीप होना था, जो हमारे परीक्षणों में अनधिकार हस्तक्षेप करता। यह स्थान एकांत भी नहीं था। सहस्त्रों की संख्या में यात्री प्रतिवर्ष इस ओर आते थे और वे वादी के कोने-कोने में जाने का यत्न करते थे।

"जब हम किश्तवाड़ में पहुँचे तो वहाँ का चित्र ही विलक्षण देखा। सर्वथा एकांत स्थान था। वादी कश्मीर की वादी से काफी छोटी थी। भूमि उपजाऊ भी काफी थी। वर्षा कश्मीर से कम होती थी। लोग, स्त्री-पुरुष, सुंदर, सुडौल और मजहबी पागलपन से पृथक् थे। बौद्ध मत का प्रभाव यहाँ पर पर्याप्त था। जहाँ तक चरित्र की सरलता का प्रश्न था, मुझको वहाँ के लोग बहुत ही भले प्रतीत हुए थे।

"मैं और रोमिली चंद्रभागा के किनारे पर बैठे अपनी योजनाएँ बना रहे थे कि एक दिन चंद्रभागा में स्नान करने के लिए दो-तीन पुरुष तथा स्त्रियाँ आईं। वे निस्संकोच भाव से अपने कपड़े उतार नदी में स्नान करने लगे। उन्होंने हमें वहाँ बैठे नहीं देखा। हम धूप से बचने के लिए एक बड़े से पत्थर की छाया में बैठे थे। कुछ देर तक वहाँ स्नान करते रहे। उसके पश्चात् नदी से निकल, कपड़े पहन वहाँ से चले गए। मुझको ऐसा प्रतीत हुआ, मानो जंगली हिरण तथा हिरणियाँ एक ओर से आईं तथा दूसरी ओर निकल गईं। चरित्र में यह सरलता देख इस स्थान पर हम मोहित हो गए। हमने निश्चय कर लिया कि अपना परीक्षण क्षेत्र इसी स्थान को बनाएँगे। इसके पश्चात् हमने किश्तवाड़ में खेमे लगवाकर रहना आरंभ कर दिया और स्थान मोल लेने का प्रबंध करने लगे।

"यह काम कठिन नहीं था। रुपया, जो रोमिली अमरीका से मँगवा रही थी, सब बाधाओं को दूर करता जा रहा था। प्रारंभिक प्रबंध में हमको छह मास लग गए।

"भूमि मोल लेकर जहाँ एक ओर भवन निर्माण करने लगे, वहाँ साथ ही जलप्रपात पर एक छोटा-सा कुंड बनवा दिया और वहाँ विद्युत् उत्पादन यंत्रादि लगवाने लगे।

"इन्हीं दिनों रॉबर्ट तथा टूनी भी वहाँ आ गए। उसके लिए भी हमने रहने का प्रबंध कर दिया। टूनी के बच्चा होने वाला था। इस कारण रॉबर्ट यहाँ की सुंदर स्त्रियों से छेड़छाड़ करने लगा। हम नहीं चाहते थे कि हमारे रहने का भवन बनने से पूर्व ही

हमारी प्रतिष्ठा मिट जाए। मैंने रॉबर्ट को समझाया। रोमिली ने भी उससे इस विषय पर बातचीत की। उसने एकाएक देहाती स्त्रियों को तंग करना बंद कर दिया, परंतु इसका कारण यह नहीं था कि उसको सद्बुद्धि आ गई थी, प्रत्युत उसकी वासना-तृप्ति रोमिली से होने लग गई थी। इस बात का पता मुझे एक दिन चल ही गया। मैं पावर हाउस की इमारत का निरीक्षण कर लौटा तो देखा कि रोमिली का कमरा भीतर से बंद था। उन दिनों हम किश्तवाड़ के एक मकान में ठहरे हुए थे। टूनी उस समय अपने कमरे में आराम कर रही प्रतीत होती थी। रॉबर्ट का कमरा खाली था। रोमिली का मेरे कमरे से रास्ता जाता था। मैं अपने कमरे में बैठ एक पुस्तक पढ़ने लगा था। मेरा विचार था कि रोमिली आराम कर रही है।

"मुझको बैठे अभी आधा घंटा भी नहीं हुआ था कि रोमिली का कमरा खुला और रॉबर्ट स्लीपिंग गाउन पहने भीतर से निकला। मैंने उसकी ओर देखा तो वह आँखें चुराकर कमरे में चला गया। उसका कमरा टूनी के कमरे के साथ लगता था। मैं अभी विस्मय में इसका अर्थ समझने की कोशिश कर ही रहा था। मैं उठा और रोमिली के कमरे में चला गया। रोमिली अपने पलंग पर निर्वस्त्र लेटी हुई थी। मुझको देख वह चौंककर उठ बैठी। मैं एक-दो क्षण उसका मुख देखता रहा। इसके पश्चात् यह कहा, 'रोमिली डार्लिंग! मैं अंदर आ जाऊँ या तुम बाहर आओगी?'

"'मैं बहुत थकी हुई हूँ। यहाँ बैठकर बता दीजिए, क्या कहना चाहते हैं?' उसने मेरे सामने लेटे-लेटे ही चादर ओढ़ ली।

"मैंने कहा, 'थकी हो तो सो जाओ। बात रात के खाने के समय हो जाएगी।'

"'जो बात होनी है, वह मैं जानती हूँ। मेरा उसमें केवल इतना ही कहना है कि आप अपना काम करते जाइए। मैं उसमें हस्तक्षेप नहीं करूँगी। आप मेरी बातों में हाथ मत डालिए।'

"'तो वह वचन, जो तुमने विवाह से पूर्व मुझे दिया था, भंग हो गया है?'

"'वचन भंग हुए तो चिरकाल हो गया है। केवल पकड़ी मैं आज गई हूँ। इस पर भी मैं यही निवेदन करती हूँ कि एक समझदार पति को इन छोटी-सी बातों पर ध्यान नहीं देना चाहिए।'

"'तो क्या इसका अर्थ यह समझ लूँ कि तुम्हारे दो पति होंगे?'

"'क्या हानि है?'

"'यदि संतान हुई और वह रॉबर्ट के ऊपर गई तो लोग मेरी हँसी उड़ाएँगे।'

"'कौन हँसी उड़ाएगा? क्या हमको लोगों की अरुचि-रुचि देखकर अपना जीवन निर्माण करना है?'

"मैं उस समय अपने उस महान् परीक्षण में लगा हुआ था, जो मेरे जीवन का एकमात्र उद्देश्य था। मैं स्वर्गलोक के निर्माण में लीन था और उस स्वर्गलोक में इंद्र के समान रहना चाहता था। इस कारण मैंने उस समय रोमिली से केवल इतना कहा, 'जो कुछ तुमने किया है, मैं उसको अपने मन से निकालने के लिए तैयार हूँ, परंतु उसमें केवल यह शर्त है कि मुझको मेरा पति का भाग मिलता रहे और यदि रॉबर्ट अथवा अन्य किसी से संतान हुई तो उसे मरवा डालूँगा। मैं संसार में मूर्ख पति नहीं कहलाना चाहता।'

"'मैं ये दोनों बातें स्वीकार करती हूँ।' रोमिली ने कहा।

"इस उत्तर को प्राप्त कर मैं अपने कमरे में आकर अपने भविष्य के विषय में विचार करने लगा। इस घटना के पश्चात् छह मास तक मैंने रोमिली के साथ एक बिस्तर पर पाँव नहीं रखा। इस बीच में उसने कई बार मेरे कमरे में आने की इच्छा की, परंतु मैं अपने मन को उससे प्यार करने के लिए तैयार नहीं कर सका।

"इस समय हमारा भवन और पावर स्टेशन तैयार हो गए थे। अपने भवन का नाम मैंने 'केशव-भवन' रखा और अपने पूर्ण इलाके का नाम 'स्वर्गलोक'। मैंने पावर स्टेशन से अपने भवन में विद्युत् से प्रकाश, गरम करने का प्रबंध और अन्य सुविधाएँ तैयार कर लीं और अपने भवन में रहने लगा। इस भवन में प्रत्येक वस्तु, जो मनुष्य को सुख तथा आराम के लिए मैं विचार कर सका, मैंने लगवा ली।

"इस भवन में जाने पर मेरी रोमिली से सुलह हो गई। उसने मुझको यह वचन दिया कि जब तक टूनी स्वस्थ रहेगी, वह रॉबर्ट से संपर्क नहीं बनाएगी। इसके अतिरिक्त मैं इस बात को अनुभव करने लगा था कि रॉबर्ट हमारे भवन का एक आवश्यक अंग बन गया है। इससे उस पर कुछ अधिक प्रतिबंध लगाने उचित नहीं। रॉबर्ट ने हमारे भवन का मानचित्र तैयार किया था। उसने कमरों तथा ड्राइंग-रूम की सजावट का प्रबंध किया था। जब मैं पारे के आइसोटोप्स तैयार कर रहा था, तब वह हमारे भवन को अधिक और अधिक सुंदर तथा सुखदायक बना रहा था।

"मेरी यह परीक्षा की बात हुई थी कि पारे के कई आइसोटोप्स हैं। आइसोटोप्स उन मूल तत्त्वों को कहते हैं, जिनके रासायनिक गुण सर्वथा समान हों, परंतु परमाणु भार भिन्न-भिन्न हों। एक ही मूल तत्त्वों के आइसोटोप्स को पृथक्-पृथक् करने के लिए इलेक्ट्रोमैग्नेटिक आकर्षण से काम लिया जाता है। पारे की बहुत बारीक फुहार विद्युत् से बनाए चुंबकों के मध्य में से गुजारी जाती है। आइसोटोप्स के अणुओं पर चुंबक का आकर्षण भिन्न-भिन्न मात्रा में होने से पृथक्-पृथक् हो जाते हैं। कई बार इस प्रक्रिया को करने पर आइसोटोप्स पर्याप्त शुद्ध अवस्था में मिल जाते हैं। इस प्रकार पारद के दो आइसोटोप्स पृथक्-पृथक् कर लिये गए, परंतु दोनों के अणु खंडित नहीं होते थे। इनमें से एक, जिसका अणु भार 202 था, यूरेनियम के न्यूट्रॉन की चोट से खंडित होने लगा। यह

एक चामत्कारिक खोज थी। इस पारद के अणु के विभक्त होने से अणु के कुछ अंश में प्रोटॉन स्वतंत्र होने लगे। यह शक्ति में परिणत होने लगे। इससे विद्युत् प्रवाह और तदनंतर उससे अन्य अनेक कार्य किए जाने लगे।

"मुझको आइसोटोप्स पृथक्-पृथक् करने के लिए पाइल बनवाने में पूरा एक वर्ष लग गया। पाइल बनने के पश्चात् पारे को विखंडित करनेवाला आइसोटोप्स बनने लगा। इसके बन जाने के पश्चात् सबसे पहले मैंने इलेक्ट्रॉनिक ब्रेन बनाने का यत्न किया।

"पहले एक लोहे का पुतला बना। उसकी खोपड़ी में इलेक्ट्रॉनिक ब्रेन लगाया गया। उसके मस्तिष्क में हाथ-पाँव को कार्य करवाने के लिए यंत्र लगा दिए गए। पहले विद्युत् संचालित पुतला लोहे का बनाया गया और वह केवल दो या तीन प्रकार के कार्य करता था। धीरे-धीरे मैंने उसमें उन्नति करनी प्रारंभ कर दी। अंत में ऐसे पुतले बनाए गए, जो बीस से पच्चीस प्रकार के कार्य कर सकते थे। ऐसे कई पुतले बनाए और सब मिल-मिलाकर तीन सौ प्रकार के कार्य हम इन पुतलों से लेने लगे। इस समय रॉबर्ट एक प्लास्टिक का पुतला बनाने में सफल हो गया, जिसमें कार्य करनेवाला ढाँचा तो लोहे का था, परंतु उस ढाँचे पर प्लास्टिक का खोल था। बीच में हवा भर दी गई। इससे प्लास्टिक के पुतले का स्पर्श मनुष्य समान कोमल बन गया। इसके साथ ही इलेक्ट्रॉनिक शक्ति से इतनी ऊष्मा उत्पन्न करने का प्रबंध कर दिया गया, जिससे पुतले में मानवी तापक्रम बन गया।

"इन पुतलों को सुंदर स्त्री अथवा पुरुष का रूप रॉबर्ट ने दिया। यदि कोई अपरिचित व्यक्ति रॉबर्ट के बनाए इन पुतलों को देख लेता, तो उनको मानवी होने का विश्वास कर लेता। विशेष रूप में स्नानगार में अर्ध-नग्न स्त्री का चलता-फिरता पुतला एक विशेष प्रकार की गुदगुदी उत्पन्न करनेवाला सिद्ध होता था।

"इस समय रोमिली एक नई सृष्टि रचने में लगी हुई थी। जब हम किश्तवाड़ में रहते थे, तो हमने एक नौकर रखा हुआ था। उसका नाम नूरुद्दीन था। रोमिली ने उसको भूमि का एक टुकड़ा देकर भवन के बाहर एक मकान बनवा दिया। वह कुछ इधर-उधर का काम करता था और भूमि पर खेती-बाड़ी करता था। रोमिली के कहने पर नूरुद्दीन ने आसपास के गाँवों में से लोगों को भवन के समीप आकर बसने का निमंत्रण देना आरंभ कर दिया। जो स्वीकार करता था, उसको हम थोड़ी सी भूमि खेती-बाड़ी के लिए पाँच वर्ष तक बिना किराए के दे देते थे।

"हमारे भवन का निर्माण-कार्य लगभग समाप्त हो चुका था। अतएव, हमारी भूमि पर लाकर खेती-बाड़ी करनेवालों के लिए हमने एक गाँव बनाने की योजना बना दी। इसमें भी रॉबर्ट की सेवाएँ बहुत उपकारी सिद्ध हुईं। उसने एक छोटे-से गाँव का मानचित्र बना दिया। गाँव का नाम वहाँ के एक पीर के नाम पर मीराशाह रख दिया। उसमें सड़कें,

विद्युत् प्रकाश तथा ऊष्मा के लिए उचित प्रबंध और अन्य उद्यान बनाए। रोमिली ने उसमें लोगों को रहने का और उन उपकरणों के प्रयोग का ढंग, जो हमने प्रत्येक मकान में लगवाए थे, सिखाया। तब से गाँव के लोग रोमिली को 'मालकिन' कहने लगे।

"रोमिली ने गाँव के प्रबंध के लिए गाँव के लोगों की पंचायत बना दी और उस पंचायत में अपने झगड़ों का शांतिपूर्ण निर्णय करने का ढंग सिखाना आरंभ कर दिया।

"मैंने इलेक्ट्रॉनिक यंत्रों को अधिक और अधिक कल्याणकारी कार्यों में प्रयोग करना आरंभ कर दिया।

"भवन में पाचक और एकाध नौकर के अतिरिक्त कोई प्राणी काम करने के लिए नहीं था। प्रत्येक काम यंत्रों द्वारा होता था। भवन की झाड़-फूँक से लेकर रोटी खिलाने तक का काम यंत्र करते थे और रॉबर्ट ने इन यंत्रों को प्लास्टिक के पुतलों में ऐसे ढंग से लपेटा कि वे मनुष्य की भाँति काम करते प्रतीत होते थे।

"भवन के सब यंत्रों की देख-रेख रॉबर्ट करता था। रोमिली और टूनी गाँव की पंचायत का और गाँव के लोगों की सुविधाओं का प्रबंध करती थीं। मैं अपने इलेक्ट्रॉनिक्स पर नए-नए परीक्षण करता रहता था।

"मैंने पेड़-पौधों पर न्यूट्रॉन तथा इलेक्ट्रॉन का प्रभाव देखना प्रारंभ कर दिया। जब अणु विखंडित होता है तो उसके भीतर रहनेवाले तीनों प्रकार के कण निकलते हैं। एक इलेक्ट्रॉन, दूसरे न्यूट्रॉन और तीसरे प्रोटॉन। इलेक्ट्रॉन तो विनाशकारी प्रभाव रखते हैं। न्यूट्रॉन जीवन संचार का कार्य करते हैं। प्रोटॉन शक्ति-प्रसार करते हैं। शक्ति, ऊष्मा, विद्युत् शब्द इत्यादि रूप में प्रकट होती है। मेरा प्रयत्न यह था कि अणु में से प्रस्फुटित होनेवाले इन तीनों प्रकार के कणों को पृथक्-पृथक् कर सकें। इसके लिए इलेक्ट्रोमैग्नेटिक यंत्र उपकारी सिद्ध हुआ। जहाँ पर मुझे विनाशकारी तथा ध्वंसकारी कार्य करना होता, मैं इलेक्ट्रॉन को पृथक् कर उस ओर ले जाता, जिधर उनके कार्य की आवश्यकता होती। जहाँ ऊष्मा, विद्युत् इत्यादि की आवश्यकता होती, वहाँ प्रोटॉन बहाकर ले जाता और जहाँ जीवन संचार करना होता, वहाँ न्यूट्रॉन का प्रयोग करता।

"इस रहस्य के जानने पर मेरे लिए विखंडित अणु से असीम कार्यक्षेत्र खुल गया। मैंने खेतों पर न्यूट्रॉन की वर्षा के लिए यंत्र बनाया। इसका परिणाम बहुत ही चमत्कारपूर्ण सिद्ध हुआ। मैंने प्राणियों के शरीर पर भी अणु के भीतर के कणों का प्रभाव देखना आरंभ कर दिया। चूहे, बिल्लियाँ, लोमड़ियाँ, खरगोश आदि अनेकानेक जानवरों पर अपने परीक्षण करने लगा।

"इस प्रकार शरीर-शुद्धि अर्थात् मल-निवारण के लिए उपकरण तथा जीवन संचार करने के लिए यंत्र बनाने में सफल हो गया।

"इस समय चारों ओर सुख-सुविधा बरसती देख रॉबर्ट के मन में विकार उत्पन्न होने लगा। उसने पुनः रोमिली से संबंध बनाने का यत्न किया, परंतु रोमिली का मन अब गाँव के पंच शिवानंद से मेल की इच्छा करने लगा था।

"मैं अपने परीक्षणों में इतना लीन था कि मेरा ध्यान इस ओर बिल्कुल नहीं था, इस पर भी एक दिन यह अवस्था मुझ पर प्रकट हो गई। एक सायंकाल मैं अपनी प्रयोगशाला में से निकल चाय का प्रबंध कर रहा था कि रोमिली रॉबर्ट को आश्रय दिए हुए लाती दिखाई दी। रॉबर्ट घायल हुआ था। उसका सिर फट चुका था। उसमें से रक्त-प्रवाह बह रहा था। वह लँगड़ाकर चल रहा था। उसकी टाँगों में भारी चोट आई प्रतीत होती थी। मैंने चाय का ध्यान छोड़ रॉबर्ट की मरहम-पट्टी की और उसको बिस्तर पर लिटाकर रोमिली से पूछने लगा कि क्या हुआ है। रोमिली ने बताया कि 'पहाड़ से पाँव फिसल जाने के कारण यह एक खड्ड में गिर पड़ा था। सौभाग्य से बच गया है।'

"परंतु उसी रात रॉबर्ट ने मुझको बताया, 'रोमिली वन में शिवानंद से विहार कर रही थी कि मैं वहाँ जा पहुँचा। मुझसे यह सहन नहीं हो सका। रोमिली मुझको यह कहकर टालती रहती थी कि उसने तुम्हें वचन दिया है कि अब वह किसी अन्य पुरुष से संबंध नहीं रखेगी। इस कारण क्रोध में आकर मैं रोमिली को ही मार डालने वाला था कि शिवानंद मुझसे भिड़ गया। वह मेरे अनुमान से कहीं अधिक बलशाली निकला। यदि मेरे पास पिस्तौल नहीं होती तो वह मुझको मार डालता। जब उसने मुझको पहाड़ पर से धकेलकर खड्ड में फेंक दिया तो मैंने मर जाने का बहाना कर दिया। मैं एक ढेर की भाँति झाड़ियों में पड़ा रहा। वह यह देखने के लिए कि मैं मर गया हूँ कि नहीं, खड्ड में उतरकर मुझको देखने लगा। इस समय मैंने जेब से पिस्तौल निकालकर उस पर वार किया। एक ही गोली से उसका काम तमाम कर दिया। उसके पश्चात् उसको पत्थरों के नीचे दबाकर छोड़ आया हूँ।'

"इस घटना से मुझको भारी दुःख हुआ। रोमिली का पुनः वासनावश अपने आपको दूसरों के अधीन करना दुःखदायी था। साथ ही, रॉबर्ट को नररक्त बहाने का रस मिलना, अति भयंकर सिद्ध हुआ। मैं अपनी अवस्था पर विचार करने लगा था। जब सब कोई उलटे मार्ग पर चलने लगे, तो मैं भी उनके साथ बह गया।

"भवन में इतना आराम और सुख था कि इंद्रियों को सुख भोगने से रोक नहीं सका। मैं भी अपनी वासना-तृप्ति के साधन बनाने लगा। मैंने गाँव में एक 'अप्सरा भवन' निर्माण किया और उसमें दूर-दूर से सुंदर लड़कियों को एकत्र कर उनको संगीत, नृत्य सिखाने का प्रबंध करने लगा। फिर उन लड़कियों से अपना संबंध बनाने लगा। मैं समझने लगा कि वह स्वर्ग-लोक ही क्या हुआ, जिसमें अप्सराएँ नहीं! वह बहिश्त ही कैसा, जहाँ हूरें नहीं मिलतीं! परिणाम यह हुआ कि हमारे गाँव

में दिन-रात छनक-छनक पायल बजने लगी और देश-विदेश के संगीत की ध्वनि उठने लगी।

"रॉबर्ट को यह गाना-बजाना पसंद नहीं था। वह अपना मनोरंजन गद्दी जंगली लड़कियों से करना चाहता था। गद्दी स्त्रियाँ इलाके के अन्य रहनेवालों से अधिक सद्चरित्र थीं। इस कारण रॉबर्ट को वह सफलता नहीं मिली, जो वह उनकी निर्धनता के कारण प्राप्त करने की आशा करता था।

"एक दिन सायंकाल वह एक बंडल पीठ पर उठाए हुए भवन में पहुँचा। मैं ड्योढ़ी में खड़ा काले आसमान पर तारों की छटा देख रहा था। मैंने उसको भवन के तहखाने की ओर जाते देख पूछा, 'यह क्या है?'

'कुछ परीक्षण की वस्तु है।'

"परीक्षण शब्द ने मेरे कान खड़े कर दिए। रॉबर्ट ने कभी भी मेरे परीक्षणों में रुचि नहीं ली थी। जब मैं कोई यंत्र निर्माण करता था, तो वह उसकी रूपरेखा कलात्मक तथा सुंदर बनाने में मेरी सहायता करता। था। आज उसको परीक्षण के लिए कुछ लाने की बात सुन मेरे मन में उत्सुकता पैदा हो गई। मैं उसके पीछे-पीछे भीतर चला गया। वह इलेक्ट्रॉनिक भट्ठी के समीप जाकर खड़ा हो गया। मैंने उससे फिर पूछा, 'क्या है यह?'

"'एक जानवर था। मुझको बहुत भला प्रतीत हुआ। मैं पकड़कर भवन में लाना चाहता था, परंतु वह पकड़ में नहीं आता था। इस पकड़-धकड़ में उसका गला दब गया और अब वह मर गया। अब मैं उसको भट्ठी में जला देने के लिए लाया हूँ।'

"उसने गठरी भूमि पर रख दी। मैंने गठरी खोली। यह कंबल में बँधी हुई एक युवा लड़की थी। मैं देखकर स्तब्ध रह गया। मैंने प्रश्नभरी दृष्टि से उसकी ओर देखा। उसने बताया, 'यह नव गाँव के गद्दी पंच की बड़ी लड़की है। जंगल में घूमती हुई मिल गई थी। मैंने उसको बहुत समझाया, परंतु वह मानी नहीं। मैंने बल प्रयोग करना चाहा तो यह लड़ने लगी। विवश होकर मुझको उसे समाप्त करना पड़ा। अब इसको इस भट्ठी में जलाकर इसकी खुर-खोज मिटा देना चाहता हूँ।'

"मैं इस कथा को सुन संज्ञाशून्य अवाक् खड़ा रह गया। उसने भट्ठी का मुख खोला, उस लड़की को उसमें धकेल दिया और भट्ठी का मुख बंद कर दिया। इसके पश्चात् उसने बटन दबाकर शव को भस्म कर दिया। इस भट्ठी में तो हड्डियाँ तक वाष्प बन अदृश्य हो जाती थीं।

"यह सब पाँच मिनट में हो गया। वहीं से मैं रॉबर्ट को अपने कमरे में ले गया। वहाँ ले जाकर उसके लिए कॉफी का एक प्याला मँगवाया और कहने लगा, 'रॉबर्ट! यह एक नई बात हुई है। मैं इसे बिल्कुल पसंद नहीं करता।'

"'तुम कौन हो इसको पसंद करनेवाले? यहाँ रोमिली का राज्य है और मैं जो कुछ

कर रहा हूँ, उसकी अनुमति से ही कर रहा हूँ। यह लड़की अचेत थी। मरी नहीं थी। मैं इसकी आत्मा को देखना चाहता था और वह इसके डालने पर दिखाई नहीं दी।'

"मैंने तुरंत रोमिली को बुलाया और उसको पूर्ण घटना से अवगत कराकर, कहा, 'रोमिली! तुमको यह सबकुछ बंद करना पड़ेगा। अन्यथा मैं आज यहाँ से बिदा हो जाऊँगा।'

"मैंने रॉबर्ट को कहा, 'तुमने एक जीवित मनुष्य को जला डाला है। यह तो कानून की नजर में अपराध है।'

"'मैं कही जानेवाली आत्मा को देखना चाहता था, इस भट्ठी में वह शरीर जलने के पश्चात् होनी चाहिए थी। भट्ठी खोलने पर वह नहीं निकली।'

"'मैं यह परीक्षण पसंद नहीं करता।'

"रॉबर्ट मेरी इस धमकी को हँसी में उड़ाना चाहता था। उसने कहा, 'तब क्या होगा?'

"परंतु रोमिली ने परिस्थिति को सँभाल लिया। उसने रॉबर्ट से कहा, 'होगा यह कि तुमको अमरीका का टिकट देकर अमरीका भेज दूँगी। तुम यहाँ इस प्रकार नहीं रह सकते।'

"'मैं यहाँ से नहीं जाऊँगा। मैं टूनी और तुम दोनों को प्यार करता हूँ। तुम दोनों को छोड़कर मैं कैसे जा सकता हूँ?'

"'तुम टूनी को साथ ले जाओ, मुझको कुछ भी आपत्ति नहीं।'

"'मैं तुमको भी चाहता हूँ। तुमने मेरा तिरस्कार किया, इस कारण मैं अपनी आवश्यकताएँ दूसरे स्थान पर पूरी करना चाहता हूँ।'

"'तुम निपट पशु हो। तुमको गले में रस्सा बाँधकर रखना पड़ेगा।'

"'मैं रस्सा तोड़कर भाग जाऊँगा। देखो रोमिली! मैं कुरूप हूँ, परंतु उच्च शिक्षा पाने के कारण मेरी इच्छाएँ बहुत उच्च कोटि की बन गई हैं। मैं विवश हूँ। मैं नहीं जानता कि मैं क्या करूँ?'

"इस समय मैंने उससे कहा, 'तुम 'अप्सरा भवन' का प्रयोग कर सकते हो।'

"'पर वहाँ मेरे मतलब की एक भी वस्तु नहीं है।'

"'तुम अमरीका चले जाओ।' रोमिली ने धीरे से कहा, 'वहाँ तुम मनवांछित फल पा सकोगे। मैं तुम्हारी पेंशन लगा दूँगी।'

"'पर मैं टूनी को भी साथ ले जाना चाहता हूँ।'

"'हाँ, यदि वह स्वेच्छा से जाना चाहे।'

"इस पर रोमिली, टूनी और रॉबर्ट में इस विषय पर विचार गोष्ठियाँ होने लगीं। मैं उनकी गोष्ठियों से पृथक् रहता था।

"मेरे मस्तिष्क में एक धुन सवार थी। मैं वनस्पतियों का विकास करने में सफल

हो गया था। जंगली आँवलों के समान मोटे-मोटे दानोंवाले मटर, आठ-दस सेर की गोभी का फूल, पाँच सेर की गाजर, सात सेर की शलजम, बीस सेर का जिमीकंद तैयार होने लगी थी। मैं मन में विचार करता था कि जैसे वनस्पतियों में न्यष्टियों को स्फूर्ति प्रदान कर, मैं विशेष कंद के फल-फूल तैयार करने लगा हूँ, वैसे ही बच्चों पर वही प्रयोग करूँ तो हमें पंद्रह फीट के मनुष्य बना देना असंभव नहीं। इस निमित्त एक दिन मैंने एक कुत्ते के पिल्ले पर प्रयोग किया। वह मर गया। फिर मैंने एक कुतिया पर, जिसके पेट में बच्चे थे, अपना परीक्षण किया। वह भी मर गई। इस प्रकार मेरी युक्ति और गणना ठीक होने पर भी सफलता मिल नहीं रही थी।

"मैं जनन-विज्ञान पर नित नई पुस्तकें मँगवाता था, उनका अध्ययन करता था और जब कोई नया विचार मन में आता, उस पर परीक्षण करने लगता था।

"एक चुहिया, जिसके पेट में बच्चे होने का मेरा अनुमान था, पर परीक्षण कर रहा था कि मेरा यंत्र बिगड़ गया। जंतु पर न्यूट्रॉन की वर्षा होने के स्थान पर इलेक्ट्रॉन की वर्षा होने लगी। चुहिया को दस्त, पेशाब तथा पसीना आने लगा। मैंने देखा कि चुहिया मरने ही वाली है। इस समय मैंने यंत्र में दोष देख लिया। मैंने उसे ठीक कर उस मरणासन्न चुहिया पर न्यूट्रॉन की वर्षा आरंभ कर दी। आधे घंटे में न केवल चुहिया मरने से बच गई, प्रत्युत वह स्वस्थ और सुंदर हो गई।

"इससे मेरे मन में कायाकल्प का विचार जाग्रत् हुआ। मैंने इसी दिशा में और कई परीक्षण किए और अंत में मैंने कायाकल्प की प्रक्रिया पूर्ण कर ली।

"कई दिनों की वार्त्तालाप से टूनी, रॉबर्ट और रोमिली में एक समझौता हो गया प्रतीत होता था। अब मैं अपने परीक्षणों में और अपने अप्सरा भवन में इतना लीन था कि मुझको उनकी बातों में ध्यान देने का अवकाश ही नहीं था। एक दिन रोमिली ने स्वयं बताया, 'मैंने रॉबर्ट को समझा दिया है। वह अब वैसी बात नहीं करेगा।'

"'गद्दी लड़की के लापता हो जाने का क्या परिणाम निकला?'

"'गद्दियों में भारी हलचल मच गई थी, परंतु जब उसका कोई पता-ठिकाना न मिला तो वे यह समझ चुप कर गए कि उसे शायद बाघ अथवा रीछ उठा ले गया है और मारकर खा गया है।'

"देखो रोमिली! मैंने उसको बताया, 'मैं एक अद्भुत आविष्कार की ड्योढ़ी तक पहुँच गया हूँ और मैं चाहता हूँ कि तुम इस समय कम-से-कम उच्छृंखलता का व्यवहार न रखो। कहीं हमको यहाँ से इस उच्छृंखलता के कारण भाग जाना पड़ा, तो जो कुछ यहाँ पर हुआ है, पुनः होना कठिन हो जाएगा।'

"मैंने रोमिली को अपने परीक्षणों का परिणाम बताकर कहा, 'मैं समझता हूँ कि जरा और मृत्यु पर विजय प्राप्त करने के लिए देवता, दानव, संत, महात्मा और

योगी, तपस्वी आदिकाल से यत्न करते रहे हैं। वह मैं अनायास ही प्राप्त कर रहा हूँ। मैंने इतर जंतुओं पर अनेक परीक्षण किए हैं और अब मैं किसी बूढ़े पुरुष अथवा स्त्री पर परीक्षण करनेवाला हूँ। यदि इसमें भी सफल हो गया, तो मेरी अगली खोज कहे जानेवाले परमात्मा पर होगी। शक्ति प्रकृति का एक रूप ही है। परमात्मा केवल मात्र एक महान् शक्ति है। सो उसको ढूँढ़कर उसको मनुष्य के लाभ के लिए लगा देना मेरा काम होगा।'

"रोमिली के मन में मेरी सफलता की बात सुन कितनी प्रसन्नता हुई, उसका अनुमान इस बात से लग सकता है कि वह मेरा मान करने लगी और मेरे परीक्षणों में रुचि प्रकट करने लगी। अब वह मुझको अपने साथ गाँव ले जाती और हम सोचते रहते कि किस वृद्ध व्यक्ति पर अपना परीक्षण करें!

"इन दिनों टूनी, जो प्रसव के पश्चात् स्वस्थ हो चुकी थी, रॉबर्ट के साथ घूमती रहती थी। रॉबर्ट का व्यवहार भी ठीक था। वह अभी भी भवन तथा गाँव में सुधार करता रहता था। रॉबर्ट में जो कुछ भी दोष रहा हो, एक बात उसमें विशेष थी, वह गाँव के घर-घर जाकर उनके दोष तथा उनमें रहनेवाली आवश्यकताओं को जान, उनमें सुधार किया करता था। अब हमने गाँव के सब रहनेवालों को समझा-बुझाकर पंचायत को कर देने की व्यवस्था कर दी। गाँव में प्रत्येक रहनेवाले के पास खेती-बाड़ी के लिए भूमि थी। फलों के, उद्यान के और उनमें पैदावार में चमत्कारपूर्ण उन्नति हमारे प्रयत्नों से हो रही थी। किशतवाड़ से फल जम्मू इत्यादि शहरों में जाने लगे थे। गाँव के कुछ लोग खनिज पदार्थों का व्यापार भी करने लगे थे। पंचायत के पास धन आता था तथा उससे गाँव का प्रबंध चलता था।

"शिवानंद, जो गाँववालों के विचारानुकूल पंजाब जीविकोपार्जन के लिए चला गया था, उसकी एक माँ थी। वह लगभग साठ वर्ष की विधवा स्त्री थी। एक दिन वह अपने खेत में काम करती-करती थककर खेत की मेंड़ पर बैठी विश्राम कर रही थी। मैं और रोमिली उधर से गुजर रहे थे। वह बैठी हुई, विरह गीत गा रही थी। उसके गीत में कुछ विशेष रस था, जिसने मुझे आकर्षित किया। मैंने रोमिली से कहा, 'बहुत ही मधुर स्वर है इस औरत का।'

"'यह शिवानंद की माँ सरस्वती है। इसको अपने पुत्र का भारी दुःख है।'

हम वहाँ खड़े-खड़े उसका गीत सुनते रहे। उसने हमें देखा तो चुप कर गई। इस पर रोमिली ने कहा, 'सरस्वती! गाओ। बहुत अच्छा गाती हो तुम!'

"'मालकिन! यह गाना नहीं, रोना है।'

"इस पर मैंने पूछ लिया, 'क्या गाती हो तुम?'

"वह कुछ देर तक मेरे मुख पर देख, कहने लगी, 'क्या सुनोगे? मालिक! एक बूढ़ी औरत के मन की हूक है।'

"मैंने सहानुभूतिपूर्ण मुद्रा बनाकर पूछा, 'सरस्वती! क्या यह कोई मन का रहस्य है?'

"'रहस्य? इसमें गुप्त तो कुछ भी नहीं। संसार में प्रिय-प्रियतम की बातें किससे छिपी हैं? मेरे भी एक प्रियतम थे। निर्दयी मौत ने उनको मुझसे छीन लिया। वे जाने से पूर्व अपनी एक निशानी मुझको दे गए थे। वह था शिवानंद। जब उसके पिता का देहांत हुआ तो वह छह मास का था। तब से मैं उसको अपने प्रियतम का प्रतिनिधि मान प्रेम करती रही। वह बड़ा हुआ और ठीक अपने पिता के समान सुंदर, सुडौल निकला। परंतु भगवान् जाने क्या है कि एक दिन घर से गया, फिर वापस नहीं आया। अब मैं अकेली हूँ। बूढ़ी हो गई हूँ और निस्सहाय इस खेत में मेहनत कर अपना जीवन चलाती हूँ। जब खेतों में काम करते-करते थक जाती हूँ तो शिवानंद और उसके पिता को याद कर लिया करती हूँ और आँखों में अटके दो-तीन बूँद आँसू बहा लेती हूँ।'

"यह कहती-कहती वह रो पड़ी और आँचल से आँसू पोंछने लगी। मेरे मन में एक विचार आया। उससे प्रेरित हो मैंने उससे कहा, 'तुम कोई अपना साथी क्यों नहीं ढूँढ़ लेतीं, जो तुमको इस खेत के बोने-जोतने में सहायता दे सके?'

"'अब इस बूढ़ी औरत को कौन साथी मिलेगा? अब तो भगवान् से प्रार्थना है कि वह मुझको शीघ्र बुला ले। बहुत थक गई हूँ मालिक!'

"मैंने कहा, 'सरस्वती एक बात कहूँ?'

"'कहो मालिक!'

"'मेरे पास एक ऐसा इलाज है, जिससे मैं तुमको फिर से पंद्रह वर्ष की युवती बना सकता हूँ।'

"वह खिलखिलाकर हँस पड़ी। उसने समझा कि मैं उसकी हँसी उड़ा रहा हूँ। इस कारण उसने कहा, 'गरीब औरत देखकर हँसी मत करो! मैं बहुत दुःखिया हूँ।'

"'मैं हँसी नहीं करता सरस्वती! तुम कल भवन में आना और यदि कोई बुढ़ा जानवर घर में हो तो ले आना। मैं तुमको अपनी शक्ति दिखाऊँगा।'

"इतना कह मैं अपने रास्ते पर चल पड़ा। मेरा विचार था कि उसे हमारी बात को केवल हँसी समझ नहीं आएगी। मार्ग में रोमिली ने भी कहा, 'इस बूढ़ी पर परीक्षण मत करिएगा। इसके पुत्र के देहांत का उत्तरदायित्व मुझ पर है और कहीं इसके मरने में आप कारण न बन जाएँ!'

"'रोमिली! मुझको अपने परीक्षणों पर पूर्ण विश्वास है। मैं कुत्तों और बिल्लियों पर तो परीक्षण कर चुका हूँ। अब मैं किसी मनुष्य पर करना चाहता हूँ। सरस्वती तो आएगी नहीं, यह मैं जानता हूँ। इस पर भी मैंने आज से कोई उचित व्यक्ति ढूँढ़ना आरंभ कर दिया है, जिस पर मैं अपने विचारों का परीक्षण कर सकूँ।'

पंचम परिच्छेद

"'किसी मनुष्य को इस कार्य के लिए तैयार करना अति कठिन है।'

"'सरस्वती जैसा ही कोई जीवन से तंग आया व्यक्ति तैयार हो सकेगा।'

"अगले दिन सरस्वती अपनी बूढ़ी गाय के गले में रस्सा बाँध भवन के द्वार पर आ पहुँची। उसको देख मेरी बरबस हँसी निकल गई। मेरी हँसी को सुन उसका मुख लाल हो गया। उसने माथे पर त्योरी चढ़ाकर कहा, 'मालिक! निर्धन दु:खियारी लोगों से ऐसी हँसी भगवान् को नहीं सुहाती।'

"'हँसी नहीं सरस्वती! आओ। इसको पिछली ओर से भीतर ले आओ। मेरी हँसी तो इस कारण निकली थी कि इसको कमरे के भीतर जहाँ चिकित्सा होगी, कैसे ले जाऊँ?'

"मैंने एक नौकर को सरस्वती तथा उसकी गाय को भीतर लाने को कह रोमिली को बुला लिया। खींच-खाँचकर क्रेन से ऊपर की छत पर गाय को एक कमरे के भीतर ले जाया गया। उसको यंत्र के नीचे खड़ा किया और प्रथम प्रयोग आरंभ हुआ। गाय पच्चीस वर्ष की बूढ़ी थी। उसकी सबसे बड़ी बछड़ी भी बच्चे देना बंद कर चुकी थी। वह सूखकर काँटा हो चुकी थी।

"गाय की शोधन-क्रिया की गई। वह इस क्रिया से आधे घंटे में ही मरणासन्न हो गई। मैंने उसको घंटे भर की नियत चिकित्सा दी। इस क्रिया के पश्चात् गाय इतनी दुर्बल हो गई कि वह चलकर दूसरे कमरे में नहीं जा सकती थी। उसको एक चौड़े तख्ते पर लिटाकर ले जाया गया। दूसरे कमरे में उसे रसायन-क्रिया दी गई।

"सरस्वती अगले दिन गाय को देखने आई, तो चकित रह गई। गाय बहुत मजे में घास खा रही थी। सरस्वती ने उसे आवाज दी तो वह सिर हिलाकर अपनी प्रसन्नता प्रकट करने लगी। सरस्वती ने गाय को प्यार किया तो वह कान हिलाकर हर्ष प्रकट करने लगी।

"इसके पश्चात् गाय की सप्ताह भर और चिकित्सा की गई। सातवें दिन गाय एक बछड़ी के रूप में उछलती-कूदती भवन से सरस्वती के साथ चली गई।

"इसके दो मास पश्चात् मैं लॉन में बैठा वसंत ऋतु के आगमन की शोभा को निहार रहा था कि सरस्वती मेरे सामने आकर खड़ी हो गई।

"मैंने उसकी ओर प्रश्न भरी दृष्टि से देखा तो वह बोली, 'गाय के बच्चा होने वाला है।'

"'सत्य?' मैंने विस्मय से पूछा। मुझको सरस्वती के यह सूचना लेकर आने की आशा नहीं थी। उसकी गाय के परीक्षण के पश्चात् मुझको कायाकल्प की प्रक्रिया में पूर्ण विश्वास हो गया था। इस पर भी मुझको आशा नहीं थी कि सरस्वती चिकित्सा कराने आएगी।

"मेरे आश्चर्य का ठिकाना नहीं रहा, जब उसने कहा, 'मालिक मेरी चिकित्सा नहीं करोगे?'

"'हाँ, यदि तुम चाहोगी तो जरूर करूँगा।'

"'मैं इसीलिए तो आई हूँ। मैं बुढ़ापे से तंग आ गई हूँ। मैं अपना जीवन फिर से शुरू करना चाहती हूँ।'

"'ऐसा ही होगा।' मेरा उत्तर था, 'तुम कल प्रात:काल आ जाना। और हाँ, तुम्हारा कोई संबंधी अथवा जान-पहचान का है यहाँ?'

"'कोई नहीं मालिक।'

"'यदि चिकित्सा में मर गई तो?'

"'तो भी मैं आपकी कृतज्ञ रहूँगी।'

"'यह लिखकर देना होगा।'

"'लिखवा लीजिएगा।'

"'एक बात और है। यदि युवा होने पर विवाह की इच्छा हुई तो?'

"'मेरी मंगली गाय, जिस दिन यहाँ से गई। उसी दिन अपनी बछड़ी के एक बछड़े से, जो साँड़ बन गया था, मिल गई। और उसी से उसके पेट में बच्चा हो गया।'

"'तो तुमको इसकी चिंता नहीं?'

"'तो मैं कल आऊँ?'

"'हाँ। दिन निकलते ही आना। वही समय चिकित्सा का सबसे अच्छा है।'

"सरस्वती जब चिकित्सा करवाकर पंद्रह वर्ष की युवती बनकर निकली तो अपने ही परीक्षण से उत्पन्न उसको देख मेरा मन उस पर लुभक आया। मैंने सरस्वती से प्रस्ताव किया और वह मान गई। मैं उसको भवन में रखने लगा। इस पर मेरे और रोमिली में भारी विवाद हुआ। अंत में मुझे सरस्वती को अप्सरा भवन में रखना पड़ा।

"इस समय मैंने पिताजी को लाहौर में अपनी सफलता का परिचय दिया। न जाने क्या हुआ कि पत्र मिलने के दूसरे ही दिन उनका देहांत हो गया।

"मेरे सरस्वती से संबंध के कारण रोमिली मुझसे रुष्ट रही। मैं विस्मय करता था कि जिस बात को वह अपने लिए ठीक समझती थी, वह मेरे लिए ठीक क्यों नहीं समझती? दूसरी ओर सरस्वती में जीवन-शक्ति प्रचुर मात्रा में उत्पन्न हो गई थी कि वह केवल मात्र गृहस्थ जीवन से संतुष्ट न रहकर नृत्य और संगीत में रुचि रखने लगी। उसने मुझसे कहा कि उसको इन कलाओं में शिक्षा देने के लिए कोई योग्य व्यक्ति बुलाया जाए। मैंने यत्न कर उसके लिए नृत्य-कला तथा संगीत-कला के विज्ञ बुला दिए। वह अत्यंत रुचि से सीखने लगी। एक ही वर्ष में वह अप्सरा भवन की सर्वश्रेष्ठ नर्तकी विख्यात हो गई।

"मेरे रोमिली से संबंध फिर ढीले पड़ गए। रॉबर्ट पुन: उसके मस्तिष्क पर छाने लगा। इस समय एक घटना घटी। तापसी बाबा ने मुझे बुलावा भेजा। मैंने उसके विषय में सुन रखा था कि वह बहुत बड़ा संत और भगवान् का भक्त है। मुझको अपने पिता की

शिक्षा से ही भगवान् से घृणा थी। अब मैं कायाकल्प में सफल होकर यह विचारने लगा था कि भगवान् के अस्तित्व का सबसे बड़ा प्रमाण, प्राणियों का निर्माण, असत्य सिद्ध हो चला था। यह ठीक है कि मैं कोई नवीन प्राणी नहीं बना सका था, इस पर भी मैंने प्राणी में जीवन स्रोत (कोषाणुओं के न्यष्टियों में स्फूर्ति) उत्पन्न करने में सफलता प्राप्त कर ली थी। मैं समझता था कि मैं शीघ्र ही बीज कोषाणु के न्यष्टि के रहस्य को जान जाऊँगा। यदि उसके रहस्य में कारण को मैं कृत्रिम उपायों से उत्पन्न कर सका तो मैं ईश्वर के ढोल की पोल खोल दूँगा।

"जब मैं परमात्मा के विषय में ऐसे विचार रखता था तो परमात्मा के भक्तों के विषय में क्या समझ सकता था? कहने की आवश्यकता नहीं।

"मैं तापसी बाबा से मिलने की इच्छा नहीं रखता था, परंतु यह समाचार कि बाबा मुझसे मिलना चाहता है, लानेवाला गाँव का सरपंच नूरुद्दीन था और रोमिली उसको बहुत मानती थी। अतएव, वह मुझको लेकर वहाँ पहुँची।

"वहाँ जाकर मुझको पता चला कि वह बौद्ध है। बौद्ध आत्मा-परमात्मा को नहीं मानते। यह जानकर मुझको बहुत प्रसन्नता हुई। इस पर भी मेरे दृष्टिकोण और उसके दृष्टिकोण में भारी अंतर था। मैं नमस्कार कर जब उसके सामने बैठा तो उसने आँखें खोलकर मुझको और रोमिली को देखा। उसके पश्चात्, मुख में कुछ बड़बड़ाकर, उसने कहा, 'आ गए हो तुम?'

"'हाँ बाबा!' उत्तर रोमिली ने दिया।

"'तुम कौन हो?'

"'मैं इनकी पत्नी हूँ। मेरा नाम रोमिली है।'

"'ओह! समझा, पर तुम केशव की पत्नी हो क्या? सत्य कहती हो?'

"रोमिली बिटर-बिटर मुख देखती रही। इस पर बाबा ने फिर कहा, 'वह दानव तुम्हारा पति नहीं है क्या?'

"'नहीं? इनकी बहन मालती का पति है।'

"'झूठ बोलती हो। आजकल वह तुम्हारा पति है। पति विवाह होने से ही नहीं होता। पति सहवास से माना जाता है। मुझको तुमसे कुछ भी काम नहीं। हाँ, यदि तुम उस दानव को भेज दो तो उसको मैं कुछ बताना चाहता हूँ। आज तो मैंने केशव बाबू को बातचीत करने के लिए बुलाया है।

"'तुमने उस राँड को युवती बना दिया है?' बाबा ने मेरी ओर देखकर कहा।

"'हाँ महाराज!'

"'उसको पुनर्जन्म देकर उसे पत्नी बना लिया है?'

"'पुनर्जन्म देने का यह अभिप्राय नहीं कि वह मेरे वीर्य से उत्पन्न हुई है। मेरा–

उसका रक्त का भी संबंध नहीं है। वह युवा हुई तो बहुत सुंदर बनी। सुंदर वस्तुओं को प्राप्त करने का अधिकार प्रत्येक योग्य प्राणी को है। मैं योग्य था, मैंने उसे प्राप्त कर लिया।'

"'तुम महापातकी हो। तुमने अपनी कन्या से व्यभिचार किया है।'

"'वह मेरी कन्या कैसे हो गई ? निर्माण मैंने अवश्य किया है। वैसे तो ब्रह्मा ने पूर्ण सृष्टि का निर्माण किया है और वह भोग भी कर रहा है।'

"'ब्रह्मा कहाँ है ?'

"'यह प्रकृति ही ब्रह्मा हैं। प्रकृति ही सबको उत्पन्न करती है और प्रकृति ही सब उत्पन्न वस्तुओं का भोग करती है।'

"'तो तुम नास्तिक हो ?'

"'हाँ, महाराज!'

"'इस पर भी तुमने सरस्वती को नवीन जन्म दिया! तुमने यह जानते हुए भी कि नया जीवन देने से तुम एक प्राणी की यंत्रणा के काल को लंबा कर रहे हो, तुमने किया है। कितना घोर पाप है यह ?'

"'पर महाराज! क्या सरस्वती को कुछ कष्ट है ? मैं तो कल भी उससे मिला था और मैंने उससे पूछा था कि वह प्रसन्न है क्या ? उसका उत्तर था कि बहुत प्रसन्न हूँ।'

"'प्राणी वास्तविक सुख-दुःख को जान नहीं सकता। उसको सुख में दुःख की और दुःख में सुख की भ्रांति होती है। यथार्थ बात तो यह है कि जीवन दुःखों का भंडार है। इसको लंबा करने से तुम दुःखों का सृजन कर रहे हो। केशव बाबू! प्रकृति ने जो कुछ बनाया है, उसको ज्यों-का-त्यों चलते देना ही ठीक है।'

"'महाराज! मैं ऐसा नहीं समझता। मनुष्य जीवन एक अद्भुत, मनोरंजक, अति सुखकारक समागम है। आप जैसे वक्र दृष्टि रखनेवालों के कथन को सत्य मानकर ही लोग अति सुखमय वस्तु को दुःखकारक मानने लगते हैं।'

"'देखिए महाराज! एक दिन एक बकरी का मेमना उस पहाड़ की चोटी से गिरकर मर गया। अब उसके लिए सोच करना मूर्खता है। इसी प्रकार किसी भी घटना पर दुःख अनुभव करना अज्ञानता के अतिरिक्त और कुछ भी नहीं।'

"'परंतु जब रोग-ग्रसित मनुष्य कष्ट पाता है, तब तो दुःख होता है। जीवन एक रोग है। इस कारण दुःखमय है।'

"'महाराज! सरस्वती को बुलाकर पूछिए कि वह दुःखी है अथवा सुखी ? आप यहाँ संसार से इतनी दूर बैठे हुए सांसारिक जीवों को दुःखी मान व्यर्थ में व्यथित हो रहे हैं। रोग होते हैं मूर्खता के कारण। इस कारण जीवन को दुःखमय मानना अपनी भूल है।'

"तुम अपना भी कायाकल्प करोगे क्या ?"

"मैं अभी बूढ़ा नहीं हुआ। मेरे अंग-प्रत्यंग चलते हैं। मैं जीवन के सार सुख का मन भरकर पान करता हूँ। कभी किसी बात का दुःख होता है, परंतु मन में उसकी विवेचना कर जान जाता हूँ कि मैं मिथ्या भ्रम में फँस गया था। उस भ्रम को निकाल देने पर फिर जीवन सुखमय हो जाता है।

"'महाराज! मेरे पिताजी के देहांत का समाचार कुछ दिन हुए मिला। कुछ क्षणों के लिए दुःख हुआ था, परंतु जब यह ज्ञान हुआ कि एक प्रकृति का अंश महान् प्रकृति में जा मिला है, तो दुःख नहीं रहा।'

"'तुम जब देखते हो,' तापसी बाबा ने आँखें खोल मेरी ओर देखते हुए कहा, 'तुम्हारी पत्नी के पलंग पर कोई अन्य पुरुष शयन कर रहा है, क्या तुमको दुःख नहीं होता?'

"'क्षणिक भ्रम तथा मोहवश दुःख होता है। परंतु भ्रम निवारण होते ही दुःख मिटकर सुख, जो जीवन का मौलिक गुण है, मिलने लगता है।

"'वास्तव में, हम न तो युक्तियाँ दे रहे थे और न ही उदाहरण। अपने-अपने मन की धारणाएँ ही वर्णन कर रहे थे। इससे न तो कोई परिणाम निकलता है, न ही विचार-परिवर्तन होते हैं। इस कारण मैंने अनावश्यक बात को छोड़, आवश्यक बात पकड़ ली। आप जीवन का नाश करना चाहते हैं?'

"'नहीं तो!' उसके मुख से निकल गया।

"'तो निर्वाण-प्राप्ति क्या है? जीवन प्रकृति में एक गाँठ है। आप उसको खोलकर जीवन का अंत करना चाहते हैं। क्यों? इस गाँठ के होते हुए दुःख होता है क्या? मैं पूछता हूँ कि दुःख किसको होता है?'

"'चेतनता एक गाँठ है। इसको खोल देने से चेतनता लोप हो जाती है और दुःख समाप्त हो जाता है।'

"'आपका कहना ठीक है। चेतनता एक गाँठ है। परंतु दुःख इस गाँठ का गुण नहीं। यदि दुःख गुण होता तो सुख जीवन-काल में न होता। दुःख-सुख परस्पर-विरोधी गुण हैं। महात्मा बुद्ध जरा तथा मरण देख घबरा गए। उन्होंने इन दोनों के कारण जानने का यत्न न कर जीवन को ही समाप्त करने का यत्न किया। मैंने जरा और मरण का कारण अपने गुरुओं से जाना है और उन कारणों को दूर कर जीवन को असीम बनाने का यत्न कर रहा हूँ। सरस्वती का नया यौवन उसी प्रयत्न का फल है।

"'आप गाँठ खोलकर अपना अस्तित्व ही मिटा देना चाहते हैं। मैं गाँठ को दृढ़ करने का यत्न कर रहा हूँ। आपके उपाय से तो सुख मिलने की आशा नहीं, मेरे उपाय से सुख-वृद्धि भी हो सकती है।'

"'तो तुम अपने इस काम से नहीं रुकोगे?'

"'मैं कोई ऐसा काम नहीं कर रहा, जिसके करने में मुझको लज्जा लगती हो। मैं जब सरस्वती को आनंद से भरे हुए नाचते देखता हूँ, तो अपने प्रयास की श्रेष्ठता पर प्रसन्न होता हूँ। मैं अपने प्रयत्न को स्तुत्य मानता हूँ।'

"'तो जाओ, अपने कर्मों का फल भोगो। अनंतकाल तक जन्म-मरण के बंधन में बँधे हुए घोर यंत्रणा सहन करो। मैंने चेतावनी दे दी है। अब तुम जानो, तुम्हारा काम जाने।'

"इस प्रकार यह भेंट समाप्त हुई। तापसी बाबा का शाप सिर पर उठाए हुए मैं और रोमिली चले आए। रोमिली कंदरा से दूर आकर खूब हँसी। मैं भी हँस रहा था। रोमिली ने कहा, 'इस गँवारों के गुरु ने हमको भी अपने चेलों की भाँति अज्ञानी और मूर्ख समझा था।'

"'पर रोमिली! तुम जब मुझको सरस्वती के सहवास में देखती हो तो दुःख अनुभव करती हो या नहीं?'

"'नहीं। इसको दुःख नहीं कहते। इसको ईर्ष्या कहते हैं। मेरा आपको मना करना इस बात का सूचक है कि मेरा आपसे भारी प्रेम है। और मैं अपने स्थान पर किसी अन्य को देख नहीं सकती।'

"'परंतु जब तुम किसी अन्य से सहवास करती हो तो तुम्हारा मेरे प्रति प्रेम कहाँ चला जाता है?'

"'वह तो रहता ही है। साथ ही, किसी अन्य से भी प्रेम उमड़ आता है। परंतु आप मुझसे प्रेम नहीं करते। यदि करते होते तो अपने स्थान पर किसी अन्य को आते देख ईर्ष्या अनुभव करते।'

"यह युक्ति सुन मैं स्तब्ध रह गया। इसका अर्थ यह था कि मुझको उसके किसी भी दूसरे प्रेमी से भिड़ जाना चाहिए। वह विचार कर मैंने कहा, 'रोमिली! मैं तो इसे इस प्रकार नहीं समझता। मुझको उस व्यक्ति से ईर्ष्या होती है, जो मेरे स्थान पर आसीन होता है। परंतु मैं उसके साथ ऐसा व्यवहार नहीं करना चाहता, जैसा रॉबर्ट ने शिवानंद से किया था अथवा उसने उस गद्दी लड़की से किया था। इस महान् कार्य में विघ्न न पड़ जाए, इस कारण मैं यह सबकुछ सहन कर रहा हूँ।'

"इससे रोमिली गंभीर विचार में पड़ गई। मैंने अनुभव किया कि इसके कई मास पीछे तक उसका मेरे साथ बहुत ही प्रेममय व्यवहार रहा।

"कई मास तक मेरा जीवन सुलभ और सुखमय रहा। मैंने फिर अपने परीक्षणों में ध्यान लगाना आरंभ कर दिया। इन परीक्षणों में मुझे एक दिल दहला देनेवाली वस्तु दिखाई दी। एक दिन मैंने एक चुहिया को बच्चे देते देखा। मैं पावर हाउस के निरीक्षक की कुटिया देखने गया था। उसमें कुछ परिवर्तन कराने का विचार हो रहा था। वहाँ कोने

में चुहिया के नवजात बच्चे देख मेरे मन में एक विचार आया। मैं उन बच्चों को उठाकर भवन में ले आया और उनमें जीवन-संचार प्रयोग करने लगा। पाँच बच्चे थे। चार तो मर गए। केवल एक बचा। चौबीस घंटे के प्रयोग के पश्चात् मुझको उसमें कुछ भी परिवर्तन प्रतीत नहीं हुआ। हाँ, बच्चे की आँखें खुल गई थीं और वह देखने में भूख से व्याकुल प्रतीत होने लगा था। मैंने उसके मुख में दूध डाला। यह जबान निकालकर चाटने लगा। दूसरे दिन वह बच्चा भाग गया।

"मैं अपने परीक्षण की सफलता पर विचार करता रहा। इसमें दो समस्याएँ थीं। एक यह कि वे चार बच्चे मरे क्यों और दूसरा यह कि पाँचवें को बंद करके रखना चाहिए था, जिससे मेरे परीक्षण का परिणाम पता चल सकता। दो दिन तक तो उसमें कुछ परिणाम नहीं निकलता दिखाई देता था।

"बात समाप्त हुई और मैं किसी अन्य जंतु पर परीक्षण करने का विचार करता रहा, परंतु कोई नवजात शिशु मिला नहीं।

"छह मास व्यतीत हो गए थे। मैं लॉन में कुर्सी रख बैठा एक पुस्तक का अध्ययन कर रहा था। इतने में एक खरगोश के कद का, परंतु चूहे की रूपरेखा वाला जंतु, घास पर फुदकता दिखाई दिया। मैंने उसको बहुत ध्यान से देखा, परंतु वैसा जानवर पहले मैंने कभी देखा नहीं था। मैंने सामने मेज पर रखी पेंसिल उसकी ओर फेंकी। वह उसको कुतरने लगा और दो मिनट में ही उसने पेंसिल के दो टुकड़े कर डाले। उस जानवर की रूपरेखा तथा उसके कुतरने को देख मुझको संदेह हुआ कि कदाचित् यह वही चुहिया का बच्चा न हो, जिस पर मैंने जीवन-संचार का प्रयोग किया था। मेरे मन में विचार आया कि मैं इसको पकड़ किसी संदूक में बंद कर दूँ! मैं उसको पकड़ने दौड़ा तो वह भागकर लॉन के बाहर जा एक झाड़ी की जड़ में एक बड़े से बिल में घुस गया।

"मैंने उसको पकड़ने के लिए रॉबर्ट को कह एक बड़ा-सा फँदा बनवाया और उसी बिल के पास रख दिया। उसमें रोटी का बड़ा टुकड़ा लटका दिया।

"मैं रात को उस फंदे को देखने आया। वह बृहत्काय चूहा उसमें फँसा हुआ था और बहुत तेजी से उस फंदे को कुतर रहा था। आने में यदि पंद्रह-बीस मिनट की और देरी हो जाती तो निस्संदेह वह फंदे को कुतरकर रास्ता बना लापता हो जाता। इस प्रकार उसको भागने का यत्न करते देख मैं भागता हुआ गोदाम गया और एक लोहे का संदूक उठा लाया और फंदे में से उसको लोहे के संदूक में बंद कर भीतर ले गया।

"अगले दिन प्रातःकाल ही मैंने एक सुदृढ़ लोहे का पिंजरा बनवाया और उस चूहे को उसमें डाल दिया। डबलरोटी और गाजरों पर उसको पालने लगा। तीन महीने में वह इतना बड़ा हो गया कि उसको पिंजरे में रखना तक कठिन हो गया। वह देखने में एक अति खूँखार बड़े कुत्ते के कद का हो गया था।

"इस परीक्षण ने मुझे एक गंभीर विचार में डाल दिया। यदि किसी मनुष्य के बच्चे पर यह परीक्षण करता तो वह पुराणों में वर्णित बृहत्काय राक्षस ही बन जाता! फिर उसकी बुद्धि का विकास भी हो सकता था और न जाने क्या-क्या आविष्कार वह बृहत्काय राक्षस कर सकता। यदि दो-चार ऐसे बृहत्काय मनुष्य बनाकर मैं इस घर में रख लूँ तो मेरी क्या गति होगी? इस विचार ने मुझे ऐसा परीक्षण करने से पूर्व सैकड़ों बार विचार करने पर विवश कर दिया। मैं सोचता था कि संसार में दूसरे मनुष्य ऐसे प्राणी को मार डालेंगे और कहीं उसका दाँव चल गया तो वह हमको भी मार सकता है। इस प्रकार के प्राणी अथवा मनुष्य बनाना अपने स्वार्थ के विरुद्ध समझ मैंने ऐसे परीक्षणों से हाथ खींच लिया।

"पंद्रह-बीस दिन में ही चूहे को उस पिंजरे में बंद कर रखना कठिन हो गया। मैंने उसके पिंजरे को खोल उसे निकाला। मैं चाहता था कि उसको स्वच्छंदता से विचरने दूँ। वह चूहा बिल से निकलते ही भूमि कुरेदने लगा। सीमेंट की भूमि होने पर भी उसके कुरेदने के निशान बनने लगे। मैंने उसको डराकर भगा देना चाहा। इस पर वह मुझ पर ही लपका और यदि मैं कूदकर पीछे न हट जाता तो वह मेरे मुख पर अपने पंजों से वार करता। मेरे बच जाने पर भी उसने मेरा पीछा न छोड़ा। वह एक बार फिर मेरे ऊपर कूदा। इस बार मैं सचेत था। मैं पुन: एक ओर हटकर उसके आक्रमण से बच गया।

"मैंने तुरंत निर्णय कर लिया कि इस भयंकर जंतु को मार डालना चाहिए। जब तीसरी बार उसने आक्रमण किया तो मैं दौड़कर वहाँ रखी मेज के पीछे हो गया। उसने जोर से मेज को धक्का दिया और उसको उलटा दिया। खन्न-खन्न कर मेज पर रखा सामान बिखर गया। मैं तो अपनी जान बचाकर उस कमरे से अपने सोने के कमरे की ओर भाग गया। वहाँ मेरा पिस्तौल रखा था। इस पर उसने मेरा पीछा छोड़ दिया। वह भवन से निकल लॉन में चला गया और वहाँ धूप में प्रसन्नता अनुभव करने लगा। मैं अपने ड्रेसिंग टेबल में से पिस्तौल निकाल, उनमें पाँच गोलियाँ भर लॉन में गया। वह मुझको अपनी ओर आते देख पुन: भड़क उठा और फिर मेरी ओर लपका। मैंने उसके सिर का निशाना बाँध गोली चला दी। गोली माथे पर लगी, परंतु एक से उसका अंत नहीं हुआ और वह कुछ क्षण ठहर पुन: सामने आया। इस पर मैंने दूसरी गोली उसकी कनपटी पर चलाई। इसने उसका काम तमाम कर दिया।

"मेरे मन में विचार आया कि मैंने प्रकृति का एक भयंकर रहस्य जान लिया है। इसका प्रयोग तो मनुष्य समाज का विनाश करनेवाला हो सकता है।

"टूनी और रॉबर्ट कुछ काल के लिए अच्छे सहिष्णुता के संबंध में रहे, परंतु रॉबर्ट अपने स्वभावानुकूल अपने व्यवहार में स्थिर नहीं रह सका। अब वह फिर जंगल में घूमने लगा। उसकी असभ्यतापूर्ण प्रवृत्ति उसको अपनी इच्छा अप्सरा भवन में पूर्ण करने के

स्थान पर गरीब देहाती स्त्रियों पर आघात करने के लिए विवश करती थी। मैंने उसको एक दिन बुलाकर सचेत भी किया, परंतु उसका कहना था, 'हम लोग, जो न परमात्मा को मानते हैं, न आत्मा को, इस प्रकार के कार्य में पाप-पुण्य नहीं मानते। हमारे लिए स्व-सुख ही पुण्य है और हम अपना दु:ख ही पाप मानते हैं।'

"'परंतु रॉबर्ट! जो मेरे लिए सुखकारक है, वह दूसरे के लिए दु:खदायी भी हो सकता है।'

"'जब हम एक सेब खाते हैं तो हम यह नहीं देखते कि उस सेब को दु:ख होता है अथवा सुख। मनुष्य स्वार्थरत प्राणी है।'

"'ऐसा नहीं रॉबर्ट! समाज एक संस्था है। उसने अपने भीतर रहनेवाले मनुष्य के लिए नियम बनाए हैं। उन नियमों को भंग करना पाप है।'

"'ठीक है। समाज का नियम भंग करना ठीक नहीं। इस कारण कि नियम भंग करनेवाले को समाज दंड देता है। इस कारण मैं नियम भंग ऐसे ढंग से करता हूँ कि समाज मुझको पकड़ नहीं सकता। अत: मैं दंड का भागी नहीं होता अर्थात् मैं पापी नहीं बनता।'

"'समाज का नियम भंग करना पाप है, इस कारण नहीं कि पकड़े जाने पर दंड होगा; प्रत्युत इसलिए कि नियम भंग की प्रवृत्ति यदि समाज में चालू हो गई तो बलशाली प्रभाव रखनेवाले और चतुर मनुष्य दूसरों का जीवन दूभर कर देंगे।'

"'जैसे हम किसी दूसरे से दु:ख दिया जाना पसंद नहीं करते, वैसे ही दूसरे भी नहीं करते। इस कारण समाज में व्यवस्था बनाए रखने के लिए हमको समाज के नियमों का पालन करना ही चाहिए।'

"'दुर्बल प्राणी ऐसी ही बातें करते हैं। वास्तव में संसार बलवान, चतुर और प्रभाव रखनेवालों की भोग-वस्तु है। दुर्बल, निस्तेज और मूर्खों के लिए संसार नहीं। उनको पीछे हट दूसरों के लिए मार्ग साफ कर देना चाहिए।'

"'यही तो एक कठिन समस्या है। रॉबर्ट! मैं समझता हूँ कि हमारा-तुम्हारा साथ-साथ रहना कठिन होता जा रहा है।'

"'जब असंभव हो जाएगा, तो केशव! बता देना। हम दोनों में जो दुर्बल होगा, वह यहाँ से चला जाएगा।'

"'हमको, इसका मतलब है कि एक दिन मल्ल-युद्ध करना पड़ेगा।'

"'हाँ, यह भी हो सकता है। पशुबल के अतिरिक्त युक्तिबल भी तो एक वस्तु है। विरोधियों को परास्त करने के लिए धनबल एक और उपाय है।'

"'यदि इस प्रकार झगड़ा करोगे तो बुरी भाँति परास्त होगे रॉबर्ट! मैं ज्ञान में तुमसे बहुत बढ़ गया हूँ।'

"'मैं तुमसे झगड़ा नहीं कर रहा केशव! मेरा झगड़ा तो यहाँ के गँवार, अनपढ़, मूर्ख देहातियों से है। प्रकृति ने उनको रूप दिया है, परंतु बुद्धि नहीं दी। उन पर मेरा प्रभाव बना रहेगा। वे मेरे लिए सुख-सामग्री उपस्थित करते रहेंगे। तुम यदि इन लोगों की रक्षा के लिए खड़े होगे तो मेरा तुमसे भी झगड़ा होगा। परंतु मैं तुमको इतना मूर्ख नहीं समझता कि तुम व्यर्थ में मुझसे झगड़ा करोगे।'

"'देखो रॉबर्ट! मेरे विचार में हम अपने सुख के लिए उनको विवश नहीं कर सकते। ऐसा करने में मुझको अपना, तुम्हारा और जो कुछ भी हमारा है, उसका कल्याण दिखाई नहीं देता। मैं उनकी रक्षा में तुमसे झगड़ा नहीं करता, प्रत्युत अपनी और तुम्हारी रक्षा के लिए तुम्हारे व्यवहार पर नियंत्रण रखने का यत्न करना चाहता हूँ।'

"'असल बात यह है कि तुम्हारे विचार में मेरा व्यवहार हम सबके कल्याण के लिए नहीं?'

"'हाँ। मैं इसको हानिकर समझता हूँ।'

"'परंतु मैं इसको अपने हित में समझता हूँ और आपके लिए किसी प्रकार भी हानिकर नहीं समझता। मुझको समझा दीजिए कि कैसे यह आपके लिए हानिकर है?'

"मैं लाचार हो गया और रॉबर्ट को अपने विचारानुकूल नहीं बना सका। इस कारण बात दिन-प्रतिदिन बिगड़ती गई। एक दिन रॉबर्ट आया और बोला, 'जंगल में मैंने एक बहुत बड़ा हिरण मारा है और उसका मांस भूनकर खाया था। थोड़ा सा आप यदि लेना चाहें तो ले सकते हैं। नहीं तो मैं कल के लिए रख छोड़ूँगा।'

"पावर हाउस की ओर ऊँची पहाड़ियों पर कस्तूरीवाले हिरण मिलते थे। यह कहा जाता है कि उसके मांस में कस्तूरी की-सी सुगंधि और पुष्टि करने के गुण रहते हैं। इस कारण हम इस मांस के खाने की इच्छा करने लगे। उस भुने हुए मांस को रसोईघर में भेज दिया गया और वह रात को खाने में परोस दिया गया।

"खाने के समय हमको वह स्वादिष्ट नहीं लगा। हिरण का मांस हमने खाया था, वह इतना कोमल नहीं होता। इस पर भी मुझको किसी प्रकार का संदेह नहीं हुआ; परंतु अगले दिन पाचक, जो एक इटैलियन था, मेरे पास आया और कहने लगा, 'मास्टर! मैं नौकरी छोड़ इटली लौट जाना चाहता हूँ।'

"'क्यों, क्या हुआ है?'

"'मैं आपके भोजनालय में कार्य नहीं कर सकता।'

"'पर हुआ क्या है?'

"'आपके रसोईघर में नर-मांस बनता है।'

"'कौन बनाता है?'

"'कल जो मांस मि. रॉबर्ट ने भेजा था, वह मुझको पता चला है कि नर-मांस था।'

पंचम परिच्छेद 253

"'तो तुमने हमको पहले क्यों नहीं बताया?'

"'हमको मालूम होता तो न हम खाते और न बनवाते।'

"'तुमको जाने की जरूरत नहीं। मैं इस बात को आज ही बंद कर देता हूँ। मैं इसको पसंद नहीं करता।'

"मैंने रॉबर्ट को बुलाकर इस विषय में बातचीत की। पहले तो उसने मानने से इनकार किया, परंतु जब मैंने बताय कि वह तुम्हारा शत्रु नहीं और बहुत ही समझदार व्यक्ति है, उसकी बात को गलत नहीं कहा जा सकता।

"रॉबर्ट नहीं माना। इस पर मैंने पाचक को वहाँ बुलाया और रॉबर्ट के सामने प्रस्तुत कर दिया। पाचक ने कहा, 'उस मांस में से एक हड्डी का टुकड़ा निकला है। वह मनुष्य की हड्डी है। इसकी जाँच करवा ली जाए। मुझको विश्वास है।'

"मैंने पाचक को कहा, 'हड्डी ले आओ।'

"वह गया और रीढ़ की हड्डी उठा लाया और बोला, 'इसको लाहौर मेडिकल कॉलेज में भेज परीक्षा करवा लीजिए। नैंने वह हड्डी रख ली और पाचक को कह दिया—

"'आज से उस मांस के अतिरिक्त, जो तुम अपने सम्मुख तैयार करवाओ, हमारे किचन में नहीं बनेगा।'

"'जब पाचक शांत हो चला गया तो मैंने रॉबर्ट से कहा, 'अब बताओ।'

"'मैं इस मूर्ख के सामने मानने को तैयार नहीं था। वास्तव में, मैं एक असभ्य, गँवार मनुष्य को एक वनजंतु से अधिक नहीं समझा।'

"'तुम एक सेब को वनजंतु से अधिक नहीं समझते और एक देहाती मनुष्य को वनजंतु से। यह तो अति भयंकर मनोवृत्ति है।'

"उस मध्याह्नोत्तर इस विषय पर विचार करने के लिए हम सब एकत्र हो गए। टूनी, रोमिली, मैं और रॉबर्ट। मैंने उस पाचक का आरोप और रॉबर्ट का उत्तर बताकर पूछा कि क्या करना चाहिए।

"टूनी को यह जब ज्ञान हुआ कि पिछली रात उसने नर-मांस खाया है, तो उसको मचली सी होने लगी और वह उठकर अपने शयनागार में चली गई। मैं, रोमिली और रॉबर्ट पीछे रह गए। रोमिली को भी इससे बहुत क्रोध चढ़ आया। उसने कहा, 'रॉबर्ट! तुमने यह झूठ क्यों बताया?'

"'मैं उस औरत और जंगल की हिरणी में कोई अंतर नहीं मानता। इस कारण मैंने कह दिया कि एक हिरणी का मांस है।'

"'यदि तुम पुलिस के हवाले नहीं होना चाहते, तो आज ही यहाँ से चले जाओ।'

"'मैं पकड़ा गया तो आप सबको साथ लेकर ही जेल जाऊँगा। इस भवन के सुंदर आवरण के नीचे क्या-क्या घिनौनी बातें हो रही हैं, सब कोर्ट में कह दूँगा।'

"मैंने पूछा, 'क्या घिनौनी बातें हो रही हैं?'

"'रोमिली जानती है।'

"मैंने रोमिली के मुख पर देखा तो उसने आँखें नीची किए ही कह दिया, 'रॉबर्ट! मैं नहीं चाहती कि हम आपस में झगड़ा करें। हममें कोई दोष है अथवा नहीं, मैं यह विचार का विषय बनाना नहीं चाहती। तुम बताओ कि तुम किस शर्त पर यहाँ से जाओगे?'

"'मुझको विचार करने का अवसर दिया जाए।'

"'ठीक है। दो दिन में लिखकर तुम अपने विचार हमें बता दो। इसके पश्चात् उस पर विचार कर लेंगे। आज से तुम हमारे साथ बैठकर भोजन नहीं कर सकते।'

"इतना सुन रॉबर्ट उठकर कमरे से बाहर निकल गया। इसके पश्चात् मैं टूनी के पास गया। उसको उलटी आ रही थी। उसके मन में आत्मग्लानि उत्पन्न हो गई थी। उसने कहा, 'भैया! मैं इस आदमी को मार डालना चाहती हूँ।'

"'यह एक और मूर्खता करोगी। पहले तो इससे विवाह कर भूल की है। अब इसको मारकर स्वयं फाँसी के तख्ते पर लटकने का प्रबंध करोगी!'

"'तो इससे मैं कैसे छुट्टी पा सकती हूँ?'

"मैंने उसको रोमिली की बात बताई। इस पर टूनी ने पूछा कि वह अब क्या कहेगा? मैंने कहा कि शायद रोमिली का अभिप्राय है कि उसको पर्याप्त धन देकर यहाँ से विदा कर दिया जाए।

"तीन दिन के पश्चात् रॉबर्ट ने वहाँ से जाने के लिए तीन शर्तें रख दीं। उसने मेरे सामने रोमिली से कहा, 'मैं तब तक यहाँ से नहीं जाऊँगा, जब तक हजार डॉलर मासिक की मेरी पेंशन नहीं लगा दी जाती। साथ ही, टूनी मेरी पत्नी है, इसको मेरे साथ जाना पड़ेगा।'

"'एक हजार डॉलर मासिक?' रोमिली ने मुख लंबा कर पूछा, 'यह कौन देगा?'

"'तुम, और कौन?'

"'मैं क्यों दूँगी?'

"'तुमने मुझको यहाँ बुलाया था और मुझसे इस भवन के निर्माण में तथा अन्य कार्यों के लिए सेवाएँ ली हैं। मैं इन सेवाओं के लिए पेंशन लेना चाहता हूँ। टूनी मेरी पत्नी है, इसको मेरे साथ जाना होगा।'

"टूनी, जो यह सबकुछ सुन रही थी, पूछने लगी, 'और मुझको छुट्टी देने के लिए क्या चाहते हो?'

"'तुम्हारी पूर्ण संपत्ति।'

"इस पर रोमिली ने कहा, 'यदि हम तुम्हारी शर्त न मानें तो?'

"'मैं यहाँ रहूँगा और अपनी इच्छानुसार जीवन व्यतीत करूँगा। यदि आपने

मुझे पुलिस के हवाले किया तो यहाँ का सब भंडा फोड़ दूँगा। इससे यहाँ का बना-बनाया काम तो बिगड़ेगा ही, साथ ही तुम संसार में कहीं भी रहने के योग्य नहीं रहोगे। मेरे लिए तो मेरा अपना समाज है। वहाँ नर-मांस भक्षण आपत्तिजनक नहीं माना जाता।'

"मैं उसकी धमकी की परवाह किए बिना उसको धक्के मार-मारकर वहाँ से निकाल देना चाहता था, परंतु रोमिली उस समय भयभीत प्रतीत होती थी। वह नहीं चाहती थी कि रॉबर्ट को अपने विरोध में खड़ा कर लिया जाए।

"मैं उसकी बातों को समझ नहीं सका। परंतु उस समय तक वह मेरे मस्तिष्क पर राज्य करती थी। परिणाम यह हुआ कि एक ओर रॉबर्ट और रोमिली में और दूसरी ओर रॉबर्ट और टूनी में बातचीत आरंभ हो गई। रोमिली और टूनी ने उस सौदेबाजी से मुझको पृथक् रखा। दो मास के विचार-चिंतन के पश्चात् रोमिली, टूनी और रॉबर्ट ने एक समझौता आपस में कर लिया। उसको मुझे बता दिया गया। रोमिली एक सौ डॉलर प्रति मास उसको फिलाडेल्फिया के एक बैंक के द्वारा भेज दिया करेगी। टूनी अपनी संपत्ति में से एक लाख रुपया लाहौर में देगी और स्वयं उसके साथ, जहाँ वह कहेगा, जाएगी।

"मुझको इन स्त्रियों के मन पर रॉबर्ट का प्रभाव देख विस्मय हुआ। मेरी अवस्था भी कुछ ऐसी ही थी। मैं रोमिली के सम्मोहन में फँसा हुआ था। उसकी प्रत्येक प्रकार की उच्छृंखलता को सहन करता जाता था।

"इन दिनों विनोद और राधा के हमारे स्वर्गधाम में अपना ग्रीष्म का अवकाश व्यतीत करने के लिए अपना निश्चय हो चुका था और मैं रॉबर्ट का उसके आने से पूर्व चला जाना पसंद करता था। इस कारण मैंने उसके समझौते को मान लिया। शीघ्र ही उसके जाने का मैं प्रबंध भी करने लगा।

"टूनी के रॉबर्ट के साथ जाने के पूर्व, मैंने उससे एकांत में पूछा, 'तुम उसके साथ क्यों जा रही हो?'

"'मुझको इसके अतिरिक्त और कोई उपाय भी दिखाई नहीं देता। मेरे मन में निश्चय है कि मैं इसके साथ नहीं रहूँगी। इसके लिए एक लाख रुपया देना और इसके साथ प्रेमपूर्वक रहना आवश्यक हो गया है, इस प्रकार इसको धोखा देकर भारत से बाहर ले जाकर, छोड़ आना चाहती हूँ।"

"'पर तुम दोनों इससे डरती क्यों हो?'

"'मैं नहीं डरती। यह भाभी डरती है। इसका कुछ रहस्य है, जो वह जानता है और वह इस रहस्य को प्रकट होने से रोकना चाहती है।'

"मैं इन स्त्रियों की बातों को न समझ सकने के कारण चुप था। नियत दिन टूनी

और रॉबर्ट बिदा हो गए। मुझको भारी आश्चर्य हुआ। जब टूनी विनोद और राधा के घर पहुँच गई और विनोद ने लिखा कि रॉबर्ट उसकी हत्या करने का विचार रखता था।

"रॉबर्ट के चले जाने के पश्चात् रोमिली का व्यवहार मुझसे बदलना आरंभ हो गया। वह गाँववालों से अधिक और अधिक मेल-जोल उत्पन्न करने लगी और अपने को वहाँ की मालकिन प्रसिद्ध करने लगी। मेरी रुचि अपने परीक्षणों में थी। मैंने करीम का कायाकल्प किया और उसके व्यवहार से चकित रह गया।

"जब विनोद और राधा टूनी सहित यहाँ आए तो कुछ दिन तक ही जीवन सरस चल सका। इसके पश्चात् रोमिली फिर उच्छृंखलता करने लगी। रोमिली के मुख पर विनोद ने चपत लगाई। उसने रोमिली के प्रेम अथवा जो कुछ भी उसको कहा जाए, तिरस्कार कर दिया। इससे रोमिली मन-ही-मन आग-बबूला हो गई। राधा, विनोद और टूनी के स्वर्गलोक से जाने के पश्चात् तो मेरी स्थिति वहाँ पर अति विकट हो गई। रोमिली और भद्रायण खुल्लमखुला पति-पत्नी के रूप में रहने लगे थे। मैं दिन भर पढ़ने अथवा परीक्षणों में लगा रहता और रात को अपने कमरे में सोया करता था। भोजन मैंने अपने कमरे में ही लेना प्रारंभ कर दिया।

"एक सप्ताह भर ऐसा चला। उसके पश्चात् एक दिन हमारा इटैलियन पाचक मेरे कमरे में आया और मुझसे कहने लगा, 'मास्टर! मुझको दो बार आपको विष दे मार डालने की आज्ञा हो चुकी है। मैंने अभी तक आज्ञा का पालन नहीं किया। आज मुझको एक पुड़िया आपके पुडिंग में मिलाने को दी गई है। मैंने उसमें से थोड़ी एक बिल्ली को खिलाई है, वह खाते ही मर गई।'

"'तो?'

"'मैं तो यह कार्य नहीं करूँगा। परंतु कोई दूसरा भी तो कर सकता है।'

"मैंने पाचक का धन्यवाद किया और उसके चले जाने के पश्चात् अपने भोजन का प्रबंध स्वयं कर लिया। मैं किश्तवाड़ गया और वहाँ पर से एक हर्लिक्स की बोतल, एक क्वेकर्स-ओट्स का डिब्बा और अन्य डिब्बों में बंद सामान, जो विदेशों से आता था और जो कुछ वहाँ से मिलता था, ले आया। उनको लाकर अपनी अलमारी में रख बाहर से ताला लगा दिया। मैं नित्य प्रात:काल मीराशाह के खेतों में से गाजर-मूली उतार लाता, गाँव से अंडे खरीद लाता। यह मैं नित्य नए खेत की और नए व्यक्ति से लाता। मेरे मन में भय समा गया था कि इनमें भी कहीं विष मिला दिया जाए। मैं घर पर आता और इलेक्ट्रिक स्टोव पर अपना खाना स्वयं बनाता और बनाते ही खा लेता। मुझको संदेह हो रहा था कि कहीं मैंने भोजन रखा तो उसमें विष मिलाया जा सकता है।

"कुछ दिन तक ऐसे ही चलता रहा। मैं अब रोमिली का मुख तक नहीं देखता था।

इस पर मैं यह आशा करता था कि भद्रायण से उकताकर रोमिली मेरे पास आएगी। एक दिन वह आई, परंतु उस अभिप्राय से नहीं, जिससे मैं आशा करता था।

"उसने मेरे सामने खड़े होकर कहा, 'आपके इस प्रकार नाराज पड़े रहने से लोग चर्चा करने लगे हैं। मेरी सम्मति है कि अब आपको मनुष्यों की तरह रहना आरंभ कर देना चाहिए।'

"मैंने उसको बैठने के लिए नहीं कहा और उसकी बात का उत्तर दे दिया, 'रोमिली! मेरा विचार है कि लोग मेरे इस प्रकार के कमरे में पड़े रहने की चर्चा नहीं करते, परंतु तुम्हारे भद्रायण को मेरे आसन पर आसीन करने की चर्चा करते हैं। तुमको भ्रम हो गया है।'

"'मैं लोगों की नौकरानी नहीं हूँ, जो उनसे राय लूँ कि कौन मेरे साथ रहेगा और कौन मुझसे दूर?'

"'तो ठीक है, तुमको इस बात की भी चिंता नहीं करनी चाहिए कि लोग मेरे विषय में क्या कहते हैं?'

"'इस पर भी मैं चाहती हूँ कि आप हमारे साथ बैठकर भोजन किया करें।'

"'बात यह है कि तुम्हारे साथ बैठकर तो भोजन करता ही था और कर भी सकता हूँ, परंतु इस भद्रायण के साथ बैठकर भोजन नहीं कर सकता।'

"'क्यों?'

"'वह हत्यारा है। उसने मुझको मार डालने का प्रयत्न किया है।'

"'कैसे?'

"'विष देकर।'

"'कौन कहता है?'

"मैं कहता हूँ। किश्तवाड़ के फोटोग्राफर से पोटैशियम-साइनाइड इस भवन में मँगवाई गई है।'

"'ओह! आप भी लालबुझक्कड़ हैं। यह तो मैंने अपना एक फोटोग्राफ धोने के लिए मँगवाई थी।'

"'और तुमने मेरे भोजन में डलवा दी थी?'

"'तो आपके भोजन में क्या साइनाइड मिली पाई गई है?'

"'आपने जाँच की थी इस विषय में?'

"'की थी। और इस परिणाम पर पहुँचा हूँ कि अवश्य भद्रायण ने मिलाई है। तुम तो एक सभ्य औरत हो। तुमसे मैं यह आशा नहीं कर सकता कि तुम मुझको मार डालोगी, परंतु वह विश्वास योग्य नहीं है।'

"रोमिली इससे गंभीर विचार में पड़ गई। मैं उसको बैठने के लिए कहने के स्थान

पर स्वयं उठकर खड़ा हुआ और कहने लगा, 'देखो रोमिली! विनोद ने मुझको दो सहस्त्र रुपया भेज दिया है। अब मैं उस पर ही अपना निर्वाह कर रहा हूँ। अपने खाने-पहनने का प्रबंध उसमें से करता हूँ। यह कमरा इस भवन में तुम्हारे धन से बना है। मैं चाहता हूँ कि तुम इसका किराया निश्चित कर लो। वह मैं तुमको प्रति मास देता रहूँगा। मुझको मेरे हाल पर छोड़ दो। अब मैं अपने परीक्षणों पर एक थीसिस लिख रहा हूँ। उसके लिए मुझे मन में शांति की आवश्यकता है।'

"'तो अब आप इस भवन में किराएदार बनकर रहना चाहते हैं?'

"'इसलिए कि कहीं तुम्हारे भद्रायण को आपत्ति न हो कि मैं उसकी पत्नी का धन व्यर्थ व्यय कर रहा हूँ?'

"'मैं उसकी पत्नी हूँ क्या? आप भूल कर रहे हैं। मैं उसकी भी मालकिन हूँ। मैं यहाँ की रानी हूँ और यहाँ पर मेरा राज्य है।'

"'इसीलिए तो कह रहा हूँ, महारानीजी! आपकी प्रजा इस स्थान पर रहने का किराया दे सकती है। राजा-महाराजा प्रजा से किराया अथवा कर लेते ही हैं।'

"'बहुत अच्छी बात है। आपके इस प्रबंध के विषय में विचार करूँगी। यदि आप यहाँ पर हमारे साथ मिल-जुलकर नहीं रह सकते तो फिर रहने का प्रयोजन ही क्या है?'

"'ठीक है, मैं भी इस बात पर विचार करूँगा।'

"'आप आइए मेरे साथ। बाहर लॉन में धूप है। वहाँ बैठकर खुली हवा का सेवन करेंगे।'

"'वह तो नित्य कर लेता हूँ। इसके लिए मुझे किसी का आभारी नहीं होना पड़ता। इस पर भी चलो। तुमने आज मेरे साथ भ्रमण की इच्छा प्रकट की है। मैं इस सौभाग्य को खोना नहीं चाहता।'

"हम दोनों लॉन में आए। रोमिली ने अपने मेरे साथ विवाहित जीवन के प्रारंभिक दिन याद दिलाने शुरू कर दिए। उसने एक दिन का उल्लेख किया। उस समय हम दोनों यौवन-उन्माद से भरे हुए थे। कभी जब वासना का वेग प्रबल होता था, तो हम बिना इस बात का विचार किए कि कोई हमें देख रहा है, परस्पर आलिंगन करने लगते थे। एक दिन हम एक उद्यान में बैठे एकाएक परस्पर आलिंगन करने लगे, तो एक वृद्ध पुरुष हमको इस प्रकार कल्लोल करते देख हँस पड़ा। मैंने रोमिली को भुजाओं में से छोड़े बिना कहा था, 'दाख न मिली थू कड़ुवी।'

"वह हँसकर बोला, 'नहीं दोस्त! दाख मीठी है, बहुत खाई है, परंतु तश्तरी में रखकर और धो-पोंछकर। हाँ, जब किसी पराए के बाग में चोरी की हो, तब ऐसे ही खाई जाती है।'

पंचम परिच्छेद

"मैंने कहा था, 'ग्रैंडी! (पिता के पिता) यह चोरी की हुई दाख नहीं है। केवल इतना धैर्य नहीं कि इसको धो-पोंछकर तश्तरी में रखने तक की प्रतीक्षा करूँ।'"

"'प्रतीक्षा का फल बहुत मीठा होता है।'

"'आज तो कड़वा ही स्वाद लग रहा है।'

"वह मेरे इन सतर्कता से दिए उत्तरों को सुनकर खिलखिलाकर हँस पड़ा और चल दिया।

"रोमिली ने मुझको वे दिन याद कराए। मैं समझ रहा था कि वह मेरे साथ पुन: अपना संबंध बनाना चाहती है। मैं मन में विचार कर रहा था कि क्या यह भद्रायण से उकता गई है ?

"मैं अभी उसकी बातों का विश्लेषण कर ही रहा था कि भद्रायण भवन से निकल, हमारी ओर चला आया। मेरे समीप आ, वह मुझसे कहने लगा, 'बहुत दिन के बाद दर्शन हुए हैं आपके ?'

"'हाँ, कुछ स्वास्थ्य बिगड़ गया था।'

"'तो अब ठीक है क्या ?'

"'सब प्रकार से तो ठीक नहीं।'

"'क्या औषधि लेते हैं ?'

"'गरम जल से स्नान करता हूँ।'

"'आजकल आप किसी का कायाकल्प नहीं करते ?'

"'मैं अपने परीक्षणों पर मनन कर रहा हूँ। मैं विचार कर रहा हूँ कि उनसे लाभ क्या हुआ है ?'

"'लाभ तो बहुत हुआ है। आपकी कृपा से मेरा बहुत कल्याण हुआ है और यह मैं हृदय से अनुभव करता हूँ।'

"'तभी तो आपकी मुझ पर अपार कृपा-दृष्टि हो रही है। मैं आपका कृतज्ञ हूँ।'

"वह इसका अर्थ समझ मुस्कराया और हमारे साथ टहलने लगा।"

"'केशव बाबू! वास्तव में मैंने अपना जीवन ही व्यर्थ गँवाया है। यदि इसका पुनरुद्धार आप नहीं करते तो मैं भ्रम में फँसा हुआ ही जीवनांत कर बैठता। यह तो रोमिली देवी हैं, जिन्होंने मेरे मन पर से अज्ञान का परदा उठाया है। मैं समझ गया हूँ कि संसार ही सबकुछ है और अब मैं इसका भोग कर रहा हूँ।'

"मुझको उसकी बात सुनकर हँसी आ गई। मैं भी ठीक ऐसा ही विचार रखता था। मैंने विनोद से इस बात पर काफी बहस भी की थी, परंतु आज अपने को इन विचार रखनेवालों का शिकार बना देख, मैं इस कथन को अपने ऊपर कसा हुआ एक भारी व्यंग्य समझ रहा था। क्या मजाक है! यह जीवन, इस भवन का निर्माण करनेवाला, भूमि

पर स्वर्गलोक का चित्र खींचनेवाला, मनुष्य के जरा-मरण को दो-दो आँखें दिलानेवाला और परमात्मा से हाथापायी करने की तैयारी करनेवाला, अपने जीवन के भय से काँपता हुआ, छुप-छुपकर भोजन खाता-फिरता है। मुझको भय लग गया था कि कोई मुझको विष न दे दे। मैं रात को कमरा भीतर से बंद कर सोता था, जिससे रात को कोई पेट में छुरा न घोंप दे। मैं हर समय अपनी जेब में पिस्तौल रखता था, जिससे यदि कोई मुझ पर आक्रमण करे, तो मैं अपनी रक्षा कर सकूँ।

"मैं विचार करता था कि क्या हो रहा है? ऐसा क्यों है? भद्रायण मेरी हँसी का अर्थ नहीं समझा। उसका विचार था कि मैं उसके ज्ञान-चक्षु खुल जाने से प्रसन्न हो हँसा हूँ। इस कारण उसने कहा, 'मैं सत्य कहता हूँ, केशव बाबू! इंद्रियों के सुख इतने मधुर हैं कि जिसने उनको प्राप्त नहीं किया, वह मूर्ख ही कहा जा सकता है।'

"मैं फिर हँसा और मैंने रोमिली से कहा, 'बहुत अच्छा चेला मिल गया है। मैं तुमको बधाई देता हूँ, परंतु देखना तो केवल यह है कि यह भ्रांति कितने दिन तक चलती है?'

"'किसकी भ्रांति?' भद्रायण ने पूछा।

"'आपके सम्मोहन की रोमिली पर और रोमिली की आप पर।'

"'जब तक चलेगी, तब तक तो सुख भोग लूँ।'

"'और पीछे मेरी तरह ईर्ष्या, भय और विषाद की अग्नि में जलना होगा।'

"'जब वह समय आएगा तो देख लूँगा।'

"'मैं तो देख रहा हूँ। इसी कारण आपको सावधान कर रहा था।'

"'मैं तुम्हारी भाँति मूर्ख नहीं बनूँगा।'

"'मेरी शुभकामना आपके साथ है।'

"'तो क्या तुमको इसमें संदेह है कि मैं अपनी अवस्था को स्थायी नहीं रख सकूँगा?'

"'मैं चाहता हूँ कि आप रख सकें, परंतु आशा कम प्रतीत होती है।'

"'कौन हर लेगा मेरी जवानी को? मैं तो इसी को अपनी निधि समझता हूँ।'

"'जिसने दी है, वह हर भी सकता है।'

"'हाँ, यदि ऐसा करने के लिए जीता रहा तो!'

"'अभी तक तो जीता है। उसको दिया गया विष निष्फल गया है।'

"'यह झूठ है।'

"'हाँ, सत्य तो तब होता, जब वह अपना फल दिखा दे तो।'

"इस समय रोमिली ने वार्त्तालाप में भाग लिया और कहा, 'आप बच्चों की भाँति लड़ते ठीक प्रतीत नहीं होते। मेरी प्रार्थना है कि इस प्रसंग को छोड़िए।'

"'मैं ऐसे झूठे आदमी से बात नहीं करना चाहता।'" यह कह वह भवन में लौट गया।

"मैं उसको जाता देखता रह गया। लॉन के किनारे एक सपाट पत्थर पड़ा था। मैं उस पर जाकर बैठ गया। रोमिली मेरे पास बैठ गई और कहने लगी, 'मैं इस प्रकार के झगड़े को पसंद नहीं करती। देखिए, इतने वर्ष तक मैं आपके साथ रही हूँ। अब मैं इस महानुभाव के साथ रहना चाहती हूँ। मैं ऐसा करना अपना अधिकार समझती हूँ। मेरी सम्मति मानिए, आप कुछ समय के लिए लाहौर चले जाइए। जब मैं इससे उकता जाऊँगी तो आपको बुला लूँगी।'

"मैंने कहा, 'तुम्हारे प्रस्ताव पर विचार करूँगा।'

"'कब तक निर्णय कर सकोगे?'

"'दो-तीन दिन में। जहाँ इतने वर्ष यहाँ रहा हूँ, तुम दो-तीन दिन के लिए क्यों उतावली हो रही हो?'

"'डर रही हूँ कि आप दोनों लड़कर कुछ खराबी न कर बैठें! मेरे लिए आप दोनों समान हैं।'

"'धन्यवाद रोमिली! मैं परसों अपना निर्णय कर लूँगा।'

"'निर्णय का तो प्रश्न ही उपस्थित नहीं होता। परसों आपको जाने के लिए तैयार हो जाना चाहिए।'

"'तो यह आज्ञा है?'

"'आज्ञा ही समझ लीजिए।'

"इसके पश्चात् मैं अपने कमरे में लौट आया। वहाँ कमरा भीतर से बंद कर अपनी परिस्थति पर विचार करने लगा। भद्रायण की एक बात मुझको चुभ गई थी। उसने कहा था कि वह मेरी तरह मूर्ख नहीं है, जो पीछे ईर्ष्या, विषाद में पड़े।

"इसका अर्थ यह था कि मुझको ईर्ष्या नहीं करनी चाहिए। न ही किसी प्रकार का दुःख मानना चाहिए। तो प्रश्न था, क्या करना चाहिए? इसका सुझाव भी उसने दे दिया था। उसने कहा था कि यदि मैं जीता रहा, तभी तो उसकी जवानी हर सकूँगा। इसका मतलब यह था कि जीता नहीं रहूँगा।

"इसका अर्थ था कि मुझे जीता रहना है। जीता रहने के दो उपाय थे। एक यह कि मैं यहाँ से चला जाऊँ। इसके लिए मैदान खाली हो जाएगा, अर्थात् मैं उसके लिए जीता न रहूँगा। इस कारण यह उपाय मुझको पसंद नहीं आया। मैं तो जीता रहना चाहता था, यह दिखाने के लिए कि जो जीवन देता है, वह जीवन ले भी सकता है। मैं मैदान छोड़कर भाग जाने में अपनी हेठी समझता था। इसमें मैं मूर्ख कहाता।

"अतएव, मेरा निर्णय हुआ कि यह जो कुछ बना हुआ है, उसको नष्ट कर दूँ, जिससे भद्रायण जैसा धूर्त, स्वार्थी और विषय-लोलुप इसका सुख भोग न सके।

"मैंने निर्णय कर लिया कि यह स्वर्गलोक भी नहीं रहेगा। मैं यह चाहता था कि रोमिली और गाँव के लोग बच जाएँ और भद्रायण इस उल्कापात में, जो मैं वहाँ उत्पन्न करना चाहता था, भस्म हो जाए।

"इस निर्णय के पश्चात् मैं यह कार्य करने के लिए योजना बनाने लगा। मैं अपने पलंग पर लेटा हुआ अपनी योजना की एक-एक कड़ी बनाकर विचार करता गया। उसका श्रीगणेश मैं उसी दिन कर देना चाहता था। मेरे कमरे में एक बड़ी घड़ी 'अलार्म-पीस' चिमनी पर रखी थी। उसके डायल में ठीक तीन के निशान पर एक सूराख कर, उसमें एक कील ऐसे ढंग से लगाना चाहता था कि घंटे की सुई उसको छूती हुई घूमे। इसके लिए मैंने रॉबर्ट के टूल बॉक्स को निकाला और डायल में सूराख कर दिया। एक कील लेकर उसमें खोंस दी। इसके पश्चात् कील के ऊपर का सिर रेती से ऐसा रगड़ दिया कि घंटे की सुई जब तीन के अक्षर पर आए तो कील से लग जाए।

"यह तो मैंने उसी दिन कर लिया। दूसरा काम था—तहखानों की चाबियाँ दुहरी करना। मैं असली चाबियों को लेकर उसकी नकल उतरवाना चाहता था। इसके लिए तीन-चार दिन तक अपनी चाबियों के गुम रखने का प्रबंध करना था। इसके लिए रात को रोमिली के शयनागार में जाने की बात थी। चाबियाँ ड्रेसिंग टेबल में रखी रहती थीं। वहाँ से वे चाबियाँ कैसे लाई जाएँ, यह प्रश्न था। बहुत सोचने पर इसके लिए एक मार्ग सूझ गया।

"मुझे अपना भोजन बनाना था। इस कारण कप-बोर्ड को खोल, उसमें से खेत से उखाड़कर लाई ताजा सब्जियों को कतरने लगा। शलजम चाकू से कतर रहा था कि मुझको शलजम में एक सुई का सा सूराख दिखाई दिया। मैंने समझा कि शायद इसमें कीड़ा लग गया हो। इस कारण उस शलजम को छोड़ दूसरा निकाला। उसमें भी सूराख था। मैं प्रात:काल जब ये खेत से लाया था और लाकर उनकी मिट्‌टी धो रहा था, तो ये सूराख मैंने नहीं देखे थे। अब देख मुझको विस्मय हुआ। मैंने तीसरा शलजम निकाला तो उसमें भी सूराख दिखाई दिया। विचित्र बात यह थी कि सबमें एक-एक सूराख था और सब सूराख समान थे। मुझको कुछ संदेह हो गया तो मैंने एक गाजर निकाली। उसमें भी वैसा एक सूराख था। मैंने एक मूली निकाली। उसमें भी वैसा ही सूराख दिखाई दिया। इस पर मेरा संदेह विश्वास में बदल गया। मैंने एक गाजर ली और उसको कतरकर बाहर बाग में ले आया। वहाँ हमारे पाचक की बकरी खड़ी थी। मैंने गाजर उसको खिला दी। वह गाजर खाते ही एक मिनट में गिर पड़ी और छपटपाते हुए मर गई।

"मैं अपने कमरे में लौट आया और सूराखवाली सब्जियाँ ले रोमिली के कमरे में जा पहुँचा। वहाँ रोमिली और भद्रायण एक ही सोफे पर बैठे कुछ बातें कर रहे थे। मैंने रोमिली से पूछा, 'क्या मैं किसी प्रकार से आपके आनंद में विघ्न बन रहा हूँ?'

"उत्तर भद्रायण ने दिया, 'जल्दी बताओ, क्या चाहते हो? हम किसी आवश्यक विषय पर बात कर रहे हैं।'

"'मैं तो केवल यह कहने आया था कि मैं प्रातःकाल अपने कमरे में रात के भोजन के लिए सब्जियाँ रखकर आपके साथ लॉन में टहलने लग गया था। कोई मेरे पीछे मेरे कमरे में आया है और सब्जियों में विष डाल गया है।'

"भद्रायण यह सुन हँस पड़ा। रोमिली ने कहा, 'केशवजी! यह भला कैसे हो सकता है? मैं आपके साथ थी और भद्रायण भी बाग में था। कोठी में और कौन है, जिसको आपसे द्वेष हो?'

"'मुझको विश्वास है कि यह काम भद्रायण का है। उसने इंजेक्शन की सुई से अतिघातक वस्तु का संचार उन सब्जियों में कर दिया है।'

"'आपका मस्तिष्क खराब हो गया है, जो आप ऐसा समझने लगे हैं? या तो आप मूर्ख हैं या धूर्त।'

"'मैं तो समझता हूँ,' भद्रायण ने कहा, 'कि आपने स्वयं ही इन सब्जियों में कुछ मिला दिया है और मुझको यहाँ से निकलवाने के लिए झगड़ा आरंभ कर दिया है। परंतु मुझको विश्वास है कि रोमिली देवी सब समझती हैं।'

"मुझको अपने पर ग्लानि उत्पन्न होने लगी कि रोमिली के सामने इस दुष्ट की दुष्टता सिद्ध करने क्यों आया? क्या वह यहाँ के न्यायकर्ता के पद पर है? क्या यह सत्य ही यहाँ की मालकिन है और मैं उसकी प्रजा हूँ? अपने को एक अधीन और निस्सहाय अवस्था में देख, मुझे अपने पर क्रोध चढ़ आया। अतएव, मैं बिना एक भी शब्द बोले, वहाँ से लौट आया। कमरे के बाहर निकल मैं विचार करने लगा कि अपने कमरे में जाऊँ अथवा भवन छोड़ चला जाऊँ?

"एकाएक मुझको भद्रायण और रोमिली, दोनों के खिलखिलाकर हँसने का शब्द कानों में सुनाई पड़ा। मैं सतर्क हो सुनने लगा। भद्रायण ने हँसकर कहा, 'बेचारा रानीजी के सामने मुकदमा लेकर आया था, परंतु एक ही क्षण में दावा खारिज हो गया।'

"'मैं अभी जाकर मना लेती हूँ। वैसे वह बहुत काम का व्यक्ति है। यह जो कुछ भी सुख और आनंद हम यहाँ देखते हैं, उसका ही निर्माण किया हुआ है। उसको यहाँ से जीवित भाग नहीं जाने देना चाहिए। वह बहुत हानि भी पहुँचा सकता है।'

"मुझको और अधिक सुनने की आवश्यकता नहीं रही थी। मैं अपने कमरे में चला आया। इस बात में अब संदेह नहीं रहा था कि केवल भद्रायण ही नहीं, उसके साथ रोमिली भी मेरी जान लेने पर तुली हुई थी। मेरे लिए अब विचारणीय बात यह रह गई थी कि मैं यहाँ से कैसे निकल सकता हूँ और निकलने से पहले क्या हानि इन दोनों को पहुँचा सकता हूँ?

"मैं अपने कमरे में अभी पहुँचा ही था कि रोमिली वहाँ आ पहुँची। और बहुत ही प्रेमपूर्वक मेरे गले में बाँह डालकर कहने लगी, 'केशवजी! मैं समझती हूँ कि आपको भ्रम हो गया है कि कोई आपको मार डालना चाहता है। वास्तव में ऐसी कोई बात नहीं हो रही।'

"मैंने पश्चात्ताप करने के भाव में कहा, 'तुम ठीक ही कहती हो। परंतु मेरे मन में भद्रायण का कुछ ऐसा आतंक छा गया है कि प्रत्येक बात में मुझको उसका हाथ दिखाई देता है। मैं बहुत यत्न करता हूँ कि ऐसा भाव मैं मन से निकाल दूँ; परंतु वह बार-बार मुझको कष्ट देता रहता है।'

'मेरा विचार है कि आपको 'नर्वस-ब्रेक-डाउन' (भ्रम रोग) हो गया है। आपके लिए आवश्यक है कि आप स्थान बदलकर किसी अन्य स्थान पर चले जाएँ। वातावरण और परिस्थिति बदलने से आपका चित्त स्थिर हो जाएगा।'

"'मैं भी यही विचार कर रहा हूँ। मैं दो-तीन दिन में यहाँ से कहीं अन्यत्र चला जाना चाहता हूँ, परंतु यह दो-तीन दिन भी यहाँ रहना भययुक्त है।'

"'तो आप कल ही जाइए न!'

"'कल ही? हाँ, ठीक ही तो है। मेरे लिए कल और परसों में क्या अंतर पड़ सकता है! मैं अभी अपना सामान बँधवा देता हूँ। कल यहाँ से विदा हो जाऊँगा।'

"इतना निश्चय कर रोमिली उठकर जाने लगी। मैंने उसका हाथ पकड़कर कहा, 'एक बात है। आज रात मैं तुम्हारे शयनागार में आना चाहता हूँ।'

"आप जब स्वस्थ हो जाएँगे, तब ही यह ठीक रहेगा। मेरा विचार है कि दो मास में आप ठीक हो जाएँगे।'

"'नहीं डार्लिंग, जाने से पूर्व···!'

"'नो···नो···। इससे तो आपके स्वास्थ्य पर बहुत बुरा प्रभाव पड़ सकता है।'

"इतना कहकर वह अपना हाथ छुड़ाकर वहाँ से चली गई। मैं एक मिनट ठहर उसके पीछे-पीछे गया। वह भद्रायण के कमरे में गई थी। मैं उस कमरे के बाहर जा दरवाजे के बाहर लगे परदे से कान लगा सुनने लगा। भद्रायण कहता सुनाई दिया, 'अपने कमरे में मत जाना। मुझको भय है कि वह तुम पर हाथ उठाएगा।'

"'मुझको विश्वास नहीं आता, वह अभी भी हमारे सम्मोहन में बँधा हुआ है।'

"'नहीं प्रिये! मेरा कहना मानो। आज तुम इसी कमरे में रहो। हाँ, कल उसको यहाँ से विदा कर देना चाहिए, परंतु उसे चंद्रभागा से पार जाने देना ठीक नहीं।'

"'तो मुझको अभी नूरुद्दीन को बुलाकर प्रबंध कर देना चाहिए।'

"'नूरुद्दीन का विश्वास किया जा सकता है क्या?'

"'वह सोलह आने विश्वास के योग्य है।'

"मैं अपने कमरे में लौट आया। अपने कार्यक्रम पर विचार करने लगा।

"मैंने अपना सामान तैयार कर लिया। एक बड़ा कोट, एक अटैचीकेस, वह घड़ी, जिसमें मैंने कील गाड़ी थी। घड़ी मैंने अटैचीकेस में रख ली और उसमें कुछ औजार, जो अपनी योजनानुसार मुझको चाहिए थे, ले लिये। अब मैं रात्रि के अँधेरे की प्रतीक्षा करने लगा।

"किसी ने मेरा दरवाजा बहुत धीरे से खटखटाया। मैंने जेब से पिस्तौल निकाल लिया और उसका घोड़ा चढ़ा, हाथ में उसे तान, द्वार खोल दिया। यह हमारा पाचक था। वह मेरे हाथ में पिस्तौल देख एक क्षण के लिए दरवाजे पर ठहर गया। मैंने उसको पहचाना और पिस्तौल नीचे कर मुस्कराकर कहा, 'ओह तुम हो! मैंने समझा था⋯। कुछ नहीं, आ जाओ।'

"यह कह मैंने पिस्तौल जेब में रख लिया।

"पाचक ने बैठकर धीरे से कहा, 'मास्टर! आज आपको मार डालने की योजना फिर बनाई गई है।'

"'क्यों? कैसे कहते हो?'

"'मेरी बकरी मार डाली गई है। मेरा विचार है कि कोई नया विष तैयार किया गया है और उसकी परीक्षा बेचारी बकरी पर की गई है।'

"'मुझको तो कुछ ऐसा प्रतीत होता है कि गाँव के कुछ लोग बुलाकर मुझको मार डालने का विचार है।'

"'तो आप भाग क्यों नहीं जाते?'

"'यह संभव नहीं। तुमको पता है कि सीमा पर बंधन लगाया हुआ है। बिना कंट्रोल की स्वीकृति कोई जा नहीं सकता।'

"'तो फिर क्या होगा?'

"'यदि तुम मेरी सहायता करो, तो मैं बचकर निकल सकता हूँ।'

"'मैं तो अभी भी आपको अपना मास्टर मानता हूँ और अपने को आपका नौकर समझ रहा हूँ। उस ह्वोर (वेश्या) को मैं अपनी मालिक नहीं समझता। आप बताइए कि मैं क्या कर सकता हूँ?'

"'मुझको रात के खाने के पश्चात् बता दो कि रोमिली किस कमरे में सोई है।'

"'वह आज भद्रायण के कमरे में सोएगी। वहाँ ही खाने का प्रबंध किया गया है। वहाँ की सेविका खाना खिलाने का कार्य नहीं कर सकती। इस कारण मुझको खाना वहीं परसने की आज्ञा हुई है। पर मास्टर! नूरुद्दीन को तो अभी बुलाया गया है। कहीं भोजन के समय तक भागने का अवसर ही न रहे।'

"'इसकी तुम चिंता न करो। मेरे इस कमरे में मुझको कोई छू नहीं सकता। यहाँ मेरे पास सुरक्षा का सब प्रबंध है। परंतु जब मैं इस कमरे से बाहर चला जाऊँगा तो फिर मेरे पास रक्षा को कुछ भी साधन नहीं रहेगा।'

"'तो फिर क्या आज्ञा है?'

"'जब ये लोग भोजन कर रहे हों, मुझको सूचना देना।'

"वह जाने लगा तो मैंने उसकी आँखों में देखकर कहा, 'मैं तुमको मित्र समझता हूँ।'

"'मैं यहाँ से चला जाना चाहता हूँ।'

"'तुम लाहौर आ जाना। मैं, जैसा भी तुम चाहोगे, प्रबंध कर दूँगा।'

"जब वह चला गया तो मैंने एक बंद बोतल हॉर्लिक्स की खोली और उसमें से दूध बनाया। एक गिलास भर पीकर तैयार हो गया।

"रात के नौ बजे पाचक आया और उसने बताया, 'नूरुद्दीन को आज्ञा हो गई है कि वह कल प्रात:काल आपकी चंद्रभागा के इस पार प्रतीक्षा करे। आपका शव चोरी-चोरी कोठी में लाया जाए। उसको अपने साथ छह विश्वस्त गाँववालों को रखने की आज्ञा हुई है। एक सहस्त्र रुपया उसको इन लोगों में बाँट देने के लिए दे दिया गया है। परंतु नूरुद्दीन परेशान दिखाई देता है। बाहर निकलने पर मैंने पूछा तो उसने सारी बात बता दी।'

"'वह क्या करना चाहता है?'

"'उसने अभी फैसला नहीं किया।' मैंने कहा था, 'मालिकों के झगड़े में हमको नहीं पड़ना चाहिए।' उसने कहा, 'मैं समझता हूँ, मगर क्या किया जाए? मैं मालकिन को नाराज नहीं करना चाहता। मैं गाँव में जाकर वहाँ के अन्य लोगों से बातचीत करूँगा। वह चला गया है।'

"'इस समय मालकिन कहाँ है?'

"'भद्रायण के कमरे में। अब वे अपने कमरे में नहीं आएँगी। सोने का प्रबंध वहाँ कर दिया गया है।'

"'ठीक है। तुम एक काम करो कि उनके कमरे के बाहर छुपकर देखते रहो। यदि मालकिन अपने कमरे में आना चाहे तो मालकिन के कमरे का द्वार तीन बार खटखटा देना। मैं समझ जाऊँगा। मुझको उस कमरे में कुछ काम है। दस मिनट से अधिक नहीं लगेंगे।

"वह तैयार हो गया। मैंने अपना अटैचीकेस लिया और दबे पाँव रोमिली के कमरे में जा पहुँचा। पाचक कमरे के बाहर प्रतीक्षा करता रहा। उसको मुझे खबर करने की आवश्यकता नहीं पड़ी। मैंने ड्रेसिंग टेबल का दराज खोला और उसमें रखी चाबियों में से दो चाबियाँ निकाल लीं। एक तो गाँव के कंट्रोल रूम की थी और दूसरी भवन के नीचे

पंचम परिच्छेद

के तहखाने की, जहाँ स्टाक रूम में आइसोटोप्स रखे थे। मैंने कुछ देर तक पुनः अपनी योजना पर विचार किया और यह समझ कि इन दो चाबियों से काम चल जाएगा, दराज को बंद कर दिया और कमरे से बाहर निकल आया। पाचक अपने नियत स्थान पर खड़ा था। मैंने उसको संकेत से अपने कमरे में बुला लिया और उसको कहा, 'मैं अभी कुछ दिन यहाँ छुपकर रहूँगा। वहाँ से तुमको भाग जाने की सूचना दूँगा। तुम भाग जाना। यहाँ सब मौत के मुख में हैं और कोई नहीं बचेगा।'

"इतना कह मैंने अटैची और ओवरकोट लिया और भवन से बाहर निकल गया।

"पाचक मुझको देखता रह गया। भवन के द्वार पर चौकीदार ने मुझको पूछा, 'मालिक कहाँ जा रहे हैं?'

"'गाँव को। अभी आधे घंटे में लौट आऊँगा।'

वह मुस्कराकर चुप रहा। उसको पता था कि जब मैं अप्सरा भवन में जाता था, तो ऐसा ही कहता था। मैं गाँव की ओर चल पड़ा। भवन से बाहर निकल शीतल पवन से मेरे मस्तिष्क में आत्म-विश्वास जाग उठा। मैं समझने लगा कि यह पूर्ण भवन ईंटों और पत्थरों का ढेर हो जाएगा। गाँव भी जलकर भस्म होने वाला है। यहाँ पर प्रलय का दृश्य उपस्थित होने वाला है। इस प्रकार विचार करता हुआ मैं गाँव में जा पहुँचा।

"मैं अप्सरा भवन में जाना नहीं चाहता था। इससे नंदू पांडे के घर जा पहुँचा। वह सोने की तैयारी कर रहा था। मुझको दरवाजे पर आया देख चकित रह गया। उसने अपने होंठों पर उँगली रख, मुझको भीतर ला, दरवाजा बंद कर लिया। मैंने पूछा, 'क्या है?'

"'मालिक, यहाँ क्यों आए हैं? यहाँ तो आपको मार डालने का षड्यंत्र हो रहा है।'

"'मुझको मालूम है, वह कल प्रातःकाल के लिए है। उस काल में अभी दस घंटे शेष हैं। तुम बताओ, तुम मेरे साथ हो या भद्रायण के?'

"'मैं तो मालिक आपका सेवक हूँ। परंतु पीरू की बीवी, जो इसी मकान में है, विश्वास के योग्य नहीं है।'

"'तो ठीक है, किसी से बताना नहीं कि मैं यहाँ हूँ। तुम एक काम करो। अप्सरा भवन में जाकर सरस्वती को यहाँ बुला लो। उसको धीरे से कहना कि मैं यहाँ बुला रहा हूँ। किसी को पता न चले।'

"पीरू की बीवी अपने बच्चों के साथ घर के पिछले कमरे में सो रही थी। नंदू ने मुझे दूसरे कमरे में बैठाकर कमरा बंद कर दिया और सरस्वती को बुलाने के लिए घर से चल पड़ा।

"नंदू ने मकान के बाहर इधर-उधर देखा कि कोई देख तो नहीं रहा और बाजार जन-शून्य पा वह अप्सरा भवन की ओर चला गया। मैंने भीतर से किवाड़ बंद कर लिये और खिड़की में से देखता रहा कि वह कब लौटता है।

"मुझको नंदू पांडे पर बहुत विश्वास था। इसी कारण उसके मकान पर आया था। यहाँ प्रतीक्षा करते-करते मैं विचार करने लगा कि दो-चार भले लोगों को यहाँ से बचाने का उपाय करना चाहिए। इस पर भी समय से पूर्व मैं इनको अपनी योजना नहीं बताना चाहता था। मुझको भय था कि कहीं मेरी योजना का पता रोमिली को मिल गया तो वह इसे विफल करने की क्षमता रखती है।

"सरस्वती के आने में कुछ देरी लगी। उसने बताया कि नूरुद्दीन ने अप्सरा भवन में नाच करवाया था। जब तक वे सब शराब पीकर घरों को चले नहीं गए, उसको पांडेजी कुछ कह नहीं सके। पीछे इन्होंने सब बता दिया। नूरुद्दीन को मालकिन ने बहुत सा रुपया दिया है, जिससे कल मुझे वह मरवा डाले। रुपए से आज जश्न हुआ है।'

"'बताइए, क्या करना है?'

"मैं सरस्वती को एक ओर ले गया और कहने लगा, 'मैं यहाँ ही कहीं छुपकर रहना चाहता हूँ। तुमसे यह चाहता हूँ कि मुझको नित्य भोजन खिलाने आया करो। उसके लिए जो कहोगी, दूँगा।'

"'कहाँ रहोगे मालिक?'

"'अभी तो विचार है कि तापसी बाबा की गुफा में ही रहूँ।'

"सरस्वती ने सिर हिला दिया। मैंने उसके मुख पर देखा तो उसने कहा, 'वहाँ तो आपका एक दिन में ही पता चल जाएगा। मैं यदि भोजन लेकर वहाँ गई, तो सबको संदेह हो जाएगा। एक बात आप करिए। मैं अभी अपने घर जा रही हूँ। मेरे पाँच मिनट पश्चात् आप वहाँ आ जाइए। मैं आपको छुपाकर रखने का प्रबंध कर दूँगी। मैं समझती हूँ कि पांडेजी के घर भी रहना उचित नहीं। यह महाडरपोक आदमी है। किसी भी समय भेद खोल सकता है।'

"'अच्छा तुम चलो, मैं आता हूँ।'

"सरस्वती चली गई और नंदू पांडे उसके जाने के पश्चात् मेरे पास आया और पूछने लगा, 'क्या तय हुआ है?'

"'मुझे सरस्वती को कुछ बताना था, वह बता दिया है। अब मैं दिन निकलने से पहले ही यहाँ से चला जाना चाहता हूँ। कल मैं किश्तवाड़ थानेदार के घर रहूँगा और वहाँ से जाने का प्रबंध होते ही चल दूँगा।'

"'फिर कब दर्शन होंगे?'

"'मैं तीन मास तक लौटूँगा। मुझको विश्वास है कि रोमिली भद्रायण से उचाट होकर उसको घर से निकाल देगी। तब ही मैं यहाँ आ सकूँगा।'

"'वह कैसी औरत है, मालिक?'

"'वह भी अब यहाँ नहीं रह सकेगी।'

पंचम परिच्छेद

"नंदू इन बातों को ठीक-ठीक नहीं समझ सकता था। इस कारण चुप रहा। मैं पाँच-दस मिनट और वहाँ बैठ अपना अटैचीकेस और ओवरकोट उठा, सरस्वती के मकान की ओर चल पड़ा। वहाँ वह मेरी प्रतीक्षा कर रही थी। जब मैं मकान के भीतर पहुँचा तो उसने द्वार बंद कर मुझको बैठाया और पूछा, 'अब बताइए क्या चाहते हैं?'

"'मैं यदि यहाँ से भागना चाहूँ तो भाग सकता हूँ। मुझको जाने के लिए बहुत से मार्ग मालूम हैं, परंतु मैं कुछ काल तक यहाँ रहना चाहता हूँ। मेरा यहाँ से जाने का समय अभी नहीं आया।'

"'साथ ही, गाँव के कुछ लोग मुझको मार डालने का यत्न कर रहे हैं। उनसे खुले में मुकाबला अभी नहीं करना चाहता। इससे भारी हल्ला हो जाएगा और मेरा काम हो नहीं सकेगा।'

"'क्या काम है, आपका? मेरी राय तो यह है कि यहाँ से आपको चले जाना चाहिए। मुझको भी साथ लेते चलिए।'

"'तब तो बहुत ठीक रहेगा। यदि मैं तुम्हारे ही मकान में रहूँ तो किसी को पता तो नहीं लगने दोगी?'

"'यहाँ आपको कोई नहीं पा सकता। दिन के समय बाहर मत निकलिएगा। रात को मैं देख लूँगी।'

"'मैंने मकान के एक भीतर के कमरे में ठहरने का प्रबंध कर लिया। अगले दिन सरस्वती जब अप्सरा भवन में संगीत और नृत्य का अभ्यास कर लौटी तो उसने बताया, 'पूर्ण गाँव में यह विख्यात हो गया है कि आप पंजाब चले गए हैं। नूरुद्दीन नदी के पुल पर से लौट आया है। वह बहुत ही चिंतित प्रतीत होता है। उसके साथ गए लोग अपने-अपने घरों में छुपे हैं। गाँववाले यह आशंका कर रहे हैं कि आप पुलिस लेकर लौटेंगे। इससे जो लोग आपकी हत्या करने गए थे, वे डर रहे हैं।'

"मैं इस समाचार से प्रसन्न था। रात को सरस्वती आई तो उसने बताया, 'आज दिन भर भवन में गुप्त-गोष्ठियाँ होती रही हैं। लोग भिन्न-भिन्न बातें आपके विषय में कह रहे हैं। नंदू पांडे को भी बुलाया गया था। मैं उससे मिली थी। उसने बताया है कि भद्रायण तो आपके चले जाने से प्रसन्न है, परंतु मालकिन चिंतित हैं। आपके विषय में जानकारी प्राप्त करने के लिए नूरुद्दीन को जम्मू तक जाकर पता करने के लिए कहा गया है।'

"अगले दिन नूरुद्दीन रामवन की ओर चला गया। एक आदमी को भट्टरवाह की ओर भेजा गया। इन सब बातों से मेरा यह अनुमान निकला था कि रोमिली के मन में मुझसे कुछ भय लग रहा है। मैंने अपने मन में दृढ़ संकल्प कर लिया था कि इस सबकुछ को, जो मैंने बनाया है, समाप्त कर ही यहाँ से जाऊँगा।

"तीन दिन तक चुपचाप मैं सरस्वती के घर पर पड़ा रहा। मैंने घड़ी को तब तक 'टाइम बम' संचालन के योग्य बना लिया था। घड़ी चलती-चलती जब तीन नं. पर आती, तो घंटे की सुई अटक जाती। कील, जो मैंने नं. तीन पर लगाया था, को एक बिजली के तार से जोड़ दिया गया था और घड़ी की सुई दूसरी बिजली के तार से जोड़ दी थी। ठीक तीन बजे, जब सुई तीन पर आती तो विद्युत् प्रवाह चालू हो जाता। इस विद्युत् प्रवाह का संबंध एक डिब्बे के ढकने से लगा दिया था। विद्युत् प्रवाह चालू होते ही ढकना खुल जाता था। यह डिब्बा और ढकना 'ग्रेफाइट' का बना हुआ था। इस संबंध की मैंने कई बार परीक्षा की। घड़ी को प्रात: दस बजे चालू कर देता था। ठीक तीन बजे घड़ी की घंटे बजानेवाली सुई कील के साथ अटकती और खट से डिब्बे का ग्रेफाइट का ढकना नीचे गिर पड़ता।

"रात के समय मैं गाँव से अप्सरा भवन के नीचे आइसोटोप्स के गोदाम में गया। इस समय अप्सरा भवन शांत हो चुका था। सब लोग सो रहे थे। मैं वहाँ गया और गोदाम की चाबी खोल नीचे उतर गया। वहाँ प्रकाश कर मैंने देखा कि आइसोटोप्स ग्रेफाइट के डिब्बे में रखे हैं; परंतु सब डिब्बे तालों से बंद थे।

"वहाँ पर मैंने यूरेनियम 233 का कुछ स्टाक रखा था। वह भी उनमें से किसी एक डिब्बे में बंद था। इस कारण अब समस्या यह हो गई कि ये ताले तोड़े जाएँ? इसके लिए कई दिन लगाए थे। एक विशेष बात यह हुई कि गाँव के तहखाने से भवन तक जाने के लिए जो सुरंग थी, उसका द्वार भी बंद था। उसको भी खोलना था।

"उस दिन तो मैं इतना ही देख चला आया। अगले दिन मैं अपने साथ एक तेज रेती लेकर वहाँ पहुँचा। तहखाने का द्वार भीतर से बंद कर मैंने ग्रेफाइट के डिब्बों को रगड़-रगड़कर खोलना आरंभ कर दिया। यूँ तो दो डिब्बों में जितना मसाला था, वह मेरे लिए पर्याप्त था। परंतु मैं तो यूरेनियम ढूँढ़ रहा था और वहाँ पर बीस डिब्बे थे। यह पता नहीं था कि यूरेनियम किसमें है। उस रात मैं दो डिब्बे ही खोल सका था।

"इस पर भी मैंने साहस नहीं छोड़ा। मैं नित्य वहाँ जाकर एक के बाद दूसरा डिब्बा खोलने लगा। एक रात में दो डिब्बों से अधिक नहीं खोल सकता था। रात को दस बजे के पश्चात् ही वहाँ जा सकता था। उससे पहले लोग अप्सरा भवन में गाना सुनने आया करते थे।

"एक दिन सरस्वती सूचना लाई। रॉबर्ट वहाँ फिर आ गया है। यह क्यों आया, मैं समझ नहीं सका। मैंने सरस्वती से कहा, 'पता करो। वह क्या कर रहा है?'

"'मेरा वहाँ कोई जान-पहचान का व्यक्ति नहीं।'

"'मैं तुमको पहचान देता हूँ। तुम भवन के पाचक ल्योनार्डी के पास चली जाना और उसको कहना कि तुमको मेरी चिट्ठी आई है। शेष बात तुम कर लेना। अगर वह

पंचम परिच्छेद

पूछे कि कहाँ से चिट्ठी आई है तो कह देना कि रामवन से एक आदमी लेकर आया है। अपने विषय में कहना कि तुम पंजाब जाने का विचार कर रही हो।'

"उसी दिन सरस्वती भवन में गई। सायंकाल वह लौट आई और उसने बताया, 'पाचक को मेरे कहने का विश्वास नहीं आता था। उसके पश्चात् मैंने उसे वह तिथि बताई, जिस दिन आप वहाँ से चले थे और बताया कि मैंने आपको छुपाकर भाग जाने में सहायता की थी।'

"जब बातचीत होने लगी तो उसने बताया कि रॉबर्ट मालकिन से रुपया माँग रहा है और वे देना नहीं चाहतीं। साथ ही, भद्रायण और उसमें बन नहीं रही।

"मैंने समाचार पा संतोष प्रकट किया। मैं मन में चाहने लगा कि दोनों आपस में भिड़ जाएँ तो बहुत अच्छा हो। उसी रात मैं दोनों तहखानों का द्वार खोलने में सफल हो गया। मैं द्वार खोल भवन के नीचे तहखाने में जा पहुँचा। वहाँ और अधिक आइसोटोप्स की मात्रा रखी थी। कठिनाई यूरेनियम की हो रही थी। बिना यूरेनियम के आइसोटोप्स में विखंडन चालू नहीं हो सकता था। उस दिन मैंने वह डिब्बा ढूँढ़ना आरंभ कर दिया, जिसमें यूरेनियम रखा था। उस दिन सफल नहीं हुआ। परिणाम यह हुआ कि मुझको भवन के नीचे तहखाने में नित्य जाने की आवश्यकता पड़ने लगी। मैंने एक-एक कर सब डिब्बों को खोलने का निश्चय कर लिया।

"सरस्वती नित्य ल्यूनार्डी से मिलने जाती थी और उससे समाचार लाती थी। रोमिली मेरी तरह रॉबर्ट को निकाल नहीं सकी। प्रत्युत उसके उससे पूर्व संबंध बनने लगे थे। इससे तो ऐसा प्रतीत होने लगा था कि रोमिली की इच्छा थी कि रॉबर्ट और भद्रायण में लड़ाई हो जाए और दोनों एक-दूसरे को मार डालें।

"एक दिन सरस्वती यह सूचना लाई कि रॉबर्ट और भद्रायण में मुक्केबाजी हो गई थी और रॉबर्ट ने भद्रायण को बुरी तरह घायल कर दिया है। भद्रायण तो खाट पर लेट गया है। मैं विचार कर रहा था कि यही समय है, जब इस शैतान के घर को इसमें रहनेवालों सहित उड़ा दिया जाए। मैं उस रात फिर भवन के तहखाने में जा पहुँचा। मैंने यूरेनियम एक ग्रेफाइट के डिब्बे में बंद कर रखा था। ऐसा प्रतीत होता है कि रोमिली वहाँ के समान में उथल-पुथल करती रही है। तभी वस्तुएँ वैसी नहीं थीं, जैसी मैंने रखी थीं।

"एक दिन मैं तहखाने से सुरंग में पहुँचा, तो वहाँ प्रकाश देख मैं दीवार के साथ लगकर खड़ा हो गया। रोमिली और रॉबर्ट वहाँ थे और कुछ ढूँढ़ रहे थे। मुझको कुछ ऐसा प्रतीत हुआ कि वे भी वही वस्तु ढूँढ़ रहे हैं, जो मैं ढूँढ़ रहा था। मैं छुपकर देखता रहा कि वे करते क्या हैं? वे डिब्बों को खोल-खोलकर देखते थे और फिर उनको बंद कर रखते जाते थे। रोमिली ने कहा, 'बहुत से डिब्बे तो खुले रखे हैं। न जाने केशव का क्या अभिप्राय था इससे?'

"'जब तहखानों को ताला लगा है तो डिब्बों को ताला लगाने की क्या जरूरत थी?'

"'पर कई डिब्बे बंद हैं।'

"'पर मैं तो यूरेनियम चाहता हूँ। मैं उससे बम बनाकर एकत्र होनेवाली भीड़ को स्वाहा कर देना चाहता हूँ।'

"'वह तो मिल नहीं रहा न। तुम दो-तीन हथगोले ले लो। उनसे तुम्हारा काम चल जाएगा।'

"'तो वही दे दो।'

"'रोमिली ने एक अलमारी में से तीन हथगोले निकालकर रॉबर्ट को दे दिए। उसने इनको जेब में रख लिया और फिर दोनों लैंप बुझाकर तहखाने से बाहर निकल गए। जब ऊपर का द्वार बंद हो गया तो मैंने लैंप जलाकर प्रकाश किया और सोचने लगा कि चार-पाँच हथगोले लेकर उनमें छेद कर, उनमें रखे यूरेनियम को ही निकाल लूँ। इससे ही मेरा काम चल जाएगा। इसी अर्थ में मैंने अलमारी खोली और उसमें हथगोले निकालने के लिए हाथ बढ़ाया। भाग्य की बात, कि मेरे हाथ में गोले के स्थान पर एक डिबिया आ गई। यह डिबिया यूरेनियमवाली ही थी। उसको देख मैं एकदम पहचान गया। मेरा दिल धक्-धक् करने लगा। मुझको यह प्रतीत होने लगा कि प्रलय मेरी हथेली में है।

"मैंने अलमारी को बंद करने का यत्न तक नहीं किया और लैंप बुझा, गाँव के तहखाने और फिर वहाँ से अप्सरा भवन से निकल सरस्वती के मकान में आ गया। अब मैं अपना शेष काम ठीक करने लगा। मैंने दो डिब्बे तैयार किए और दोनों का संबंध घड़ी की सुइयों के साथ कर दिया। एक डिब्बा गाँव के तहखाने में रख दिया और दूसरा भवन के तहखाने में। इतने लंबे तार से संपर्क बना दिया, जितनी लंबी सुरंग थी। घड़ी मैंने अप्सरा भवन के नीचे रख दी। एक बार फिर मैंने घड़ी की परीक्षा की कि दोनों डिब्बों के ढकने भलीभाँति खुलते हैं अथवा नहीं। मैंने संबंध जोड़ घड़ी में पौने तीन बजा दिए। ठीक तीन बजते ही दोनों डिब्बों के ढकने खुल गए।

"अपने सारे सामान की परीक्षा कर मैंने दोनों डिब्बों में थोड़ा-थोड़ा यूरेनियम रख दिया और ढक्कनों को बंद कर दिया। इसके पश्चात् ढक्कनों पर पारा 202 का एक-एक 'सिलिंडर' भरकर रख दिया।

"कार्यविधि यह थी कि घड़ी में चार बजा दिए जाते। ग्यारह घंटे के पश्चात् घंटे की सूई तीन पर आनी थी। वहाँ उसका संबंध कील के साथ होना था। इस संबंध के बनते ही विद्युत्-प्रवाह तारों में चालू हो जाना था और डिब्बों के ढक्कन खुल जाने थे। ढक्कन खुलने से उन पर रखा पारा डिब्बों में गिर पड़ना था। वहाँ वह यूरेनियम से निकल रहे

पंचम परिच्छेद

न्यूट्रॉन के प्रभाव में आ जाता। कोई न्यूट्रॉन पारे के किसी अणु को विखंडित करता, तो उसमें से और न्यूट्रॉन निकलते। वे पारे के अन्य अणुओं को विखंडित करते। इस प्रकार अणुओं के विखंडित होने का एक प्रवाह-सा चल पड़ता। इसमें से निकल रहे फालतू प्रोट्रॉन गर्मी उत्पन्न करते और ढकना खुलने के एक क्षण के भीतर ही पारे में असंख्य अणु विखंडित हो जाते और इतनी गर्मी निकलती कि सबकुछ, जो उसके समीप आता, स्वाहा हो जाता।

"उस दिन तारों को संबद्ध कर मैं चला गया। अभी यूरेनियमवाले डिब्बों पर पारा मैंने नहीं रखा था और न ही घड़ी को चलाया था।

"अगले दिन सरस्वती ने मुझे बताया कि गाँव भर में यह समाचार फैल गया है कि हब्शी ने भद्रायण को मार डाला है। सब लोग केशव भवन में एकत्र हो हब्शी को दंड देंगे और भद्रायण के शव का दाह-संस्कार करेंगे। मैंने भी वही दिन अपने कार्य का निश्चित कर लिया।

"इस रात मैं तहखाने में गया और डिब्बों पर पारा 202 रख और दूसरे डिब्बों में से पारा 202 निकालकर डिब्बों के आसपास रखकर, तारों को ठीक कर और घड़ी को चलाकर, उसमें साढ़े तीन बजा आया। उस समय प्रातःकाल का चार बजे का समय था। इस प्रकार अगले दिन साढ़े तीन बजे विस्फोट होने वाला था। मैंने एक बार फिर सारा प्रबंध देख लिया और वहाँ से निकल सरस्वती के घर चला गया।

"जब मैं सरस्वती के घर पहुँचा, तो वह सो रही थी। मैंने भी यही उचित समझा कि तीन-चार घंटे सोकर तरोताजा हो लूँ जिससे मैं समय से पूर्व विस्फोट के प्रभाव-क्षेत्र से दूर हो जाऊँ।

"मैं जब सोकर उठा तो सरस्वती घर से बाहर जा चुकी थी। इससे मैं बहुत ही चिंतित होने लगा। दो घंटे तक और प्रतीक्षा कर देखा। जब वह नहीं लौटी, तब मैंने यही सोचा कि नंदू पांडे को साथ ले लूँ और उस द्वारा सरस्वती तथा ल्योनार्डी को भाग जाने की सूचना भेज दूँ।

"इस अर्थ से मैं, अपनी सूरत को बदलने के लिए मुख पर कुछ निशान बना तथा वहाँ के देहातियों की ही पोशाक पहन, घर से बाहर निकल गया। इस समय सब लोग मुझे भवन की तरफ जाते दिखाई दिए। नंदू पांडे भी उधर ही गया हुआ था। मैंने भी यही उचित समझा कि भीड़ में मैं मिल जाऊँ और वहाँ जाकर, जिनसे मेरा लगाव है, उनको सचेत कर दूँ। गाँव के सब लोग भवन के सामने पहुँच चुके थे। भीड़ में नंदू पांडे सबसे आगे खड़ा था। मैं अनुभव कर रहा था कि हम सब ज्वालामुखी के मुख पर खड़े हैं, जो शीघ्र ही फटने वाला है। मैं भीड़ को चीरता हुआ नंदू पांडे के पास जा खड़ा हुआ। वह

मुझको विस्मय में देखता रह गया। 'आप?' उसने कहा और चुप रह गया। मैंने उसको संकेत से अपने साथ आने को कहा। वह बोला, 'उस हब्शी का तमाशा देख लूँ।'

"विवश हो मुझको बोलना पड़ा, 'तुरंत यहाँ से भाग खड़े होओ। वह सबको मार डालेगा।' मैंने घड़ी में समय देखा। ग्यारह बज रहे थे। मैंने पांडे से कहा, 'मेरे साथ बाहर आओ।'

"वह मेरे पीछे-पीछे चल पड़ा। भीड़ से निकल मैंने उससे पूछा, 'सरस्वती को देखा है?'

"'नहीं मालिक!'

"'अच्छा, यह पत्र भवन में जाकर पाचक को दे दो।'

"'मैं यह तमाशा देखना चाहता हूँ। सुना है, वह नर-मांस भक्षण करनेवाला है। आज इसका मांस चीलें और गिद्ध खाएँगे।'

"'तुम कुछ मूर्ख हो पंडित! वह तुम सबको मारकर भाग जाएगा। उसके पास ऐसे अस्त्र हैं कि इतनी भीड़ उसका कुछ भी बिगाड़ नहीं सकेगी। तुम यह पत्र देकर आओ और एक घंटे के भीतर चंद्रभागा पार कर जाओ। नहीं तो तुम्हारी राख भी दिखाई नहीं देगी।'

"मेरे कहने का वह अर्थ समझा अथवा नहीं, कहा नहीं जा सकता। परंतु वह मेरा पत्र लेकर जाने को तैयार हो गया। मैंने अपनी पॉकेटबुक में से एक पन्ना फाड़, उस पर पेंसिल से लिख दिया, 'रन अवे फ्रॉम भवन। क्रॉस स्ट्रीम बिफोर श्री पी.एम. दि होल प्लेस इज गोइंग टू एक्सप्लोड।' (यहाँ से भाग जाओ। तीन बजे से पूर्व नदी पार कर लो। इस सब स्थान पर विस्फोट होने वाला है)। नीचे मैंने अपना नाम लिख दिया।

"जाने से पहले मैंने नंदू पांडे को फिर समझाया, 'पत्र देकर भागकर तीन बजे से पहले नदी पार कर जाए। यह सब स्थान जलकर स्वाहा हो जानेवाला है। देखो, कहीं सरस्वती मिले तो उसको भी कह देना। जाओ, अब देरी मत करो। ग्यारह बज चुके हैं।'

"इतना कह एक ऊँचे टीले पर चढ़ मैंने सरस्वती को देखने का यत्न किया। वह कहीं दिखाई नहीं दी। निराश हो, मैं वहाँ से चल पड़ा।

"मैं जानता था कि नदी पर क्या प्रबंध है। इस कारण उस स्थान को, जहाँ सुरक्षा के लिए बंदिश का प्रबंध था, छोड़ मैं नदी के किनारे-किनारे ऊपर चढ़ गया। मैं एक ऐसा स्थान जानता था, जहाँ से मैं नदी पार कर सकता था।

"मैं उसी स्थान की ओर चल पड़ा।

"इस समय मध्याह्नोत्तर के अढ़ाई बज गए थे। मैं नदी के उस स्थान पर पहुँच गया था, जहाँ पत्थरों पर से कूद-कूदकर नदी पार की जा सकती थी। मैं अभी पार करने को जाने ही वाला था कि मेरी दृष्टि सामने के किनारे पर कुछ लोगों पर, जो उधर ही आ रहे थे, पड़ी। मैंने ध्यान से देखा तो पता चला कि सरस्वती के साथ कुछ लोग आ रहे हैं।

उनमें एक नूरुद्दीन भी था। वे लोग उसी स्थान से नदी पार करने लगे। मेरे पास पिस्तौल था, परंतु मैं उसका प्रयोग करना नहीं चाहता था।

"इस कारण एक बड़े से पत्थर के पीछे छुप गया। वे हँसते-कूदते नदी पार कर इस किनारे पर पहुँचे। सरस्वती ने कहा, 'मैं थक गई हूँ।'

"'तो यहीं बैठकर गाना हो जाए।' नूरुद्दीन ने कहा।

"मेरे लिए मुसीबत हो गई। मैं सरस्वती को बचाना चाहता था। परंतु वे लोग तो गाँव की ओर जा रहे थे और वह स्थान, जहाँ मैं छुपा बैठा था, मेरे विचार में विस्फोट की मार के भीतर था। सरस्वती एक बड़े-से पत्थर पर बैठ गई और शेष लोग उसके आसपास बैठ गए। वे लोग सरस्वती से गाना सुनाने के लिए कहने लगे।

"मैं कुछ दूर छुपकर बैठा था। घड़ी में समय देखा तो तीन बज गए थे। आधा घंटा शेष था। वह भी इस कारण कि मैंने घड़ी आधा घंटा पीछे रखी थी। मैंने निर्णय कर लिया और छुपे स्थान से निकलकर उनके सामने चला आया। वे मुझको पहचान गए और मेरी ओर लपके। मैंने पिस्तौल निकाल लिया। वे रुके नहीं। मैंने जो सबसे आगे था, उसकी छाती पर वार किया। वह चक्कर खाकर गिर पड़ा। इस पर वे वहीं खड़े हो गए। नूरुद्दीन ने कहा, 'पिस्तौल फेंक दो और अपने को हमारे हवाले कर दो।'

"'क्यों?'

"'मालकिन की आज्ञा है।'

"'वह आधे घंटे में मर जाएगी। तुम लोग भी यदि मरना नहीं चाहते, तो नदी पार कर यहाँ से एक मील दूर चले जाओ। यह सब भूमि जल जाएगी।'

"ये सब हा-हा-हा कर हँसने लगे।

"मैंने फिर कहा। इस समय सरस्वती और नूरुद्दीन भी वहाँ आ गए।

"मैंने कहा, 'देखो नुरुद्दीन! इस सब इलाके पर, भवन से लेकर इस किनारे तक विस्फोट होने वाला है। यहाँ पर कोई प्राणी बच नहीं सकेगा, इसीलिए मैं भागा जा रहा हूँ। तुम लोगों को यदि जान प्यारी है तो नदी पार कर कम-से-कम यहाँ से एक मील दूर चले जाओ।'

"नूरुद्दीन ने कहा, 'हमें मूर्ख मत बनाओ। सीधे चले चलो। नहीं तो हाथ-पाँव बाँधकर तुम्हें ले चलेंगे।'

"'सरस्वती!' मैंने कहा, 'इनको समझाओ। ये सब मौत के मुख में जा रहे हैं। आज यहाँ उल्कापात होने वाला है। गाँव से जितना दूर जा सकते हो, चले जाओ। अब घड़ी में तीन बजकर दस मिनट हो गए हैं। मुश्किल से बच निकलने का समय है।'

"सरस्वती ने नूरुद्दीन से कुछ कहा, परंतु उसने अपने साथियों से कहा, 'पकड़ लो इस बागी को। यह बकवास कर रहा है।'

"वे लोग फिर मेरी ओर लपके। मैंने एक और पर निशाना लगाया। वह भी भूमि पर लेट गया। अब मैं कूदकर एक और बड़े पत्थर के पीछे हो गया और अपने को पत्थर की ओट में रख एक और गोली चलाई। तीसरा भी गिर गया। अभी भी पाँच आदमी थे। मेरे पास गोलियाँ तीन थीं। मैंने, जब वे फिर मेरी ओर लपके तो एक और को निशाना लगाया। इस समय वे मुझको घेरने लगे थे। मैंने नूरुद्दीन से कहा, 'स्वयं सामने क्यों नहीं आते? इनको बेकार में मरवा रहे हो।'

"वह दूर खड़ा बोला, 'जो इसको पकड़ेगा, उसको एक हजार इनाम दूँगा।'

"मैंने एक और निशाना लगाया। दूसरी ओर अभी भी तीन थे। मेरे पास गोली केवल एक थी। मैंने पुकारकर कहा, 'सरस्वती! तुम तो भाग जाओ। नदी पार कर दूर निकल जाओ।'

"परंतु वह नहीं गई। मैंने अपनी आखिरी गोली चलाई। अब मैं भागकर अपने और नूरुद्दीन के बीच का अंतर बढ़ाने लगा, जिससे मैं पिस्तौल भर सकूँ। परंतु वे भी मेरी कठिनाई समझ गए। मैंने पिस्तौल को जेब में डाल लिया और नूरुद्दीन से जूझ गया। उसका साथी भी पकड़ने के लिए मेरी ओर लपका। इस समय सरस्वती मेरी सहायता के लिए आई। उसने एक बड़ा-सा पत्थर लेकर नूरुद्दीन के सिर पर दे मारा। नूरुद्दीन चक्कर खाकर भूमि पर गिर पड़ा। मेरी दूसरे आदमी से हाथापायी हो रही थी। सरस्वती ने इसके पूर्व कि वह उठे एक और पत्थर उठाया और उसके सिर का कचूमर निकाल दिया। इतने में मैंने भी अपने से लड़नेवाले को भूमि पर गिरा दिया था और उसकी मरम्मत मुक्कों से करनी प्रारंभ कर दी थी। अब सरस्वती एक और पत्थर उठा लाई और बोली, 'मालिक। एक ओर हट जाइए।' उसने पत्थर उसके सिर पर दे मारा।

"मेरे पास समय नहीं था कि देखूँ कि कौन जीता है अथवा मर गया। मैंने घड़ी में समय देखा। आधा मिनट रह गया था। मैंने सरस्वती का हाथ पकड़ा और कहा, 'भागो, मौत आ रही है।'

"उसने बिना विचार किए मेरा हाथ पकड़ा और मैं उसको नदी पार कराने लगा। इस पर समय हो गया था। हम नदी के मध्य में थे, जब पहला विस्फोट भवन में हुआ। फिर दूसरा और तीसरा। इस प्रकार कई विस्फोट होने लगे। मैंने सरस्वती से कहा, 'जल में कूद पड़ो।' वहाँ जल घुटने-घुटने था, परंतु बिल्कुल बर्फ के समान था। इतने में गाँव के समीप की पहाड़ी ऐसे उड़ी, मानो इसके नीचे बारूद रखकर उड़ाई गई हो। वहाँ से एक बड़ा-सा पत्थर उड़कर हमारे ऊपर गिरा। जल में खड़े होने के कारण हमारी टाँगें सुन्न हो गई थीं और हम हिल नहीं रहे थे। पत्थर सरस्वती के सिर पर गिरा और वह पत्थर सहित मेरे हाथों में आ गिरी। पत्थर पंद्रह-बीस मन का अवश्य होगा। सरस्वती का तो कचूमर निकल गया और मेरे दोनों हाथ चूर-चूर हो गए। मेरे हाथ तो पत्थर के नीचे

फँस गए थे और बाहर नहीं निकल सकते थे, यदि उसी पहाड़ी के उड़ने के वेग से भूमि को झटका न मिला होता। उससे नदी की भूमि, जिस पर मैं खड़ा था, बह गई और मैं तथा सरस्वती का शव नदी और भूमि के साथ-साथ बहने लगे। गाँव में अभी भी धमाके हो रहे थे और अब उष्ण वायु भवन तथा गाँव की ओर से आने लगी। वायु इतनी गरम हो गई कि जल खौलने लगा। जो भाग नदी के बाहर था, वह भी गरम हो पिघलने लगा। मैं शरीर को ठंडा करने जल में डुबकी लगाता था, परंतु वह भी गरम था। इस समय मैं अचेत हो गया और उसी अवस्था में जल में बह गया।

□

"मुझको चेतनता हुई, जब मैं एक छोटे-से कमरे में पड़ा था। एक देहाती और उसकी स्त्री मेरे सिर के पास मुझे खड़ा देख रहे थे। मेरी आँखें खुलीं। मैंने उनको देखा, परंतु मुझको कुछ समझ नहीं आया कि क्या हुआ है! मेरी स्मरण-शक्ति तथा विचार-शक्ति लोप हो गई थी।

"मुझको तो न दिन-रात का ज्ञान होता था और न स्थान का। एक दिन मुझको समझ आया कि मेरे समीप खड़ी एक स्त्री कह रही थी, 'इस बेचारे की जान बचाकर क्या करिएगा, इसका शरीर तो भुनकर कोयला हो चुका है!'

"ये शब्द थे, जिनका मुझे आज स्मरण है और जो मैंने चेतनता पाने के पश्चात् सुने। इनसे पहले भी अवश्य कुछ सुना होगा। परंतु उसको मैं बिल्कुल भी स्मरण नहीं कर पा रहा। इनके उत्तर में एक पुरुष की आवाज थी, 'भगवती! मेरा काम जीवन देना है। फल भोगना मनुष्य के कर्मों के अधीन है।'

"मुझको कोई दिखाई नहीं दे रहा था। या तो मेरी दृष्टि में दोष था या वे ऐसे स्थान पर खड़े थे, जहाँ मेरी दृष्टि नहीं जाती थी। मै खाट पर हिल-डुल नहीं सकता था। मेरे में न तो इसकी शक्ति थी और न इच्छा।

"इसके कई दिन पीछे की बात है, मुझको स्मरण नहीं आ रहा कि कितने दिन की, कि एक स्त्री मुझको एक तेल में भीगी हुई गद्दी के साथ टकोर कर रही थी। मैं उसको कुछ कहना चाहता था, परंतु मेरे मुख से साँस निकल गया और शब्द कुछ नहीं बना। उस स्त्री ने यह देखा और कहा, 'महाराज! इसके होंठ फड़क रहे हैं।'

"इस समय एक वृद्ध पुरुष मेरे समीप आया और मुझे झुककर देखने लगा। उसने कहा, 'बच जागोगे परंतु···।'

"उसके मुख से इसके आगे कुछ नहीं निकला। या हो सकता है निकला हो और मैं सुन न सका होऊँ। अब दिन-प्रतिदिन मुझको ज्ञान होने लगा कि मैं कहाँ हूँ। मुझको दिन-रात का भी ज्ञान होने लगा। वह वृद्ध वैद्य था और उसके साथ उसकी स्त्री थी। किशतवाड़ से नीचे चंद्रभागा के किनारे पर एक छोटे-से गाँव में वह मकान

था, जहाँ मैं पड़ा था। कई मास की सेवा-शुश्रूषा के पश्चात् मैं उठकर चलने-फिरने योग्य हुआ।

◻

"वैद्यजी ने मुझको बताया कि जिस दिन मीराशाहवाली घटना घटी, उस सायंकाल वैद्यजी की धर्मपत्नी नदी में गागर भर रही थीं कि एक स्त्री और एक पुरुष पत्थर से अटके दिखाई दिए। उस स्त्री ने दोनों को देखा तो समझ गई, हम उस महान् आग में जले हुओं में से हैं। उसको कुछ ऐसा प्रतीत हुआ कि मैं जीवित हूँ। सो उसने दोनों शवों को किनारे पर कर अपने पति को बुलाया। स्त्री को मरा देख उन्होंने उसे नदी में बहा दिया और मेरे में जीवन-लक्षण देख उठाकर घर ले आए।

"उसी समय से वे मेरी चिकित्सा कर रहे थे। मेरी चमड़ी बुरी तरह झुलस गई थी। उस पर अनेक घाव हो गए थे। वैद्यजी की औषधियों और उनकी पत्नी की सेवा-शुश्रूषा ने न केवल मेरी जीवन-रक्षा की, साथ ही मुझको इस योग्य कर दिया कि मैं लाहौर पहुँच सकूँ।

"लाहौर में जो कुछ विनोद ने मेरे लिए किया, वह मैंने अपने वक्तव्य में लिखवा दिया है। मेरा शरीर तो आज किसी योग्य नहीं रहा। न उसमें सौंदर्य है, जिस पर रोमिली मोहित हुई थी, न ही आँखों में चमक रही है, जिस पर स्त्रियाँ मुग्ध हो जाती थीं। वाणी में वह रस नहीं, जिससे मैं श्रोतागणों पर जादू चलाता था।

"इनके साथ ही, मेरा मन और विचार भी वह नहीं रहे, जो पहले थे। जब मैंने प्रथम कायाकल्प कर सरस्वती को यौवन प्रदान किया था। मैं समझने लगा था कि कहे जानेवाले परमात्मा को अब मैं कुठाली और भट्ठी में डालकर परीक्षा का विषय बनाऊँगा।

"जब वह चूहा इतना बड़ा हो गया कि एक हट्टे-कट्टे मनुष्य को चबाकर खा सके तो मैं विचार करता था कि यह मनुष्य की शक्ति में आ गया है कि वह इस सृष्टि में नवीन योनियाँ उत्पन्न करे। प्रकृति ही परमात्मा है, यह मेरे मन में यह पूर्ण विश्वास जम गया था।

"इन सब विचारों में परिवर्तन हुआ। रोमिली का व्यवहार देखकर मेरी प्रथम धारणा, जिस पर मुझको संदेह उत्पन्न हुआ, वह थी—मनुष्य का स्वतंत्र और स्वच्छंद जीवन। जब तक मैं स्वयं ऐसा जीवन व्यतीत करता था, मुझको वह सुखप्रद और उचित जीवन प्रतीत होता रहा। जब वह जीवन रोमिली और भद्रायण व्यतीत करने लगे और वे मेरे सुख के विपरीत जाने लगे, तो मुझको ज्ञान हुआ कि जहाँ अपने लिए सुख-प्राप्ति जीवन का ध्येय है, वहाँ उस सुख को स्थायी बनाने के लिए दूसरों के सुखों की ओर भी ध्यान देना आवश्यक है।

"मेरे विचारों में क्रांति तो वैद्य और उनकी पत्नी के व्यवहार ने उत्पन्न की। एक दिन उनकी धर्मपत्नी ने मुझसे कहा था, 'हम कौन हैं, जीवन प्रदान करनेवाले? जीवन भगवान् देता है। साधन हम बन जाते हैं। तुम तो मृत शव के साथ बहते जा रहे थे। मैंने मरा हुआ ही समझा था, परंतु जब तुम मेरी टाँग से लगे तो मुझको कुछ ऐसा प्रतीत हुआ कि तुममें और दूसरे शव में अंतर है। मैं तुम दोनों को घसीटकर किनारे पर लाई। वहाँ भी मुझको तुम दोनों में अंतर प्रतीत हुआ। अत: मैं भागी हुई गई और वैद्यजी को बुला लाई। मैं तो समझती हूँ कि भगवान् की प्रेरणा ही थी, जिससे मैं यह सबकुछ कर रही थी। अभी तुम्हारे कर्मफल शेष थे और भगवान् ने मुझको साधन बनाकर तुम्हारा जीवन बचा दिया।

"फिर वैद्यजी का यह कहना कि मैं तो जीवन बचानेवाला हूँ। उससे किसी को सुख मिलता है अथवा दु:ख, यह देखना मेरा काम नहीं।

"जब मैं कुछ स्वस्थ हो गया और खाट पर बैठा हुआ वैद्यजी को भगवान् का पूजन और जप करते देखने लगा तो विस्मय करता था कि कितनी निष्ठा है इनकी! यदि यह एक भ्रम है तो भी बहुत मधुर है। अपने भवन की अशांति और इस कुटिया की शांति का मुकाबला करता था तो चकित रह जाता था। रोमिली दस बजे प्रात: मुझसे प्रेम करती तो मध्याह्न दो बजे उसका मन विनोद के पीछे भागने लगता था। इस मास उसका रॉबर्ट से लगाव है तो अगले मास भद्रायण के लिए लालायित हो उठती थी। जब इच्छित वस्तु हमको नहीं मिलती थी, तो कितनी बेचैनी और दु:ख हम अनुभव करते थे! यहाँ वैद्यजी और उनकी पत्नी मक्का की मोटी-मोटी रोटी खाकर, जितना संतोष अनुभव कर रहे थे, वह वहाँ हमें हिरण के मांस में भी नहीं मिलता था। वैद्यजी यह साधारण और सरल भोजन कर भगवान् का धन्यवाद करते थे, वहाँ रोमिली कस्टर्ड पुडिंग खाकर भी पाचक को गालियाँ देती थी।

"मैंने एक दिन वैद्यजी से पूछा, 'महाराज! यह भोजन न तो स्वादिष्ट है और न ही पौष्टिक। इस पर भी आप भगवान् को, जो आपके विचारानुसार आपको यह दे रहा है, धन्यवाद करते हैं! यह मुझको समझ नहीं आता।'

"वैद्यजी ने कहा, 'बेटा। यदि स्वादिष्ट न होता तो मेरे मुख से धन्यवाद कभी न निकलता। ऐसा प्रतीत होता है कि तुम्हारे मुख का स्वाद बिगड़ गया है, जिससे इतना मधुर भोजन भी तुमको अच्छा नहीं लगता।'

"ऐसा संतोष और ऐसी सरलता मुझको अपने भवन में भी दिखाई नहीं दी थी, जिसके निर्माण में 'मिलियन डॉलर', अर्थात् लाखों रुपए व्यय हुए थे। इसने मेरे मन में परिवर्तन लाना आरंभ कर दिया। मैं समझने लगा कि परमात्मा है अथवा नहीं है, यह विवाद व्यर्थ है। वास्तविक बात यह है कि कैसे एक परमात्मा को माननेवाला कठिन दिनों को हँसते-खेलते निकाल देता है! वैद्यजी की पत्नी साधारण आकृति की स्त्री थी। इस पर भी पति-पत्नी परस्पर हेल-मेल रखते थे।

"एक दिन मैंने कहा, 'महाराज! आप मेरे लिए बहुत कुछ कर रहे हैं। मैं तो इसका बदला चुका नहीं सकता।'

"देखो बेटा! मैं किसी के लिए कुछ नहीं करता। सब अपने-अपने कर्मों का फल भोगते हैं। मैं, तुम तथा पंडिताइन सब कर्म फल से बँधे हुए कार्य कर रहे हैं। अतएव, मुझको कुछ देने की आवश्यकता नहीं।'

"उस दिन, मैं परमात्मा को, यद्यपि युक्ति और विश्वास के रूप में नहीं, तथापि मन में शांति देनेवाले विचार के रूप में मानने लगा था।

"इसके पश्चात् मैं लाहौर आया। यहाँ आकर मैंने विनोद की कोठी के बाहर भीख माँगी। मैं समझता था कि मेरी अवस्था से मुझको वह पहचान नहीं सकेगा। उसका न पहचानना, उसको लाखों की संपत्ति का मालिक बना सकता था, परंतु मेरा उसे संकेत करते ही कि मैं केशव हूँ, वह सबकुछ भूलकर मेरी सेवा में लग गया।

"विनोद से बढ़कर गुलबदन का व्यवहार मुझको चकित करनेवाला लगा है। मेरी सूरत और शक्ल देखकर लोग मुझसे घृणा करते थे। इस पर भी वह मेरी सेवा में लग गई। मैंने एक दिन उससे पूछा भी, 'गुलबदन! यह तुम क्या करती हो? तुम किसी भद्र पुरुष से विवाह क्यों नहीं कर लेतीं?'

"'तो आपकी सेवा कौन करेगा?'

"'मैं सेवा करने के योग्य हूँ क्या? मेरा शरीर देखकर तुमको घृणा नहीं होती?'

"मैं तो शरीर नहीं देखती मालिक! मुझको आपकी रूह में खुदा का नूर दिखाई देता है। वही मुझको हिदायत कर रहा है कि मैं आपकी सेवा करूँ।'

"'यह तुम्हारा भ्रम नहीं है क्या?'

"'हो सकता है, पर इससे सुख मिलता है।'

"'सुख तो इंद्रियों के द्वारा ही मिलता है। भला, मेरे जैसे की सेवा किस इंद्रिय का विषय है?'

"'मैं समझती हूँ कि आदमियों की इंद्रियों के अलावा उसमें कुछ और भी है, जो इंद्रिय के बिना भी आनंद-भोग करता है। ऐसा आनंद सेवा-शुश्रूषा से मिलता है।'

"मुझको विनोद और गुलबदन की सेवा लेते हुए दो वर्ष व्यतीत हो गए हैं और जिस लगन से विनोद मेरे लिए कायाकल्प का प्रबंध कर रहा है, इससे तो यही प्रतीत होता है कि मैं उसके अपने शरीर का भाग हूँ। एक दिन भुवाली में बैठे हुए मैंने विनोद से कहा, 'विनोद! मेरे मन में कुछ ऐसा प्रतीत होता है कि कायाकल्प के प्रबंध होने से पूर्व ही न चल बसूँ!'

"विनोद ने कहा, 'जिसने तुमको अब तक बचाया है, उसको भगवान् कहो अथवा भाग्य कहो, 'लक' कहो अथवा 'प्लक', किस्मत कहो अथवा पुरुषार्थ, उस पर विश्वास

रखो। विश्वास ही आस्तिकता है। घबराओ नहीं। जो होगा, उसको अपना भाग्य समझ स्वीकार करो।'

"इतना कह विनोद, जो तीस मील की पैदल यात्रा कर आया था, मुझको संतोष देने लगा। इन सबको निस्स्वार्थ, निष्काम भाव से और निर्लिप्त होकर कार्य करते देख मुझको विशेष प्रकार की शांति मिलती थी।

"मैं आस्तिक बन रहा था।"

मैंने केशव की यह कथा लिखी। उसने इसे लिखाने में कई मास लिये। इतनी देर लगने का कारण उसकी स्मरण-शक्ति का दुर्बल पड़ जाना, उसके बोलने में कष्ट और अपने मन के भावों को समझाने में कठिनाई अनुभव करना था। वह एक निपट नास्तिक था। विज्ञान की शिक्षा ने उसके नास्तिक्य को पुष्ट ही किया था। वह जर्मनी में भ्रमण करते हुए गणित के एक प्रोफेसर आइंस्टीन से मिला था और उसने इसको कहा था, 'मैं गणित द्वारा सिद्ध कर सकता हूँ कि परमात्मा शून्य के बराबर है।'

उस महान् पुरुष के इस वाक्य का केशव के मस्तिष्क पर बड़ा प्रभाव पड़ा था और उस वाक्य को विज्ञान में अन्वेषणा करते हुए वह सदा स्मरण किया करता था। वह कहा करता था, "गणित से भगवान् शून्य ही सिद्ध होता है।" परंतु आज जब उसने अपना वक्तव्य समाप्त किया तो कहने लगा, "विनोद! आज मुझको आइंस्टीन के शब्द याद आ रहे हैं। मैं आज भी उनको सत्य मानता हूँ। परंतु एक बात, वह महान् पुरुष भूल जाता था अथवा बताना नहीं चाहता था। वह मैं आज समझ पाया हूँ। संसार के पदार्थों का विश्लेषण करते-करते सत्य ही गणित से भगवान् को शून्य ही सिद्ध किया जा सकता है। जो सच्चाई आज मैं समझ सका हूँ, वह गणित की एक और खोज है। शून्य और असीम (जीरो एंड इनफिनिटी) पर्यायवाचक शब्द हैं। जब गणित भगवान् को शून्य सिद्ध करता है, तो वास्तव में वह उसको 'इन्फाइनाइट' अर्थात् अपार ही सिद्ध करता है।

"मुझको अचंभा तो इस बात का हो रहा है कि पहले मुझको इस तथ्य का ज्ञान क्यों नहीं हुआ? कदाचित् उस समय मेरा इस ओर ध्यान जाता भी तो मैं परमात्मा के अस्तित्व को मानने के स्थान पर गणित के सिद्धांत पर संदेह करता। यह है यौवन का उन्माद!"

मैंने कॉलेज से अवैतनिक छुट्टी ली हुई थी। इसको दो वर्ष हो चुके थे। मुझको डायरेक्टर ऑफ एजुकेशन ने लाहौर बुलावा भेजा। मैं उससे मिलने गया तो वह कहने लगा, "मिस्टर विनोद! इस प्रकार कोरा प्रोफेसरों की सूची में नाम लिखा रखने से तो काम नहीं चलेगा। इस प्रकार जो टेंपोरेरी (अस्थायी) रूप में आपके स्थान पर कार्य कर रहा है, उसके मार्ग में रुकावट कर उसके साथ अन्याय कर रहे हैं।"

मैंने कहा, "मैं एक महान् वैज्ञानिक तथ्य के अन्वेषण में लगा हुआ हूँ। उस पर

लाखों रुपए व्यय कर चुका हूँ। मैं इसको अधूरा नहीं छोड़ सकता। यदि आप समझते हैं कि मैं इस प्रकार छुट्टी लेने से किसी की तरक्की में बाधक हो रहा हूँ, तो मैं त्याग-पत्र देता हूँ।"

"मेरा भी यही विचार है। यद्यपि आप और छुट्टी माँगें, तो मैं इनकार नहीं कर सकता, तो भी आपके स्थान पर कार्य करनेवाले के साथ न्याय के विचार से मेरी सम्मति यही है कि आप या तो कार्य पर आ जाएँ अथवा त्याग-पत्र लिखकर दे दें।"

मैंने वहीं डायरेक्टर के समाने त्याग-पत्र लिखकर दे दिया। मेरे लिए यह कुछ अधिक विचार अथवा चिंता का विषय नहीं था। परंतु इसका ज्ञान जब केशव को हुआ तो उसको चिंता लग गई। वह जानता था कि मैंने उस दिन तक; उसके पिता से लिये धन में से एक पैसा अपने लिए प्रयोग नहीं किया था। यद्यपि मैं उसमें से व्यय करता तो उसे प्रसन्नता ही होती, परंतु वह जानता था कि मैं ऐसा नहीं करूँगा और मेरा निर्वाह कठिन हो जाएगा।

उसने मेरे त्याग-पत्र की बात सुनी तो कहा, "यह क्या कर दिया तुमने?"

"डायरेक्टर ने कहा कि अपने स्थानापन्न के मार्ग में बाधक हो, तो मेरे लिए कुछ उपाय ही नहीं रहा।"

"वह झूठा है। यदि तुम कॉलेज जाने लगते तो क्या उसका मार्ग खुल जाता? वास्तविक बात यह है कि उसका कोई आदमी है। उसने डरा-धमकाकर उसकी नौकरी पक्की कर ली है।"

"यह सब तो मैं जानता नहीं, केशव! असल बात तो यह है कि मुझको अब कॉलेज की नौकरी में रुचि नहीं।"

"यह ठीक है, यदि तुम एक बात, मानो पिताजी से दिए धन में से अब अपने प्रयोग में लाने लगो तो!"

"देख लूँगा। अभी तो मेरा बैंक बैलेंस पर्याप्त है। कॉलेज के वेतन के अतिरिक्त अभी स्कूल-कॉलेजों में मेरी पुस्तकें चलती हैं।"

कठिनाई केशव के कायाकल्प में यह थी कि उसका चमड़ा शरीर का जीवित भाग नहीं था। वह एक तरह से मल की एक तह मात्र थी—मल तो इलेक्ट्रॉनों के प्रभाव से द्रवित हो जाएगा। उसके स्थान पर नई चमड़ी बन सकेगी अथवा नहीं, कहना कठिन था। यदि कुछ भी खाल के कोषाणु जीवित होते, तो उससे नई खाल का निर्माण संभव था, परंतु केशव की पूर्ण खाल जल-भुन चुकी थी। खाल के रोगों के विशेषज्ञों को बुलाया गया और उनकी राय ली गई। किसी की भी सम्मति में नई खाल बननी संभव नहीं थी।

इस पर भी केशव को कायाकल्प की सफलता में पूर्ण आशा थी। उसका कहना था कि कोषाणुओं में बदलने की अपार शक्ति है। जब नए कोषाणु पर्याप्त मात्रा में बन

पंचम परिच्छेद 283

गए तो खाल के कोषाणु दूसरों में से ही बन जाएँगे। जैसे डिंब के कोषाणुओं में भेद नहीं होता। सब कोषाणु एक समान होते हैं। पीछे मांस, मज्जा, अस्थि इत्यादि के कोषाणु भिन्न-भिन्न रूप और विशेषता ग्रहण कर लेते हैं। इसी प्रकार अब होगा।

मुझको भय था कि जब वह मृत खाल पिघलकर बह जाएगी तो भीतर का मांस नंगा हो जाएगा। तब कष्ट असह्य होने से प्राणांत हो जाएगा। कलकत्ता से एक 'डर्माटोलॉजिस्ट' (चर्म विशेषज्ञ) को बुलाकर कायाकल्प की प्रक्रिया समझाई गई, तो वह दस मिनट तक हमारा मुख देखता रह गया। इसके पश्चात् बोला, "आप सब पागल हो गए हैं। ऐसा नहीं हो सकता।"

"कैसा नहीं हो सकता ?" मेरा प्रश्न था।

"इलेक्ट्रॉन की बौछार से मल कैसे पिघल जाएगा ?"

"डॉक्टर साहब! आपको इस विषय में युक्ति करने की आवश्यकता नहीं कि यह कैसे होगा ? हमने ऐसा किया हुआ है। आप अब यह बताइए कि यदि ऐसा हो जाए तो क्या आप कुछ काल तक इनको जीवित रखने के लिए क्या करेंगे ?"

"मैं यह केस हाथ में नहीं ले सकता। इसमें मृत्यु निश्चित है।"

एक दिन केशव ने कहा, "विनोद! यदि तुम किसी चिकित्सक का मेरे पास होना आवश्यक समझते हो तो वैद्यजी को बुलाओ, जिन्होंने मुझको मृत्यु के मुख से बचाया था।"

मैं अपने मस्तिष्क की सूझ-बूझ के अभाव, अर्थात् उसके इन वैद्यजी तक न पहुँचने पर, विस्मय कर रहा था। जब केशव ने मेरा ध्यान वैद्यजी की ओर किया तो मैं उनको बुला लाने के लिए चल पड़ा।

रामवन से तीसरे पड़ाव पर नदी के किनारे पर शादपुर नाम के एक गाँव में वैद्य उमाचरण रहते थे। मैं उनके घर पहुँचा तो देखा कि वैद्यजी गाय की सानी कर रहे थे। एक अपरिचित व्यक्ति को द्वार पर खड़ा देख, वह विस्मय में मुख देखते रह गए।

मैंने पूछा, "वैद्य उमाचरण आप ही हैं न ?"

"हाँ, आज्ञा करिए।"

"मैं आपसे मिलने के लिए लाहौर से आया हूँ।"

"ओ नंदिनी!" वैद्यजी ने घर की ओर मुख कर आवाज दी। एक पचास-पचपन वर्ष की वृद्धा घर में से निकलकर आई और मुझको देख, संकोचवश चुपचाप खड़ी रह गई। पंडितजी ने कहा, "घर में अतिथि आए हैं। यह सामने धूप में खाट डाल दो। इनको बैठाओ।"

पंडितजी ने गाय के लिए सानी तैयार कर गाय के सामने रख दी। उसके पश्चात् हाथ धो, घर के भीतर से एक बरतन ले आए और दूध दुहने लगे। पंडिताइनजी ने आकर मुझसे पूछा, "आप दूध पीएँगे अथवा भोजन करेंगे ?"

मैंने बताया, "आज सवेरे सात बजे किश्तवाड़ से घोड़े पर चला था। अब तो मध्याह्न हो गया है। सुना है, आपके यहाँ मक्के की रोटी बहुत स्वादिष्ट बनती है। यदि एकाध रोटी वैसी मिल जाए, तो कृत-कृत्य मानूँगा।"

पंडितजी दूध निकाल चुके थे। वह मक्की की रोटी की बात सुन हँस पड़े और बोले, "मालूम होता है, आप केशव के कोई संबंधी हैं।"

"जी! आपने खूब याद रखा है।"

"नंदिनी! आज मक्के की रोटी बनेगी। शक्कर और घी के साथ।"

पंडिताइन रोटी बनाने चली गई। पंडितजी मेरे समीप आ बैठ गए और पूछने लगे, "आप कैसे आए हैं?"

"केशव के विषय में आप जान तो गए हैं। हम उसका इलाज करवा रहे हैं। एक उपाय से उनके शरीर का पुनरुद्धार हो सकता है, ऐसा हमारा विचार है। परंतु उसके भीतर कष्ट अधिक भी हो सकता है। उस समय के लिए कोई योग्य चिकित्सक समीप रहना चाहिए। चूँकि आपने उसकी चिकित्सा की है, इस कारण आपको साथ ले चलने के लिए आया हूँ।"

"कहाँ चलना होगा?"

"यहाँ से लाहौर। वहाँ से बरेली। बरेली से काठगोदाम और अल्मोड़ा के मार्ग पर रामनगर नाम का एक गाँव है।"

"आप उसको इतनी दूर क्यों ले गए हैं?"

"यह रसायन-क्रिया अर्थात् कायाकल्प किसी उष्ण स्थान पर नहीं किया जा सकता।"

"यह आप कैसे करेंगे?"

मैं समझा तो सकता था, परंतु वैज्ञानिक भाषा का अनुवाद करना मेरे लिए अति कठिन था। इस कारण जब मैंने वैद्यजी को उत्सुकता से अपनी ओर देखते हुए पाया तो टूटी-फूटी भाषा में कहने लगा, "पंडितजी! संसार के सब पदार्थ अणुओं से बने हैं और प्रत्येक अणु तीन प्रकार की शक्तियों के मेल से बना होता है।"

इतना कह मैं पंडितजी के मुँह पर जानने के लिए यह देखने लगा कि वे कुछ समझे भी हैं अथवा नहीं। मुझको आश्चर्य हुआ, जब मैंने उनको सिर हिलाते हुए देखा, मानो वे मेरे कहने का अर्थ समझ गए हों। मैंने आगे कहने से पूर्व पूछा, "आप समझ गए?"

"हाँ, हाँ! यह तो हमारे शास्त्र की बात ही है, जो आप बता रहे हैं। अणु प्रकृति का छोटे-से-छोटा कण होता है और उसमें सत्त्व, रज, तम तीन प्रकार के गुण विद्यमान होते हैं। उस रूप में प्रकृति त्रिगुणात्मक कहलाती है, अर्थात् गुण ही गुण रह जाते हैं और उनके अतिरिक्त कुछ नहीं।"

मुझको आइंस्टीन का यह कथन स्मरण हो आया, 'मैटर इन इट्स अल्टिमेट फॉर्म इज नथिंग बट एनर्जी' अभिप्राय यह कि प्रकृति आदि रूप में शक्ति होती है।

पंडितजी को इस ज्ञान के आधार पर मैंने चिकित्सा का कार्यक्रम समझा दिया। मैंने कहा, "हमने ऐसा यंत्र बनाया है, जिसमें प्रकृति के अणुओं का विखंडन कर सकते हैं। परमाणुओं के विखंडन से तीनों प्रकार की शक्तियाँ स्वतंत्र हो, निकलने लगती हैं।"

"सत्य!"

"हाँ, पंडितजी! उसके पश्चात् हम इन तीनों प्रकार की शक्तियों को तीन भिन्न-भिन्न धाराओं में प्रवाहित कर लेते हैं। एक धारा विनाशकारी प्रभाव रखती है, दूसरी पौष्टिक और तीसरी उत्तेजक।"

"हाँ, तामसी शक्ति विनाशकारी प्रभाव उत्पन्न करती है। सात्त्विक पौष्टिक और राजसी उत्तेजक।"

"इसी प्रकार शरीर के दो भाग होते हैं—एक जीवित भाग और दूसरा मल। मल यदि शरीर में अधिक मात्रा में हो जाए तो उनको हम विनाशकारी धारा से जला डालते हैं। उसके पश्चात् हम पौष्टिक धारा से शक्ति का संचार करते हैं। इस प्रकार शरीर का निर्माण करते हैं।"

"यह ठीक ही मालूम होता है।"

"जब हम मल को जलाते हैं तो मनुष्य में दुर्बलता आती है और शरीर से मल का निस्तारण होता है। इसको हम शरीर की शुद्धि कहते हैं।"

"बहुत खूब!"

"इसके पश्चात् हम पौष्टिक शक्ति की धारा में रोगी को स्नान कराते हैं।"

"अर्थात् रसायन-क्रिया करते हैं।"

"हाँ। परंतु केशव के विषय में ध्यान रखने योग्य बात यह है कि उसकी चमड़ी तो मल रूप हो चुकी है। शरीर-शुद्धि के समय तो वह सर्वथा गलकर निकल जाएगी। उस समय उसके शरीर का मांस नंगा हो जाएगा। तब क्या उपचार किया जाए कि रोगी वेदना सहन कर सके?"

पंडित उमाचरण हमारी कठिनाई को समझ चुप कर गए। वे चिरकाल तक समस्या पर विचार करते रहे। अंत में बोले, "यदि आपको कोई योग्य चिकित्सक न मिले तो मैं भरसक यत्न करूँगा। मैंने पहले तो ऐसा कोई कार्य नहीं किया। इस पर भी यत्न कर सकता हूँ।"

"आप चलने के लिए तैयार हो जाइए।"

"मैं और पंडिताइन दोनों चलेंगे। मैं किसी अन्य के हाथ का बना भोजन नहीं करता।"

"ठीक है। आप दोनों चलें। हमें और भी प्रसन्नता होगी। माताजी केशव की अपने बेटे की भाँति सेवा-शुश्रूषा करती रही हैं और यदि ठीक हो गया तो वह इनकी सेवा कर अपने को कृत-कृत्य समझेगा।"

बात तय हो गई। अगले दिन मैं वैद्यजी तथा उनकी धर्मपत्नी को लेकर चल पड़ा। इस समय तक केशव को रामनगर के पास बनाए बँगले में ले जाया जा चुका था। वैद्य उमाचरण ने उनको देखा तो चकित रह गया। उसने कहा, "केशव तो बहुत दुर्बल हो गया है। जब वह हमारे गाँव से चला था, तो इतना कमजोर नहीं था।"

मैंने बताया कि उसका मांस दिन-प्रतिदिन क्षय को प्राप्त हो रहा है। वैद्यजी ने अपनी औषधि तो उसी दिन से देनी आरंभ कर दी। मैं यंत्रादि ठीक करने में लग गया। पहले परीक्षा के लिए एक बूढ़ी बिल्ली ली गई और वैद्यजी के सम्मुख उसकी चिकित्सा कर देखा गया। नियमानुसार वह बिल्ली सात दिन में युवा हो चली गई।

□

केशव के शरीर की शुद्धि के समय सच में बहुत ही कठिनाई उपस्थित हुई। परंतु वैद्यजी की योग्यता ने यहाँ फिर उसकी सहायता की। उन्होंने औषधियों से संयुक्त ऐसा तेल बनवाया कि जहाँ-जहाँ से चमड़ी जल-जलकर उखड़ती जाती थी, वहाँ लगाने पर एक प्रकार की तह बन वह उस स्थान पर चिपट जाता था और वह शरीर के भीतरी मांस की रक्षा करने लगता था। दूसरी ओर शोधन-क्रिया एक दिन के स्थान पर पंद्रह दिनों में पूर्ण की गई और रसायन-क्रिया साथ-साथ दी गई। दो मास के अथक प्रयत्न से केशव के नए शरीर का निर्माण हो गया। सबसे अद्भुत बात यह हुई कि बाँहें, जो कट चुकी थीं, वे लंबी होनी आरंभ हो गई। बाँहों की पूरी लंबाई पर आकर वे रुक गईं। हाथ और उँगलियाँ नहीं बनीं।

इसके अतिरिक्त चमड़े की कोमलता, उज्ज्वलता और दृढ़ता पहले से किसी प्रकार भी कम नहीं थी। पूरा शरीर अति सुंदर, निर्मल, ओजपूर्ण बना था। केशव अपने को दर्पण में देख गर्व अनुभव करता था।

हाथों और उँगलियों की कमी को कृत्रिम हाथ लगाकर पूर्ण करने का यत्न किया गया। साधारण रूप से देखने में केशव एक सुंदर युवा पुरुष ही लगता था।

वैद्य उमाचरण इस चमत्कार को देख मुग्ध हो गए तथा केशव और मुझे देवता समझने लगे।

वैद्यजी को विदाई पर पाँच सहस्त्र रुपए की थैली और पति-पत्नी के लिए रेशमी वस्त्र दिए। वैद्यजी ने यह सबकुछ लेने से पहले तो इनकार कर दिया। उसने कहा, "आप जैसे गुणी जनों की सेवा में रहने का सौभाग्य कुछ कम पुरस्कार नहीं।" परंतु केशव ने जब बहुत मिन्नत की तो वे लेकर विदा हो गए।

पंचम परिच्छेद

केशव ने ठीक होते ही मुझसे कहा, "मैं इन सब उपकरणों को ध्वस्त (डिसमेंटल) कर देना चाहता हूँ।"

मेरे मन में इन परीक्षणों को जारी रखने का विचार आ रहा था, परंतु केशव के मस्तिष्क में यह समा गया था कि यह शैतानी कार्य है। ज्यों ही मनुष्य युवा होता है, वह शैतान का शिष्य बन जाता है।

इसके विपरीत, मेरा मत था कि कोई देवता बने अथवा शैतान, यह इसके पूर्वजन्म के संस्कारों के अधीन है। उसका यौवन और बुढ़ापे से कोई संबंध नहीं।

इस पर भी केशव हठ कर रहा था। उसको पंडित उमाशंकरजी के कथन पर विश्वास और श्रद्धा हो गई थी। पंडितजी ने कहा था, 'प्रकृति ने जो ढंग पुनर्जन्म का बनाया है, वह बहुत ही श्रेष्ठ है। नवीन जन्म होने से पुराने मित्र अथवा शत्रु सब भूल जाते हैं। साथ ही बाल्यकाल नवीन संस्कारों को ग्रहण करने का अवसर देता है। इससे ही मनुष्य समाज उन्नति करता रहता है। माँ का गर्भ एक प्रकार से छननी का कार्य करता है, जिससे व्यर्थ के संस्कार छनकर आत्मा से पृथक् हो जाते हैं। कम-से-कम मनुष्य अभी इस चमत्कारपूर्ण आविष्कार का अधिकारी नहीं बना।'

एक विकट समस्या तब उत्पन्न हुई, जब केशव ने गुलबदन से विवाह करने की इच्छा प्रकट की। गुलबदन युवा थी, सुंदर थी और अनुभवयुक्त स्त्री थी। उसने अब विवाह करने से बिल्कुल इनकार कर दिया।

हम सब उसके इस निर्णय पर आश्चर्य कर रहे थे। लाहौर में निस्बत रोड की कोठी में रहते हुए यह प्रश्न उपस्थित हुआ था। केशव स्वयं यह प्रस्ताव गुलबदन से कर चुका था। अब उसने हम सबके सामने यह प्रस्ताव उसके सम्मुख रखा था।

गुलबदन ने एक शब्द में उत्तर दिया, "मैं यहाँ से कल अपने देश चली जाऊँगी।"

"क्यों?"

"केशव बाबू बार-बार मुझसे विवाह का आग्रह कर रहे हैं। इसका अर्थ यह निकला कि यदि मैं यहाँ रहूँ तो मैं इनसे विवाह के लिए मान जाऊँ, अन्यथा मेरे यहाँ रहने से इनके मन में अशांति होती है।"

केशव ने उसकी बात सुनकर कहा, "ऐसी बात नहीं है। यदि तुम मुझसे विवाह नहीं करना चाहतीं, तो जिससे चाहो, कर सकती हो। मैं आज से तुम्हें इसके लिए कदापि नहीं कहूँगा।"

इस पर मैंने पूछा, "गुलबदन! एक बात पूछूँ?"

"हाँ, पूछिए विनोद बाबू!"

"यह केशवजी से विवाह न करने का निश्चय कब से और क्यों हुआ है?"

"केशव बाबू, विनोद बाबू अथवा और कोई बाबू हो, मैं अब किसी से विवाह न

करूँगी। पहले जब मैं मीराशाह में रहती थी, मैं विवाह करने के लिए उतावली हो रही थी। मैं समझती हूँ कि वहाँ का वातावरण ही वासनामय था। वही मेरे मस्तिष्क को पागल बना रहा था।

"ज्यों ही मैंने रामवन में पग रखा, मैं अपनी मूर्खतापूर्ण बातों को स्मरण कर हँसती थी। मैं पचहत्तर वर्ष की बूढ़ी, जो प्रसव की यातना सह चुकी है, कैसे फिर वही कुछ करने को तैयार हो गई थी! मैंने तब ही निश्चय कर लिया था कि अब शेष जीवन परमात्मा को स्मरण कर लोक-सेवा में व्यतीत करूँगी। केशव बाबू धनी हैं, युवा हैं। इनको कोई-न-कोई सुंदर लड़की मिल ही जाएगी। मुझ, मन से बूढ़ी पत्नी, को पाकर ये क्या करेंगे?"

केशव ने फिर विवाह की इच्छा नहीं की। उसने अविवाहित ही रहने का निश्चय कर लिया।

मैं यूनिवर्सिटी के अन्वेषण विभाग में पुन: नौकरी पा गया और रुचिपूर्वक वहाँ कार्य करने लगा।

केशव की अनुमति से उसके पिता के धन का एक ट्रस्ट बना दिया गया और उससे हमने एक शिक्षालय स्थापित करने की योजना बना डाली, जहाँ मुख्यतया वैज्ञानिक शिक्षा का प्रबंध करने का विचार हुआ। वैज्ञानिक शिक्षा के साथ ही भारतीय दर्शनशास्त्रों की शिक्षा देना इस योजना की विशेषता रखी गई।